OPERAÇÃO BRASIL

O ataque alemão
que mudou o curso da
Segunda Guerra Mundial

Proibida a reprodução total ou parcial em qualquer mídia
sem a autorização escrita da editora.
Os infratores estão sujeitos às penas da lei.

A Editora não é responsável pelo conteúdo deste livro.
O Autor conhece os fatos narrados, pelos quais é responsável,
assim como se responsabiliza pelos juízos emitidos.

Consulte nosso catálogo completo e últimos lançamentos em **www.editoracontexto.com.br**.

OPERAÇÃO BRASIL

O ataque alemão
que mudou o curso da
Segunda Guerra Mundial

Durval Lourenço Pereira

Copyright © 2015 do Autor

Todos os direitos desta edição reservados
à Editora Contexto (Editora Pinsky Ltda.)

Ilustrações de capa e quarta capa
Do autor

Montagem de capa e diagramação
Gustavo S. Vilas Boas

Coordenação de texto
Carla Bassanezi Pinsky

Preparação de textos
Lilian Aquino

Revisão
Tatiana Borges Malheiro

Dados Internacionais de Catalogação na Publicação (CIP)
(Câmara Brasileira do Livro, SP, Brasil)

Pereira, Durval Lourenço
Operação Brasil : o ataque alemão que mudou
o curso da Segunda Guerra Mundial /
Durval Lourenço Pereira. – São Paulo :
Contexto, 2023.

ISBN 978-85-7244-884-0

1. Brasil. Exército 2. Brasil – Forças Armadas
3. Brasil – História 4. Guerra Mundial, 1939-1945
5. Missão militar 6. Nazismo I. Título.

14-10561	CDD-940.5381

Índice para catálogo sistemático:
1. Guerra Mundial, 1939-1945 :
    Participação brasileira : História 940.5381

2023

EDITORA CONTEXTO
Diretor editorial: *Jaime Pinsky*

Rua Dr. José Elias, 520 – Alto da Lapa
05083-030 – São Paulo – SP
PABX: (11) 3832 5838
contato@editoracontexto.com.br
www.editoracontexto.com.br

À minha esposa e à minha filha,
meus tesouros,
pela compreensão e pelo apoio,
ontem, hoje e sempre.

Sumário

GLOSSÁRIO 9

INTRODUÇÃO 11

A AMEAÇA TOTALITÁRIA 17
    Antecedentes 17
    Anauê! 20
    A cabeça da hidra nazista 28
    Aranha entra em cena 31
    Persona non grata 35
    Choque de nacionalismos 47

ALIANÇA INCERTA 53
    O rompimento 53
    O "Lorde do Mar" 60
    Lobo em pele de cordeiro 67
    Oportunidades perdidas 83

O XADREZ DA GUERRA 89
    Parnamirim Field 89
    O acordo secreto 101

À BEIRA DO PRECIPÍCIO 111
    Os planos 111
    "Vai pro mar, o que tá fazendo isso aí?" 127
    O "Pearl Harbor" brasileiro 135
    Apocalipse tropical 141

O "LOBO SOLITÁRIO" 151
    O mês do desgosto 151
    Terror a bordo 158
    O U-507 em Salvador 165

FATOS E MITOS 183
    No banco dos réus 183
    Em busca de respostas 187
    "Tratarei de Pernambuco na volta" 192
    "Nós deveríamos ter sido mais bem avisados" 212

METAMORFOSE 219
    "Nós juramos vingar esse ultraje!" 219
    Metamorfose 230

O NAVIO DO TESOURO 249
    Egito em chamas 249
    "What can we do to help?" 257
    O navio que os nazistas tinham de pegar 262

O FIEL DA BALANÇA 275
    "Nos mande mais Shermans" 275
    Segredos de guerra 281
    Erros indubitáveis 289
    O último mergulho 295

CRONOLOGIA 301

AGRADECIMENTOS 303

NOTAS 305

BIBLIOGRAFIA 329

O AUTOR 335

Glossário

ADP .... Airport Development Program – Programa de Desenvolvimento de Aeroportos do Exército dos EUA

AIB .... Ação Integralista Brasileira

Afrikakorps .... Força Expedicionária alemã na África

Auslandsorganisation .... Organização do Partido Nazista no Exterior

B.d.U. .... Befehlshaber der U-Boote – Comando de Submarinos alemão

Commonwealth .... Comunidade das nações que, em sua maioria, fizeram parte do Império Britânico

DIP .... Departamento de Imprensa e Propaganda

EME .... Estado-Maior do Exército

FEB .... Força Expedicionária Brasileira

GADô .... Grupo de Artilharia de Dorso

Großquadrate .... Grande quadrado

**Komintern
Kommunistische
Internationale** .... Internacional Comunista

Kriegsmarine .... Marinha de Guerra alemã durante o regime nazista

KTB	Kriegstagebuch das Unterseebootes – diário de guerra dos submarinos
LATI	Linea Aeree Transcontinentali Italiane – Linhas Aéreas Transcontinentais Italianas
Lend-Lease	Lei de Empréstimos e Arrendamentos
NSDAP	National Sozialistische Deutsche Arbeiter Partei – Partido Nacional-Socialista dos Trabalhadores Alemães
OKH	Alto-Comando do Exército alemão
OKM	Alto-Comando da Marinha
OKW	Alto-Comando das Forças Armadas
OSS	Office of Strategic Services – Agência de Serviços Estratégicos, precursora da CIA.
Quadratkarten	Carta de quadrados da Marinha alemã
SADATC	South Atlantic Division, Air Transport Command – Comando de Transporte Aéreo, Divisão do Atlântico Sul
SKL	Seekriegsleitung – Comando de Guerra Naval da Marinha alemã
U-boot	Unterseeboot – submarino
U-boote	Submarinos
Ultra	Projeto de inteligência Aliado utilizado para a decriptação de mensagens inimigas durante a Segunda Guerra Mundial
U.S. Army	Exército dos EUA
USN	Marinha dos EUA
Volksdeutsche	Alemães nascidos no exterior
Wehrmacht	Exército alemão

Introdução

Nós não devemos parar de explorar e, ao final da nossa exploração, chegaremos ao ponto de partida, e conheceremos o local pela primeira vez.
T. S. Eliot, *Four Quartets*

A ofensiva naval nazista contra os portos e a navegação brasileira é o ponto central desta obra, que entrelaça a História do Brasil com a da Segunda Guerra Mundial, revelando alguns episódios notáveis ocorridos durante a Era Vargas (1930-1945), em um período decisivo da vida nacional.

Da Proclamação da República até os dias atuais, jamais a soberania e a integridade territorial do Estado brasileiro estiveram tão ameaçadas quanto durante a primeira gestão do político gaúcho, quando os antagonismos internos que acompanharam a República desde o seu nascedouro somaram-se às ingerências de várias potências estrangeiras e aos problemas que surgiram com o início das hostilidades em 1939.

Poucos eventos receberam tamanha atenção da literatura internacional quanto a Segunda Guerra Mundial. O maior conflito da história da humanidade modificou os rumos da civilização como nenhum outro. O drama vivenciado por milhões de pessoas, civis e militares, inspirou milhares de obras escritas em dezenas de idiomas. Por isso, nos países Aliados que participaram das ações de combate, a trajetória dos seus exércitos costuma ocupar lugar de destaque na memória nacional. Todavia, há um verdadeiro contraste entre o valor da participação do Brasil no conflito – com as profundas e duradouras consequências da guerra para o destino do país – e o espaço reservado ao tema na historiografia brasileira, que praticamente excluiu dos manuais didáticos a ação dos seus soldados contra os inimigos estrangeiros.

Embora a participação bélica do Brasil no cenário mundial tenha sido relativamente modesta, se comparada à das grandes potências, ela foi um divisor de águas na história da Nação. Sob o ponto de vista econômico, nem mesmo a Proclamação da Independência ou a da República produziram consequências tão determinantes para o futuro brasileiro quanto a declaração de guerra ao Eixo. Porém, nem sequer consta dos currículos escolares a campanha da Força Expedicionária Brasileira na Itália. Mesmo nos cursos de História, a epopeia dos pracinhas raramente é apresentada aos estudantes de forma detalhada e livre de deformações de cunho ideológico.

O verdadeiro papel do Brasil na guerra, bem como os desafios e as ameaças que seus governantes tiveram de enfrentar nos anos 1930 e 1940, foi ignorado por um modelo interpretativo acostumado a subordinar a narrativa do evento ao processo histórico – e não o contrário. A descrição desse período conturbado da história brasileira foi costumeiramente ditada por esquemas predeterminados, em vez de ser embasada em estudos aprofundados.

Operação Brasil revela a origem dos eventos que levaram o Brasil a participar do conflito, trazendo à luz pormenores inexplorados da ação militar que não só mudou o destino do país, mas também – surpreendentemente – fez pender o fiel da balança da Segunda Guerra Mundial a favor dos Aliados.

Para contar essa história, foi empreendida uma busca em alguns dos principais arquivos oficiais da Alemanha (o Arquivo Federal – Bundesarchiv), do Brasil (o Centro de Documentação da Marinha, o Arquivo Histórico do Exército, a Fundação Biblioteca Nacional e a Fundação Getúlio Vargas) e dos EUA (o U.S. Army Center of Military History, o Naval History & Heritage Command, a U.S. Air Force Historical Research Agency, o National Archives & Records Administration e a Franklin D. Roosevelt Presidential Library), entre outros.

Com base nessa pesquisa, foram consultadas inúmeras fontes primárias e oficiais no Brasil e no exterior, com destaque para os planos elaborados pela Kriegsmarine (a Marinha de Guerra alemã entre 1935 e 1945), o diário de guerra do comandante em chefe da Força de Submarinos, o diário de guerra do submarino alemão U-507, a História Naval Brasileira, a História do Exército Brasileiro, a História da Força Aérea Brasileira, a coleção de livros do Centro de História Militar do Exército dos EUA (os *Green Books*), os diários de guerra da Marinha dos EUA e parte substancial da correspondência diplomática das embaixadas alemã e norte-americana no Rio de Janeiro.

No campo biográfico, foi analisada uma série de publicações que trazem as memórias, biografias e diários pessoais de alguns dos protagonistas brasileiros e estrangeiros durante o conflito: Getúlio Vargas, Dutra, Góes Monteiro, Oswaldo Aranha, Churchill, Dönitz, Montgomery e Rommel.

A menção de novas descobertas sobre um tema tão antigo e devassado pelos historiadores pode gerar desconfiança no leitor com o senso crítico apurado. De fato, há razões de sobra para a precaução em face do rico folclore conspiratório que permeia a guerra submarina. Tornou-se frequente o surgimento de opiniões discordando da versão oficial sobre a morte de Adolf Hitler. Alguns autores afirmam que o líder alemão e Eva Braun sobreviveram ao conflito, chegando escondidos à Argentina em um submarino. O casal teria vivido tranquilamente no país austral com o salvo-conduto dos Aliados, aproveitando uma espécie de pacote turístico que incluiria passeios pelo Brasil, com a conivência de Perón e Vargas, em troca dos "segredos das armas secretas nazistas" – como se os vitoriosos líderes Aliados necessitassem dos préstimos do batido ditador alemão.

A tendência à formulação de teorias inovadoras sobre a guerra é um fenômeno provocado pela cada vez mais influente cultura de massa, que direciona um sem-número de obras para o universo da fantasia. Essa tendência é potencializada pelo relativismo contemporâneo, hábil na negação de verdades, conceitos e valores, inspirando a elaboração de teorias conspiratórias sem qualquer base documental. De acordo com a abordagem relativista, não seria possível conhecer o passado como ele realmente foi, pois não existiria uma verdade histórica. Assim, cada autor estaria apto a construir a sua própria versão dos fatos – por mais esdrúxula que ela fosse –, não importando o seu grau de capacitação ou a profundidade da pesquisa realizada. Juntos, o apelo sensacionalista e o ideário relativista fertilizaram o campo da História, fazendo germinar inúmeras versões equivocadas que predominam na historiografia contemporânea.

Com relação à Segunda Guerra Mundial, o afundamento do cruzador Bahia, em 1945, é um exemplo clássico. Ainda que os testemunhos dos sobreviventes do navio atestem que o cruzador foi a pique acidentalmente durante um exercício de tiro, obras recentes afirmam que o navio brasileiro teria sido afundado por um submarino alemão.

Embora o III Reich mal tenha conseguido fincar os pés no litoral africano do Mediterrâneo, artigos na rede mundial de computadores apontam a existência de bases secretas nazistas em operação na Patagônia, no Planalto Central brasileiro e em outros locais remotos do planeta. Versões mais arrojadas afirmam que, ao final da guerra, frotas de submarinos partiram dos portos alemães para instalarem o IV Reich no subterrâneo da Antártida. Lá, hoje, estariam sendo desenvolvidas experiências tecnológicas avançadas, envolvendo o controle da mente, viagens interdimensionais e a construção de óvnis. De acordo com essas teorias, os Aliados desistiram de combater a colônia nazista na Antártida, pois os alemães recebiam a proteção militar de alienígenas. Usando a retórica relativista, seus autores responderam aos críticos invertendo a responsabilidade pelo ônus da prova. Segundo eles, os céticos é quem deveriam provar a falsidade das teorias fantásticas.

Se o prezado leitor for simpático a presunções mirabolantes, cabe um alerta: *Operação Brasil* desperdiçará o seu precioso tempo. Todavia, se estiver disposto a acompanhar a construção das assertivas da obra – alicerçadas em fontes oficiais e no trabalho de autores renomados –, tenha uma certeza: não irá se decepcionar. Talvez as propostas deste livro sejam pouco atraentes ao aficionado pelos discos voadores nazistas ou ao curioso em saber o paradeiro secreto de Adolf Hitler. Contudo, elas irão despertar – assim esperamos – o vivo interesse dos entusiastas do estudo da História do Brasil na Segunda Guerra Mundial.

*

Como oficial da Força Terrestre, jamais imaginei escrever um livro sobre a guerra no mar. O objetivo inicial era narrar a campanha da Força Expedicionária Brasileira na Itália segundo os depoimentos dos seus veteranos, gravados há anos para a produção de um documentário. Todavia, foi preciso modificar os planos. Em face do aprofundamento dos estudos sobre o tema, logo verifiquei que a análise da trajetória dos pracinhas estava vinculada à investigação prévia dos eventos que levaram os brasileiros ao conflito. Era necessário palmilhar, antes, o tortuoso caminho que estabeleceu as alianças política, econômica, diplomática e militar entre os governos e os exércitos do Brasil e dos Estados Unidos, bem como a espiral crescente de atritos entre brasileiros e alemães durante o Estado Novo.

No ensejo de criar uma obra original, evitei aceitar como autêntico o ideário vigente na historiografia, sem primeiro confirmá-lo em fontes primárias ou, se preciso fosse, nos trabalhos dos autores de reconhecida competência. Para viabilizar essa decisão, foi preciso empreender uma tarefa desafiadora: acessar os dados oficiais do conflito em diferentes bibliotecas e arquivos governamentais no Brasil e em vários países estrangeiros. Conciliar a pesquisa com as obrigações profissionais diárias representou um desafio à parte, superado apenas com o inevitável avanço nas horas de descanso e lazer. Todavia, o esforço logo se revelou compensador, produzindo bons frutos, que terminaram por mudar os rumos do trabalho. Quando tive em mãos as cópias de uma série de documentos garimpados no Bundesarchiv (Arquivo Federal alemão), percebi, de imediato, que o material merecia um trabalho à parte. Nasceu ali o projeto de produção deste livro.

Há justificativas de sobra para a empreitada, tanto pela sua originalidade quanto pela importância do fato histórico em questão. Jamais fora publicada uma obra esmiuçando o maior ataque planejado pela Alemanha nazista contra uma nação das Américas: a *Operation Brasilien*. Da mesma forma, a História recente brasileira não registra uma ação causada pelo homem que supere a carnificina ocorrida no litoral nordestino em agosto de 1942. Em época de paz, nunca tantos brasileiros foram assassinados em tão pouco tempo. Contudo, apesar da sua magnitude e dos seus desdobramentos, há mais de 70 anos a origem dos eventos causadores da declaração de guerra brasileira ao Eixo vem sendo descrita de forma equivocada até pelas mais respeitadas fontes nacionais e estrangeiras. Surpreendentemente, a pesquisa sobre a ofensiva naval contra o Brasil também possibilitou a descoberta de alguns tesouros, trazendo à luz eventos capitais para vitória Aliada – desconhecidos da historiografia militar.

Capturados quase intactos após a guerra, os arquivos da Armada alemã foram cruzados com os registros do Comando Aliado, gerando uma produção literária de alta qualidade sobre a Batalha do Atlântico. De forma compreensível, os autores norte-americanos e europeus reproduziram, em detalhes, os incidentes ocorridos no Atlântico Norte, abordando apenas superficialmente os do Atlântico Sul. Assim, muito pouco foi escrito sobre as operações navais do Eixo abaixo da linha do Equador. Por sua vez, a literatura brasileira foi pródiga na descrição dos percalços da sua Marinha Mercante e de Passageiros, além das ações de combate da Armada e da Aeronáutica, mas faltou-lhe a abordagem multilateral das operações militares, deixando uma lacuna aberta entre as duas vertentes temáticas. *Operação Brasil* visa preencher esse hiato, conjugando as virtudes das literaturas nacional e internacional.

Dentre os vários estilos de abordagem possíveis, escolhi como referência uma obra clássica da historiografia militar: o livro *O outro lado da colina* (*The other side of the hill*), de *sir* Basil Henry Liddell Hart. O historiador inglês entrevistou os generais alemães aprisionados em 1945, logo após o término das hostilidades, captando as suas lembranças intactas, antes que fossem inevitavelmente deformadas no pós-guerra. Liddell Hart procurou entrar na mente do inimigo, descrevendo suas intenções da forma mais genuína possível. Obviamente, hoje, é impossível colher os testemunhos dos protagonistas da ofensiva naval contra o Brasil. Contudo, as ações de combate no litoral do Nordeste foram transcritas minuciosamente nos diários de guerra alemães e norte-americanos, permitindo a interpretação das ordens que as motivaram e as conduziram. De posse desse conjunto de informações, foi possível reconstituir com fidelidade um período crítico da Segunda Guerra Mundial, utilizando uma narrativa extremamente rara: a agressão militar contra o Brasil vista, simultaneamente, pelos olhos de alemães, brasileiros e norte-americanos.

A ameaça totalitária

O presidente está obcecado com a ideia de eliminar as diferenças étnicas existentes na população brasileira e criar uma raça brasileira homogênea, com língua e cultura uniformes.
Relatório da embaixada alemã sobre Getúlio Vargas

ANTECEDENTES

A Proclamação da República não foi suficiente para apaziguar as divergências políticas que puseram fim à Monarquia no Brasil. Muito pelo contrário. O país sentiria os efeitos da sua fragilidade política, econômica e social durante a República Velha (1889-1930), quando prosseguiram os conflitos relacionados à disputa pelo poder regional e nacional: a Revolução Federalista e a Revolta da Armada, em 1893-1894; a Revolução da Legalidade, em 1892 e 1906, no Mato Grosso; a Revolução de 1922, no Rio de Janeiro; a Revolução de 1923, no Rio Grande do Sul; a Revolução de 1924, em São Paulo; a Revolta de Juazeiro e a Revolução Sertaneja, no Ceará; culminando com a Revolução de 1930, que deu início à Era Vargas (1930-1945).[1]

Eram flagrantes os sinais de debilidade das instituições nacionais quando comparadas às das democracias maduras. A Segunda República continuou a ser rotineiramente perturbada por ações violentas de origens diversas, que iam desde as perpetradas por bandos de fora da lei até as oriundas de governos estrangeiros. É possível observar um exemplo do contraste entre os EUA e o Brasil nas páginas da revista *A Noite Illustrada*, de novembro de 1931. Imersas na Grande Depressão, deflagrada pela Crise de 1929, sofrendo as privações oriundas das altas taxas de desemprego - inclusive a fome -, a sociedade e as instituições norte-americanas mantinham-se firmes no respeito às leis e à Constituição. Apesar da conjuntura desfavorável, o gângster Al Capone sentou-se no banco dos réus e foi condenado à prisão em Alcatraz, no final de 1931. Enquanto isso, no Brasil, o cangaceiro Lampião e seu bando aterrorizavam o interior nordestino - e continuariam a fazê-lo até o final da década.[2]

Em setembro de 1931, Luiz Carlos Prestes embarcou para a URSS levando 20 mil dólares escondidos na mala: uma fortuna para a época. A quantia era parte do valor que lhe fora entregue para a aquisição das armas destinadas à Revolução de 1930. Em vez de armar os revolucionários gaúchos, Prestes utilizou o dinheiro recebido de Vargas para comprar a sua entrada nos quadros do Komintern russo, financiando uma nova revolução no Brasil em 1935.[3]

Durante a década de 1930, a economia brasileira continuou atada ao modelo colonial de exploração de *commodities* minerais e agrícolas. Após o declínio do ciclo da borracha, o café passou a ocupar o topo da pauta de exportações - sujeita às variações de um mercado volátil, no qual o café não era um gênero de primeira necessidade. Sem indústrias pesadas, o Brasil ainda engatinhava nos estágios iniciais da Revolução Industrial. Pela falta de uma usina siderúrgica, dependia-se do aço europeu e norte-americano. Uma parcela considerável das indústrias, dos transportes (empresas aéreas e de navegação) e dos serviços públicos (fornecimento de energia elétrica e telefonia) estava nas mãos de multinacionais estrangeiras. Comprava-se do exterior a maior parte dos insumos e produtos com maior valor agregado: uma extensa lista que ia desde a munição dos canhões, passando pelas válvulas dos rádios, até o papel dos jornais. Nenhuma gota de petróleo havia sido extraída do vasto território brasileiro, pois a falta de tecnologia e de meios para sua extração e seu refino obrigava a importação de combustíveis fósseis - até mesmo o carvão.

Quando tomou o poder, Getúlio Vargas encontrou um quadro alarmante da sociedade, sob os mais diversos aspectos. Mais da metade dos brasileiros com idade superior a 15 anos era analfabeta.[4] A frágil economia nacional havia sido atingida em cheio pela quebra da Bolsa de Nova York. Entre 1929 e 1932, o PIB nacional crescera míseros 0,3%, obrigando a decretação da moratória do pagamento da dívida externa por duas vezes, em 1932 e em 1937.[5] O Brasil estava preso ao subdesenvolvimento crônico, com a maior parte da população imersa na ignorância e a nação humilhada pela bancarrota. O estado lastimável da economia brasileira influenciou os rumos da política, colaborando para a eclosão da Revolução Constitucionalista de 1932: uma verdadeira guerra civil.

Em maior ou menor grau, a crise econômica mundial afetou os países europeus e americanos, fazendo com que as promessas de prosperidade do capitalismo e da democracia fossem vistas com desconfiança. Enquanto isso, o sucesso dos regimes totalitários passou a seduzir um número cada vez maior de admiradores e seguidores no Brasil, desejosos de modificarem a orientação política e econômica nacional.

Fruto dessa conjuntura, como nos primeiros anos da República, os anos 1930 foram pontuados por diversas convulsões. Entretanto, dessa vez havia um novo componente envolvido: as ideologias comunista, nazista e fascista em suas ramificações brasileiras. As ações subversivas contaram com variados graus de financiamento, estímulo, planejamento e coordenação de governos de potências estrangeiras.

Nem sempre é fácil ambientar o leitor ao cotidiano da Era Vargas de forma concisa, em especial durante o decênio 1935-1945. Entretanto, essa tarefa pode ser facilitada construindo-se uma situação hipotética. Imagine-se assistindo ao seu programa de TV favorito, quando, subitamente, a programação normal é interrompida pelos acordes estridentes da vinheta de um telejornal, anunciando uma edição extraordinária:

> Notícias urgentes de Brasília! Um grupo paramilitar, disfarçado em uniformes de fuzileiros navais, atacou a guarda no Palácio da Alvorada. Travou-se uma luta de curta duração, em que os guardas do Palácio, em menor número, foram aprisionados ou fuzilados. Agora os invasores forçam a entrada na residência do presidente da República e de sua família, que se defendem com o auxílio de funcionários da casa, trocando tiros com os invasores. E atenção! Sob um pesado tiroteio, o comandante do Exército acaba de entrar no Palácio liderando um grupo de soldados em socorro ao presidente. Mais notícias a qualquer momento!

Esse texto poderia ter sido narrado pelo noticiário das rádios cariocas na madrugada de 11 de maio de 1938, trocando-se Brasília pelo Rio de Janeiro, a capital da República; o Palácio da Alvorada pelo Palácio Guanabara; e o comandante do Exército pelo ministro da Guerra. Na ocasião, integrantes e simpatizantes do movimento integralista desfecharam um ataque ao Palácio Guanabara, residência oficial do presidente Getúlio Vargas, num dos muitos episódios violentos desse período.

*

Além dos graves problemas de ordem interna, o começo da Segunda Guerra Mundial trouxe novos desafios para o Brasil. No início da década de 1940, tornou-se evidente a impossibilidade de o país continuar protegido sob o teto da neutralidade pan-americana. Quando o flagelo da guerra chegou a Pearl Harbor, fazendo estremecer o frágil abrigo da neutralidade continental, Getúlio Vargas viu-se forçado a procurar outra guarida sob o fogo cruzado das diplomacias norte-americana e alemã. A escolha talvez tenha sido a mais difícil de toda a carreira do político gaúcho, tamanho o número de fatores e riscos envolvidos. Quaisquer alternativas possíveis implicariam, mais cedo ou mais tarde, a entrada do Brasil na guerra – trocando apenas os antagonistas.

Vivia-se em um ambiente similar ao que o famoso teórico militar do século XIX, Carl von Clausewitz, chamou de "reino da incerteza"; ou, ainda, ao que Robert S. McNamara denominou de "a névoa da guerra": "quando uma densa névoa cobre o processo decisório, nublando a visão dos líderes, deixando-o encoberto e além da habilidade da mente humana em compreender todas as suas variáveis".[6]

Por isso, apresentar as causas e estimar os efeitos da Operação Brasil exige que seja retirada a névoa da guerra que envolveu o Brasil em 1942. Impõe a reconstituição dos laços das políticas externa e interna, das motivações e das ações de alguns dos principais líderes civis e militares, da Alemanha, dos Estados Unidos e do Brasil durante o período.

ANAUÊ!

Após a vitória da Revolução Bolchevique na União Soviética, Vladimir Ilitch Lenin fundou uma organização internacional para reunir os partidos comunistas de diferentes países: a Internacional Comunista (em alemão, Komintern Kommunistische Internationale). Com o suporte logístico e operacional do Partido Comunista Soviético, a organização começou a exportar a revolução bolchevique para o mundo, pregando o fim do capitalismo, o estabelecimento da ditadura do proletariado e da República Internacional dos Sovietes. O novo regime previa a completa extinção das classes sociais e a implantação do socialismo: uma etapa intermediária na transição para o comunismo. Para tanto, fazia-se necessária a completa abolição dos Estados estrangeiros, utilizando-se de todos os meios disponíveis, inclusive a ação armada.

O radicalismo das propostas da Internacional Comunista, conduzidas pelos seus partidários e simpatizantes nos países europeus, transformou o Velho Continente num agitado caldeirão político-ideológico. A chegada do vírus do conflito ideológico ao solo brasileiro era apenas uma questão de tempo. De Washington, o embaixador Oswaldo Aranha escreveu uma carta profética a Vargas, em 22 de julho de 1936, na qual previa a guerra futura: "O mundo caminha para os extremos, seja o de esquerda, seja o de direita", disse Aranha. "Não há lugar para o meio-termo, a alavanca universal apoia-se, hoje, na Rússia e deslocará o mundo para a esquerda ou o atirará num abismo de guerras e lutas sociais".[7]

No Brasil, apenas três anos após a fundação da Internacional Comunista, era fundado o Partido Comunista Brasileiro (PCB), em 25 de março de 1922. Em novembro de 1935, o Partido deflagrou uma insurreição armada no Rio de Janeiro, no Rio Grande do Norte e em Pernambuco, com o financiamento, a organização e a direção do Komintern: a Intentona Comunista. As Forças Armadas sufocaram o levante, mas contaram dezenas de mortes em suas fileiras. Lamentavelmente, constatou-se que a maior parte das baixas fora causada por militares, fanatizados pela ideologia marxista, que os levou a assassinar seus colegas de farda a sangue-frio – alguns depois de aprisionados e desarmados. Por razões óbvias, o episódio originou uma violenta e duradoura repulsa ao comunismo no meio militar.

A reação organizada da sociedade ao avanço vermelho teve início mais de uma década após a chegada do comunismo ao Brasil, quando o escritor modernista, jornalista e político Plínio Salgado fundou a Sociedade de Estudos Políticos (SEP), em fevereiro de 1932. Em outubro, nascia a Ação Integralista Brasileira (AIB), com Plínio Salgado aclamado como seu líder nacional. Alguns dos princípios adotados pela Aliança eram radicalmente opostos aos do comunismo – em especial, os que visavam à abolição dos Estados nacionais e ao combate à religião e aos valores da família. Um dos seus lemas expressava os valores do movimento: "Deus, Pátria e Família".[8] Sua doutrina caracterizava-se pelo nacionalismo extremado, exaltando os indígenas como os verdadeiros símbolos da identidade nacional brasileira. Por isso, a saudação padronizada pelo movimento era feita com o braço direito estendido, acompanhada do brado: "Anauê!" (oriundo da língua tupi, que significa: "tu és o meu irmão").

Visando excluir a influência estrangeira da cultura nacional, os integralistas tentaram substituir até mesmo o Papai Noel por um "Vovô índio". No imaginário integralista, o "bom velhinho" deveria ser trocado por uma figura genuinamente brasileira. Apresentado à população durante uma cerimônia, o personagem silvícola acabou assustando o público infantil, levando ao abandono da ideia.

Os integralistas destacavam-se pela organização paramilitar que desfilava usando o chamativo "passo de ganso" alemão. Trajavam uniforme padronizado, que incluía braçadeira, gravata e camisa verde de manga comprida, sendo por isso chamados de "camisas-verdes" – uma imitação dos "camisas-negras" de Mussolini. Seus membros adotaram uma ritualística severa de trajes e de normas de conduta nas reuniões sociais. Mesmo nas cerimônias de casamento, apenas a noiva era dispensada do uso do uniforme.

Contrários ao liberalismo econômico, os "camisas-verdes" seguiam os preceitos dos regimes de extrema-direita europeus, procurando identificar-se com os líderes nazistas e fascistas até nos detalhes da aparência pessoal. Seu líder dava o exemplo: Plínio Salgado cultivava um bigode estreito que o deixava com aspecto de um Hitler tupiniquim. A AIB adotou como bandeira a letra sigma do alfabeto grego, colocada em destaque no centro de um círculo branco, numa bandeira de fundo azul, simbolizando a soma dos valores da sociedade brasileira: nada menos do que a bandeira nazista estilizada.

O movimento valia-se de uma forte estrutura de imprensa, composta por diversos jornais e revistas, como O Monitor Integralista, A Offensiva, Anauê e O Povo. Em determinadas regiões, mantinha seus próprios tribunais, clínicas médicas, dispensários de leite, escolas, bibliotecas e milícia.[9] Possuía alto grau de penetração em todos os escalões do governo e das Forças Armadas, com base em uma estrutura hierárquica própria, que apregoava ter mais de um milhão de membros em todos os níveis da sociedade brasileira.

Após o início da repressão do governo aos comunistas, os integralistas passaram a ser a força política majoritária no Brasil. Senhoras das melhores famílias marchavam nas paradas organizadas pelo movimento ao lado de trabalhadores, poetas, advogados, padres, oficiais do Exército e pequenos comerciantes. Os quadros integralistas eram ecléticos, incluindo desde almirantes e generais até praças de modesta graduação. Entre eles estava o marinheiro João Cândido, líder da Revolta da Chibata e, agora, chefe de uma célula integralista no bairro portuário da Gamboa, no Rio de Janeiro.[10]

A AIB era o único partido político nacionalmente organizado segundo um corpo coerente de doutrina e com motivação política definida.[11] A proximidade dos seus membros com o nazismo evitou uma identificação maior de Vargas com o movimento, mas não impediu que o líder gaúcho o usasse para atingir seus objetivos políticos.

Em 30 de setembro de 1937, o programa de rádio A Hora do Brasil anunciou a descoberta de um plano de tomada do poder nas mãos dos comunistas: o

Plano Cohen. O capitão Olympio Mourão Filho, chefe do Serviço Secreto da AIB, elaborara um plano fictício para estudos no Estado-Maior do Exército, destinado à criação de um cenário que permitisse o planejamento da reação do governo e dos integralistas. Intencionalmente ou não, o plano chegou às mãos do general Góes Monteiro, chefe do Estado-Maior, que o repassou às mãos do presidente. Foi declarado o estado de guerra para contrapor-se ao suposto plano vermelho de tomada do poder. Logo em seguida, Getúlio Vargas mandou fechar o Congresso, decretando o Estado Novo. Uma nova e autoritária Constituição foi outorgada em 10 de novembro, concentrando a autoridade nas mãos do Executivo. Aplaudida com entusiasmo pelos integralistas, a iniciativa do governo logo decepcionaria Plínio Salgado e os simpatizantes do movimento. O novo regime proibiu toda e qualquer atividade político-partidária – inclusive a da AIB.

Sentindo-se traído, um grupo de integralistas planejou uma ação armada contra diversos órgãos e autoridades do governo em suas residências particulares. O serviço de informações sabia da articulação dos planos, mas desconhecia a hora e o lugar em que seriam desfechados. Uma dessas ações, esperada desde o começo de março, visava prender Getúlio durante um almoço na Escola Naval, mas acabou sendo desbaratada na véspera. No início de maio, Vargas foi alertado sobre uma nova ação: "Fui informado de que se descobrira o rastilho de outra conspiração integralista, e que isso determinara o adiamento da vinda do chefe de polícia e do general Góes. Ignoro pormenores".[12] Ao público, Vargas passava uma impressão de tranquilidade institucional: "O país está em completa calma", declarou o presidente à imprensa, enquanto descansava em São Lourenço.[13]

No dia 10 de maio, o ministro do Interior e da Justiça fez uma alocução pelo rádio, assegurando que o povo poderia dormir em paz.[14] Os acontecimentos das horas seguintes mostrariam o contrário. Pouco depois da meia-noite, dois caminhões estacionaram defronte à entrada residencial do Palácio Guanabara. Dentro deles estava uma milícia fantasiada de fuzileiros navais. Um dos milicianos abordou o soldado da guarda civil de serviço, mandando que fosse aberto o portão principal. Disse que a tropa estava cumprindo uma ordem superior para reforçar a defesa do local. Desconfiado, o guarda não atendeu à ordem. Sem conseguir entrar, os caminhões deram marcha a ré e dirigiram-se para outro portão, onde os esperava o 1° tenente fuzileiro naval Júlio Barbosa Nascimento, comandante da guarnição de serviço e um dos conspiradores. O oficial isolou parte da guarda numa sala e abriu os portões.[15] Uma vez desembarcada, a tropa cercou o palácio, passando a ocupar posições estratégicas. O grupo mais numeroso dirigiu-se à portaria. As luzes foram cortadas.

O efetivo de guarda conservou-se fiel à tradição de lealdade do corpo de fuzileiros, recusando-se a acatar as ordens do comandante traidor. Segundo Alzira Vargas, filha do presidente: "Travou-se uma pequena luta, de curta duração, em face da superioridade do número de invasores. Foram fuzilados, mortalmente feridos ou maltratados e aprisionados, aqueles poucos que puderam reagir".[16] Getúlio Vargas mal havia deitado em sua cama quando se levantou assustado.

> Não havia ainda adormecido, quando sobressaltou-me cerrada fuzilaria e descargas de metralhadoras. Era o ataque ao Palácio feito de surpresa. [...] O Palácio, entregue à defesa precaríssima de alguns investigadores de polícia, do oficial de serviço e das pessoas da família. Travou-se o tiroteio, que às vezes tornava-se cerrado.[17]

Severo Fournier, ex-tenente do Exército, estava à frente de um grupo paramilitar com cerca de 60 milicianos, cujo objetivo era a eliminação do presidente e de toda sua família. O esforço principal do plano de ataque integralista estava direcionado para o Palácio do Governo e para a residência das principais autoridades militares, com o intuito de deixar o país acéfalo, pronto para a tomada do poder. Foram desencadeadas ações contra a residência dos generais Góes Monteiro, Almério de Moura e Benício – que teve a esposa ferida à bala. O general Canrobert Costa conseguiu escapar ao cerco, chegando de pijama ao Palácio da Guerra. Os revoltosos da Armada procuraram tomar o controle do prédio do Ministério da Marinha, do cruzador Bahia e do tender Ceará. A rádio Mayrink Veiga foi ocupada e passou a transmitir notícias falsas, inclusive sobre a prisão do ministro da Guerra.

No Palácio Guanabara, após dominarem o efetivo da guarnição militar, os invasores depararam-se com uma guarda interna de apenas dois elementos, cada um deles portando uma metralhadora. Porém, quando os defensores acionaram as armas, uma delas travou. "A outra é que serviu como ponto de apoio à nossa defesa no interior [...] as únicas armas que dispúnhamos eram seis revólveres de curto alcance. Ao todo éramos seis", contou um dos guardas.[18]

O plano de ataque integralista falhou em alguns itens básicos, como o controle das comunicações. Foram cortadas as linhas da Companhia Telefônica Brasileira, mas foi esquecida a da rede telefônica oficial do Departamento de Correios e Telégrafos.[19] Com a linha ativa, Alzira Vargas telefonou ao general Góes Monteiro pedindo por socorro, exclamando que a guarda havia sido dominada ou se acumpliciara, "estando o presidente e sua família em situação de perigo", e que o "Palácio estava sendo atacado e ela falava debaixo de balas".[20]

O sigilo da operação havia sido quebrado após um incidente fortuito que denunciou a preparação do golpe. Por volta das 22 horas, a ronda policial abordou um caminhão repleto de elementos suspeitos. Foi dado o alerta que levou às primeiras prisões dos revoltosos, abortando a tentativa de tomada da chefatura de polícia. Filinto Müller, chefe de polícia, ligou imediatamente para o ministro da Guerra.[21] Acordado pelo telefone, Dutra foi informado de que algo de grave estava acontecendo. O general vestiu-se rapidamente, colocando sobre o pijama o traje civil com o qual comparecera a uma comemoração no dia anterior. Avisado por um segundo telefonema de que um dos ataques ocorria no Palácio Guanabara, Dutra dirigiu-se ao Forte Duque de Caxias, no Leme, onde lotou um caminhão com 12 praças da Guarda ao Quartel, dando ordens para seguirem seu veículo. A descoberta prematura do plano e o aviso de Filinto Müller permitiram que o ministro saísse de casa antes do ataque integralista à sua residência. Segundo Belmiro Valverde, chefe civil do movimento: "Muitas pessoas que conosco conspiraram, falharam na hora H. Oficiais comprometidos não compareceram aos seus postos de combate; civis, valentes quando das discussões e planejamento, sumiram no momento do perigo".[22]

Chegando às imediações do Palácio, o general fez a tropa saltar do caminhão e acompanhá-lo. Aproximando-se do portão principal, um indivíduo que se encontrava do lado de dentro perguntou quem era o visitante. "Eu sou o ministro da Guerra e quero entrar!", respondeu Dutra.

O tenente Júlio Barbosa do Nascimento, um dos líderes rebeldes, mandou que o integralista Milton Tavares – o único invasor em trajes civis –, fosse verificar se de fato era o ministro da Guerra que estava no portão. Quando veio a confirmação, o tenente não titubeou: "Antes que adivinhassem a nossa fraqueza, arrotei forças determinando 'Fogo'! E todos, sem exceção, atiraram à vontade". Dutra escapou por sorte da saraivada de tiros. "O general abrigou-se inicialmente, com seus homens, na casa fronteira, e daí por diante passou a nos hostilizar insistentemente", testemunhou um dos revoltosos.[23] Um dos soldados legalistas foi atingido por um tiro na coluna vertebral, que o deixou paralítico.

Vargas percebeu o momento da chegada da ajuda: "O ministro da Guerra veio até o portão, mas não pôde penetrar no palácio, porque o espaço entre este e o portão era varrido pelas metralhadoras".[24] Durante o tiroteio que se seguiu, um projétil atingiu de raspão o lóbulo da orelha do general. Sob o fogo dos rebeldes, o ministro e a tropa improvisada conseguiram entrar no Palácio. Alzira Vargas testemunhou o episódio: "Não fiquei sabendo nem como nem porque o general Eurico Gaspar Dutra foi o único membro do governo que conseguiu atravessar a

A ameaça totalitária   25

trincheira integralista. Não pude apurar tampouco o que aconteceu depois que se retirou com um arranhão na orelha, novamente transpondo o cerco inimigo".[25]

Dutra era possuidor de uma coragem indiscutível. Ainda coronel, no comando do 4° Regimento de Cavalaria Divisionário, destacara-se na Revolução de 1932, durante os combates em Passa Quatro, sendo promovido ao generalato por bravura. Em novembro de 1935, liderara pessoalmente as tropas da 1ª Região Militar, que cercaram o 3° Regimento de Infantaria na Praia Vermelha durante a Intentona Comunista, sustentando o cerco contra os rebeldes. Durante o violento tiroteio, o capitão João Ribeiro Pinheiro, seu ajudante de ordens, caíra morto a seus pés, trespassado por um projétil.[26]

Os policiais conseguiram entrar no Palácio apenas ao raiar do dia. Severo Fournier já havia fugido do local, deixando sem comando os remanescentes da milícia, que acabaram rendidos.[27] O ataque fracassou por completo, terminando com o saldo de 13 mortos e dezenas de feridos. Os revoltosos, incluindo Belmiro Valverde e diversos oficiais-generais, foram condenados pelo Tribunal de Segurança Nacional.[28] Pouco tempo depois, Plínio Salgado seria exilado em Portugal.

No dia seguinte, como se nada de anormal tivesse ocorrido, Getúlio deixou o Palácio Guanabara e caminhou em direção ao trabalho no Palácio do Catete, como fazia de costume. Escreveria mais tarde em seu diário: "Passeei pelas ruas da cidade, ovacionado pela multidão. O fato teve grande repercussão no interior e exterior. Grande afluência de gente. As Forças Armadas fiéis, com pequenas defecções na Marinha".[29] Sua popularidade subiu às alturas, pois o ataque à residência do presidente e a das principais autoridades era estranho à cultura revolucionária brasileira. Dois dias depois, uma grande manifestação popular o aclamou durante as comemorações dos 50 anos da Abolição da Escravatura. Em pronunciamento oficial, Vargas afirmou que:

> [...] a ambição de alguns fanáticos desvairados pela obsessão de impor ao país uma ideologia exótica, conluiam-se na trama de uma ignóbil empreitada, lançando mão de todos os recursos, sem olhar a sua origem, nem ter em vista que comprometiam, com auxílio recebido de fora, a própria soberania do Brasil.[30]

*

Embora a ameaça do comunismo tivesse sido a desculpa oficial do governo para impor a nova Constituição, as motivações principais que levaram ao estabelecimento do Estado Novo eram outras. Uma nova crise institucional estava à vista há meses, desde a intervenção do Executivo nos estados. O afastamento dos governadores do Mato Grosso e do Distrito Federal provocou a reação dos governos de Rio Grande do Sul, São Paulo e Bahia. Em março, Viriato Vargas, irmão do presidente, trouxe um recado do general Lúcio Esteves, assegurando que três governadores (do Rio Grande do Sul, de São Paulo e da Bahia) haviam firmado um pacto para a reação conjunta em caso de intervenção em um deles.[31]

No Rio Grande do Sul, piorava cada vez mais a relação entre Flores da Cunha, governador do estado, e Vargas. Desde setembro de 1936, o presidente já havia tomado ciência da mobilização de tropas da Brigada Militar no RS, anotando em seu diário: "Chegou de Porto Alegre o Benjamim (um dos seus filhos), para avisar-me que o Flores está tomando providências de ordem militar como se estivesse em franca mobilização e organizando Corpos Provisórios."[32] O general Daltro Filho, comandante da 3ª Região Militar, informou que o governador organizava forças irregulares disfarçadas como "trabalhadores de estradas", armazenando munição e armas em abundância. O ministro do Exterior repassou ao ministro da Guerra um comunicado do embaixador brasileiro em Montevidéu sobre "grandes remessas de armas para a fronteira e de graves acontecimentos esperados no Rio Grande do Sul". Aliado de Vargas na Revolução de 30, Flores da Cunha parecia disposto a iniciar uma nova aventura militar. O gaúcho montava um verdadeiro exército regional, encomendando clandestinamente da Alemanha duas baterias de canhões antiaéreos com 15 mil tiros, quatro carros de combate, blindados e 12 metralhadoras pesadas.[33]

Quebrar a oposição de Flores da Cunha era a prioridade de Vargas e de Góes Monteiro. Quando Dutra assumiu a pasta de ministro da Guerra, no início de dezembro de 1936 – mais de nove meses antes de o Plano Cohen vir a público –, o general recebeu das mãos do presidente dois documentos que continham um "vasto plano de operações, abrangendo forças terrestres, aéreas e navais e mobilizando todos os recursos disponíveis, com o propósito de intervir pelas armas no Rio Grande do Sul, dentro de curto prazo". Vargas sabia dos perigos de uma sublevação gaúcha, pois ele fora alçado ao poder numa delas. Se nenhuma providência fosse tomada, repetir-se-iam os combates fratricidas de 1930 e de 1932.[34]

O Plano Cohen serviu como uma luva para os objetivos do governo.[35] Em 2 de outubro, 48 horas após a sua divulgação, o Congresso aprovava o pedido do ministro da Justiça para a decretação do estado de guerra, suspendendo os direitos constitucionais. Logo em seguida, as polícias estaduais de São Paulo e do Rio Grande do Sul foram requisitadas pelo governo federal. Após alguma hesitação, Flores da Cunha evitou o confronto que provocaria uma nova guerra civil, renunciando ao cargo no dia 17 do mês seguinte e partindo para o exílio em Montevidéu.

O engodo forjado pelas lideranças do governo Vargas permitiu que o Executivo tomasse o controle de vários estados sem que fosse vertida uma única gota de sangue. Contudo, a estratégia trouxe efeitos colaterais danosos às liberdades individuais e à democracia. A declaração do estado de guerra abriu caminho para a instauração do Estado Novo, transformando o regime numa ditadura e adiando indefinidamente as eleições marcadas para o ano seguinte – nas quais a vitória dos "camisas-verdes" era dada como certa.

Os comunistas e os integralistas, assim como Flores da Cunha e os governadores antagônicos do regime, estavam praticamente fora de ação ao final de 1937. Entretanto, eles representavam apenas uma parte das forças adversas ao Estado brasileiro. A mais perigosa delas ainda teria de ser neutralizada.

A CABEÇA DA HIDRA NAZISTA

Em 1942, mais de um milhão de alemães e de descendentes moravam no Brasil, dos quais 220 mil nascidos na Alemanha. Havia cerca de 2.300 sociedades, clubes e associações alemãs no país – em sua maioria, nas mãos dos nazistas. Imediatamente antes da Segunda Guerra Mundial, os alemães controlavam 10% da indústria e 12% do comércio brasileiros.[36] No início dos anos 1940, das três grandes empresas estrangeiras que monopolizavam o transporte aéreo nacional e internacional, duas eram do Eixo: a Lati (Linea Aeree Transcontinentali Italiane) e o Syndicato Condor, filial da Lufthansa alemã.

O Partido Nacional-Socialista dos Trabalhadores Alemães (National Sozialistische Deutsche Arbeiter Partei – NSDAP) atuava livremente na sociedade, difundindo os principais pontos do seu programa, entre eles: a "unificação de todos os alemães numa 'Grande Alemanha'"; a exigência de "terra e território para a colonização da população excedente"; e que apenas membros da raça ariana poderiam ser cidadãos.[37] A política oficial germânica estimulava os alemães e seus descendentes no Brasil a não se considerarem imigrantes, mas alemães vivendo no exterior como parte da "Grande Alemanha". Em 1937, o ministro das Relações Exteriores, Konstantin von Neurath, declarou: "Quem mora no exterior é, em primeiro lugar, alemão, trabalhando prioritariamente para o interesse da pátria alemã".[38] Hermann Rauschning, líder nazista e amigo pessoal de Hitler, estava particularmente interessado no Brasil:

> Criaremos lá uma nova Alemanha [...] Encontraremos lá tudo de que necessitamos. Todas as pré-condições de uma revolução lá se encontram, revolu-

ção que, em algumas décadas, ou mesmo anos, transformaria o estado mestiço corrupto em domínio alemão. [...] Se há um lugar em que a democracia é sem sentido e suicida, esse lugar é na América do Sul [...] Vamos aguardar alguns anos e, nesse interregno, fazer o que pudermos para ajudá-los. Mas temos que enviar nossa gente até eles. Não iremos desembarcar tropas como Guilherme, o Conquistador, e dominar o Brasil pela força das armas. Nossas armas não são visíveis. Nossos conquistadores [...] têm uma missão mais difícil que dos seus antecessores e, por essa razão, dispõem de armas mais complexas.[39]

Os conquistadores a que Rauschning se referiu trabalhavam ocultos na diplomacia e nas representações alemãs, cultivando nas organizações ligadas ao Partido Nazista as sementes que iriam brotar na ocasião apropriada, sublevando o grande contingente de origem germânica nos estados do Sul do Brasil. Pouco antes do início da Segunda Guerra Mundial, ele representava 6,9% da população no Paraná, 19,62% no Rio Grande do Sul e 22,34% em Santa Catarina.[40] Em alguns mapas editados pelos alemães no Brasil, os estados sulistas eram identificados como Germânia.[41]

No campo militar, a presença da grande colônia germânica nos estados sulistas, somada às dificuldades de acesso àquela região e à inferioridade militar do Brasil diante da Argentina, mereceu um relatório da embaixada alemã no Rio de Janeiro:

> O único oponente militar potencial do Brasil é a Argentina. Mas o Brasil é decididamente inferior à Argentina, sob o ponto de vista militar, e continuará a sê-lo por muito tempo. O centro do poder militar no Brasil, particularmente também no sentido industrial, está nos estados centrais de São Paulo, Rio de Janeiro e Minas Gerais. Mas desse poder não há praticamente qualquer espécie de conexões ferroviárias estratégicas com os estados do Sul. Considerando a superioridade da marinha argentina, o acesso militar aos estados do Sul por mar seria controlado pela Argentina, quando houvesse um confronto. Se em tal caso o acesso militar aos estados sulinos não fosse garantido pelos Estados Unidos, os três estados sulinos, cuja população é em grande parte de origem alemã, estariam em posição indefensável diante de uma tomada militar pela Argentina.[42]

No início de 1938, quando Vargas visitou o Rio Grande, o tenente-coronel Cordeiro de Farias chamou sua atenção para a infiltração nazista nos estados do Sul. Retornando à capital, o presidente reuniu-se com o chefe do Estado-Maior e o ministro da Justiça, decidindo baixar uma série de medidas drásticas contra o NSDAP.[43]

A diplomacia germânica reagiu furiosamente contra as ações do governo brasileiro por intermédio de Karl Ritter, seu chanceler – um personagem que estaria intimamente ligado ao destino do Brasil nos anos seguintes.

Ritter era o principal representante do governo alemão no Brasil desde junho de 1937, quando chegou ao Rio de Janeiro para assumir o posto de embaixador, em substituição a Arthur Schmidt-Elskop. O início dos seus trabalhos foi animador. No final de novembro, Francisco Luís da Silva Campos, ministro da Justiça e Negócios Interiores – com jurisdição sobre a polícia de todo o país –, enviou um representante à embaixada alemã, propondo a organização de uma exposição anti-Komintern no Brasil.[44] A proposta incluía o envio à Alemanha de um ou dois funcionários policiais ou administrativos brasileiros, para o aprendizado dos métodos usados no combate aos agentes enviados por Moscou.

Num ofício que mostrava uma crescente antipatia aos planos alemães na cúpula do Estado Novo, Ritter emitiu um parecer favorável ao atendimento da solicitação do ministro "para obter sua cooperação com a Alemanha em outros assuntos", pois ele era "o único membro do gabinete que, de alguma forma, toma uma atitude pró-germânica". O embaixador recomendou urgência a Berlim e uma "resposta pronta e afirmativa" ao pedido de Silva Campos, pois a "primeira e principal razão é que a colaboração solicitada pelo ministro da Justiça e Negócios Interiores está, eu presumo, completamente de acordo com a linha de política alemã anti-Komintern".[45]

Pouco tempo antes, ciente das dificuldades brasileiras com a infiltração comunista, o Ministério do Exterior alemão propusera a adesão do Brasil ao acordo alemão-japonês-italiano de combate ao bolchevismo. Contudo, o governo Vargas declarou-se expressamente contrário à sugestão – e, consequentemente, ao alinhamento proposto. O verdadeiro inimigo político do Brasil era o totalitarismo, vindo de quaisquer vertentes. Ritter nem sequer desconfiava da manobra política em curso, na qual Vargas mandara o ministro da Justiça contatá-lo para contrabalançar a repressão policial ao Partido Nazista, marcada para ter início nos meses seguintes.

Mais tarde, a imprensa dos países do Eixo saudou o golpe do Estado Novo. Os jornais italianos aplaudiram calorosamente "*Lo stato corporativo in Brasil*". No meio diplomático, o chanceler italiano Galeazzo Ciano, genro de Mussolini, expressou ao embaixador brasileiro a sua satisfação, oferecendo o apoio dos italianos no Brasil. Em Berlim, o subsecretário das Relações Exteriores alemão congratulou o embaixador Moniz de Aragão em nome do Reich.[46] Porém, ao final de fevereiro de 1938, quando a política de repressão ao Partido Nazista tornou-se incisiva, a opinião da diplomacia alemã mudou radicalmente. A prisão e a deportação do agente nazista Ernst Dorsch, chefe do NSDAP no Rio Grande do Sul, levou Ritter a manifestar imediatamente o seu desagrado ao ministro das Relações Exteriores, Mário de Pimentel Brandão. O embaixador afirmou que a questão transcendia todos os outros problemas entre os dois países, prejudicaria as relações Brasil-Alemanha e que "a campanha antinazista era uma bofetada direta em Hitler".[47] Não satisfeito com a resposta do brasileiro, Ritter foi reclamar diretamente a Vargas, em 25 de fevereiro.

O alemão personificava o estereótipo do prussiano retratado nos filmes de Hollywood.[48] Diante do presidente, exigiu que fosse retirada a proibição contra o Partido Nazista. Segundo ele, a perseguição contra os nazistas era ilegal, pois o decreto do governo abolindo os partidos políticos referia-se especificamente aos partidos brasileiros, e não aos estrangeiros. Getúlio afirmou que o Brasil "era um país de imigração, e que não poderíamos fazer a eles concessões que pudessem ser invocadas por outras colônias estrangeiras, com direito a idênticas reclamações"; e a questão não era contra os alemães, mas a forma pela qual eles exerciam sua atividade é que precisava ser examinada e regulada. O embaixador pediu o fim de qualquer repressão policial, oferecendo em troca a interrupção da atividade política dos nazistas até que se chegasse a uma solução para o caso. Disposto a encerrar a audiência desconfortável, Vargas orientou Ritter a encaminhar suas queixas por escrito, a fim de serem examinadas.[49] Do imbróglio diplomático, Getúlio obteve uma certeza: seu ministro das Relações Exteriores não fora capaz de conter o embaixador alemão.

O governo Vargas havia neutralizado as forças adversas de forma metódica e calculista. Uma após a outra. Caíram os comunistas, a oposição política regional e os integralistas. Como um mestre do tabuleiro de xadrez político, capaz de enxergar vários lances adiante, o político gaúcho posicionou suas peças estrategicamente antes de dar o xeque-mate no oponente mais organizado e ameaçador à soberania nacional: a cabeça da hidra nazista no Brasil.

Todavia, Getúlio precisava utilizar as peças certas para seu xeque-mate. Era mister a presença de um diplomata de renome, com inteligência, coragem e tato suficientes para cumprir essa missão sem provocar uma reação negativa do poderoso Reich. Por várias razões, não interessava ao Brasil o rompimento das relações políticas com a Alemanha – possivelmente, a nação europeia hegemônica nas décadas seguintes. Vargas lembrar-se-ia de um velho amigo.

ARANHA ENTRA EM CENA

Oswaldo Aranha chegou a Washington para assumir o posto de embaixador brasileiro em setembro de 1934. Embora o gaúcho não possuísse experiência ou formação diplomática, tinha o dom da diplomacia no sangue. Segundo o brasilianista Stanley Hilton, Aranha detinha um talento extraordinário para negociar e harmonizar posições conflitantes. Era quase lendária a sua capacidade de reunir-se "com intransigentes ou recalcitrantes ou duvidosos e persuadi-los a adotar uma determinada linha de conduta".[50]

A adaptação ao novo cargo não lhe constituiu um grande obstáculo. Formado em Direito, rapidamente estudou a jurisprudência estrangeira, ambientando-se nos pormenores das relações econômicas internacionais. Nos primeiros anos em que morou nos EUA, estudou a fundo a sociedade norte-americana: sua história, suas instituições, sua cultura e sua língua. Por ela logo se apaixonou, escrevendo ao amigo Góes Monteiro apenas algumas semanas após pisar em solo norte-americano:

> Não creio que haja povo mais disciplinado nem mais feliz. O governo aqui não intervém na vida do país [...] nem em 15% da atividade geral! E aí, que tudo precisa ser obra do governo? Vive-se em nosso país do governo e para o governo. Aqui acham que com 15% há governo demais! O individualismo aqui faz milagres, porque assenta suas bases numa formação moral sã, solidária e fraternal.[51]

Observando a sociedade local, Aranha ficou convicto das virtudes e benefícios do modelo democrático capitalista. Entretanto, o golpe do Estado Novo o fez retornar à triste realidade brasileira. Quando tomou ciência da intervenção federal no seu estado de origem, governado pelo amigo Flores da Cunha, a notícia o deixou arrasado: "Esta manhã, ao ter notícia da intervenção no Rio Grande, chorei, sem querer, as lágrimas mais amargas que já verteram meus olhos pela sorte do meu país", confidenciou à esposa, que embarcou de volta ao Brasil antes do marido.[52] Aranha decidiu renunciar ao cargo. O embaixador acreditou ter perdido a credibilidade junto ao governo dos EUA, pois garantira ao presidente Roosevelt e ao secretário de Estado Cordell Hull que não haveria mudança no regime democrático no Brasil.[53] Foram inúteis as tentativas de Vargas para que Aranha revisse sua posição: "Deponho, assim, em tuas mãos, por forma indeclinável, minha renúncia [...]", respondeu ao presidente.[54]

O gaúcho preparou as malas e embarcou de volta ao Brasil em 11 de dezembro de 1937, a bordo do Western Prince. Antes que desembarcasse em solo brasileiro e falasse à imprensa – que o aguardava ansiosamente no cais do porto do Rio de Janeiro –, Vargas tentou uma última manobra para dissuadi-lo, mandando que Góes Monteiro abordasse o navio ainda durante a viagem. O general cumpriu a missão, oferecendo a Aranha três propostas: que ocupasse o cargo de ministro das Relações Exteriores, que continuasse como embaixador em Washington ou que assumisse a embaixada em Londres. Aranha recusou todas elas, alegando estar determinado a retornar ao Rio Grande do Sul, onde recomeçaria a vida como advogado.[55]

Vargas não se deu por vencido, insistindo na oferta de um novo cargo ao demissionário. Na noite de Natal, o ex-embaixador lhe disse que não criaria dificuldades ao regime nem se dedicaria às atividades políticas. Getúlio não acreditou: "Tenho a impressão de que essa atitude não é sincera e que ele, com seu espírito versátil e irrequieto, irá me incomodar", escreveu em seu diário. Em 1° de janeiro, Góes Monteiro informou ao presidente que descobrira o propósito de Aranha: o governo do Rio Grande.[56] Isso era um mau presságio para Vargas. Após livrar-se de Flores da Cunha, em breve teria de lidar com um novo e poderoso adversário político.

*

No começo de abril de 1938, a repressão policial atingiu as organizações do NSDAP, proibindo o uso da suástica e a publicação de propagandas defendendo o nacional-socialismo. Os líderes nazistas em Santa Catarina e Rio Grande (Otto Schinke e Ernst Dorsch, respectivamente) foram presos e tiveram seus trâmites de deportação elaborados. As ações tomadas pelos interventores nos estados provocaram a indignação da diplomacia alemã, que as considerou uma afronta ao Reich.

Naquele momento, era imprescindível a ação de um ministro das Relações Exteriores habilidoso e afinado com a política nacionalista do Estado Novo. Seria preciso um chanceler capaz de mediar com sucesso as pressões diplomáticas que se tornavam cada vez mais sérias. Na visão de Getúlio Vargas - que conhecia como poucos as virtudes e fraquezas de amigos e inimigos -, Aranha era o homem talhado para o cargo. Além disso, caso ele aceitasse o posto no Itamaraty, Vargas neutralizaria um futuro adversário político. Dois coelhos seriam abatidos com uma única cajadada.

No dia seguinte à audiência concedida a Karl Ritter, Vargas mandou chamar Aranha e o ministro da Justiça ao Palácio Guanabara, onde narrou o encontro ocorrido no dia anterior. Juntos, o trio combinou as medidas a serem tomadas.[57] Provavelmente, foi esse o evento que finalmente convenceu Aranha a reverter sua decisão. Graças ao seu patriotismo arraigado e à lealdade que dispensava aos amigos, o gaúcho finalmente aceitou lidar com a ameaça totalitária, mesmo pertencendo aos quadros de um governo ditatorial. Fumante inveterado, ao tomar posse do cargo de ministro das Relações Exteriores, Aranha largou por uns instantes o cigarro para ler o discurso - cuja divulgação foi proibida pela censura do DIP (Departamento de Imprensa e Propaganda) -, no qual explicava a razão pela qual assumira o cargo:

A ameaça totalitária   *33*

[...] eu insistia na necessidade de preparar-se o Brasil para essa tremenda prova [a guerra] a que seríamos submetidos, com todos os demais povos. Esta foi a razão pela qual, passados alguns meses, e consciente da tarefa que me ia caber, aceitei participar do governo como ministro do Exterior.[58]

Ritter não perdeu tempo para testar o novo chanceler, deixando seu cartão de visitas no mesmo dia da posse de Aranha, quando apresentou uma nota de protesto oficial contra as críticas feitas a Hitler pela imprensa brasileira.[59] O novo ministro entrara no olho do furacão, mas isso não o amedrontava. Com 44 anos e 1,80 m de altura – estatura elevada para os padrões brasileiros da época –, Aranha era um sujeito que não fugia dos desafios. Na infância, destacara-se como aluno do Colégio Militar do Rio de Janeiro. Durante a juventude, no Rio Grande do Sul, comandou as tropas provisórias da legalidade em quatro rebeliões armadas, de 1923 a 1926. Durante esse período tumultuado, foi instrutor do Tiro de Guerra de Uruguaiana e tenente-coronel comissionado pelo Estado, organizando o 5º Corpo de Provisórios. Anos mais tarde, graças ao seu papel central na Revolução de 1930, ele receberia a alcunha de "A Estrela da Revolução".

Aranha era um homem dos pampas, onde aprendera a combater montado a cavalo, de espada em punho, à frente das suas tropas. Em 1923, durante o célebre Combate da Ponte do Ibirapuitã, atravessou a ponte longa e estreita ao lado de Flores da Cunha, sob o fogo cerrado de metralhadoras. Os dois foram feridos a tiro na ocasião. Aranha recebeu um balaço no tórax e um irmão de Flores foi morto. Recuperado, continuou a perseguição aos rebeldes nas semanas seguintes, arriscando a vida constantemente. "Tive [...] o meu cavalo morto com dois balaços e o meu capote gravemente ferido numa das abas", escreveu bem-humorado à sua esposa. Em 1925, liderando uma carga de cavalaria contra posições inimigas, protegidas por um muro de pedra e defendidas por armas automáticas, o futuro chanceler foi atingido por um tiro no calcanhar. Sua tropa teve 12 homens mortos e 35 feridos (os adversários tiveram mais de 50 mortos). O ferimento deixou sequelas, que só lhe permitiram andar novamente após três longos anos: primeiro apenas com ajuda, depois com muletas, passando a usar bengalas e sapatos especiais.[60]

Na trama política imaginada por Vargas, a assinatura de um vultoso contrato de fornecimento de material bélico com a Alemanha, em 25 de março, serviria para amortecer os efeitos da repressão às atividades do NSDAP.[61] Entretanto, isso não foi suficiente para aplacar a ira do embaixador germânico. Na tarde de 27 de março, o agitado Karl Ritter uma vez mais procurou o ministro das Relações Exteriores para reclamar das medidas tomadas contra os alemães. Exaltado, advertiu que o Partido Nazista possuía cerca de três mil membros no Brasil e que, por ser um órgão do governo do Reich, seu livre funcionamento era uma reivindicação não negociável. Disse que "o Partido Nazista era a própria Alemanha e não havia como serem dissociados um do outro".

Procurando acalmar os ânimos, Aranha propôs que esquecessem suas posições por um momento e conversassem de homem para homem, colocando as cartas na mesa como pessoas cultas que desejam compreender o problema e encontrar a melhor solução. Com dificuldade para esconder a emoção, o brasileiro ponderou que não era possível ao Brasil, ou a qualquer país, estender as garantias e regalias concedidas aos representantes diplomáticos aos componentes dos partidos políticos. Aranha não falou abertamente sobre o absurdo da pretensão de Ritter – que procurava ditar os rumos da política interna do Brasil –, atendo-se ao *modus operandi* da diplomacia. Conversaram durante uma hora e meia e despediram-se cordialmente – embora Aranha tenha escrito a Vargas sobre a tentativa de amansar a "fúria nazista". Todavia, nenhum dos dois arredou de suas posições.[62]

Enquanto Aranha e Ritter travavam um duro embate diplomático acerca das atividades do NSDAP, um oficial brasileiro e sua família vivenciavam na Alemanha o modelo de sociedade que o Partido Nacional-Socialista sonhava implantar no Brasil.

PERSONA NON GRATA

O major Gellio de Araújo Lima, engenheiro militar, 42 anos, era membro de uma comissão de pouco mais de uma dezena de oficiais brasileiros na Alemanha, no início de 1938. O grupo fora designado pelo Ministério da Guerra para acompanhar os testes com o armamento adquirido junto à Krupp. A empresa alemã já havia dado início à fabricação do material bélico desde o começo do ano, produzindo os canhões mesmo antes do fechamento do negócio. Como a missão estava prevista para durar anos, os militares foram autorizados a levar suas famílias.

Os membros da comissão encontraram uma sociedade de organização e desenvolvimento econômico impressionantes, mas que construíra uma imagem errônea e preconceituosa do Brasil – tido como um território povoado por uma sub-raça ou algo semelhante. Boa parte desse imaginário provinha da miscigenação característica da população brasileira – malvista pelo nazismo, que considerava a raça negra inferior às demais. Como Gellio e sua família possuíam características físicas que os alemães identificaram como da raça ariana, nenhum deles sofreu qualquer espécie de discriminação, mas alguns poucos membros do grupo com a pele mais escura foram visivelmente deixados de lado em reuniões sociais ou mesmo no trabalho.[63]

Se em pleno século XXI, com todas as facilidades da moderna tecnologia, a imagem do Brasil ainda é apresentada de forma estereotipada em muitos países estrangeiros, nos anos 1930 o quadro era muito pior. Na escola, as novas colegas das filhas do militar mostraram-se curiosas para saber a respeito do país das recém-chegadas, querendo ver fotografias e descobrir como era a sociedade, a vida e as pessoas de lá. Quando lhes foram mostradas fotos do Rio de Janeiro, dos prédios de Copacabana e do centro da cidade, as meninas foram chamadas de mentirosas pelas colegas, que diziam serem as fotos de Nova York ou de qualquer outro lugar, menos de uma cidade brasileira.

Dentre uma série de perguntas constrangedoras, indagavam como era viver num país de índios, florestas e cobras. Sobretudo, estranhavam o fato de as brasileiras serem brancas e de olhos claros, creditando sua aparência "ariana" à certeza de que elas seriam descendentes de alemães. Essa concepção originava-se da propaganda do NSDAP, que considerava o estado de Santa Catarina uma colônia germânica instalada em um território autônomo na América do Sul. Elas não sabiam – ou não acreditavam – que o estado fazia parte do Brasil.[64] Quando souberam que a esposa e uma das filhas do major haviam nascido em São Francisco do Sul, em Santa Catarina, isso pareceu "esclarecer tudo" às jovens alemãzinhas.

As informações sobre a colônia alemã no Sul do Brasil chegavam aos jovens pela máquina de propaganda do Partido Nazista. Pelo fato de as meninas estudarem em um colégio frequentado pelas filhas das elites locais, o estabelecimento era constantemente visitado por autoridades e ministros do Reich, como Göring e Goebbels, que profeririam discursos referindo-se à Santa Catarina sem ao menos citar o Brasil. Os líderes nazistas visualizavam o estado sulino como um território de colonização germânica, que, futuramente, tornar-se-ia parte do grande Império Alemão.

O ideário racial nazista chegava às crianças de forma insidiosa. Laís, a filha mais nova do casal, saíra do Brasil com apenas 3 anos e poucas lembranças da terra natal. Gellio e sua esposa não se preocuparam em protegê-la da doutrinação ideológica, acreditando que a pouca idade a protegeria. Todavia, o casal estava enganado. Anos depois, quando parte da família desembarcou no Rio de Janeiro – ao término de uma fuga cinematográfica da Alemanha –, a menina se deparou com um homem negro. Laís assustou-se e começou a chorar. Quando sua mãe quis saber o motivo do choro, "a menina respondeu que havia ouvido, na Alemanha, muitas histórias nas quais os 'monstros' eram sempre negros e ela estava com medo!".[65] A semente do preconceito racial havia germinado na alma inocente da pequena.

O mês de março de 1938 foi especialmente turbulento na Europa: palco de eventos com ampla repercussão internacional. No dia 12, o Exército alemão entrou na Áustria sem encontrar oposição; no dia seguinte, a Alemanha anunciava a anexação do país vizinho, colocando um ministro alemão no cargo de chanceler; em 15, Hitler desfilava pelas ruas de Viena, sendo recebido por uma multidão entusiasmada, que estendia orgulhosamente o braço direito em sua direção, fazendo a saudação nazista.

Nos territórios ocupados pelo Reich, a perseguição aos judeus começou de imediato. Vários deles foram humilhados publicamente, sendo obrigados a escovar o chão das calçadas de Viena sob os olhares risonhos de policiais e de transeuntes.[66] Na Alemanha, à medida que a ideologia nazista crescia em influência e poder, os estrangeiros e religiosos passavam a ser mais perseguidos. As freiras que cuidavam da escola das filhas de Gellio desapareceram, e o colégio foi fechado. Embora fosse católica, a família do oficial logo começaria a sentir os efeitos da discriminação aos estrangeiros. Quando voltavam a pé do colégio, duas das filhas do casal foram abordadas por membros da Juventude Hitlerista, que haviam ouvido a conversa das meninas em português. Sem conhecer a língua delas, o ódio xenofóbico encarregou-se de providenciar a resposta e o grupo passou a segui-las, gritando que eram judias e ameaçando-as de agressão. Uma das meninas recebeu um chute por trás. As duas fugiram apavoradas, gritando por socorro, sendo salvas por um grupo de senhoras que afugentou o bando raivoso.

A situação da família de brasileiros tornava-se mais delicada a cada dia. Certa vez, o apartamento onde a família morava foi atacado por integrantes da Juventude Hitlerista. Os fanáticos gritavam bordões antissemitas, pichando uma das paredes do prédio com a frase: "porcos judeus", enquanto lançavam pedras, que quebraram uma das janelas do imóvel. As meninas entraram em pânico, chorando sem parar, abrigadas debaixo da mesa da sala. Ao tomar ciência do ocorrido, Gellio tentou proteger seus entes queridos da sanha nazista, pegando emprestado na embaixada uma bandeira do Brasil que hasteou na varanda do apartamento. A iniciativa estava longe de ser uma garantia de segurança, pois nessa época a aversão aos estrangeiros já tomava força entre os membros da Juventude Hitlerista.[67]

A anexação da Áustria acendeu a luz vermelha no Palácio Guanabara. Em vez de ceder à pressão de Ritter, Vargas baixou o Decreto-Lei n° 383, de 18 de abril, colocando na ilegalidade todas as organizações estrangeiras (partidos, sociedades, fundações ou clubes) e dando o prazo de 30 dias para a sua desestruturação. O novo decreto frustrou as esperanças da diplomacia alemã sobre um possível recuo brasileiro: "Isso torna a atividade da Auslandsorganisation (Organização do Partido Nazista no Exterior) quase impossível", assinalou o cônsul-geral Lorenz, informando a seus superiores em Berlim que os interventores militares no Rio Grande do Sul, no Paraná e em Santa Catarina haviam imposto regulamentos prejudicando o "caráter germânico" naqueles estados, mais particularmente em Santa Catarina, "onde as escolas alemãs estão praticamente sendo assimiladas às escolas do governo brasileiro".

Com base nas novas regras, a instrução nos graus iniciais deveria ser dada em língua portuguesa – o que incluía os mapas, as inscrições em edifícios escolares e o uso corrente do português, com exceção apenas durante a visita de hóspedes de honra do estado. Nenhuma escola poderia ser mantida direta ou indiretamente por instituições ou governos estrangeiros. Lorenz reconheceu que a ação não era dirigida exclusivamente contra as escolas alemãs, mas, por ser o elemento alemão o mais numeroso e com facilidades escolares maiores, era justamente ele o mais atingido.[68]

Visando obter maiores instrumentos de pressão contra o Brasil – inclusive a autorização para ameaçar Vargas com o rompimento das relações diplomáticas entre os dois países – Ritter enviou a Berlim um longo relatório, no qual destacava uma série de medidas antirracialistas baixadas pelo Estado Novo. O diplomata, membro do partido Nazista, sabia o grau de impacto que o relatório causaria na alta cúpula do Partido, empenhado em promover a "pureza racial" alemã, segregando "raças" e etnias consideradas inferiores. Nas principais áreas de colonização germânica da região Sul, os jornais de língua alemã eram subsidiados pelo NSDAP e incentivavam os imigrantes a evitar casamentos com outros grupos étnicos.[69] Para o horror de Ritter, o governo Vargas fez justamente o contrário em relação aos alemães e seus descendentes no Brasil. Procurando despertar a ira dos seus superiores, o embaixador alemão fez um verdadeiro libelo às medidas antirracialistas de Vargas – que se contrapunha diametralmente à propaganda segregacionista do III Reich.

38 Operação Brasil

O presidente está obcecado com a ideia de eliminar as diferenças étnicas existentes na população brasileira, e criar uma raça brasileira homogênea, com língua e cultura uniformes. Aí, então, os *Volksdeutsche* [alemães étnicos nascidos fora do Reich], aproximadamente um milhão entre os estados do Sul, perturbam-no fortemente porque mantêm sua língua, sua cultura e sua consciência racial alemã mais do que os italianos, os holandeses, os polacos e outros.[70]

Apesar da gritaria promovida por Ritter, as medidas governamentais foram aceitas pelos colonos alemães sem maiores problemas. A ação coordenada dos interventores procurou alternativas para contornar as proibições, em especial, a do ensino em língua estrangeira. "Determinei o fechamento de todas as escolas alemãs, mas uma escola só era efetivamente fechada quando o governo do estado abria outra para matricular os alunos, pois eu não tinha o direito de deixar os meninos sem instrução", afirmou Cordeiro de Farias, interventor federal no governo do Rio Grande do Sul.[71]

Havia o entendimento de que o emprego da língua alemã nas escolas das colônias sulistas se devia à quase total ausência do Estado na região, pouco capacitado ou interessado em promover a educação nas áreas rurais. Assim, foram criados incentivos especiais para as professoras que concordassem em se deslocar para as regiões mais distantes, sob maior influência alemã. Foram oferecidos a elas residência, serviço de saúde e proteção policial, além do salário normal a que tinham direito.[72] Algumas professoras que lecionavam em locais recalcitrantes ao governo informavam os nomes das famílias que resistiam em aceitar os novos padrões educacionais, por meio da Secretaria de Educação.

De posse das listas, o governo trouxe a Porto Alegre, como convidados, grandes grupos de 500 crianças – chamadas de "coloninhos" –, sobretudo na Semana da Pátria. Os jovens passavam cerca de um mês passeando na capital gaúcha e no litoral, onde ficavam hospedados em casas de família e iam às festividades. Muitos também conheciam o mar pela primeira vez e participavam dos desfiles escolares de 7 de Setembro.[73] Era preciso cortar o mal pela raiz, incutindo nessas crianças valores morais e cívicos que as tornassem orgulhosas de serem brasileiras, independentemente da origem dos seus pais.

A política do Estado Novo empenhou-se em eliminar os quistos étnicos no Brasil, num momento histórico em que a presença maciça de imigrantes alemães em outros países era vista como estímulo para sua anexação pelo Reich. Na vizinha Argentina, em abril de 1938, a embaixada e os consulados alemães abriram suas instalações para a votação do plebiscito do *Anschlüss* (anexação), com a realização de comícios, marchas, tropas uniformizadas e exercícios, o que motivou protestos do embaixador argentino em Berlim.[74]

Conforme o governo brasileiro intensificava a repressão às atividades ligadas ou correlatas ao NSDAP, mais subia o tom das queixas do embaixador alemão. Em 10 de maio, Ritter entregou a Aranha uma nota de protesto contra as ações do governo, argumentando que o Partido Nazista, ao contrário dos partidos parlamentares de outros países, era um Partido estatal ao qual se confiavam tarefas oficiais e que, por isso, a proibição brasileira havia "atingido um órgão da administração do Estado alemão". Na madrugada seguinte, o ataque desesperado dos integralistas contra o Palácio Guanabara jogaria por terra as pretensões da diplomacia germânica.

Quase dois meses antes, em 18 de março, o governo anunciara a descoberta de uma conspiração para a tomada do poder, com ramificações em vários estados. Foram encontradas relações com nomes de pessoas a serem assassinadas – incluindo Vargas, autoridades ministeriais e outras pessoas importantes – e uma lista com nomes de oficiais das Forças Armadas envolvidos na conspiração, inclusive alguns generais. A quantidade de detenções foi tamanha que, uma vez abarrotados os presídios, tiveram de ser criados campos de concentração para os integralistas em Minas Gerais e em Fernando de Noronha.

Após a frustrada tentativa de golpe, Ritter escreveu ao Ministério do Exterior alemão dizendo que não lhe surpreendia a eclosão do movimento contra Getúlio Vargas, em face das condições locais, e que fora a segunda revolta com derramamento de sangue desde a implantação da ditadura. Dessa feita, o presidente e sua família, "inclusive as mulheres, tiveram de se defender com revólver na mão". O embaixador recomendou que a imprensa alemã "destacasse o descontentamento popular contra a completa submissão de Vargas às ordens dos Estados Unidos" e a "traição ao movimento integralista".

Ritter foi irônico ao comentar os detalhes da operação integralista que atacou os apartamentos dos funcionários da alta administração (Dutra, Góes Monteiro e outros) sem conseguir prendê-los. O diplomata zombou dos brasileiros, dizendo que os poucos defensores do palácio presidencial foram capazes de manter-se por cerca de uma hora contra uma força superior, antes da chegada de reforços: "certamente uma situação possível apenas em um país como o Brasil".[75]

Aparentemente, o embaixador esquecera-se de que o Partido Nazista havia desencadeado uma tentativa de golpe de Estado em Munique, na década anterior, em moldes semelhantes aos da ação brasileira, fracassando igualmente. O atentado integralista inspirara-se no *putsch* (golpe) deflagrado em 1923, que provocara a prisão de Hitler. O líder nazista seria libertado no ano seguinte, chegando, mais tarde, ao poder, graças a uma conjunção de fatores: seu inegável talento político; o dom da oratória capaz de arrebanhar as massas; a máquina de propaganda de Goebbels; o estímulo ao orgulho nacional, ferido pelas "cláusulas humilhantes" do Tratado de Versalhes; os efeitos da agitação comunista; entre outros. No Brasil, excluída a ameaça latente dos comunistas, a realidade política era outra. Além do mais, Plínio Salgado estava longe de ser um Adolf Hitler. Felizmente.

O ataque ao Palácio Guanabara azedou de vez as relações diplomáticas entre o Brasil e a Alemanha e, por muito pouco, não causou a saída de Aranha do Itamaraty. Um irmão seu, o capitão Manuel Aranha, participou de uma ação ousada que colocou Severo Fournier a salvo na embaixada da Itália. Junto a outros oficiais, o capitão furou o bloqueio militar em torno do local, levando Fournier escondido no porta-malas de um automóvel. A notícia caiu como uma bomba no meio diplomático e no alto escalão do governo. Envergonhado, Aranha escreveu uma carta ao presidente, solicitando exoneração do cargo. Todavia, Vargas compreendeu que a atitude do oficial fora motivada por um sentimento humanitário, atendendo à súplica do pai de Fournier – um coronel do Exército –, ciente de que a polícia do Estado Novo não deixaria seu filho com vida por muito tempo. Getúlio empenhou todos os meios de que dispunha para demover Aranha da decisão, conseguindo seu intento somente após muito esforço.[76]

O embaixador alemão previu o fortalecimento da influência do Exército e da polícia no governo brasileiro, incluindo-se a deterioração das relações com a Alemanha, em virtude das notícias publicadas na imprensa sobre a participação de elementos germânicos no plano integralista. Nos dias seguintes ao ataque ao Palácio Guanabara, vários membros do Partido Nazista começaram a ser detidos em São Paulo para a "investigação de sua atividade política no Brasil". Wilhelm Koenig, representante do escritório do Reichbahn e membro do Partido Nazista, estava entre eles, pois seu automóvel fora visto nas vizinhanças do Palácio justamente nas horas críticas do atentado. Em 13 de maio, assim que a polícia começou a prender alguns cidadãos alemães, Ritter enviou um protesto enérgico ao chanceler brasileiro, reiterando uma reclamação anterior, de 10 de maio, contra o decreto do governo que proibia o funcionamento de partidos estrangeiros em solo nacional. Aranha respondeu-lhe com frieza, afirmando que, se os alemães foram presos, havia, indubitavelmente, boas razões para isso e que o governo não modificaria o decreto de 18 de abril.[77]

Após a prisão de membros do Partido Nazista, o embaixador alemão consultou os superiores por meio de um telegrama urgentíssimo, no qual solicitava autorização para pressionar o governo brasileiro.[78] O secretário de Estado Weizsäcker respondeu vagamente: "os passos aí têm nossa completa aprovação", recomendando que se falasse francamente aos brasileiros, pois estavam em jogo "o prestígio e a preservação da colônia alemã no Brasil".[79] Sem receber uma resposta clara, o embaixador enviou um novo telegrama no mesmo dia, perguntando se estaria autorizado, do Brasil, a romper as relações diplomáticas.[80] Antes de autorizar ou não, o governo alemão quis mais informações a respeito da participação de cidadãos alemães no atentado. Em 16 de maio, o ministro do Exterior orientou Ritter a informar "sem reservas, sobre se, como resultado de inabilidade e erros de pessoas de origem alemã ou outros elementos alemães, as acusações levantadas e as medidas tomadas contra nós possam de alguma maneira justificar-se".[81]

Antes de responder aos superiores, o embaixador alemão resolveu sondar o chanceler brasileiro. No dia seguinte, Aranha recebeu Ritter em seu gabinete, dizendo-lhe que o argumento sobre o caráter oficial do Partido Nazista era "inadmissível".[82] Após a conversa com o brasileiro, o alemão escreveu a Berlim, esquivando-se de responder diretamente ao questionamento feito pelo ministro do Exterior. Disse estar convencido de que o "governo brasileiro não está de posse de qualquer prova da participação de nacionais alemães" no atentado a Vargas. Ritter reconheceu que, desde o princípio de 1937, houve inabilidade por parte de elementos alemães, mas que isso não daria motivo para a proibição do funcionamento da organização partidária. Por fim, reiterou o pedido para ameaçar o governo brasileiro com a quebra de relações diplomáticas.[83]

Weizsäcker ignorou o pedido de Ritter. Visando evitar novos embaraços para a diplomacia germânica, o Ministério do Exterior alemão determinou a expulsão de todos os *Volksdeutsche* e pessoas com dupla nacionalidade das organizações alemãs na América Latina, inclusive a Federação 25 de Julho (organização fundada pelos alemães e por seus descendentes em 1936). Além disso, obrigou que as entidades filiadas ao Partido Nazista submetessem seus estatutos a Berlim.

No final de junho, Colin Kopp, cidadão brasileiro de origem alemã – secretário da federação e um dos colaboradores mais próximos de Von Cossel, líder do Partido Nazista no Brasil – foi preso numa sexta-feira, morrendo no dia seguinte, alegadamente por suicídio. Devido à idade avançada do presidente da associação, cabia a Kopp a direção dos negócios. Ritter não acreditou na versão oficial divulgada pelo governo e encomendou uma necropsia sigilosa. De acordo com o laudo, havia ferimentos que sugeriam severas torturas, tornando-se difícil acreditar na possibilidade de suicídio. O embaixador interrogou várias pessoas próximas a Kopp, descobrindo que o falecido estava de posse de inúmeros documentos altamente comprometedores. Um deles planejava uma nova revolta integralista a ser deflagrada em breve nos estados do Sul. Alarmado, Ritter escreveu um ofício secreto a Berlim:

> Deve ser presumido que esses arquivos caíram em mãos da polícia [...]. Outras declarações – uma explicação delas levar-nos-ia muito longe – fazem infelizmente parecer certo que esse documento esteja em mãos da polícia brasileira. A sua leitura mostra imediatamente quão seriamente a embaixada está comprometida.[84]

Após o incidente, a embaixada alemã deu abrigo a vários cidadãos alemães ligados à Federação 25 de Julho, incluindo Barwich, representante da agência de notícias alemã, que fornecia o noticiário internacional para a imprensa sul-americana. Embora não restasse dúvida de que integrantes da diplomacia do Reich estavam envolvidos com o *putsch* integralista, Vargas aquiesceu o pedido de Ritter de que fosse emitida uma declaração oficial isentando os alemães de envolvimento no golpe integralista. Todavia, os brasileiros estavam convencidos justamente do contrário. Aranha segredou ao embaixador Caffery que a cúpula do governo acreditava terem os representantes da embaixada simpatizado com os conspiradores e participado do planejamento do golpe.[85]

O motivo para a posição contraditória do governo brasileiro é evidente. Não era do interesse do Brasil a suspensão de relações diplomáticas com a Alemanha, pois as duas nações partilhavam de um proveitoso e significativo comércio que contrabalançava as relações comerciais com os EUA. Além disso, pesava um fator da mais alta relevância: o militar. No final de março de 1938, o Ministério da Guerra assinara um contrato com a firma alemã Krupp, que estabelecia o fornecimento de armas no valor de 105 milhões de *reichmarks*, tendo sido adiantado o pagamento de vários milhões.[86] A encomenda abrangia 1.080 canhões de diversos tipos, munição correspondente e viaturas motorizadas que o governo norte-americano se negava a vender aos brasileiros por razões variadas.

Após a tentativa de golpe integralista, Ritter enviou a Berlim um longo e esclarecedor relatório político. Sua leitura desmonta uma série de versões elaboradas no pós-guerra. Em especial, as que forjaram uma dicotomia política no Estado Novo, antagonizando suas lideranças em facções Pró-Aliados e Pró-Eixo.

> De qualquer forma, é certo que, apesar de alguma simpatia pessoal para com o elemento germânico por parte do presidente e de alguns militares influentes e ministros, politicamente eles se opõem a tudo que seja alemão e a todas as atividades alemãs. Eu também acredito que essa atitude não seja apenas temporária, mas devemos contar com ela como permanente. Estou, portanto, muito cético quanto ao êxito de meus atuais esforços para solucionar a controvérsia surgida com a proibição das atividades do NSDAP nos estados do Sul.[87]

Em 21 de maio, Aranha procurou amenizar a tensão diplomática entre as duas nações. Aproveitando a proximidade da recepção ao ministro do Exterior chileno, o chanceler convidou o embaixador alemão e os demais funcionários da embaixada para um baile. Ritter agradeceu o convite, mas afirmou que não considerava apropriado dançar em um baile do ministro do Exterior "no momento em que nacionais alemães estavam presos sob a suspeita de estarem envolvidos na revolta contra o governo brasileiro". Aranha retrucou que iria instruir o embaixador brasileiro em Berlim a não mais aceitar convites do governo alemão. Ritter subiu o tom, dizendo que

> não havia necessidade de dar essa informação ao embaixador em Berlim, pois ele não mais receberia convites do governo alemão, em nenhum caso, enquanto o NSDAP estivesse proibido aqui. O ministro pareceu ficar desconcertado e bastante aborrecido com esta comunicação.[88]

Ao ouvir a resposta do alemão, o brasileiro sentiu-se tão ultrajado que seu rosto ficou completamente vermelho. O chanceler replicou asperamente: "Neste caso, queira aceitar o último convite que lhe dirijo, que é o de se retirar imediatamente do meu gabinete".[89]

Ritter apostou nos resultados de uma pressão sobre o Brasil, instando aos seus superiores que medidas estritas fossem tomadas, de maneira que a embaixada brasileira e o seu pessoal em Berlim não recebessem convite do Reich. O embaixador conseguiu transformar a oportunidade de distender as relações tensas entre os dois países em um novo incidente diplomático. Todavia, seu tiro saiu pela culatra. Por ordem de Ribbentrop, Weizsäcker, secretário de Estado alemão, escreveu a Ritter, passando-lhe uma reprimenda. Disse que ele "havia assinado um cheque em branco contra Berlim sem estar seguro de que seria honrado". O alemão foi obrigado a se retratar, sendo encarregado de informar a Aranha que não haveria boicote social ao embaixador do Brasil na Alemanha.[90]

No início do mês seguinte, o embaixador italiano em Berlim informou às autoridades alemãs sobre o tratamento diferenciado que a colônia italiana recebia no Brasil. Segundo ele, a colônia italiana "gozava de tantas vantagens, que as provisões legais contra a minoria alemã e suas escolas não haviam sido ainda cumpridas no que se refere à minoria italiana". Nessa oportunidade, o secretário de Estado alemão compreendeu por que o embaixador italiano no Rio de Janeiro ainda não concordara em empreender uma ação conjunta com o embaixador Ritter. Foi essa a estratégia proposta por Aranha a Vargas no início do ano, quando sugeriu que as restrições políticas aos alemães no Brasil fossem abrandadas com relação aos italianos, a fim de dividir a provável resistência conjunta do Eixo. Em abril, Vicente Loja, embaixador italiano no Brasil, foi chamado por Aranha e informado de que a lei não afetaria, na prática, as organizações italianas. Da mesma forma, o embaixador brasileiro em Roma foi instruído a tranquilizar o governo fascista.[91]

O ardil de Aranha e Vargas funcionou admiravelmente; em parte, graças à desunião de esforços diplomáticos do Eixo no Brasil. Ciente de um entendimento secreto ocorrido entre o governo brasileiro e o italiano, Weizsärcker sondou o Ministério de Assuntos Exteriores italiano durante uma visita do Führer à Itália. Entretanto, seus esforços foram em vão: "Não encontrei qualquer simpatia dos italianos para minha sugestão de que poderíamos, apesar disso, agir em conjunto", declarou.[92] Em junho, o embaixador italiano em Berlim aconselhou ao secretário de Estado que, pela sua experiência no Rio de Janeiro, "a política mais efetiva seria a de não ferir as sensibilidades brasileiras e adotar um tom cordial, mesmo nas situações difíceis".[93] Todavia, era tarde demais.

A contínua pressão de Ritter sobre Aranha provocara marcas indeléveis no relacionamento bilateral. Em agosto, quando o diplomata germânico viajou à Alemanha, a fim de participar de um congresso da Auslandsorganisation e da convenção anual do Partido Nazista, Aranha vislumbrou a oportunidade de livrar-se do incômodo estrangeiro. O chanceler determinou a José Joaquim Muniz de Aragão, embaixador brasileiro em Berlim, que informasse às autoridades alemãs que Ritter não era mais bem-vindo no Brasil. Em resposta, o Ministério

A ameaça totalitária   *45*

do Exterior alemão exigiu que a mensagem viesse por escrito. Autorizado por Vargas, Aranha instruiu Aragão a declarar Ritter *persona non grata*, o que foi feito em 1º de outubro. Em represália, o governo alemão determinou uma providência idêntica, solicitando o retorno de Muniz de Aragão ao Brasil.[94] Os laços diplomáticos entre os dois países estavam por um fio.

No ano seguinte, procurando sensibilizar o governo alemão a restabelecer os laços diplomáticos com a troca de embaixadores – e assim contrabalançar a crescente influência norte-americana –, Vargas enviou Lutero Vargas, um dos seus filhos, para estudar durante seis meses na Universidade de Berlim. Por sua vez, o Ministério da Guerra fechou um contrato de fornecimento de material ótico com a firma alemã Carlos Zeiss, em 10 de janeiro de 1939. Contudo, as relações entre os dois países seriam normalizadas apenas em junho, com as nomeações dos embaixadores Ciro de Freitas Vale, para Berlim, e Curt Max Prüfer, para o Rio de Janeiro.[95]

Mesmo ultrapassado o grave incidente, a diplomacia alemã manteve o foco na pressão contra Oswaldo Aranha. Em fevereiro de 1939, o Ministério das Relações Exteriores do Reich havia sugerido a indicação de um novo embaixador no Brasil, mais efetivo do que um encarregado de negócios, para "contrapor-se ao embaixador americano e ao ministro do Exterior, Aranha, que infelizmente segue a liderança dos americanos em todos os assuntos".[96] Assim, a nomeação do embaixador Prüfer para a representação alemã no Rio de Janeiro não alterou substancialmente o quadro político deixado por Ritter, pois o novo diplomata também era filiado ao Partido Nazista, aparentando ter as suas ações ainda mais conduzidas pela ideologia do que o antecessor. Prüfer queixava-se dos efeitos de uma suposta conspiração internacional judaica, escrevendo em seu diário em 21 de junho de 1941: "O pan-americanismo serve apenas para a hegemonia da facção judaica em torno de Roosevelt e possui suas conexões em todos os países da América Latina".[97] Após regressar à Alemanha, em setembro de 1942, o alemão fez valer o seu antissemitismo com ações práticas. Gozando de trânsito livre entre os administradores dos campos de concentração, Prüfer fechou os contratos da firma Topfs and Sons para o fornecimento dos fornos crematórios destinados aos campos de extermínio em Dachau, Buchenwald, Mauthausen e Auschwitz-Birkenau.[98] Ele sabia exatamente a destinação do material. Informado por amigos militares, Prüfer estava a par do genocídio dos judeus e de outras etnias desde novembro de 1942, quando escreveu em seu diário:

Esta manhã, eles me contaram sobre as horríveis histórias relativas ao tratamento dado aos persas [uma expressão alemã para os judeus]. Homens, mulheres e crianças foram massacrados em grande número por gás venenoso ou metralhadoras. O ódio que, inevitavelmente, deve surgir a partir desse evento jamais será apaziguado. Hoje, toda criança sabe a respeito disso nos menores detalhes.[99]

CHOQUE DE NACIONALISMOS

A sólida estrutura montada pelo governo alemão no Brasil começou a desmoronar a partir do final de 1937. Tão logo foi decretado o Estado Novo, Karl Ritter afirmou que "não existiam diferenças políticas entre o Brasil e a Alemanha e que não podia imaginar que viesse a surgir alguma no futuro". Mas o flerte diplomático durou pouco tempo. No início de dezembro, a polícia estourou centros integralistas em várias partes do Brasil, com o apoio do poderoso Departamento de Imprensa e Propaganda (DIP). Foram fechados inúmeros jornais ligados ao movimento, sendo apreendidos depósitos de armas clandestinos. O Partido Nazista seria o próximo alvo.

A estratégia política utilizada pelos nazistas e integralistas fora extremamente bem-sucedida até novembro daquele ano, propiciando a fundação de centenas de entidades ligadas ao movimento. Todavia, a enxurrada de novos adeptos dificultava o controle das ações. Nem Ritter, nem Cosow, nem Plínio Salgado foram hábeis para conter a ambição e a impetuosidade dos seus correligionários, culminando no ataque fracassado a Vargas e sua família, que repercutiu negativamente para a imagem do NSDAP e da AIB junto à imprensa e à opinião pública, aumentando a rejeição aos países do Eixo no Brasil.

A diplomacia alemã percebeu tardiamente o potencial de conflitos gerados pelas atividades ostensivas da Auslandsorganisation nas Américas. Apenas em 18 de maio de 1938 – uma semana após o atentado ao Palácio Guanabara – seus dirigentes resolveram colocar ordem na casa. Berlim mandou que as missões na América Latina evitassem quaisquer atividades abertas, concentrando-se na doutrinação interna.[100] Também é provável que a realidade política brasileira tenha sido mal interpretada pela diplomacia alemã. A falta de relações diplomáticas do Brasil com a URSS, a colocação do PCB na ilegalidade, a instauração do Estado Novo, a saída brasileira da Liga das Nações e a forte influência política da AIB, entre outros motivos, podem

A ameaça totalitária   47

ter levado à crença de que o combate ao comunismo implicava, automaticamente, numa aproximação com o nazifascismo.

Ocupando o posto de maior autoridade do Reich no Brasil, Ritter não observou as nuances do jogo político, protestando além dos limites aceitáveis quando o Partido Nazista teve suas atividades proibidas. De um modo geral, a diplomacia alemã insistiu em fomentar o antagonismo entre Vargas e Oswaldo Aranha, subestimando os fortes laços de amizade entre os dois. Von Levetzow – substituto provisório de Ritter – apontou dois caminhos viáveis para a política alemã em 1938: apostar na "posição enfraquecida de Oswaldo Aranha para obter vantagens nas relações econômicas entre os dois países" ou agir "firmemente junto ao atual governo brasileiro, em todas as oportunidades possíveis". O alemão escolheu dar ênfase à primeira alternativa: "Talvez esta fosse melhor para afastar nosso grande oponente no Brasil, Oswaldo Aranha", a quem o alemão definiu como "um ministro do Exterior serviçal da América do Norte".[101]

No início de 1939, Levetzow enviou uma carta ao príncipe Bismarck, traçando um perfil sociológico dos brasileiros:

> De início, gostaria de dizer que o Brasil e o governo brasileiro devem ser considerados sob luzes diferentes das que usamos, por exemplo, para considerar os governos na Europa. Aqui, as intrigas desempenham um papel muito importante, e o mesmo é verdade em relação à amizade. Qualquer brasileiro, assim como qualquer estrangeiro, que pretenda fazer negócios no Brasil tenta obter amigos para ir adiante em seus interesses. Aqueles que não têm amigos perdem a influência, e não podem obter nada. Um ministro brasileiro é inclinado a fazer um favor a um diplomata estrangeiro de quem goste, mesmo que isso não sirva estritamente aos interesses do país. Por outro lado, ele terá a mesma disposição para esquecer os interesses de seu país ou de alguns círculos comerciais nacionais, se ele assim puder prejudicar os esforços de um diplomata de que não goste.[102]

A análise de Levetzow precisa ser vista com cautela, pois remete, indiretamente, à amizade entre o embaixador Caffery e Aranha, contrapondo-se ao trato pouco amistoso entre o brasileiro e Karl Ritter. Essa avaliação particular da diplomacia nacional camufla a defasagem de qualificação e de características pessoais entre Caffery e Ritter. O norte-americano era um diplomata de carreira, tendo servido por vários anos em diversos países da Europa e da América do Sul. Simpático, aprendera o português e parecia ter o temperamento perfeito para o trato com os brasileiros.[103] Ritter possuía qualificações em outras áreas.

Formado em Direito, antes de chegar ao Brasil trabalhara desde 1918 no escritório de Economia do Ministério do Exterior alemão, onde fora o encarregado dos assuntos econômicos de 1924 a 1927.[104] O embaixador alemão não era um diplomata de origem, mas um burocrata membro do NSDAP, afinado com a ideologia do seu partido.

O perfil elaborado por Levetzow destaca, porém, um aspecto peculiar da sociedade brasileira: a valorização das relações interpessoais típica da cultura latina. Durante as negociações com as autoridades brasileiras, uma parcela dos representantes estrangeiros percebeu o valor da construção de laços de confiança mútua. Aqueles que valorizaram essa nuance da cultura nacional – e a utilizaram conforme suas características pessoais permitiram – atingiram resultados positivos para os interesses das suas nações. Já os que, por quaisquer motivos a subestimaram ou não souberam adaptar-se à cultura nacional, colheram o fracasso.

A fineza no trato pessoal não era uma das virtudes de Ritter, que se mostrava indelicado e inconveniente em conversas e notas diplomáticas, a ponto de ser agressivo. Num dos diversos encontros tensos com Aranha, o alemão "comportou-se de modo tão inconveniente que o chanceler, costumeiramente uma pessoa de extrema gentileza, quase o expulsou, fisicamente, porta afora do seu gabinete".[105] Ritter priorizou as ambições do nazismo no Brasil em detrimento da profícua relação diplomática com os brasileiros – pela qual deveria zelar e fortalecer. Conforme o próprio alemão verbalizou ao então ministro das Relações Exteriores do Brasil, Mário Pimentel Brandão, ele era "em primeiro lugar, o representante do Führer e do Partido Nazista e, em segundo, da Alemanha".[106]

*

No pós-guerra, várias razões foram levantadas para explicar o fracasso dos planos germânicos no Brasil. Boa parte da historiografia cita como causas a pressão política, militar, diplomática e econômica dos EUA, conjugada à supremacia de Oswaldo Aranha frente à ala "germanófila" do Ministério da Guerra. Entretanto, foram poucos os historiadores que puderam chegar às verdadeiras raízes dessa questão.

O Brasil não vendeu seu apoio aos EUA nem foi por ele obrigado a declarar guerra ao Eixo. A longa tradição pacifista e a fragilidade das suas Forças Armadas não permitiriam aos brasileiros entrar numa aventura bélica sem que houvesse um grave atentado à soberania nacional. Nunca houve na alta cúpula governamental um segmento americanófilo contrapondo-se a outro germanófilo – como insistem as descrições reducionistas. Embora o caminho para atingir seus objetivos não fosse exatamente coincidente, Getúlio, Aranha, Dutra e Góes Monteiro comungavam dos mesmos ideais. A questão central do fracasso da diplomacia alemã originou-se nas suas tentativas de ingerência na política interna brasileira. Somado a outras motivações de menor expressão, o choque do nacionalismo alemão com o brasileiro acabaria por definir o posicionamento do Brasil na Segunda Guerra Mundial.

*

A doutrinação e a influência nazista no Brasil foram desmanteladas graças à oposição firme do Estado Novo, bem como ao espírito pacífico e ordeiro da esmagadora maioria dos imigrantes alemães e italianos e de seus descendentes. Embora preservassem com orgulho as tradições dos seus ancestrais, eles queriam distância dos problemas da conturbada Europa. Seus pais e avós haviam buscado no Brasil um pedaço de terra onde pudessem reconstruir os lares e recomeçar a vida em paz, longe dos conflitos e das privações que os tiraram do Velho Mundo. Em solo brasileiro, encontraram quase tudo o que procuravam. Não havia motivos para a revolta contra o país que os acolheu generosamente ou para as práticas segregacionistas estimuladas pelo NSDAP.

A ideologia do Partido Nacional-Socialista pregava aos imigrantes alemães a noção de que eles viviam num território onde não havia um povo, mas um conglomerado de raças.[107] A partir de 1935, as leis de recrutamento impostas pelo regime de Adolf Hitler abrangeram todos os nascidos de famílias de origem alemã, inclusive os das fixadas em outros países há gerações.[108] O III Reich procurou incutir-lhes a noção de que eram alemães morando no exterior. Todavia, a grande maioria dos jovens ignorou o chamado para a guerra. Ainda que alguns voluntários brasileiros tenham integrado as fileiras da Wehrmacht, o resultado da doutrinação sobre os cerca de um milhão de alemães e seus descendentes no Brasil foi pífio. Mais que isso, o futuro iria mostrar uma realidade bem diferente.

Quando foi declarada guerra ao Eixo, milhares de jovens descendentes de imigrantes europeus atenderam à convocação da Força Expedicionária Brasileira (FEB) – muitos ainda sem falar o idioma português.[109] Um oficial da FEB contou ter comandado no Sul do Brasil um pelotão de recrutas que só falavam alemão, tornando indispensável o auxílio constante de um intérprete: um soldado negro que passara a vida numa colônia germânica.[110]

Um visitante perspicaz que desce à cripta do Monumento Nacional aos Mortos da Segunda Guerra Mundial, no Aterro do Flamengo, é capaz de perceber o fracasso da propaganda nazista no Brasil. Entre as centenas de lápides de mármore branco, dezenas estão gravadas com sobrenomes comuns aos alemães: como Goering, Stobl, Rauen e Wolff, além de outros tantos de origem japonesa e italiana, como Higaskino, Bórtolo, Bertini, Rossin e Zanetti.[111] A sucessão de lápides é o testemunho irrefutável do sacrifício dos milhares de descendentes de alemães, italianos e japoneses que combateram os regimes totalitários do Eixo, lutando com a farda da Força Expedicionária Brasileira.

O NSDAP equivocara-se. Muitos dos jovens a quem sua propaganda fora dirigida não eram alemães morando no exterior, mas homens dispostos a lutar e a morrer pela terra que reconheciam como sua verdadeira pátria: o Brasil.

Aliança incerta

Por que Washington pode fornecer armas para as tropas que quer estacionar no Nordeste, mas não pode transferir armas para o Brasil? Pergunta do chanceler brasileiro Oswaldo Aranha ao embaixador norte-americano Jefferson Caffery

O ROMPIMENTO

Os correspondentes internacionais eram os que mais sofriam com o calor do verão carioca do dia 28 de janeiro de 1942. Recém-chegados do inverno no hemisfério norte, os norte-americanos suavam em bicas dentro de paletós e gravatas pouco adequados ao clima tropical. Tentavam esquecer o desconforto físico e concentrar-se no trabalho que lhes fora designado: cobrir a III Reunião de Consulta dos Ministros das Relações Exteriores das Repúblicas Americanas, convocada após o ataque japonês à base aeronaval de Pearl Harbor, que provocou a entrada dos EUA na Segunda Guerra Mundial. Durante a conferência, os diplomatas das nações americanas decidiriam como os seus governos reagiriam à agressão do Eixo, segundo o estabelecido nas reuniões anteriores, em Havana e no Panamá.

Dentre os vários países sugeridos, o Brasil fora escolhido para sediar o encontro, pois a diplomacia dos EUA desejava que o anfitrião, o chanceler Oswaldo Aranha, conduzisse as tratativas. Havia tantos fotógrafos e câmeras no interior do Palácio Tiradentes, no centro da cidade, que a cena lembrava um estúdio

53

de Hollywood. As luzes fortes, com o foco sobre a mesa presidencial, aumentavam ainda mais a temperatura interna, a ponto de deixar o ambiente quase insuportável.[112] Era o último e derradeiro dia da reunião. Nas galerias e tribunas lotadas, diplomatas, repórteres e curiosos aguardavam ansiosamente a decisão do governo brasileiro, na esperança de que ela fosse anunciada por ocasião da sessão de encerramento.

"A América responde ao Eixo!" – dias antes, em letras garrafais, a imprensa noticiara uma das decisões tomadas durante o encontro: a recomendação para o rompimento das relações diplomáticas e comerciais dos países americanos com a Alemanha, a Itália e o Japão.[113] Apesar da manchete impactante, a resolução aprovada foi a sugestão diplomática proposta pelo ministro das Relações Exteriores da Argentina, Enrique Ruiz-Guiñazu, que liderara um movimento de oposição ao Brasil e aos EUA, arrastando consigo o Chile, o Paraguai e a Bolívia. Por fim, caberia ao governo de cada país americano decidir se acataria a recomendação ou não.

A opção do governo brasileiro era aguardada com expectativa crescente pelas imprensas nacional e internacional, pois as principais autoridades brasileiras estavam divididas quanto à decisão a ser tomada. Em 18 de janeiro, o presidente Roosevelt foi informado pelo subsecretário de Estado que Vargas convocara as maiores autoridades militares do Regime para uma reunião em seu gabinete. Durante a conversa, Getúlio teria afirmado que o Brasil devia se colocar totalmente ao lado dos Estados Unidos, e que o membro do governo em desacordo com essa política tinha a liberdade de renunciar ao cargo, no que "recebeu o firme apoio do chefe do Estado-Maior e do ministro da Guerra".[114]

Todavia, a situação real era bem diferente. De fato, Vargas promoveu uma reunião de cúpula com seus ministros no final da tarde daquele dia a fim de decidirem qual posição o Brasil iria adotar.[115] Mas, antes disso, os generais Eurico Gaspar Dutra e Góes Monteiro – as duas autoridades militares de maior prestígio no Estado Novo – fizeram chegar a Vargas a informação de que pediriam exoneração dos cargos se as suas recomendações não fossem atendidas – o que causaria uma crise institucional de consequências imprevisíveis.[116] Os embaixadores da Alemanha, da Itália e do Japão enviaram cartas separadas a Aranha, advertindo o chanceler de que o rompimento de relações diplomáticas fatalmente levaria à guerra.[117]

No Palácio Tiradentes, em meio a um batalhão de repórteres de vários países, chegam os representantes de 21 nações americanas. Os enviados estrangeiros – gente do mundo todo – estão pendurados nos telefones em contato com as suas redações no exterior. Todos querem a primazia de reportar a decisão brasileira. Um repórter do *Diário Carioca* acha curiosa a meticulosidade do colega norte-americano, que toma nota do tempo com o auxílio de um cronômetro: "Decerto um método muito objetivo, mas muito pouco real para acompanhar realidades como aquela", observou. Seu temperamento latino não compreende como o anglo-saxão consegue ficar alheio à emoção daquele momento. No dia seguinte, a cobertura do brasileiro estará na reportagem de capa do seu jornal:

> Raras, raríssimas vezes é dada a uma geração assistir a um evento como o de ontem [...]. A realidade daquilo era a América toda acompanhando uma nação-irmã agredida na luta da tirania contra a liberdade, do obscurantismo contra a cultura.

Embora a imprensa carioca tivesse publicado os seus palpites com antecedência, a decisão brasileira é uma verdadeira incógnita.

Após os discursos do secretário de Estado da República Dominicana e do embaixador de Cuba, chega o momento tão aguardado. São 19h10. Usando um terno claro para amenizar o calor sufocante, o chanceler brasileiro levanta-se para tomar a palavra. Aranha parece ainda mais alto do que já é. Quando alcança a tribuna, dezenas de *flashes* espocam em profusão. Mesmo dispondo de microfone, ele mal consegue ser ouvido por causa da intensa e prolongada quantidade de palmas que o saúdam. Por fim, sua voz poderosa enche o ambiente, contagiando de vibração os ouvintes. "A grandeza do momento, o sentimento daquela hora definitiva, o tinha penetrado, e ele assomou diante do recinto como se assomasse para a posteridade", descreve o repórter carioca.[118] Aranha profere um discurso memorável. A entonação grave mostra confiança no que é dito: "Esta conferência é a maior afirmação histórica de imortalidade da democracia". A declaração de solidariedade brasileira aos irmãos norte-americanos ficaria registrada para a posteridade:

> Não nos reunimos aqui nem como homens nem como governos, mas como povos. [...] O Brasil, meus senhores, em toda sua história, sempre teve como fator decisivo o valor da sua palavra. Recebemos de nossos antepassados esse patrimônio moral incomparável e o defenderemos com todas as nossas forças. Estamos dispostos a todos os sacrifícios para a nossa defesa e a defesa da América.

Aliança incerta **55**

Conforme avança na leitura do texto, o barulho das palmas cresce cada vez mais, dentro e fora do Palácio. Alto-falantes montados na entrada transmitem o discurso à massa, concentrada nas escadarias e ruas ao redor. A expectativa dos presentes vai subindo a um nível quase intolerável. As gravações de áudio da conferência registram a tensão – quase material – que paira no ar quente do salão abafado. Quando o brasileiro chega ao ponto culminante do discurso, parece um centroavante avançando livre na grande área, rumo ao gol adversário, para decidir o resultado da final de um campeonato de futebol. Então, por um instante, algo notável acontece. Há uma espécie de vácuo na agitação dos presentes. Muitos aguçam os ouvidos e prendem a respiração à espera do arremate decisivo.

Faltam oito minutos para as 20h – teria anotado o jornalista cronometrista norte-americano. Com a voz ainda mais pausada pela emoção profunda do momento, Aranha dispara:

> Esta é a razão pela qual hoje, às dezoito horas, de ordem do Senhor Presidente da República, os Embaixadores do Brasil em Berlim e Tóquio e o Encarregado de Negócios em Roma passaram nota aos governos junto aos quais estão acreditados, comunicando que, em virtude das recomendações da III Reunião de Consulta dos Ministros das Relações Exteriores das Repúblicas Americanas, o Brasil rompia suas relações diplomáticas e comerciais com a Alemanha, a Itália e o Japão.[119]

Aranha não consegue ler o discurso até o final, pois o Palácio Tiradentes quase vem abaixo. O grande salão transforma-se numa arquibancada repleta de uma torcida ensandecida: "A assembleia estava toda de pé, batendo palmas, gritando, enchendo o recinto de uma tempestade de vozes e delírios humanos irreproduzíveis", exulta o repórter do *Diário Carioca*.[120] Do lado de fora, a multidão vibra. Oswaldo Aranha marcara um *goal* – como a imprensa esportiva da época escrevia –, sendo delirantemente ovacionado.

Após o término da conferência, Aranha contou a um amigo íntimo as razões que motivaram a decisão brasileira: "Não foi o Getúlio, nem fui eu, nem foi ninguém que nos forçou a romper relações. Foi a nossa posição geográfica, a nossa economia, a nossa história, a nossa cultura, enfim, a condição nossa de vida e a necessidade de procurar sobreviver". Aranha era um idealista que não deixava de lado o pragmatismo em suas decisões, mas também não se amedrontava frente ao horizonte obscuro: "Não sei quem vai vencer, nem se esta consideração poderia entrar na nossa cogitação", declarou. "Sei, apenas, que nossa atitude não poderia ser outra e que, agora, só nos resta tudo fazer para a vitória daqueles a que estamos ligados por um passado, que é o penhor do futuro."[121]

Oswaldo Aranha uma vez mais dava mostras da sua capacidade de impulsionar a roda da história na direção que julgava correta. Durante a Revolução de 1930, quando Getúlio Vargas subitamente esmoreceu em prosseguir nas operações militares que desencadearam o movimento, fora ele o responsável por motivá-lo a seguir adiante. Em 1942, frente ao novo impasse, Vargas foi novamente convencido por Aranha a tomar uma ação afirmativa, abandonando a cômoda - e agora insustentável - política de barganha econômica junto aos contendores.

Durante a Conferência do Rio de Janeiro, as edições dos jornais nacionais tinham um ponto em comum: o amplo destaque à atuação do chanceler brasileiro, considerada o apogeu da sua carreira política como ministro das Relações Exteriores.[122] Entretanto, uma análise minuciosa das relações políticas e militares entre Brasil e Estados Unidos mostra uma realidade diferente da repetida pela historiografia tradicional.

O resultado final da conferência desagradou tanto ao Departamento de Guerra quanto ao Departamento de Estado norte-americano, que investira pesado na montagem da representação diplomática para a reunião. O secretário de Estado Cordell Hull só não chefiou a comitiva devido à idade avançada para a longa viagem, sendo substituído pelo subsecretário Sumner Welles.

Tão logo a conferência foi encerrada, houve uma tempestuosa conversação telefônica entre Hull e Welles, acompanhada por Roosevelt na extensão. O secretário de Estado acusou Welles de ter modificado a política do Departamento de Estado sem antes consultá-lo, afirmando que a fórmula encontrada na reunião havia sido uma rendição à Argentina.[123] Furioso, Hull condenou Welles por ter comprometido os Estados Unidos "com um acordo não inteligente", que fazia concessões a uma questão da maior importância e que fez da conferência um desastre.[124] O "acordo não inteligente" citado por Hull fora o compromisso - proposto por Welles - de Roosevelt atender ao pedido de Vargas de que fosse fornecido aos brasileiros um grande volume de material bélico em troca do rompimento com o Eixo.[125]

O secretário de Estado tinha razão num ponto: acabou prevalecendo a proposta argentina - contrária ao envolvimento generalizado da América na

Guerra –, que apenas recomendava o rompimento das relações diplomáticas e comerciais dos países americanos com o Eixo. Na opinião de Hull, quanto à guerra entre os Estados Unidos e o Eixo, a posição argentina balizou 100% da declaração final do encontro.[126]

A decisão pela declaração de guerra ou de ruptura – unânime ou por maioria – dos países americanos era esperada pelo Departamento de Estado, pelo Exército, pela Marinha e pela imprensa dos EUA. Antes do início da conferência, 13 dos 21 países inscritos já haviam rompido suas relações com o Eixo. Dez deles já haviam, inclusive, declarado guerra.[127] Embora a recomendação pelo rompimento tivesse sido acatada na reunião das três grandes nações sul-americanas – Argentina, Brasil e Chile –, apenas o Brasil a seguiria de imediato. A propalada solidariedade entre as nações do continente, firmada nas conferências anteriores, permanecera na retórica diplomática da maioria dos representantes dos países do Cone Sul.

Em que pese Welles e Aranha terem feito o que lhes foi humanamente possível, dada a conjuntura política interna da Argentina, do Brasil e do Chile, o maior sucesso alcançado pela Conferência do Rio teve lugar apenas na imprensa brasileira. Nos EUA, a aprovação do texto final recebeu uma cobertura altamente negativa da mídia. De Washington, o embaixador Carlos Martins informou que o texto da declaração causara uma péssima impressão nos centros políticos da capital norte-americana: "O *The New York Times* e os demais órgãos líderes de opinião, em edições de hoje, assinalam o evento como a maior vitória diplomática da Argentina".[128]

Sob o ponto de vista político e militar, o resultado final do encontro só não foi um fracasso total da diplomacia norte-americana em face da aprovação de 39 recomendações e/ou resoluções do seu interesse.[129] Contudo, não foi possível alcançar os principais objetivos da política externa de Washington no continente: a suspensão do comércio de matérias-primas essenciais ao esforço de guerra do inimigo, a negação de pontos de apoio ao Eixo no Cone Sul e a liberdade de operação das Forças Armadas dos EUA no Brasil.

Argentina e Chile continuaram vendendo valiosas *commodities* agrícolas e minerais ao Eixo por meio da Espanha, Suécia, Portugal e outros países neutros. As aditâncias militares da Alemanha, da Itália e do Japão permaneceriam enviando informações diversas sobre as operações Aliadas nas Américas. Vargas procurou amenizar o desgaste diplomático com o Reich, autorizando o adido militar da Alemanha a residir no Rio de Janeiro, mesmo após o corte das relações diplomáticas. Nos anos seguintes, navios argentinos cruzariam os comboios Aliados, efetuando transmissões de rádio suspeitas, nas quais informavam suas localizações no mar, passando mensagens sem recibo. Num desses episódios, em julho de 1943, o comandante do cruzador Rio Grande do Sul verificou que um navio argentino acompanhava obstinadamente um comboio em águas brasileiras. Não sendo obedecida a ordem para que o intruso se afastasse, o comandante mandou disparar um tiro de advertência à frente da sua proa, convencendo-o finalmente a mudar de rumo.[130]

O clima de vitória que a imprensa brasileira dispensou ao resultado da reunião contrasta com a decepção dos militares norte-americanos, pois absolutamente nenhuma das propostas entregues pelos departamentos do Exército e da Marinha dos EUA fora inteiramente aprovada. Parte do fracasso deveu-se ao radicalismo do plano defendido pelo general George Catlett Marshall Junior, chefe do Estado-Maior do Exército, com medidas que envolviam os países da América Latina no conflito. Marshall esperava que todos os países da América Latina cumprissem as seguintes propostas: que declarassem guerra a todos os membros do Eixo e, caso isso não fosse conseguido, que cortassem relações diplomáticas com eles; que os países americanos permitissem o deslocamento das Forças Aéreas dos EUA nos seus territórios ou através deles, cujos governos seriam avisados quando possível, não sendo isso, porém, uma exigência; que houvesse concordância, por parte dos países que ainda não o haviam feito, em permitir a montagem de bases militares, com destacamentos de manutenção, comunicações e meteorologia para o apoio logístico das suas aeronaves; que houvesse permissão para que as forças militares dos EUA entrassem ou atravessassem os territórios dos países americanos – em conformidade com os acordos citados anteriormente e no curso de operações para a defesa do hemisfério –, utilizando as instalações que viessem a necessitar.[131]

Todos os itens da proposta de Marshall – em especial os três últimos – reportavam-se diretamente ao Brasil. Todavia, excetuando o corte das relações diplomáticas, nenhuma das requisições das Forças Armadas dos EUA foi atendida pelos brasileiros. Uma vez colocadas em prática, elas anulariam qualquer resquício de soberania do país. Os militares norte-americanos poderiam locomover-se – quando e como bem entendessem – sem a necessidade de dar satisfação às autoridades locais, ocupando as instalações que julgassem adequadas. Frente às propostas extremas, nem mesmo o fiel aliado inglês, vivendo sob a ameaça de uma invasão nazista, concordaria com as exigências do chefe do Estado-Maior norte-americano, aceitando tornar-se um mero território sob a ocupação militar estrangeira.

Os resultados frustrantes da Conferência do Rio são essenciais para a compreensão das relações políticas e militares entre brasileiros e norte-americanos em 1942. Vista com má vontade tanto pelo Departamento de Estado quanto pelo Departamento de Guerra dos EUA, a questão do fornecimento de armas ao Brasil seria um dos pivôs das negociações entre os dois países.

Embora a ação de Aranha em prol do rompimento brasileiro tenha sido um passo importante na luta contra o Eixo, sua grande contribuição para a causa Aliada viria nos meses seguintes à conferência. Os maiores êxitos do advogado foram alcançados ao final de tratativas espinhosas, longe dos olhos da mídia e da opinião pública, costurando a aprovação de um convênio militar secreto entre Brasil e EUA e, mais tarde, convencendo Vargas a declarar guerra à Alemanha e à Itália.

Depois de proferir o discurso de encerramento da reunião de chanceleres no Rio de Janeiro, já sabedor da repercussão negativa em Washington, Aranha assinalou que "as grandes obras só podem ser compreendidas quando o tempo dá à inteligência a sua perspectiva divina e a sua eterna luz".[132] Estava coberto de razão.

O "LORDE DO MAR"

Conforme Oswaldo Aranha afirmara, a opção brasileira pelo alinhamento junto aos EUA baseara-se em motivações políticas, sociais, militares e econômicas. Uma delas dizia respeito aos laços históricos entre os dois países que remontam, ainda que informalmente, a antes mesmo do nascimento do Brasil como nação independente.

Por ironia do destino, a prova de amizade e solidariedade do Brasil aos EUA fora proferida no palácio batizado com o nome do mártir da Inconfidência Mineira, cujos líderes pediram o apoio norte-americano ao movimento de independência brasileiro.

No século XVIII, José Joaquim da Maia, um estudante brasileiro na universidade francesa de Montpellier, tomou a iniciativa de escrever a Thomas Jefferson, representante dos Estados Unidos na França. O jovem solicitara o apoio norte-americano a um futuro movimento pela independência do Brasil, com foco em Minas Gerais. Em 1787, Jefferson enviou um relatório a John Jay, secretário de Estado dos EUA, encaminhando o pedido de Joaquim da Maia.[133] Porém, a ajuda esperada não chegou e o movimento foi esmagado pela Coroa portuguesa em 1789. Thomas Jefferson seguiu a carreira política, elegendo-se presidente dos Estados Unidos por duas vezes seguidas. Conhecido pela defesa dos ideais republicanos, o político visualizava o Brasil independente do Império Português, desfrutando de um convívio igualitário junto às outras nações do continente. Nos últimos anos da sua vida, o norte-americano manifestou seu desejo "de não ver imperadores ou reis em nosso hemisfério e que o Brasil e o México se igualem a nós".[134] Originou-se dessa visão de união pan-americana a iniciativa em apoiar a independência brasileira. Em 26 de maio de 1824, quando o presidente James Monroe recebeu o encarregado de Negócios brasileiro José Silvestre Rabelo, os Estados Unidos tornavam-se o primeiro país a reconhecer a autonomia do novo império sul-americano.[135] Embora tenha sido pioneiro, o ato foi cercado de cautela, acontecendo somente um ano e meio após D. Pedro I desembainhar sua espada às margens do rio Ipiranga, quando já estava consolidada a independência brasileira.

A chama da amizade entre as duas nações foi revigorada durante o Segundo Reinado, particularmente após a visita de D. Pedro II aos EUA, em 1876, e a Proclamação da República, em 1889. Os dois governos intensificaram os acordos diplomáticos e econômicos bilaterais, estabelecendo uma relação de comércio complementar. Os EUA tornaram-se o principal mercado consumidor dos produtos brasileiros.

No começo do século XX, o chanceler José Maria da Silva Paranhos, o barão do Rio Branco, forjou uma aliança não escrita com os EUA baseada na defesa do pan-americanismo e nos preceitos da Doutrina Monroe: "A América para os americanos". A doutrina preconizava a não ingerência dos países europeus nos assuntos americanos e a correspondente neutralidade dos países das Américas nos conflitos europeus. A relação fraterna nas relações bilaterais foi materializada pelo apoio norte-americano nas questões de limites de fronteira do Brasil,

Aliança incerta   61

retribuída pelo veloz reconhecimento brasileiro à independência do Panamá, fomentada pelos EUA.

Durante o final da década de 1930 e o início dos anos 1940, enquanto os Estados Unidos e os países do Eixo disputavam a preferência do governo brasileiro, o subsecretário Welles e o embaixador Caffery tiveram um papel da mais alta relevância no terreno diplomático. Cientes da delicada trama institucional brasileira, ambos tornaram-se os dois maiores protagonistas civis da aliança Brasil-EUA pelo lado norte-americano. Caffery e Aranha desenvolveram um relacionamento de confiança mútua que lhes permitia encontros diários, chegando ao ponto de partilhar mensagens e documentos confidenciais dos seus governos, evitando a ocorrência de episódios de repercussão altamente negativa para as relações entre os dois países – inclusive a guerra.

O Panamá voltaria a reunir os interesses de brasileiros e norte-americanos em outubro de 1939, no mês seguinte ao início da Segunda Guerra Mundial. Os chanceleres e representantes americanos assinaram uma declaração geral de neutralidade, com o propósito de afastar o continente da guerra na Europa. Devido à escalada bélica do conflito – que fez do litoral uruguaio o palco de uma batalha naval entre ingleses e alemães – os diplomatas reuniram-se novamente em Havana, em julho de 1940. Uma nova deliberação estabeleceu que todo atentado da parte de um Estado não americano contra a integridade ou inviolabilidade do território, da soberania ou da independência política de um Estado americano deveria ser considerado um ato de agressão contra todos os Estados americanos. A reunião também estabeleceu uma zona de segurança marítima ao redor do continente, a fim de proteger a navegação costeira.

Após as deliberações da Conferência de Havana, tiveram início as "patrulhas da neutralidade", compostas de unidades navais dos EUA no Atlântico Sul. No comando dessas missões, entraria em cena um almirante da Marinha dos EUA que teria um papel de suma importância nas relações entre os dois países. Bem mais do que quaisquer um dos seus patrícios do Exército, o oficial personificaria a política amistosa, igualitária e de boa vontade idealizada por Thomas Jefferson.

*

No início de março de 1942, quando chegou a notícia do ataque ao Arabutan na costa leste dos EUA, Getúlio Vargas enviou uma mensagem a Souza Costa, em Washington. O presidente instruiu o ministro a comunicar o fato ao governo norte-americano, enfatizando a falta de defesa a que estavam sujeitos os navios brasileiros – quase na totalidade, a serviço das duas nações. Vargas ressaltou que "essa situação nos coloca a alternativa de suspender nossa navegação para os Estados Unidos da América ou ficar sem Marinha Mercante".[136]

Já era o quinto navio brasileiro afundado pelo Eixo – o quarto desde o rompimento das relações diplomáticas no final de janeiro. Entretanto, os ataques submarinos continuaram. No dia 9 de março, quando o Cairu foi a pique, Vargas decretou o embargo às viagens de todos os navios com destino aos EUA, mas a medida unilateral não poderia durar indefinidamente. Sem dispor de uma única refinaria, o Brasil dependia por completo da importação dos derivados de petróleo norte-americanos (gasolina, querosene, óleos lubrificantes etc.) para movimentar a economia nacional. Algo precisava ser feito.

No final do mês seguinte, de passagem pelo Rio de Janeiro, o vice-almirante Jonas Howard Ingram foi convidado a fazer uma visita ao presidente, que repousava na estação de águas de Poços de Caldas, no interior de Minas Gerais. O convite estabelecia que o almirante não viesse acompanhado por mais ninguém, salvo do tradutor, o capitão Brady, auxiliar do adido naval norte-americano no Brasil.[137] É provável que Ingram soubesse da importância desse encontro, pois além da necessidade de reativação do comércio marítimo, o governo brasileiro ainda não havia fornecido autorizações vitais para as operações das Forças Armadas norte-americanas no Brasil. Era imprescindível trabalhar em prol desse objetivo.

Com 54 anos de idade, Ingram era um veterano da Primeira Guerra Mundial que também fora agraciado com a Medalha de Honra do Congresso – a mais alta condecoração norte-americana – por sua "conduta distinta em combate", manejando com habilidade e eficiência a artilharia e as metralhadoras do USS Arkansas durante a captura de Vera Cruz, no México.[138] Em fevereiro de 1942, ele foi encarregado do comando das "patrulhas da neutralidade" na porção centro-sul do oceano Atlântico. Para cumprir a missão, Ingram recebeu apenas 15 navios – entre unidades de combate e de apoio logístico. Pequena demais para denominar-se uma esquadra, a diminuta frota foi chamada de Força-Tarefa Três (FT-3), com uma extensa área de responsabilidade que abrangia o mar do Caribe, a oeste; o arquipélago de Cabo Verde, ao norte; a ilha de Ascensão, a leste; as Falklands e o Cabo Horn, ao sul.

Os militares brasileiros e os diplomatas da Alemanha, da Itália e do Japão alertaram Vargas de que, uma vez rompidas as relações diplomáticas com o Eixo, a guerra poderia chegar ao Brasil. Na opinião do presidente, a solução estava na proteção da navegação brasileira pela frota de Ingram, pois a Armada nacional não estava habilitada a cumprir o seu papel em águas nacionais e, muito menos, nas internacionais. Além de mal equipadas, as Forças Armadas trabalhavam sem a coordenação e o concurso de estados-maiores conjuntos que pudessem organizar a defesa de modo eficiente. O ministro da Guerra manifestara essa situação ao presidente em janeiro: "A situação atual é de desarticulação das Forças, sem qualquer trabalho de coordenação conjunta dos vários teatros de operações previstos".[139]

Após um voo do Rio de Janeiro a Poços de Caldas em um pequeno avião, ocorreu o primeiro encontro entre Ingram e Vargas: uma surpresa agradável para ambos. O temperamento alegre e o ar bonachão do norte-americano causaram uma ótima impressão ao brasileiro. Ingram não falava português e pouco conhecia sobre o Brasil e seus habitantes – mas o que já sabia era o essencial. Vargas estava informado da boa reputação do almirante junto às autoridades civis e militares no Nordeste, bem como da sua facilidade em estabelecer e manter bons relacionamentos. "Não havia gelo a ser quebrado", assinalou Ingram.[140]

O norte-americano expôs um quadro detalhado do conflito, incluindo os efeitos da ameaça submarina sobre o Brasil, suas propostas de proteção ao transporte marítimo neutro e as necessidades da Marinha dos EUA. Por último, o presidente agradeceu a palestra e perguntou ao estrangeiro: "Você assumiria a responsabilidade pela segurança da navegação brasileira, se ela for reiniciada?". Ingram respondeu que sim, mas com uma reserva: não poderia garantir o sucesso. Alegou que os riscos eram mútuos, mas, em segredo, disse que os EUA teriam de carregar a responsabilidade por tudo que desse errado. O militar prometeu fazer o melhor possível tão logo os navios brasileiros voltassem ao mar. A resposta satisfez Vargas, que proclamou Ingram o seu "Lorde do Mar". O norte-americano gostou do "título" que lhe fora concedido e do convite para ser um assessor naval informal do governo. Mais tarde, escreveria uma carta ao presidente – em tom brincalhão – afirmando-lhe "que o seu 'Lorde do Mar' estava fazendo tudo pelo Brasil".[141]

Vargas e Ingram estabeleceram um acordo informal sem o conhecimento da cúpula militar brasileira – que, certamente, opor-se-ia a ele categoricamente. O almirante considerou o episódio um momento-chave nas negociações bilaterais. De fato o foi. Uma vez alcançado o entendimento, estava aberto o caminho para que os dois países firmassem um convênio militar que estava sendo negociado desde o início de abril. Em troca do uso das instalações portuárias em Recife, Natal e Salvador, Ingram assumiria a responsabilidade pela proteção do tráfego marítimo brasileiro, facilitando a remessa do equipamento naval que o Brasil solicitara ao governo dos EUA. Em 25 de abril, o almirante deixou Vargas a par das providências tomadas:

> [...] Estou também tomando providências imediatas para completar os elementos necessários de proteção à Marinha Mercante Brasileira. [...] Considero uma grande honra servir como um dos almirantes de Vossa Excelência.[142]

No começo do mês seguinte, Ingram apresentou um plano de defesa aérea conjunta ao brigadeiro Eduardo Gomes, comandante da 2ª Zona Aérea, que o aceitou imediatamente. Já o almirante Dodsworth Martins, comandante da Flotilha de Contratorpedeiros, depois comandante da Divisão de Cruzadores, revelou-se mais tímido em seguir o plano de defesa naval sugerido pelo norte-americano. Dodsworth declarou-se favorável ao plano proposto, mas disse que não podia aceitá-lo antes de consultar o Ministério da Marinha, no Rio de Janeiro, o que levaria algum tempo.[143]

Ingram desempenhou, informalmente, o papel de chefe do Estado-Maior das Forças Armadas brasileiras, muito antes da criação do órgão, organizando a defesa continental do país.[144] Seu plano dividia as unidades navais disponíveis em cinco forças-tarefa: duas aéreas e três navais. Das três navais, duas seriam compostas de unidades inteiramente brasileiras. A terceira seria inteiramente composta de navios dos EUA. Ingram montou um plano de defesa com meios escassos, mal aparelhados e insuficientes para o conjunto das necessidades dos dois países. Os bem equipados navios da FT-3 seriam empenhados em outras missões, longe da costa e das rotas de navegação de cabotagem brasileiras, cumprindo missões de patrulha na caça a navios corsários e "rompedores de bloqueio" do Eixo. Eventualmente, teriam de escoltar os comboios Aliados com destino ao Oriente Médio. Na prática, a FT-3 era como um "cobertor curto" para o tamanho das suas responsabilidades.

Embora a organização e o emprego dos meios fosse uma questão prioritária, a maior fragilidade da Armada brasileira não estava na sua organização ou coordenação, mas na capacidade antissubmarino. As belonaves nacionais não dispunham de equipamentos modernos, como o sonar e o radar. A maioria sequer era capaz de lançar as poucas bombas de profundidade armazenadas nos paióis da Marinha – sobras da Primeira Guerra Mundial. Depois dos encouraçados São Paulo e Minas Gerais, os cruzadores Bahia e Rio Grande do Sul eram os navios mais poderosos da frota brasileira. Entretanto, eles só foram receber sonares e calhas para o lançamento de bombas de profundidade após a declaração de guerra, em agosto de 1942.[145]

Devido à carência dos meios de detecção e de ataque da Armada brasileira para a guerra submarina, o plano do norte-americano era inócuo. Patrulhas de combate compostas unicamente por unidades nacionais seriam inúteis contra os U-boote alemães e italianos, pela quase total impossibilidade de detectá-los ou de atacá-los quando submersos. Pelo mesmo motivo, era inviável a organização de comboios para a proteção das embarcações mercantes e de passageiros, que atrasariam o tráfego comercial e chamariam a atenção dos informantes do Eixo. A velocidade do grupo de navios seria ditada, obrigatoriamente, pela embarcação mais lenta. Nessas condições, sem a segurança mínima, um comboio em alto-mar serviria apenas para reunir a caça para o caçador.

Naquele momento, a única solução eficiente para os brasileiros seria a adoção de forças-tarefa mistas, com o reforço de um dos navios da Divisão de Cruzadores Dois (Memphis, Milwaukee, Omaha e Cincinnati) ou do seu Esquadrão de Destróieres (Davis, Moffet, Somers, McDougal, Jouett, Winslow e Green), ambos da FT-3. Porém, isso nunca aconteceu. Brasileiros e norte-americanos ainda não trabalhavam em conjunto.

Apesar das promessas do "Lorde do Mar", a situação da Marinha Mercante brasileira tornou-se insustentável em meados de julho, pois caíam no vazio os insistentes apelos de Vargas solicitando a venda de belonaves e a proteção aos navios nacionais. Pouco antes da reunião de chanceleres no Rio de Janeiro, o subsecretário de Estado Welles teve uma conversa franca com Vargas. O presidente disse-lhe que a quebra das relações diplomáticas com os países do Eixo poderia levar o Brasil à guerra e que as suas Forças Armadas não conseguiriam defender adequadamente o território nacional, especialmente enquanto a Argentina mantivesse relações com o Eixo. Era preciso que os EUA cumprissem as promessas de entrega de armamento. Para garantir o rompimento brasileiro com o Eixo, Welles dera-lhe a garantia absoluta da entrega, dizendo que enviara um telegrama a Roosevelt e esperava uma resposta rápida de Washington.[146] Em 7 de janeiro de 1942, Roosevelt respondeu a Vargas por intermédio do embaixador Caffery:

> Diga ao presidente que compreendo perfeitamente e avalio as necessidades de material e posso assegurar que as remessas começarão imediatamente. Ele compreende quando afirmo que existe falta de alguns materiais que não ouso mencionar pelo telégrafo, mas que estarão brevemente em plena produção. Desejo enviar imediatamente algumas remessas e aumentá-las muito rapidamente até o mínimo das necessidades brasileiras [...].[147]

Em janeiro, o brasileiro solicitara a venda de seis lanchas torpedeiras, dez caça-submarinos e artilharia para os navios mercantes. Embora o embaixador Carlos Martins fizesse pedidos dessas unidades quase diariamente em Washington, seis meses depois o Brasil ainda não dispunha de um único caça-submarino moderno.[148]

No começo de agosto, chegou a 15 o número de navios brasileiros afundados por submarinos do Eixo. Getúlio esgotara as cartas que possuía na manga sem conseguir aparelhar a Armada com os meios eficazes para travar a guerra submarina. Em 5 de agosto, os apelos de Carlos Martins para que os navios brasileiros pudessem ser protegidos por unidades navais dos EUA receberam uma resposta evasiva de Welles, afirmando que só mesmo a estreita colaboração entre as duas Marinhas poderia modificar a situação de insegurança no mar.[149] A "colaboração" a que se referiu Welles era a total aceitação dos brasileiros aos planos norte-americanos em território nacional.

Até agosto de 1942, o cumprimento da palavra empenhada nos acordos entre brasileiros e norte-americanos, materializado por Aranha na Conferência do Rio, fora unilateral. Ao romper as relações diplomáticas e comerciais com a Alemanha, a Itália e o Japão, sem antes resolver o impasse político-militar com os EUA, Vargas assumiu uma posição dúbia que não agradou a nenhum dos beligerantes. Enquanto os submarinos nazifascistas infligiam severas perdas à frota mercante nacional, ao custo de mais de uma centena de vidas brasileiras, os apelos do presidente brasileiro a Roosevelt caíam no vazio.

Aliança incerta 67

Getúlio assemelhava-se ao estudante José Joaquim da Maia, que, ao final do século XVIII, rogara em vão a Thomas Jefferson o apoio militar dos EUA contra o Império Português. No passado, o apoio diplomático norte-americano só viera depois de declarada e consolidada a independência brasileira. No presente, os EUA esperavam que os brasileiros abrissem mão das restrições aos seus planos militares no Nordeste, para somente depois fornecerem o apoio militar. Restava aguardar pelo pior.

LOBO EM PELE DE CORDEIRO

O primeiro semestre de 1942 foi marcado pela crescente pressão diplomática norte-americana para que o Nordeste brasileiro fosse protegido militarmente. Embora tenha sido atendida uma série de requisições de Washington, no que diz respeito à venda de armas para o Brasil a colaboração dos EUA para a defesa da região fora pífia.

Até Pearl Harbor, o Exército brasileiro recebera 137 peças de artilharia – a maioria fabricada ao final da Primeira Guerra Mundial –, que levaram mais de um ano para começar a ser embarcadas.[150] O material chegara ao Brasil sem os reparos, os aparelhos de tiro e a munição – obtida apenas no final de 1942, comprada da Inglaterra. "Malgrados todos os esforços, todo o empenho, não logramos senão promessas, à exceção de uma centena de canhões mantidos em depósito, há mais de um ano, aguardando reparos e munições, que não sabemos quando virão, nem mesmo se virão!", escreveu Góes Monteiro a Dutra, em janeiro de 1942.[151]

Além dos canhões, a entrega de armamento consistira "somente de uns poucos holofotes e de algum equipamento automotor e carros de combate leve" (algumas baterias de refletores Sperry, boa quantidade de veículos e uma dezena de blindados leves com pouca munição).[152] Em contrapartida, os norte-americanos obtiveram dos brasileiros a permissão de sobrevoo do espaço aéreo pelos seus aviões e a autorização do uso dos portos do Nordeste por suas belonaves. Para a Aeronáutica, os únicos aviões colocados à disposição do Brasil, antes de Pearl Harbor, consistiam em aeronaves de treinamento e de transporte de autoridades.[153]

Para a Marinha, a situação era ainda mais crítica. Cinco anos antes, em 1937, o governo Vargas resolvera fortalecer a sua obsoleta e desgastada Marinha de Guerra em virtude do agravamento da crise europeia, pois a proximidade de um novo conflito mundial impunha equilibrar o poderio bélico nacional com o dos vizinhos. Nesse quesito, o Brasil estava em ampla desvantagem. A fragilidade da Força Naval brasileira (com um total de 54.726 toneladas) frente às armadas das demais potências sul-americanas era gritante. A Argentina, com extensão territorial, fronteiras marítimas, rios navegáveis e população inferiores, possuía uma Marinha de Guerra com quase o dobro do tamanho da brasileira (100.021 toneladas). Até a Marinha de Guerra do Chile (74.266 toneladas) superava amplamente a Armada nacional.[154]

Sem possuir uma indústria naval capaz de prover os meios necessários, restava aos brasileiros buscar no exterior novas unidades. Mas faltava um elemento fundamental: dinheiro. Com a economia na bancarrota, o governo se viu obrigado a procurar soluções alternativas. Decidiu-se, então, optar pela solução mais econômica possível: tomar emprestadas velhas unidades navais fora de serviço.

Assim, o ministro da Fazenda Souza Costa foi enviado aos Estados Unidos, no início de julho de 1937, chefiando uma missão financeira com o intuito de incentivar as relações comerciais entre os dois países. Durante o encontro, foi sugerido o arrendamento de seis velhos contratorpedeiros (*destroyers*) da Marinha dos EUA. Para não ferir a suscetibilidade dos vizinhos, o secretário de Estado Cordell Hull fez ofertas semelhantes aos demais países sul-americanos.

Os brasileiros esperavam dos norte-americanos o apoio militar semelhante ao que fora fornecido aos EUA pelo Brasil no final do século anterior. Durante as tratativas em Washington, em uma entrevista à imprensa, o embaixador Oswaldo Aranha lembrou o apoio militar que fora prestado à América durante a guerra contra a Espanha, quando os brasileiros cederam dois dos seus navios de guerra (rebatizados com nomes norte-americanos) que tomaram parte da batalha naval de Santiago de Cuba.[155] Contudo, a proposta foi mal recebida por argentinos e uruguaios. O Chile absteve-se de manifestar-se. Alguns jornais uruguaios afirmaram que "a oferta visava espalhar a suspeita entre os países sul-americanos e precipitar a corrida armamentista".[156]

Num sinal de antipatia aos EUA, que seria intensificada nos anos seguintes, o governo de Buenos Aires opôs-se francamente à oferta norte-americana e, consequentemente, à cessão do apoio ao Brasil. Um editorial do jornal *La Prensa* referiu-se ao arrendamento dos navios como um "pretenso controle da vida interna dos países arrendatários pelos Estados Unidos". Aparentemente, os portenhos preferiam o controle da Inglaterra, pois, no início do ano, fora anunciada pela imprensa brasileira a encomenda de sete novos destróieres aos estaleiros ingleses pelo governo argentino.[157]

Nos EUA, a influente Liga Feminina Internacional Pró-Paz e Liberdade, ligada ao movimento isolacionista, protestou junto ao Departamento de Estado contra a cooperação oferecida aos brasileiros.[158] O jornal *The Washington Post* solidarizou-se com o manifesto argentino e a imprensa norte-americana começou a publicar charges ironizando a pretensão brasileira. Por fim, o governo dos EUA rendeu-se às pressões internas e externas e o empréstimo dos velhos destróieres foi sustado. Curiosamente, três anos depois, o Congresso norte-americano não teve prurido em ceder aos ingleses não seis, mas 50 contratorpedeiros, recebendo em troca o uso de possessões britânicas no Caribe e no Atlântico por 99 anos.

Em 14 de agosto, a imprensa brasileira informou que o arrendamento dos destróieres fora aniquilado. Em nota oficial, no dia seguinte, a presidência da República comentou o ocorrido:

> O Brasil, como é sabido, encontra-se inteiramente desaparelhado para atender às simples exigências de policiamento da sua extensa costa marítima e rios navegáveis, e, da mesma forma, privado de material flutuante destinado ao treinamento da oficialidade e pessoal dos quadros da Marinha de Guerra.[159]

Usando um tom diplomático, Oswaldo Aranha afirmou que "O Brasil saberá esperar".[160] De fato, o Brasil esperou – até mais do que deveria. Por um capricho do destino, exatos cinco anos após a imprensa divulgar a declaração de Aranha, o país assistiria – impotente e horrorizado – à maior tragédia naval da sua história. A nação pagaria um preço elevado pela baixa capacidade combativa das suas Forças Armadas.

*

Outras tentativas do governo Vargas em armar o Brasil tiveram lugar nos anos seguintes. Em meados de 1941, o país foi considerado elegível para usufruir das benesses da Lei de Empréstimos e Arrendamentos (Lend-Lease Act) do governo dos EUA. Na prática, a Lei de Lend-Lease não implicava nem empréstimo nem arrendamento, pois, obviamente, era impossível devolver uma série de artigos (como munição gasta, navios, blindados ou aviões destruídos). A grande vantagem do negócio era a aquisição com o desconto de 65% no valor nominal do material bélico, com pagamentos distribuídos em parcelas suaves nos anos seguintes. Por um contrato assinado entre os dois países em 1° de outubro, o Brasil receberia uma remessa de armas no montante de 100 milhões de dólares.[161]

A concretização do negócio estava ligada aos entendimentos para a defesa do Nordeste entre os dois países. O estabelecimento de uma comissão mista de oficiais Brasil-EUA, em julho de 1941, havia sido o caminho encontrado pelos dois países para superar as diferenças de pontos de vista quanto à defesa daquela região. Porém, o resultado dos trabalhos da comissão acabou acentuando as divergências sobre a participação dos EUA na segurança territorial do Brasil. Não houve entendimento entre as partes. Por isso, o contrato de arrendamento de 100 milhões de dólares em armas, assinado no começo de outubro, também não prosperou. Uma segunda comissão foi criada em dezembro de 1941, chegando ao mesmo impasse.

Com a entrada dos EUA na Segunda Guerra Mundial, visando desatar o nó que impedia a evolução dos seus planos militares, Washington acenou com uma nova oferta de apoio econômico e de material bélico. Por ocasião do término da Conferência do Rio, no princípio de 1942, o ministro Souza Costa viajou a Washington para negociar a compra do material incluso na lista que Vargas repassara a Welles. Nela estavam caça-submarinos de 100 toneladas, capazes de lançar bombas de profundidade, ao preço de 700 mil dólares cada, com entrega prevista para quatro meses; além de lanchas torpedeiras, ao custo de 550 mil dólares a unidade, a serem entregues em seis meses.[162] No dia 9 de fevereiro, Souza Costa apresentou a lista de material ao general Burns, chefe do Executivo do Conselho Distribuidor de Material Bélico. No dia seguinte, o brasileiro foi recebido por Roosevelt. Logo após a audiência, Sumner Welles entregou-lhe a relação do material que o governo dos EUA se dispunha a repassar. Foi uma decepção.

O armamento solicitado pelos brasileiros incluía equipamentos para o núcleo de uma Divisão Blindada (205 carros de combate leves, 75 carros médios, 500 viaturas de ¼ de tonelada e uma variedade de outras viaturas, totalizando um milhar); material completo para um Batalhão de Engenharia Divisionário, materiais para construção de estrada, armas portáteis, metralhadoras e munição, armamento de 2 grupos antiaéreos, 4 unidades anticarro, produtos químicos e

Aliança incerta   71

medicamentos para um laboratório farmacêutico que deveriam ser enviados até julho de 1942.[163] Entretanto, de acordo com a lista de material apresentada por Welles, seriam disponibilizados apenas 30 aviões, 4 canhões antiaéreos, 20 blindados leves e alguma munição até 7 de março. Remessas posteriores entregariam 10 blindados por mês até completar o total de 65. Quanto ao restante do material da lista, o prazo de entrega ficou no campo das possibilidades. Caffery informou a Aranha: "O Welles, outrossim, me adianta que o nosso Departamento de Guerra declara que os demais materiais sobre os quais o dr. Souza Costa manifestou interesse especial, *podem* ser fornecidos antes do fim do ano em curso" (grifo nosso).[164]

Aranha queixou-se fortemente a Caffery, dizendo que parecia ser a mesma "velha história de sempre" e que nem iria mostrar aquela lista a Vargas.[165] Frustrado com a resposta norte-americana, o chanceler telegrafou a Souza Costa: "Nessa situação ao invés de recebermos daí imediatamente, como foi assegurado por Sumner Welles e confirmado pelo presidente Roosevelt, a assistência modesta e mínima que pedimos [...] estamos a receber novas indicações de delongas". Vargas pressionou Souza Costa num telegrama: "Sua missão aí [é de] grande responsabilidade. Escolhi-o pela confiança [que] tenho [em] sua capacidade. Mando-lhe esta advertência amiga porque [a] situação é grave e não podemos ser surpreendidos".[166]

Em resposta às queixas brasileiras, o governo dos EUA afirmou que, para atender o montante do pedido, o acordo de Lend-Lease teria de ser dobrado para 200 milhões de dólares. O Departamento de Guerra acenou com a proposta de enviar, até o final de 1942, 100 carros de combate médios, 205 carros leves e grande quantidade de armas antiaéreas e anticarro. Por fim, os contratos foram assinados em 3 de março de 1942, na capital norte-americana, sendo por isso conhecidos como "Acordos de Washington".[167] Quando Souza Costa recebeu as minutas dos contratos, simultaneamente o embaixador Caffery apresentou uma série de requisições militares a Vargas no Rio de Janeiro: a contrapartida brasileira necessária para a concretização do negócio.

Naquela altura dos entendimentos, apesar da assinatura dos Acordos de Washington, a questão-chave nas relações Brasil-EUA não se limitava ao volume de material bélico negociado, mas ao cumprimento dos contratos. Os brasileiros temiam a repetição do fiasco do primeiro acordo de Lend-Lease ou, ainda, a revogação do novo contrato, sem maiores explicações, após os EUA conseguirem as facilidades que desejavam no Brasil. Conforme prezava o artigo II do ajuste:

Pelos termos do acordo de empréstimo e arrendamento os Estados Unidos se reservam o direito de, a qualquer tempo, suspender, protelar ou cessar as entregas, sempre que, na opinião do presidente dos Estados Unidos da América, a continuação da entrega não atenda às necessidades da defesa dos EUA, do hemisfério ocidental e do Brasil.[168]

Até agosto de 1942, excetuados os esforços de Ingram com seus poucos meios, muito pouco fora obtido dos EUA para reforçar as Forças Armadas do Brasil. As queixas dos brasileiros com relação à atitude norte-americana baseavam-se numa questão evidente, verbalizada por Aranha a Caffery: "Por que Washington pode fornecer armas para as tropas que quer estacionar no Nordeste, mas não pode transferir armas para o Brasil?".[169]

*

A desconfiança dos brasileiros era potencializada pela forma com que os militares norte-americanos se aproveitavam das facilidades que lhes eram concedidas – boa parte delas contrariando a neutralidade brasileira. Logo após Pearl Harbor, Welles procurou o embaixador brasileiro em Washington, a pedido de Roosevelt, trazendo um assunto da mais alta urgência. A solicitação dizia respeito à impossibilidade de voos para o Extremo Oriente, devido ao fechamento da rota do Pacífico pelos japoneses. Com isso, havia a necessidade de utilizar o trajeto EUA-Brasil-África-Extremo Oriente para o trânsito de aeronaves militares. Para atender à nova demanda, Welles solicitou ao governo brasileiro autorização para o envio de pessoal para Belém, Natal e Recife, em número aproximado de 50 técnicos por base, "encarregados unicamente daquele serviço". O embaixador brasileiro repassou ao presidente Vargas a solicitação: "Compreendendo nossa suscetibilidade, já manifestada, declara formalmente não se tratar de organização militar, mas simplesmente de técnicos". O texto do telegrama foi o seguinte: "Presidente Roosevelt solicita permissão enviar pessoal técnico para bases Belém, Natal e Recife, em número aproximado cinquenta cada base, encarregado unicamente daquele serviço".[170]

Entretanto, em vez de técnicos, desembarcaram no Brasil três destacamentos de fuzileiros navais armados. Welles sugerira que a guarda poderia ser mandada para lá disfarçadamente, talvez como assistentes técnicos. Pego de surpresa pela situação, Mascarenhas de Morais telegrafou ao Ministério da Guerra: "Aqui em Recife chegaram quarenta e seis soldados e quatro oficiais fardados e armados, foi porém o armamento recolhido bordo navio Estados Unidos [a bordo

Aliança incerta   73

de um navio norte-americano]. Seu estacionamento [no] campo Iburá [campo de pouso em Recife] dependendo [do] comandante Zona Aérea".[171] Mensagens idênticas foram enviadas por Zenóbio da Costa e Cordeiro de Farias nas outras cidades. Esperto, Vargas não mordeu a isca, mandando retornar a tropa de volta aos EUA. Com Washington ainda traumatizado por Pearl Harbor, isso poderia fornecer o pretexto ideal para uma intervenção militar norte-americana no Brasil. Foi encontrado um meio-termo para lidar com a situação criada, sendo as armas trazidas pelos militares estrangeiros lacradas em caixotes e substituídas por cassetetes. Apesar das desculpas formais, o episódio não foi provocado por um mal-entendido diplomático. Nem foi o primeiro.

Em maio do ano anterior, fora planejado um ardil semelhante, inserido numa proposta norte-americana de participação nas manobras brasileiras no Nordeste. Na ocasião, o coronel Lehman W. Miller, recém-nomeado chefe da missão militar dos EUA no Brasil, enviou um ofício ao Estado-Maior do Exército propondo uma série de atividades militares conjuntas entre os dois países. Uma delas solicitava a "participação da aviação e de outros elementos americanos nas manobras do Nordeste".[172] Góes Monteiro avaliou negativamente o pedido:

> Conquanto o assunto requeira também e de modo fundamental o parecer do Ministério da Aeronáutica, cumpre-me, desde aqui, informar a V.Exa. sobre a gravidade desta proposta, que, sob o aspecto de uma cooperação em nossas atividades normais de instrução, jamais realizada em outras épocas e noutras terras americanas, evidencia uma afoita e injusta demonstração de preconcebidas intenções militares de máxima gravidade, decorrente de desembarque, de sobrevoo e de aterragem de tropas estrangeiras de vulto em nosso país, com patente quebra de nossa equilibrada atitude de plena neutralidade em face do conflito da Europa.[173]

Vargas concordou com a posição do Exército sem restrições, afirmando que:

> O governo brasileiro não abdicará jamais da sua livre determinação e autonomia, principalmente no que diz respeito aos problemas e atividades direta ou indiretamente relacionados com o uso da nossa soberania, a guarda do nosso território e a defesa dos interesses nacionais.[174]

Enquanto brasileiros e norte-americanos não chegavam a um acordo, Rommel iniciava uma ofensiva no deserto africano, fazendo com que os ingleses pedissem ajuda aos EUA para transportar suprimento, por via aérea, para suas bases no Egito. Contudo, os ingleses não dispunham nem de tripulações, nem de aeronaves suficientes para essa missão. A única solução possível seria o envio dos aviões pela rota de Natal. O problema era como conseguir autorização dos brasileiros para fazê-lo, pois as autoridades nacionais restringiam a quantidade de aeronaves em trânsito. Para complicar ainda mais a situação, o registro dos aviões acabou sendo transferido aos ingleses prematuramente. Resolveu-se, então, empreender uma manobra pouco ortodoxa. O general Harold Arnold, chefe do Corpo Aéreo, instruiu seu oficial de ligação junto à Força Aérea Brasileira para que convidasse o subchefe do Estado-Maior para um coquetel e, só quando as aeronaves estivessem a caminho, informasse que a operação estava sendo realizada. Segundo o general de brigada Carl Spaatz, "o resultado foi confusão e constrangimentos no Brasil".[175] A passagem de aviões militares de uma nação beligerante por seu território foi uma clara violação à neutralidade e à soberania brasileira.

Em 15 de maio, foi noticiado que negociações secretas entre os nazistas e o almirante Darlan, do governo de Vichy, culminaram com um anúncio público de que a França chegara a um acordo com a Alemanha. Essa informação criou um estado de alarme em Washington. A ocupação de Dakar pelos nazistas parecia iminente. Na manhã do dia seguinte, os altos chefes militares e de inteligência instaram o general Marshall a enviar o coronel Matthew B. Ridgway imediatamente ao Brasil. À tarde, o general já estava embarcado num avião com destino ao Rio de Janeiro. Sua missão era obter o aval brasileiro para a formação de um núcleo de planejamento conjunto e o envio de forças do Exército dos EUA para o Nordeste o mais rapidamente possível.[176]

Em conferências com autoridades brasileiras, entre 20 e 22 de maio, com a presença de Caffery, Ridgway expressou seus pontos de vista e necessidades, mas não recebeu uma resposta conclusiva em nenhuma das requisições. Em Washington, a Seção de Planos de Guerra e Projetos Conjuntos, da Divisão de Planos de Guerra do Exército, propôs, como "ação mais prática e imediata para se contrapor à ameaça alemã, guarnecer, com tropas norte-americanas, bases aéreas e navais no Nordeste do Brasil".[177]

Com o fracasso de Ridgway, foi a vez de Miller, recém-promovido a general de brigada, solicitar uma audiência especial com o chefe do Estado-Maior brasileiro. Na tarde de 30 de maio de 1941, Miller declarou a Góes Monteiro, preliminarmente, "que vinha falar em caráter de amigo pessoal do chefe do EME e mui particularmente de sincero amigo do Brasil". O norte-americano reclamou da "frieza e indiferença" notadas nos meios militares brasileiros em relação à aproximação dos EUA. Citou informações de que grande parte da oficialidade do Exército brasileiro era simpatizante do Exército alemão e do nazismo, inclusive alguns dos principais participantes das manobras no Nordeste. Góes Monteiro respondeu:

> No Brasil, de uma maneira geral, as manifestações e simpatias são muito mais contra o Reich que a seu favor, e que só esporadicamente poderão existir elementos germanófilos de sentimento nas fileiras das Forças Armadas, pois os sentimentos e convicções nela dominantes são unicamente as de patriotismo arraigado, com a consciência nacional bem esclarecida contra os propósitos imperialistas de quaisquer núcleos estrangeiros que nos venham ameaçar.[178]

Durante a reunião, Miller afirmou ter recebido uma carta expressa de Marshall, com ordens para que conseguisse autorização para que a aviação norte-americana e outros elementos militares pudessem participar das manobras do Exército brasileiro no Nordeste.[179] Góes respondeu que o assunto era da competência do ministro da Aeronáutica e, conforme as circunstâncias, dos demais departamentos militares, sendo a última decisão do presidente da República. Dias antes, o brasileiro fora surpreendido com informações do general Niedenfuhr, adido militar alemão, e do adido militar britânico sobre as manobras. O oficial germânico recebera ordens para saber detalhes da operação. Segundo Berlim, os EUA trariam 40 mil homens e 1.200 aviões.[180]

O resultado frustrante da missão de Ridgway levara Marshall a escrever um memorando para o subsecretário de Estado, recomendando a tomada de ações imediatas para a colocação de tropas dos EUA no Brasil. Para disfarçar o intento, Marshall endossou a sugestão de Ridgway de que pedidos semelhantes deveriam ser enviados ao México, ao Equador, à Colômbia e à Venezuela. Os demais planejadores militares não só aprovaram a proposta de Ridgway como lhe deram o caráter de urgência. Contudo, o estratagema não deu certo. Quando consultada, a Marinha apresentou objeções ao plano apresentado, afirmando não ter interesse imediato no uso dos portos dos demais países, visto que já obtivera autorização para uso dos portos de Belém e Recife para as unidades de superfície da patrulha do Atlântico. A oposição da Marinha e do Departamento de Estado aos planos do Exército resultou na aprovação de recomendações mais moderadas sobre o Brasil do que as originalmente propostas por Marshall.[181]

Apesar da oposição, o chefe do Estado-Maior continuou insistindo nos planos. Marshall acreditava poder introduzir as tropas no Brasil com base na participação na manobra brasileira no Nordeste. Na manhã de 19 de junho, apenas três dias antes da invasão da União Soviética, o secretário de Guerra Henry L. Stimson escreveu ao presidente: "Notícias recentes do norte da África mostram muito claramente que nós devemos agir imediatamente para salvar a situação no Brasil".[182] Quando Stimson falou com Marshall sobre a questão, os dois resolveram apresentá-la a Roosevelt pessoalmente – o que fizeram na mesma manhã. Porém, o presidente rejeitou as propostas do Departamento de Guerra, encarregando o Departamento de Estado de encontrar meios para colocar tropas dos EUA no Brasil num futuro imediato.

A ocupação militar norte-americana no Nordeste não era a única prioridade dos Aliados no Atlântico Sul. Em setembro do ano anterior, os ingleses empreenderam uma tentativa de invasão em Dakar (Operação Menace), que estava em poder do governo colaboracionista francês de Vichy. Charles de Gaulle acreditou que conseguiria persuadir os compatriotas a mudar de lado desembarcando uma força de aproximadamente oito mil homens no porto da cidade, a bordo de uma força-tarefa inglesa. A ação foi um desastre, provocando uma batalha naval de grandes proporções. Várias belonaves foram afundadas e avariadas, com um elevado número de mortos e feridos de ambos os lados. Em represália, as posições inglesas em Gibraltar foram bombardeadas pela aviação francesa. Por fim, os Aliados tiveram que recuar, amargando o fracasso total dos seus planos.

Não obstante, a intenção de enviar uma força norte-americana ao Brasil permaneceu firme mesmo quando a União Soviética foi invadida em 22 de junho. Apesar da indicação clara de que o foco da Wehrmacht estava voltado para a Europa Oriental, Marshall disse a Welles que o Exército pretendia enviar aviação, artilharia antiaérea, infantaria, artilharia de campanha e elementos de serviço no total de 9.300 militares e 43 aviões para participarem ostensivamente das manobras no saliente nordestino em agosto e setembro – em vez das tropas de apoio informadas por Miller aos brasileiros. Segundo o general, o Exército e a Marinha estavam preparados para deslocar a Força num prazo de 20 dias depois de recebida a autorização. Miller foi instruído "para tomar todas as medidas práticas para conseguir o apoio desejado do governo brasileiro".[183] O chefe da Missão Militar dos EUA cumpriria à risca as ordens recebidas.

Quando Caffery comentou com Aranha, informalmente, a respeito do verdadeiro plano de Marshall, o brasileiro ficou alarmado com a proposta: "[...] consternado, literalmente, levantou as mãos para o céu", lembrou Caffery. Uma tragédia estava à vista. Em vez de uma participação simbólica – localizada e temporária – de tropas dos EUA nas manobras, milhares de fuzileiros desembarcariam em Natal seguindo um plano de ocupação permanente.

Em agosto, num relatório sobre o estado dos projetos para a defesa do hemisfério, Miller observou:

> Há umas seis semanas, recebi um memorando do general Gerow, datado de 23 de junho, transmitindo o plano de ocupação por parte do nosso governo de uma base no Nordeste, sob o pretexto de participar de manobras brasileiras. Isto se assemelhava com a história do lobo metido na pele de cordeiro e parecia muito perigoso e capaz de produzir uma reação muito desfavorável no Brasil, assim como em toda América Latina.[184]

Por conta da reação de Aranha, Caffery instruiu o general a não comentar o plano com nenhuma autoridade militar brasileira. O embaixador preveniu Washington de que tanto os amigos quanto os inimigos dos EUA se oporiam a uma ocupação militar de seus territórios. "Eles são irredutíveis quanto a esse assunto", avisou. "Nossas tropas podem ser enviadas a Natal, mas, contra a vontade dos brasileiros, somente pela força das armas a região poderá ser ocupada. É um erro de nossas autoridades militares levar adiante [...] qualquer coisa desse tipo."[185]

Ao ver seus planos serem obstados, um contrariado Marshall pressionou Welles a renovar os esforços para atingir os objetivos desejados pelo Exército: "Os mesmos que você, o almirante Stark e eu todos concordamos e que teve aprovação presidencial", disse Marshall.[186] Welles retrucou que Roosevelt escrevera a Vargas uma mensagem pessoal e confidencial a esse respeito; por isso, uma resposta dos brasileiros era aguardada num futuro próximo, sendo indesejável tomar qualquer outro passo para garantir a participação dos EUA nas manobras.

No Rio de Janeiro, Aranha fez ver a Caffery que nenhum governo brasileiro sobreviveria à aprovação de uma proposta como a apresentada em junho pelo Exército dos EUA. De fato, nem mesmo os britânicos – em situação desesperadora na guerra do deserto – aceitaram a presença de tropas norte-americanas na sua área de influência na África. No mesmo mês de junho, durante a Conferência de Washington entre os líderes dos EUA e do Reino Unido, Churchill recusara a proposta do envio de "uma grande força" norte-americana para proteger o Egito, capaz de futuramente questionar a autoridade inglesa na região.[187]

Evitando uma recusa direta, os brasileiros cancelaram as manobras em outubro. Um desembarque norte-americano inesperado no Nordeste provavelmente seria bem-sucedido. Contudo, iniciaria uma dolorosa e prolongada guerra entre os dois países. Felizmente, Roosevelt, o Departamento de Estado e a Marinha refrearam o ímpeto do Departamento de Guerra, salvando o Brasil de uma intervenção militar. Pelo menos por enquanto.

Seguindo ordens de Washington, o general Miller continuou pressionando as autoridades militares brasileiras nos meses seguintes, batendo sempre na mesma tecla. Em 1939, durante uma visita do chefe do Estado-Maior brasileiro aos EUA, fora assinado um acordo de cooperação para a defesa do continente. O entendimento resultou na formação de uma comissão mista de oficiais no Rio de Janeiro, encarregada de elaborar estudos e propostas.

Logo na segunda reunião da comissão, em 5 de agosto de 1941, após a leitura da ata relacionada ao primeiro encontro, as diferenças de opinião foram motivo de um acalorado debate. Miller reclamara que a missão principal dos oficiais dos EUA era avaliar as forças necessárias a cooperar com o Brasil em caso de uma agressão; mas, pelo contido no documento, os norte-americanos nada teriam a fazer no país, senão limitar-se ao envio de material bélico e de alguns técnicos. Góes retrucou que, se os brasileiros estivessem preparados militarmente, os EUA não teriam de se preocupar com a defesa do Brasil.[188]

Insatisfeito com a posição brasileira, o norte-americano mencionou um episódio banal e totalmente fora do contexto, referindo-se à presença de oficiais do Exército numa reunião promovida pela Cruzada Juvenil da Boa Imprensa, por ocasião do encerramento da Semana Santos Dumont. Miller afirmou que a cruzada era uma organização integralista disfarçada, passando a exibir cópias de panfletos com graves ofensas aos EUA. Os membros brasileiros da comissão então protestaram de forma espontânea e coletiva quanto à intromissão do estrangeiro nos assuntos internos do país. Góes declarou que "jamais o Brasil confiou a qualquer estrangeiro documentação e informações de tão alta relevância e caráter sigiloso como a que se tem confiado a ele, pessoalmente, e ao Estado-Maior norte-americano". Quando Miller fez menção à incapacidade do Brasil de se defender, o brasileiro repeliu a insinuação energicamente, declarando que o país podia não ter a eficiência material, mas teria a capacidade de se defender contra qualquer invasor, mesmo que tivesse de usar as armas que os índios sempre usaram. Ao final da reunião, o chefe do Estado-Maior declarou

> [...] que o Brasil se prontificando a colaborar com os Estados Unidos, na defesa do continente, o faz consciente de que contribuirá mais para a defesa indireta das zonas estratégicas da América do Norte, do que pela própria defesa, acrescentando que, não fosse por essa convicção, o Brasil nada pediria aos Estados Unidos e o que tem pedido, nesse sentido, é para pagar de modo compatível com as suas possibilidades.[189]

Logo em seguida, Miller enviou um relatório aos superiores, no qual avaliou a relutância brasileira:

> Suspeito de que o medo levantado pela nossa proposta de participar nas manobras tenha tido ação preponderante sobre essa atitude. As autoridades do Exército brasileiro parecem sentir verdadeiro horror da presença de tropas americanas em território brasileiro.[190]

Conforme os militares brasileiros reagiam às propostas da vinda de tropas estrangeiras, crescia a pressão diplomática dos EUA. Em 27 de outubro, logo após ter retornado de Washington, Miller reuniu-se com o ministro da Guerra brasileiro. O norte-americano partiu para o tudo ou nada, decidido a obter, de uma vez por todas, o atendimento de todas as requisições que o seu governo pleiteava há anos. Publicamente, Dutra nunca entrou em detalhes quanto ao encontro, limitando-se a relembrar os pontos principais da longa exposição que Miller lhe fizera. Num dos seus raros comentários com impressões pessoais, o brasileiro classificou a reunião como "inconveniente". Todavia, os relatos de outras fontes, somados à atitude posterior do general, revelam que algo bem mais sério acontecera no encontro.

Miller discursou sobre as dificuldades que os EUA encontravam para fornecer material bélico ao Brasil; expôs as desconfianças dos americanos com relação aos brasileiros; mencionou a necessidade de o Brasil acompanhar inteiramente os EUA na guerra; e alertou que "o Brasil não podia manter-se neutro, sob pena de graves consequências", exemplificando o que ocorrera em países europeus que optaram pela neutralidade. Por último, o norte-americano manifestou o firme propósito de Washington de enviar tropas para guarnecerem o Nordeste brasileiro.[191]

Curt Prüfer, o embaixador que substituiu Karl Ritter, fez um relato em detalhes dessa reunião aos superiores em Berlim. O alemão citou como fontes o chefe de polícia e dois oficiais de alta patente, independentemente um do outro, que haviam repassado o ocorrido ao adido militar do Reich. Prüfer classificou a reunião como "extremamente dramática". De fato, o cuiabano Dutra não possuía o mesmo temperamento do seu chefe do Estado-Maior – e o norte-americano acabou descobrindo isso da pior forma.

> O general Lehman W. Miller voltou em 24 de outubro; apresentou ao ministro da Guerra e ao chefe do Estado-Maior as crescentes exigências de seu governo, particularmente com respeito à utilização dos portos do norte do Brasil como bases navais norte-americanas, assim como quanto à colocação de consideráveis estoques de gêneros alimentícios, combustível, munição etc., além de docas para reparos, com o necessário pessoal militar dos Estados Unidos. Quando o ministro da Guerra rejeitou tudo isso categoricamente, Miller ameaçou imediatamente com a ocupação militar, a fim de poder levar a efeito medidas consideradas necessárias pelos Estados Unidos.
>
> O ministro respondeu, bastante exaltado, que os brasileiros preferiam viver nas mais primitivas condições a ceder a sua independência através do estabelecimento de bases americanas. De qualquer forma, ele daria ordens para abrirem fogo se os Estados Unidos desembarcassem tropas sem solicitação prévia do Brasil.
>
> Miller adiantou que certos colaboradores "pró-nazistas" do presidente estavam opondo-se aos pedidos dos Estados Unidos e que, em certas circunstâncias, o seu governo exigiria o afastamento dessas autoridades. E mais, caso os pedidos dos Estados Unidos fossem rejeitados, seriam tomadas as mais rigorosas represálias dentro de 24 horas; entre outras, as entregas de gasolina seriam cortadas, etc.[192]

As evidências indicam que o relatório alemão do encontro seja fiel ao ocorrido, pois Getúlio fazia questão de que os alemães estivessem a par de cada passo dos entendimentos com os EUA – fosse informando pessoalmente o embaixador alemão, fosse por intermédio do chefe de polícia e de outros oficiais. Por vezes, a estratégia diplomática presidencial fazia uso de artifícios pouco ortodoxos. Certa vez, Karl Ritter escreveu aos seus superiores: "É significativo o fato de que eu fui recebido secretamente, pelos bons ofícios do irmão de Vargas. Quando o ministro do Exterior [Aranha] foi anunciado, o presidente pediu-me

Aliança incerta   *81*

que saísse sem ser visto pelo ministro".[193] Em outra oportunidade, Prüfer informou a Berlim que fora convidado para um jantar, ao final do qual o coronel Vargas, irmão do presidente, disse-lhe que recebera a incumbência de lhe repassar uma mensagem confidencial: "O presidente está tentando manter a situação de forma tão elástica quanto possível, a fim de não dar aos americanos motivos para uma intervenção ilegal na soberania brasileira".[194]

Dutra não esperou pelo dia seguinte. Às 19h, procurou Vargas para relatar o incidente. Getúlio refletiu um momento e, depois, manifestou o desejo de "resistir o quanto pudéssemos", afirmando que as declarações de Miller tinham ligação com a atitude de Oswaldo Aranha e o seu pedido de exoneração do cargo no Ministério das Relações Exteriores. Na despedida, como mensagem final, Vargas disse a Dutra: "Não nos assustemos com a bainha da espada".[195]

Mais tarde, o gaúcho registrou sua impressão particular sobre o episódio: "Isso dá ao caso aspecto grave, porque não é colaboração, é uma violência". Questionado acerca do incidente por Vargas, o embaixador norte-americano negou a intenção do seu governo em desembarcar tropas no Nordeste.[196]

Dois dias depois, Miller voltou a reunir-se com Góes Monteiro para avaliar os efeitos do seu discurso. Durante a conversa, o norte-americano repetiu sua velha e conhecida ladainha, dessa vez, sem o ímpeto anterior. O brasileiro reparou que seu interlocutor estava "visivelmente acanhado". Diante do posicionamento firme e sereno de Góes, Miller se deu conta de que a tática agressiva fracassara. Agora, de "crista baixa", "confuso e embaraçado", o estrangeiro informou que pedira o afastamento das suas funções a Marshall e que este não o concedera, mas que iria renovar o pedido de renúncia por telegrama. Góes Monteiro não se perturbou e lamentou a decisão tomada. Todavia, não fez qualquer menção de demover o norte-americano da ideia. Góes agradeceu seus préstimos e disse que não iria interferir no episódio, por tratar-se de uma "questão de foro íntimo".[197] Poucos dias depois, Dutra expôs a situação a Vargas em uma carta.

> Querem, sob a aparência de aliança, o domínio. Pedimos armas para nossa tropa e oferecem tropa armada para substituir a nossa. Sugerimos que nos cedam material e replicam-nos com o oferecimento dele, porém, para ser conduzido e operado por sua gente. Propomo-nos a fazer a defesa de nossa terra, desde que nos facilitem a aquisição dos meios e equipamentos correspondentes e nos replicam com a oferta de a defenderem eles próprios, em nosso benefício, restando a nós apenas o consolo de assistirmos à luta entre estrangeiros, pelejada nos campos, nos mares, nas praias e nos ares da nossa terra! [...]

82   Operação Brasil

Já quanto à possibilidade de serem agora destacadas quaisquer forças americanas para nosso território, considerada a circunstância de não termos meios suficientes em material e pilotos, considero absolutamente injustificável a hipótese e até mesmo inconcebível, [...] a nós cabe a defesa do território brasileiro, como ulterior iniciativa de solicitar reforços americanos, em face de agressão que nos ameace e que presentemente não tem realidade.

A vinda agora de elementos americanos para o Brasil acarretaria a consequência de anular a nossa soberania na região onde se estabelecessem que transmudaria de logo, pura e simplesmente, em mero território de ocupação estrangeira.[198]

Ao final do texto, o ministro da Guerra manifesta o receio de estar sendo um empecilho para o governo e coloca o cargo à disposição do presidente. Naquele instante delicado, Getúlio jamais perderia a lealdade do general, que arriscara a própria vida para salvar a sua e a dos seus familiares no ataque integralista de 1938. Dutra teve o seu pedido de demissão negado. O ministro continuava merecedor da mais estrita confiança presidencial.

Já o chefe da missão militar dos EUA não teve a mesma sorte. O general Miller logo seria chamado de volta à Washington, sendo substituído pelo general Claude Adams. Na avaliação de Dutra, o novo representante "soube manter com as autoridades brasileiras um ambiente de cordialidade e entendimento, processando-se daí por diante as negociações militares entre os dois países dentro de um clima de confiança e respeito mútuos".[199]

No final de dezembro, Aranha informou a Vargas que o governo americano não daria auxílio aos brasileiros porque não confiava em certos elementos do governo, que deveriam ser substituídos. Getúlio respondeu que não tinha motivos para desconfiar dos seus auxiliares, que as facilidades que estavam sendo dadas aos americanos não autorizavam essas desconfianças e que não substituiria esses auxiliares por imposições estranhas. Aranha disse que concordava com esse pensamento, mas a verdade é que os EUA não confiavam. "Pois então que nos deixem em paz", retrucou Getúlio, encerrando a conversa.[200]

OPORTUNIDADES PERDIDAS

Não faltaram oportunidades para a concretização da aliança militar entre brasileiros e norte-americanos. Todavia, era preciso modificar antes o modelo de relacionamento bilateral que o War Department pretendia estabelecer com o Ministério da Guerra.

Pelo lado brasileiro, o general Góes Monteiro não pleiteava a doação ou o repasse gracioso de armamento obsoleto e usado. Em vez disso, desejava que fosse vendido ao Brasil material bélico idêntico ao que os norte-americanos forneciam aos seus aliados. O brasileiro refutava o crescente envolvimento com uma potência beligerante sem o devido preparo material das Forças Armadas, o que viria a acarretar uma indesejada tutela militar aos EUA. Essa era uma aspiração legítima – e modesta – para que o Brasil abandonasse sua posição de neutralidade, expondo seus filhos aos horrores do conflito.

Agora ocupando uma escrivaninha em Washington, o defenestrado general Miller ainda mantinha firme o propósito de dobrar a resistência de Góes Monteiro. O norte-americano não escondia a mágoa contra as autoridades que provocaram sua substituição do cargo. No início de 1942, quando o coronel Henry Barber, sucessor do coronel Ridgway, consultou sua opinião sobre a melhor forma de assessorar Marshall na resposta a um pedido do chefe do Estado-Maior brasileiro, Miller sustentou seu velho discurso. Dessa vez, havia um ingrediente a mais: o rancor contra o embaixador dos EUA no Rio de Janeiro.

O general norte-americano era o mais graduado representante militar do Exército dos EUA no Brasil desde o início dos anos 1940, mas terminou sua gestão sendo exonerado – juntamente com Ridgway e Thomas White – por pressão de Caffery. O oficial procurou vingar-se do embaixador, tentando abalar sua imagem junto a Marshall: "A melhor solução para o nosso presente e insatisfatório problema no Brasil seria a troca do embaixador americano lá. Como embaixador em tempos de guerra, o sr. Caffery é um fracasso", escreveu Miller, desaconselhando a entrega de armamento ao Brasil até que Góes Monteiro "limpasse" a casa dentro do Exército brasileiro.[201]

Em vez de promover o entendimento indispensável à formação de uma aliança fraterna e equilibrada, o norte-americano estimulou o uso da chantagem e da exploração da dependência econômica brasileira para alcançar os objetivos militares de Washington. Miller propôs que Marshall respondesse a Góes Monteiro com falsidade – ou mesmo que o ofício ficasse sem resposta. Na sua concepção, a remessa de material bélico norte-americano deveria ser autorizada somente após o Brasil se curvar às demandas do Departamento de Guerra. Junto ao trecho em que o brasileiro solicitava o envio das armas oriundas do contrato de Lend-Lease, Miller escreveu à mão um comentário sarcástico: "A serem usadas para nós ou contra nós pelo exército do general Góes?".[202]

> Conhecendo o general Góes como eu o conheço, eu tenho certeza de que ele não mudou em nenhum aspecto, e que ele está só fingindo um desejo sincero de cooperar com os EUA, porque o Brasil, no presente momento, está quase totalmente dependente, do ponto de vista econômico, dos Estados Unidos, e porque o general Góes ainda espera conseguir a maior quantidade de equipamento nosso para o seu Exército. Quando ele tomar medidas enérgicas para limpar a casa dentro do Exército brasileiro, livrando-se dos simpatizantes do Eixo, poderemos confiar mais nele... Se por algum motivo nosso governo deseja manter o fingimento de uma cooperação próxima e sincera entre os Exércitos dos Estados Unidos e Brasil, então a carta do general Góes deve ser respondida pelo general Marshall com a mesma insinceridade. Se não, parece não haver motivo algum para respondê-la.[203]

O também exonerado coronel Thomas White fez coro a Miller, afirmando que Góes Monteiro estava cercado e controlado por uma "panelinha" de oficiais pró-Eixo e antiamericanos em posições-chave tanto no Exército quanto na Força Aérea. Subestimando a capacidade dos brasileiros, White afirmou, num memorando a Marshall, que "sem sombra de dúvida, mesmo que fosse fornecido material bélico ao Brasil, suas Forças Armadas não o utilizariam de forma efetiva". A opinião de White sobre Góes Monteiro e os militares brasileiros era das piores: "Ele [Góes] espelha a opinião de uma das classes mais egoístas do mundo: as Forças Armadas brasileiras".[204]

Os textos escritos por Miller e White fornecem boas pistas sobre as causas que determinaram a exoneração de ambos. Como adido militar, Miller fracassou em fortalecer os laços militares entre os dois países – o objetivo primordial da sua missão –, pois suas demandas incluíam tanto as necessidades logísticas das Forças Armadas dos EUA quanto a ingerência nos assuntos internos do Brasil sem a efetiva contrapartida norte-americana. Além das diretrizes recebidas de Washington, é provável que boa parte dos obstáculos encontrados para a materialização da aliança militar entre brasileiros e norte-americanos tivesse origem na gestão inábil do oficial desde 1940. Miller e White tinham uma percepção oposta à de Caffery. Segundo o experiente diplomata: "A atitude de Aranha e seus colegas era simples: o Brasil não era uma 'república bananeira' [...]".[205]

A percepção dos enviados militares norte-americanos no Rio de Janeiro não era muito diferente da dos seus superiores em Washington. Marshall reclamou a Welles em 10 de maio de 1942: "Torna-se cada vez mais evidente que os brasileiros não estão cooperando seriamente conosco para assegurar aquela área vital [o Nordeste], o ar e o mar contra agressão do Eixo".[206] Contudo, o líder norte-americano pouco colaborou para promover a distensão das relações bilaterais.

Na resposta ao homólogo brasileiro, o norte-americano lamentou as oportunidades de cooperação estreita perdidas no passado, afirmando que era inútil ficar preso a elas. Quanto à remessa do armamento negociado pelo contrato de Lend-Lease, Marshall vinculou seu cumprimento à cooperação de Góes Monteiro, transformando a oportunidade de resolver o imbróglio numa espécie de chantagem mal disfarçada. O norte-americano afirmou que tinha claramente o entendimento das necessidades do brasileiro, mas assinalou que os EUA dariam a assistência material solicitada de acordo com as possibilidades, e em retorno à cooperação oferecida da parte de Góes Monteiro. Afirmou ainda esperar do brasileiro a compreensão da prioridade do atendimento às necessidades das forças dos EUA, bem como às de outros países em pleno combate contra a Alemanha, o Japão e a Itália.

Marshall vinculou o cumprimento do contrato de Lend-Lease ao atendimento prévio das suas exigências. Essa posição em nada facilitou o cumprimento dos termos do convênio militar, aumentando a desconfiança dos brasileiros de que o governo norte-americano, uma vez mais, não honraria as promessas de entrega de material bélico.

Os óbices levantados por Marshall para a entrega de armas não se deviam às necessidades da guerra recente nem podiam ser creditados às dificuldades da indústria bélica norte-americana. Os relatórios da Lei de Lend-Lease, enviados por Roosevelt ao Congresso dos EUA, permitem comparar o grau de apoio dispensado ao Brasil em relação às outras nações. Em maio de 1942, o somatório das exportações norte-americanas, sob os auspícios da Lei de Empréstimos e Arrendamentos, superou a marca de um bilhão de dólares.[207] Para o Brasil, até então, havia sido destinado algo em torno de um milhão de dólares em artigos militares, pagos em dinheiro vivo: cerca de um milésimo desse montante.

*

Desde 1936, o Brasil tentava reaparelhar suas Forças Armadas com o armamento fabricado nos EUA (Marshall assumiria o cargo de chefe do Estado-Maior em 1939). Porém, a relutância de Washington em materializar o discurso de um amizade, aliança e solidariedade para a defesa do continente não correspondeu às expectativas dos militares brasileiros ao longo dos anos.

Até 1940, partira do Brasil a iniciativa em pedir a assistência militar para a defesa do Nordeste.[208] Contudo, o sucesso avassalador do Eixo no início da guerra, somado à falta de apoio de Washington, deixou os militares brasileiros avessos à aproximação militar com os EUA. Apesar disso, o Estado Novo concedera progressivamente uma série de facilidades aeroportuárias aos norte-americanos desde 1941, comprometendo irremediavelmente a neutralidade brasileira. Outro passo, ainda mais ousado, foi dado quando Vargas rompeu as relações diplomáticas e comerciais com o Eixo, suprimindo quase por completo a influência alemã no Brasil. Todavia, no campo militar, a recíproca norte-americana desapontou os anseios nacionais.

Em parte, a desconfiança do War Department deveu-se à névoa da polarização ideológica que turvava a visão dos líderes e representantes norte-americanos. A recusa do alinhamento incondicional brasileiro aos EUA foi vista menos como um desejo soberano de neutralidade do que como uma prova de simpatia à causa nazifascista. No conjunto, o mau entendimento da situação brasileira e as tentativas de ingerência dos representantes estrangeiros prejudicaram o relacionamento binacional. O somatório desses fatores aumentou a suspeita brasileira quanto à insistência dos norte-americanos em ocupar as bases aéreas e navais do Norte-Nordeste.

Sem o suporte de testemunhos ou de documentos confiáveis, seria leviano atribuir o endurecimento da posição brasileira unicamente à resposta de Marshall. Contudo, não há dúvida de que o ofício decepcionante do norte-americano desperdiçou uma excelente oportunidade para encerrar a longa queda de braço política e militar entre os dois países.

Caso fosse dada uma resposta positiva ao ofício de Góes Monteiro em abril, acompanhada da remessa de material bélico em boa quantidade, haveria a oportunidade de que fossem corrigidos anos de negativas às requisições de armas dos brasileiros, encerrando a prolongada cisão entre os interesses dos dois exércitos.

Porém, Marshall deu ouvidos ao parecer dos seus assessores: Miller e White. O Departamento de Guerra apostou na pressão diplomática, militar e econômica sobre o Brasil para alcançar seus objetivos, prejudicando o andamento das negociações e potencializando a desconfiança dos militares brasileiros.

O xadrez da guerra

O sr. Oswaldo Aranha recebeu-nos preocupado [...]. Atento a todo ruído proveniente da porta, velada por um grande biombo, que lhe ocultava a entrada, recomendou-nos que embarcássemos o mais cedo possível: os americanos tinham muita pressa de resolver algumas questões de interesse mútuo, relativas ao Nordeste, e esperavam com ansiedade a chegada da delegação brasileira.

Depoimento do general Leitão de Carvalho, designado por Oswaldo Aranha para chefiar a equipe brasileira da Comissão Mista de Oficiais em Washington.

PARNAMIRIM FIELD

Um dos empecilhos à colaboração Brasil-EUA estava no andamento das obras do Programa de Desenvolvimento de Aeroportos (Airport Development Program – ADP), criado pelo Exército dos EUA para ligar, por via aérea, o território continental norte-americano às regiões estratégicas das Américas – em especial, o canal do Panamá e o Nordeste brasileiro.

Por razões políticas, não era viável o emprego do corpo de engenheiros militares dos EUA nos países latino-americanos. Assim, foi necessário contratar uma empresa particular para dar conta do trabalho. Para viabilizar o programa, o general Marshall escrevera ao secretário da Guerra, em setembro de 1940, recomendando a efetivação imediata de um contrato com a Pan-American Airways. Segundo o militar, a assinatura do contrato era, naquele momento, "mais essencial à defesa nacional do que qualquer outro assunto".

A Pan-American trabalhou sob pressão constante do Departamento de Guerra desde a primeira metade de 1941, quando o Afrikakorps de Rommel pressionava os ingleses no norte da África. Era preciso acelerar o andamento das obras ao máximo, pois os campos de pouso da companhia dariam suporte à remessa de uma parcela importante do apoio logístico ao 8° Exército britânico no Egito. Contudo, o ritmo de construção das pistas no Brasil foi desapontador. Os diretores da empresa se ressentiam dos comentários negativos do Exército, que avaliava o trabalho como vagaroso, pois percebiam que os críticos ignoravam a conjuntura brasileira.[209] O pessoal do ADP adquirira a reputação de ineficiente e de que possuía funcionários incompetentes ganhando altos salários.[210] Levando-se em consideração a série de obstáculos excepcionais – naturais e artificiais – que a empresa encontrou no Brasil, tais críticas parecem injustas.

Em território brasileiro, os trabalhos do ADP ficaram sob o encargo da Panair do Brasil, subsidiária da Pan-American. Em janeiro de 1941, aproveitando-se da rivalidade entre o Exército e a Marinha, que desejavam a criação de um Ministério da Aeronáutica sob o comando de um dos seus oficiais, Vargas usou sua habilidade política para contornar a oposição dos militares aos planos do ADP, entregando o Ministério da Aeronáutica a Joaquim Pedro Salgado Filho, um civil. Antes mesmo que o novo ministério entrasse em atividade, Getúlio submeteu o requerimento da Panair ao Conselho de Segurança Nacional, via ministro dos Transportes e Obras Públicas.[211] Entretanto, seis meses se passaram após a autorização para o início das obras, em 19 de janeiro de 1941, sem que o governo tivesse publicado o decreto de autorização.[212]

A resposta das Forças Armadas à manobra varguista foi paga na mesma moeda. As obras da Panair foram solapadas à exaustão desde o começo, tanto pelas condições intrínsecas ao subdesenvolvimento brasileiro quanto pelo desejo de retaliação das autoridades militares. A simples limpeza do terreno de uma das pistas de pouso em Natal durou cinco meses. Os trabalhos iniciais para a construção do campo de aviação na capital potiguar, bem como os melhoramentos em uma base de hidroaviões no rio Potengi, tiveram início em 25 de março de 1941, com a chegada a Natal do engenheiro Décio Brandão, encarregado do levantamento topográfico da área. Brandão não conseguiu contratar engenheiros e profissionais locais que o auxiliassem na tarefa, precisando treinar 20 pescadores como agrimensores improvisados.[213]

O resultado de tantos obstáculos pode ser visto no cronograma de obras da Panair. Marshall informou a Roosevelt que apenas 5% das obras nos campos de pouso entre Natal e Bahia estavam prontas em 1º de junho de 1941. Quase sete meses haviam se passado desde a assinatura do contrato entre a empresa e o Departamento de Guerra, no começo de novembro de 1940.[214] Uma vez mantido aquele ritmo de trabalho, contado a partir da autorização verbal de Vargas, o projeto seria finalizado apenas durante a guerra seguinte, na Coreia.[215]

Sobre os ombros da ADP pesava um encargo vital para os rumos do conflito. Durante a Segunda Guerra Mundial, nem mesmo as aeronaves com maior autonomia de voo eram capazes de alcançar o continente africano a partir dos EUA ou do Caribe. Em 1942, a única rota aérea Aliada para a África, com origem nas Américas, passava obrigatoriamente por Natal. Avaliando a posição geoestratégica brasileira, os planejadores militares norte-americanos temiam que o saliente nordestino servisse como futura porta de entrada para a invasão do continente. Segundo as projeções dos analistas, as Forças Armadas brasileiras seriam insuficientes para defender o Nordeste contra uma invasão do Eixo, o que levou a Divisão de Planos de Guerra a estabelecer medidas para deslocar grandes efetivos militares dos EUA para a região.[216]

Com base nessa concepção, desde 1939 o governo norte-americano passou a requerer autorizações cada vez mais abrangentes para as atividades das suas Forças Armadas no território brasileiro. As requisições incluíam o uso dos aeroportos pela Força Aérea, dos portos pela Marinha de Guerra e a vinda de tropas de infantaria. Todavia, fora algumas concessões relacionadas ao trânsito de aeronaves e ao uso das instalações portuárias, os pedidos esbarravam numa forte resistência, particularmente com relação à vinda de efetivos do Exército dos EUA.

Em maio de 1942, a deterioração da resistência Aliada frente ao avanço do Eixo fez crescer ainda mais a importância da rota aérea pelo saliente nordestino; por isso, o general Marshall resolveu nomear o general Robert L. Walsh para o recém-criado Comando do Exército do Atlântico Sul e do Nordeste do Brasil (Army's South Atlantic and Northeast Brazil Commander).[217] Alçado ao generalato para desempenhar a função, Walsh recebeu a incumbência de coordenar as ações do Exército dos EUA na região, representando os interesses de Washington junto às autoridades brasileiras.

O novo comando fora sugerido pela Divisão de Operações, com o intuito de atender às necessidades logísticas da Força Aérea do Exército norte-americano. Contudo, a iniciativa feria decisivamente a neutralidade brasileira no conflito. Além disso, os EUA não possuíam a jurisdição sobre as operações e bases militares no Brasil – e muito menos sobre seu território. Dessa forma, a proposta de instalar o quartel-general de Walsh em Natal – onde estava o posto-chave do sistema de transporte aéreo para o hemisfério oriental – não obteve consentimento nem do governo Vargas nem do próprio Departamento de Estado. A solução encontrada foi instalar, de forma provisória, o quartel-general do novo comando em Atkinson Field, na Guiana Britânica, até que fosse obtida a autorização dos brasileiros.[218] A nomeação de Walsh para o cargo de "comandante do Nordeste do Brasil" foi um exemplo do modelo de abordagem empregado pelo Departamento de Guerra junto aos brasileiros.

No começo de julho, quando Walsh desembarcou no Rio Grande do Norte pela primeira vez, a presença militar dos EUA no estado limitava-se a uma guarnição do Army Corps Ferry Command (Comando de Transporte Aéreo do Exército), com cerca de 300 técnicos e a uma companhia de fuzileiros navais enviada às pressas em dezembro.[219] A tropa ocupava um grupo de barracas em condições precárias, com banheiros e chuveiros improvisados, a leste de duas pistas de pouso construídas pela Panair do Brasil nos meses anteriores. Incumbidos de proteger as atividades do Comando de Transporte Aéreo, os marines costumavam acordar à noite, em meio aos frequentes temporais, deparando-se com um verdadeiro "rio de lama" passando sob as camas. O local era chamado de Parnamirim Field (Campo de Parnamirim) pelos norte-americanos.

No lado oeste das pistas, uma companhia de infantaria brasileira vigiava os estrangeiros, acantonando-se nos hangares e prédios abandonados pelas companhias aéreas Lati e Air France. Ao norte, estavam os mocambos erigidos pelos trabalhadores rurais contratados para as obras. O campo de pouso era uma escala improvisada e limitada, porém imprescindível para o reabastecimento das aeronaves destinadas ao outro lado do Atlântico.

O fornecimento de energia elétrica provinha da usina da Companhia Força e Luz, mas os militares sofriam com as interrupções constantes do serviço. Certa vez, quando o brigadeiro Eduardo Gomes estava ausente, o gerador de energia norte-americano quebrou. Um oficial brasileiro prestou socorro, fazendo uma ligação com o setor brasileiro. Ao retornar, Eduardo Gomes mandou cortar a linha, deixando os estrangeiros às escuras.[220]

No final de fevereiro de 1942, quando os EUA solicitaram a instalação de seus efetivos militares em Parnamirim, os brasileiros resolveram ocupar a localidade. No mesmo dia em que recebeu o pedido de Roosevelt, Vargas almoçou na casa de Dutra, na companhia de Góes Monteiro. Os três discorreram a respeito da solicitação estrangeira.[221] Ficou decidida a construção da Base Aérea de Natal (BANT), oficializada por um decreto presidencial em 2 de março, ativada com um pequeno núcleo de pessoal em 7 de agosto e inaugurada somente em 5 de novembro do mesmo ano.[222] Por ocasião da visita de Walsh, a BANT existia apenas no papel, mas era a única base aérea oficial no Rio Grande do Norte.

Além das pistas construídas pela Panair, havia o antigo "Campo dos Franceses": uma pista de barro batido com apenas 700 metros de comprimento por 40 metros de largura, utilizada pela Air France e a LATI até o início dos anos 1940. Cinco meses passados da instalação da BANT, seu primeiro comandante, o major-aviador Carlos Alberto de Filgueira Souto, enviou um relatório ao comando da 2ª Zona Aérea reclamando que ainda não fora concluída a construção dos prédios. Havia carência de aeronaves, bombas para os aviões, além de material sobressalente e pessoal.[223] Os problemas da BANT eram compreensíveis, pois a instalação e a operacionalização da base foram aspectos secundários para o governo desde a sua concepção. O objetivo prioritário era assinalar a soberania brasileira em Natal, desencorajando e inviabilizando o prosseguimento da ocupação estrangeira no pós-guerra.

Os relatos estrangeiros sobre a rotina de trabalho em Parnamirim construíram um perfil quase dantesco da região. Os norte-americanos moravam havia meses em um acampamento precário, sendo castigados pelo sol forte e pelo calor nordestino. As obras de nivelamento e de construção das pistas de pouso haviam retirado a vegetação nativa, deixando o solo no campo e no seu entorno com o aspecto desértico, de onde brotavam escorpiões em abundância. O funcionamento das aeronaves levantava nuvens de poeira que irritavam os olhos dos homens e comprometiam o funcionamento dos motores.

Fugindo da seca no sertão, milhares de retirantes foram atraídos pela possibilidade de trabalho em Parnamirim, construindo seus mocambos com palha, capim ou taipa nos arredores do campo de pouso. O crescimento de uma favela repleta de habitações sem condições mínimas de higiene e de saneamento básico era uma ameaça latente à eclosão de uma epidemia de tifo ou malária. "Tinha muita casa de taipa, muitos barracos e muita sujeira. Ninguém recolhia o lixo, não se pensava na saúde. Sem banheiros, as pessoas faziam tudo no mato", lembra uma moradora do local. Havia o medo de que os aviões procedentes de Dakar trouxessem de forma clandestina o *Anophelis gambiae*, o principal transmissor da malária na África. Se o mosquito picasse os descendentes dos doentes, ou mesmo os sobreviventes da grande epidemia de 1931, seria refeita a cadeia de transmissão que faria a doença ressurgir no Nordeste brasileiro.[224]

Para chegar a Natal, era necessário enfrentar uma estrada de terra com cerca de 21 quilômetros de extensão. Mesmo na capital do estado, a qualidade dos serviços públicos e dos locais de hospedagem deixava a desejar. Quando não havia vagas disponíveis para os visitantes no modestíssimo hotel junto ao campo de pouso (o LATI Hotel), o jeito era alojar-se no Grande Hotel da cidade, onde a alimentação era considerada "inadequada para o consumo" devido às condições sanitárias da cozinha. Havia redes de água e esgoto disponíveis em apenas alguns bairros de Natal, mas no restante da região era preciso utilizar poços artesianos e latrinas. O consumo da água com má qualidade fazia da disenteria um flagelo de que poucos conseguiam escapar.

Na falta de opções para diversão e serviços em Parnamirim, como cinema ou mesmo correios, os homens aproveitavam os períodos de folga nos bares e bordéis que se multiplicavam na região. O ambiente de promiscuidade, temperado pelo álcool, provocava arruaças e problemas frequentes com as autoridades locais, que não se entendiam com os comandantes norte-americanos sobre a jurisdição aplicável aos militares estrangeiros que transgredissem as leis brasileiras.[225]

De acordo com o relato norte-americano – provavelmente elaborado por Walsh –, as condições de segurança eram alarmantes. O mais importante dos aeroportos brasileiros estava virtualmente sem defesa contra qualquer tipo de ataque; não existia artilharia antiaérea em posição, radar ou sistema de alerta aéreo nem havia medidas de proteção em vigor, como dispersão de aeronaves e de gasolina, e a aeronave de proteção mais próxima estava a uma hora de voo, em Recife.

A defesa terrestre do Nordeste também não mereceu os elogios de Walsh. Segundo o militar, as tropas brasileiras possuíam apenas 18 mil homens na região, estando muito dispersas e pobremente equipadas para fornecer a proteção adequada às bases aéreas. Ainda de acordo com o relato, fora os 50 fuzileiros em Natal, só havia uma guarda de 90 brasileiros armada com 15 pistolas.[226]

*

Houve uma boa dose de exagero na avaliação das condições de segurança em Parnamirim por parte dos norte-americanos. Quase um ano antes, em 25 de julho de 1941, o Exército brasileiro havia criado a 1ª e a 2ª Brigadas de Infantaria, em Recife e Natal, respectivamente. As duas unidades foram reforçadas nos meses seguintes com a transferência de várias guarnições do Sudeste.[227] Em 16 de abril de 1942, o arquipélago de Fernando de Noronha foi aquinhoado com um batalhão de caçadores, uma bateria de obuses, parte de um destacamento de transmissões (antiga Arma de Comunicações), uma seção de sapadores, pessoal dos serviços de saúde e de intendência e copioso material.[228] A estrutura de defesa do Nordeste seria continuamente fortalecida por uma série de unidades deslocadas para a região até o final da guerra.[229]

Em junho de 1940, quando o general Mascarenhas de Morais assumiu o Comando da 7ª Região Militar – cuja área de responsabilidade ia de Alagoas até o Maranhão – o efetivo do Exército sob o seu comando não somava mais de seis mil homens. Pouco tempo depois, esse número seria triplicado.[230] No início de julho, quando Walsh visitou Natal, a guarnição brasileira não se limitava a 90 homens (elementos da 3ª Cia. de Infantaria de Guarda). Desde 5 de fevereiro de 1942, guarnecia a região um batalhão do 16° Regimento de Infantaria (16° RI), o 1° Grupo do 3° Regimento de Artilharia Antiaérea (I/3ª RAAAé), e o 4º Grupo de Artilharia de Dorso (4° GADô). Cabia a essas unidades defender, em primeira urgência, a cidade de Natal, a base de hidroaviões da Marinha dos EUA e o campo de pouso de Parnamirim.[231]

Em fevereiro de 1942, o general Mascarenhas de Morais inaugurou um novo quartel para o recém-criado 16° Regimento de Infantaria.[232] O regimento fora organizado em 1° de agosto de 1941, com base no já existente 29° Batalhão de Caçadores, reforçado pelo 11° Batalhão de Caçadores de Minas Gerais.[233] A tropa de infantaria estava apoiada por unidades de artilharia trazidas de várias regiões do país. Uma delas, o 4° GADô (grupo de artilharia de dorso), viera de Juiz de Fora, chegando a Natal em 30 de outubro de 1941, alojando-se num quartel de emergência entre os bairros do Tirol e Petrópolis. Originariamente hipomóvel, a unidade recebeu caminhões GMC (General Motors Company), que passaram a transportar os velhos canhões Schneider de 75 mm embarcados na carroceria. A missão principal do grupo era a patrulha da costa, em especial, nas praias de Areia Preta e Ponta Negra, onde os holandeses desembarcaram quando invadiram o Nordeste no século XVII. O serviço de guarda da unidade no litoral tinha a duração de um mês e usava um sistema de rodízio entre as baterias.[234]

A proteção antiaérea e naval de Natal estava a cargo do 1° Grupo do 3° RAAAé, atual 17° Grupo de Artilharia de Campanha, que fora transferido do Rio de Janeiro para o Nordeste no início de janeiro de 1942.[235] Logo após sua chegada em Campina Grande, na Paraíba, o grupo deslocou-se para o Rio Grande do Norte, instalando-se definitivamente às margens da foz do rio Potengi, nas instalações onde funcionava o Sindicato Condor, filial da empresa de aviação alemã Lufthansa. Uma das suas baterias foi estacionada ao largo da Base Aérea de Natal, apoiada por uma bateria de projetores Sperry. A outra bateria foi instalada na região de Genipabu, na Ponta de Santa Rita, protegendo o acesso à foz do rio Potengi. Ali estava o porto de Natal, a base da Marinha brasileira em construção, e a "Rampa": a base de hidroaviões da Marinha dos EUA.[236]

O armamento em poder do I/3° RAAAé era o que havia de mais avançado na época, com duas baterias (oito peças) do legendário Krupp 88 mm C/26 modelo 1937, recentemente adquirido da Alemanha. A versatilidade do material permitia seu emprego tanto para a defesa naval quanto para a antiaérea.[237] Bem antes da visita de Walsh, exercícios militares eram realizados com regularidade. Em 27 de fevereiro de 1942, o general Gustavo Cordeiro de Farias, comandante da 2ª Brigada de Infantaria, promoveu um treinamento envolvendo, inclusive, a população civil. Tão logo soaram as sirenes de alarme, os habitantes correram para os abrigos existentes em quase todas as casas, e a cidade mergulhou na escuridão do *blackout*. Enquanto isso, os potentes fachos de holofotes esquadrinhavam o céu, "acompanhados pela fúria das metralhadoras".[238]

O poder da artilharia de costa e antiaérea brasileira em Natal era incomparavelmente superior ao que seria proporcionado pelos velhos canhões Vickers Armstrong de 152,4 mm, vendidos como sucata por Washington. Um relato da U.S. Navy elogiou a estrutura de defesa da cidade: "Reparou-se com satisfação que os brasileiros estacionaram suas melhores baterias antiaéreas em Natal. Elas consistiam de oito armas antiaéreas recentemente vindas da Alemanha, com excelentes projetores Sperry e controles".[239]

Além do 16° RI, do 4° GADô e do I/3°RAAAé, estavam em Natal o quartel-general da 2ª Brigada de Infantaria, uma Companhia de Engenharia Motorizada, a 24ª Circunscrição de Recrutamento Militar e o Hospital Militar.[240] Em uma viagem de inspeção ao Nordeste, o general Leitão de Carvalho concluiu que o estado atual das tropas na região era satisfatório para uma situação normal, "porém deixa muito a desejar nesta emergência, em que se espera, de um momento para outro, passar a operações de guerra". O general elaborou um plano de defesa megalômano, como se o Brasil estivesse na iminência de sofrer uma invasão nos moldes da que seria vista na Normandia. Só para Natal, Leitão de Carvalho prescreveu como necessária, no mínimo, a instalação de nove batalhões de infantaria, dez grupos de artilharia e um regimento de cavalaria motorizado.[241] Obviamente, não havia material bélico e meios suficientes para a adoção do esquema defensivo mirabolante sem a vinda das tropas dos EUA para o Nordeste. A insistência de Leitão de Carvalho junto à Dutra, em prol de colocar em prática seu planejamento, desgastaria suas relações com o Ministério da Guerra.

Não resta dúvida de que o efetivo militar presente em Natal era insuficiente para contrapor-se a uma invasão anfíbia em larga escala. No começo de maio de 1942, o comandante da 2ª Brigada de Infantaria confessou-se "aterrorizado" com a extensão do setor de defesa que lhe foi atribuída num plano da 7ª RM.[242] Entretanto, para o exército de um país neutro, subdesenvolvido e endividado, cujas solicitações de compra de armas aos EUA eram respondidas ora com material ultrapassado, ora com promessas não cumpridas, a organização defensiva de Natal era mais do que suficiente. Sobretudo, pela ausência de uma ameaça real ao saliente nordestino.

Em meados de 1942, a possibilidade de um desembarque imediato de tropas do Eixo no Brasil era desprezível por uma série de razões. Tanto a Kriegsmarine quanto a Regia Marina italiana não ousavam aventurar-se no oceano Atlântico. Desde a perseguição e a destruição do Bismarck, em maio de 1941, as belonaves da Marinha alemã estavam praticamente confinadas aos portos do mar Báltico e aos fiordes da Escandinávia, arriscando-se somente a curtas e esporádicas incursões no mar do Norte e no Ártico.

O risco de um ataque aéreo era ainda menor, pois nenhum dos países europeus em guerra contra os EUA possuía um porta-aviões operacional ou viria a tê-lo. Ainda que o governo francês de Vichy resolvesse autorizar o uso das instalações de Dakar pelo Eixo – o que jamais aconteceu –, não existia uma aeronave com raio de ação suficiente para bombardear o Brasil. Mesmo o avião com a maior autonomia de voo em toda a guerra – a novíssima superfortaleza B-29, Very Long Range Bomber, com o alcance de combate de 2.824 milhas náuticas (5.230 quilômetros) – era incapaz de cobrir as mais de 3.200 milhas náuticas (cerca de 6 mil quilômetros) de ida e volta entre Dakar e Natal. Alemanha e Itália jamais possuíram os meios para desfechar um ataque aéreo ou naval ao saliente nordestino durante a guerra – a não ser utilizando submarinos ou com uma limitadíssima incursão de grupos de comandos.[243]

Durante o inverno daquele ano, os olhos da Wehrmacht estavam voltados para a guerra no hemisfério norte contra a União Soviética e a Inglaterra. No pior dos cenários, caso o III Reich liquidasse os russos na Ásia e os ingleses no norte da África, seriam necessários vários anos até que os estaleiros alemães e italianos fossem capazes de lançar ao mar uma esquadra apta a desafiar a ampla supremacia naval Aliada. Sobretudo, descartadas as teorias conspiratórias, jamais foi encontrado um plano ou mesmo um esboço de uma invasão do Eixo às Américas. Quando Walsh visitou Parnamirim Field em julho, a possibilidade de uma invasão da Alemanha ao Nordeste brasileiro em 1942 não era muito superior à de Hitler invadir o planeta Marte.

O xadrez da guerra

Em face da impossibilidade de acesso à história original do SADATC (Comando de Transporte Aéreo, Divisão do Atlântico do Sul), que inclui a história oficial de Parnamirim Field, conseguiu-se apenas analisar os trechos publicados pelos autores norte-americanos que puderam consultá-la. Contudo, a mensagem passada pelos relatos é inequívoca: o mais importante aeroporto brasileiro estava praticamente desprotegido, as Forças Armadas locais não guarneciam o Nordeste adequadamente e o Exército dos EUA precisava tomar providências urgentes.[244] Não resta dúvida de que Walsh desejava fortalecer a estrutura militar norte-americana na região, mas o discurso oficial não corresponde à realidade. As preocupações de Washington direcionavam-se menos a uma invasão anfíbia do Eixo do que a uma possível guinada brasileira para o lado inimigo. No mesmo mês da visita de Walsh a Parnamirim, um relatório do Escritório de Serviços Estratégicos dos EUA (OSS) alertou as autoridades norte-americanas quanto à existência no Brasil de uma "forte minoria, profundamente nazista e fascista, que pode de um momento para o outro mudar o curso dos eventos". O relatório afirmou que era difícil identificar esse grupo, pois seus integrantes falavam oficialmente em favor dos EUA, mas, "secretamente, elogiavam Hitler e Mussolini".[245]

O antagonismo entre brasileiros e norte-americanos no Nordeste foi potencializado quando Washington enviou autoridades consulares – militares à paisana, provavelmente – a Natal e outras cidades, instruindo os cônsules a obter informações que auxiliassem nos planos de deslocamento de tropas norte-americanas para o Brasil.[246] Logo no começo das obras do campo da Panair, a presença oficiosa de militares estrangeiros irritou o general Gustavo Cordeiro de Farias, comandante da guarnição do Exército em Natal, que não havia sido comunicado oficialmente da atividade. Sem que o oficial soubesse, o Ministério da Justiça havia autorizado o interventor estadual a facilitar a entrada de norte-americanos sem passaportes pelo porto da cidade. O impasse foi resolvido graças à intervenção do almirante Ary Parreiras, encarregado da construção da base naval.[247] A Panair também não gozava da simpatia da Aeronáutica. O brigadeiro Eduardo Gomes, também diretor-geral de linhas aéreas, foi uma "pedra no sapato" nas pretensões dos norte-americanos.[248]

Durante os mais de quatro anos de operação de Parnamirim Field, as autoridades do Rio de Janeiro e de Washington foram incapazes de chegar a um acordo satisfatório quanto à legislação a que estariam sujeitos os militares estrangeiros. Segundo o embaixador Caffery, os norte-americanos recusavam-se "a entregar membros de suas Forças Armadas às autoridades brasileiras para julgamento".[249] Em caso de problemas com as autoridades locais, o acusado era simplesmente removido do país. Em 1942, foi aberto um inquérito na comarca de Natal, com a finalidade de apurar as causas da morte de um brasileiro por um militar norte-americano. Porém, o indiciado foi colocado num avião e removido de Parnamirim, à revelia da justiça brasileira.[250]

A perda da jurisdição sobre o próprio território provocou uma animosidade latente nos militares brasileiros lotados no Rio Grande do Norte. Numa visita à guarnição de Natal, em abril de 1942, o general Estevão Leitão de Carvalho, inspetor do 1° Grupo de Regiões Militares, observou que à frente das tropas do Exército estava um "jovem general tido como simpatizante das potências do Eixo". Durante a estada, o oficial reparou que prevalecia a "convicção, entre chefes e subordinados, de que os aprestos militares em preparação se destinavam a repelir qualquer ataque proveniente do exterior [...] deixando-se transparecer estarem incluídos entre eles os próprios Estados Unidos".[251]

Ainda em 1940, Góes Monteiro alertou Getúlio Vargas quanto à possibilidade de ocupação militar norte-americana:

> [...]
> V) A extrema delicadeza da situação emergente torna-se mais flagrante se forem focados alguns aspectos mais desfavoráveis do problema. Os Estados Unidos, no estado atual do material de guerra e em relação a bases eventuais instaladas na África ocidental ou nas ilhas entre África-Europa e América, têm sua faixa de segurança limitada ao sul, na face atlântica, pela zona vizinha do Cabo de São Roque e águas de Fernando de Noronha. Até aí se estenderá seu espaço marítimo para o raio de segurança longínqua, que os levará, naturalmente, a procurar antecipar-se ao inimigo eventual quanto à possibilidade de utilizar bases navais e aéreas desse lado, garantindo assim sua própria utilização.
> Por bem ou por mal pretenderão obtê-las:
> • seja por combinação ou acordo;
> • seja, pelos moldes com que se apossaram do Panamá, fomentando a guerra civil;
> • seja pela conquista militar ostensiva. A segunda fórmula pode realizar-se na pior hipótese para nós, em conjugação com a própria atuação dos núcleos coloniais no sul do país, pois que estes, em caso de guerra com a América, tudo farão para enfraquecer a ação norte-americana.[252]

Os temores dos norte-americanos eram parcialmente justificados, pois Parnamirim Field foi o alvo de ações isoladas da Quinta-coluna.[253] Certa noite, um estranho apareceu do depósito de combustível da Panair, obrigando o único

O xadrez da guerra   99

vigia a procurar o telefone para entrar em contato com o administrador. O visitante aproveitou-se da oportunidade para lançar um artefato incendiário sobre alguns galões de querosene, desaparecendo em seguida. Felizmente, o vigia conseguiu apagar o fogo, evitando danos maiores.[254] Em fevereiro de 1942, um trabalhador pôs açúcar nos tanques de combustível de uma "fortaleza voadora" B-17. A aeronave espatifou-se no solo após decolar, matando a tripulação de nove homens.[255]

*

No início da década de 1940, a maior parte dos aeroportos brasileiros não passava de simplórias pistas de terra ou de grama. Mesmo os de maior importância, como os de Belém e Natal, careciam da infraestrutura aeroviária capaz de suportar o volume crescente de tráfego aéreo após Pearl Harbor. Para piorar ainda mais essa situação, as obras a cargo da Panair do Brasil foram solapadas pela "panelinha" de oficiais do Exército e da Aeronáutica a que se referiu o general Miller (entre eles, provavelmente, o general Gustavo Cordeiro de Farias e o brigadeiro Eduardo Gomes). Assim, a Panair foi incapaz de cumprir seu cronograma de trabalho no Brasil.

Devendo terminar a construção de oito aeroportos e seis bases de hidroaviões até janeiro de 1942, a empresa não logrou completar 40% dos trabalhos em nenhum dos campos de pouso brasileiros antes da entrada dos EUA na guerra.[256] Desde a autorização de Vargas para o início das obras em 1941, boa parte dos obstáculos encontrados pela Panair haviam sido os de caráter burocrático. Contudo, a partir de junho de 1942, a reação das forças contrárias à colaboração militar com os EUA tornou-se ainda mais virulenta. Cauby da Costa Araújo, presidente da empresa no Brasil, foi preso e processado por crimes contra a segurança nacional em meados de 1942. A promotoria chegou a requerer a pena de morte para o brasileiro, que seria julgado e inocentado pelo Tribunal de Segurança Nacional apenas no ano seguinte.[257]

No primeiro semestre de 1942, o antagonismo entre brasileiros e norte-americanos era bem mais preocupante do que a ameaça de invasão do Eixo. No começo de maio, Walsh declarou:

> Está mais que na hora que tenhamos lá [em Natal] uma organização definitiva para reunirmos as bases de Comando de Transporte, os trabalhos de melhoria de aeroportos, as atividades de inteligência, os serviços de transporte da Panam, a Panair do Brasil e muitos projetos menores, bem como dar ao Brasil assistência em assuntos de defesa.[258]

É compreensível a preocupação de Walsh com o cenário visto em Parnamirim, pois lhe cabia o encargo de implantar e expandir um serviço de transporte aéreo em um país estrangeiro – onde sequer podia instalar o seu quartel-general. O general carecia da indispensável autoridade operacional e administrativa para levar adiante a sua missão. Todavia, suas requisições dependiam de um passo adiante da diplomacia.

O ACORDO SECRETO

No primeiro semestre de 1942, as barreiras de Washington com relação à efetiva colaboração militar junto ao Estado Novo passaram a estremecer à medida que as posições Aliadas caíam em poder do Eixo ao redor do globo.

A outrora poderosa esquadra britânica vinha sofrendo reveses seguidos e dolorosos no Oriente. Em dezembro de 1941, o afundamento do encouraçado HMS Prince of Wales e do cruzador HMS Repulse calou fundo no orgulho britânico. Em 31 de março, uma força-tarefa sob o comando do almirante Jisaburo Ozawa atacou e afundou 23 navios britânicos na baía de Bengala.

Na manhã do dia 5 de abril, o almirante Nagumo lançou o poderio aéreo da sua força de porta-aviões contra Colombo, no Ceilão (atual Sri Lanka). O destróier britânico Tenedos e o navio mercante armado Hector foram destruídos nesse ataque. Os japoneses abateram 19 dos 42 caças da Força Aérea Britânica (RAF na sigla em inglês) que encontraram pela frente, com a perda de apenas 7 unidades suas. No retorno da missão em Colombo, houve mais destruição. Meia centena de aeronaves encontraram e afundaram os cruzadores britânicos Dorsetshire e Cornwall, matando 424 tripulantes.

Em 9 de abril, Nagumo lançou um ataque em Trincomalee, na costa oriental do Ceilão. No caminho de volta, as aeronaves descobriram o porta-aviões Hermes, o destróier australiano HMAS Vampire, a corveta britânica Hollyhock e dois navios-tanque. Foi um massacre. Todos os navios Aliados foram destruídos. Somente no Hermes morreram 307 marinheiros. Em pânico, a Esquadra Britânica do Leste, sob o comando do almirante *sir* James Somerville, foi obrigada a refugiar-se no leste da África, a fim de evitar a destruição total. Nagumo lamentou a perda de apenas 18 aeronaves nos 2 ataques devastadores. Enquanto isso, a frota de submarinos japonesa patrulhava a costa oeste da Índia. Somente o I-10, navegando ao largo de Madagascar, afundou nove navios mercantes e danificou o HMS Ramilles.

Em dezembro, a derrota em Cingapura expulsou os britânicos do Extremo Oriente. Conjugadas ao avanço nipônico terrestre no sudeste asiático, as derrotas navais inglesas acabaram por fazer desmoronar a resistência Aliada na China – agora impossibilitada de receber o apoio logístico. Para piorar ainda mais o cenário, diversos movimentos nacionalistas colocaram a Índia em ebulição, ante a real possibilidade de se verem livres do longo domínio colonial britânico.

Em abril de 1942, os novos reveses ameaçavam expulsar a Marinha Real do oceano Índico. No começo do mês, Churchill classificou esse momento como o "mais perigoso da guerra" e o que lhe "causara o maior alarme". "A captura do Ceilão, a consequente perda do controle do oceano Índico e a possibilidade de os alemães conquistarem o Egito teria fechado o cerco e o futuro ficaria negro", afirmou o político inglês.[259] Na ocasião, a derrota e a expulsão das forças terrestres Aliadas do leste asiático não eram apenas uma possibilidade a ser considerada, mas um evento cada vez mais próximo.

Somente atravessando o território brasileiro era possível fazer chegar o apoio aéreo aos ingleses no Oriente com a presteza necessária. Todavia, essa não era uma tarefa simples, tanto por razões técnicas quanto políticas. Foi quando a diplomacia norte-americana entrou em ação. Em meados de abril, o subsecretário de Estado Welles escreveu ao embaixador Caffery para conseguir dos brasileiros a autorização para a construção de bases de hidroaviões em Maceió, Natal e Aratu e pistas de pouso em Recife e Natal. Nessas localidades, o pedido incluía a autorização para a construção de instalações militares, refeitórios e sanitários para 50 oficiais e 300 praças; 1 torre de controle; hangar de reparos; depósitos subterrâneos para 50 mil galões de gasolina; 2 paióis de munições; além do terreno necessário para a construção das benfeitorias.[260] Caffery solicitou autorização para um aumento expressivo do efetivo das guarnições militares nos campos de pouso do Norte-Nordeste brasileiro, bem como a ampliação das instalações, a edificação de novas benfeitorias e a eliminação da necessidade de vistos para o pessoal norte-americano em passagem pelo Brasil, entre outros.[261]

No ano anterior, a Panair recebera autorização do governo brasileiro para construir e melhorar aeroportos e campos de pouso do Amapá à Bahia. Porém, a deterioração das posições Aliadas implicava a construção urgente de novas benfeitorias e de outra pista em Natal – que não estavam previstas na autorização inicial fornecida. Além disso, o aumento do tráfego aéreo necessitava do correspondente suporte logístico, compreendendo itens básicos, como o reabastecimento de combustível, oficinas de manutenção, mecânicos, técnicos e toda a estrutura física de apoio ao pessoal. Era preciso transformar o singelo grupo de barracas de Parnamirim numa verdadeira base militar o quanto antes.

102   Operação Brasil

Para não ferir publicamente a neutralidade brasileira, as requisições de Caffery teriam de ser concedidas por um convênio secreto entre as partes. Oswaldo Aranha foi designado chefe da delegação brasileira, que incluía os chefes dos estados-maiores do Exército, da Marinha e da Aeronáutica. Em espírito, o cerne da negociação era semelhante ao das anteriores: a oferta de vantagens econômicas e a venda de armas em troca da autorização para as atividades militares dos EUA no Brasil.

Com o intuito de acelerar os trâmites e concluir a redação final do acordo, o Exército dos EUA enviou um grupo de oficiais ao Rio de Janeiro. Logo na chegada da equipe, o general-brigadeiro Robert Olds, chefe do Serviço de Transporte Aéreo dos EUA, percebeu uma sensível mudança nas reações dos brasileiros aos seus pedidos, destacando que a recepção havia sido bem melhor que nas ocasiões anteriores.[262] Caffery chefiava a delegação norte-americana, que incluía três oficiais superiores: o coronel Henry A. Barber, oficial de planejamento para a América Latina; o coronel Robert L. Walsh, chefe da Seção de Inteligência Aérea, e o chefe da missão naval no Rio de Janeiro.[263]

Em 15 de abril, o embaixador dos EUA informou aos seus superiores em Washington que Oswaldo Aranha e os chefes dos estados-maiores brasileiros concordaram com a minuta do plano trazida ao Rio de Janeiro pelos coronéis Walsh e Barber, fazendo apenas algumas modificações.[264] As duas partes chegaram a um texto final em 18 de abril. Segundo as fontes norte-americanas, as impressões sobre o andamento dos trabalhos foram as melhores possíveis. O novato coronel Henry Barber "se sentiu maravilhado" quando os brasileiros aceitaram seu plano de defesa conjunta, pois esperava que fossem exigir pelo menos o comando de todas as tropas no Nordeste.[265] Barber provavelmente imaginara que as ressalvas ao estacionamento de tropas dos EUA no Nordeste haviam sido superadas pelas contrapartidas oferecidas pelo Acordo de Washington e que agora os norte-americanos assumiriam o comando das bases aéreas, navais e das operações militares.

Mas a alegria de Barber durou pouco tempo. Em 20 de abril, a Marinha dos EUA enviou um telegrama ao seu adido no Rio de Janeiro, orientando-o a retardar o processo decisório até que fossem mais bem compreendidos alguns artigos do acordo. Tanto a U.S. Navy quanto Aranha manifestaram a Caffery o desejo de que fossem excluídos certos artigos do texto.[266] Apesar do entusiasmo inicial, o tempo foi passando sem que o convênio fosse assinado.

O impasse durou até o início de uma série de incidentes no litoral nordestino. No dia 18 de maio, um navio cargueiro brasileiro foi atacado a nordeste do arquipélago de Fernando de Noronha. Em 24 de maio, o Gonçalves Dias foi afundado no mar do Caribe. Entre 22 e 27 de maio, aeronaves baseadas em território brasileiro deram início a ataques contra submarinos do Eixo na região entre Fernando de Noronha e o Atol das Rocas e também próximo ao litoral cearense.

A constatação de que a batalha do Atlântico chegara de vez ao Brasil, somada à fragilidade da Armada brasileira, parece ter sido determinante para a assinatura do acordo secreto. Para resguardar militarmente o país, havia uma cláusula que estabelecia a ajuda militar norte-americana imediata em caso de um ataque do Eixo. Uma breve troca de notas entre as duas delegações, entre 23 e 27 de maio – justamente no período em que ocorreram os ataques aéreos –, selou o término das negociações. Entretanto, várias pendências foram deixadas em aberto.[267]

Os relatos das conversações que materializaram o convênio militar construíram a imagem de uma negociação sem grandes sobressaltos, com os brasileiros mostrando-se excepcionalmente colaborativos. Segundo os registros norte-americanos, a minuta brasileira do convênio foi de tal forma condescendente – bem como sua resposta às modificações propostas por Washington – que o Departamento de Guerra a aprovou de imediato. "A princípio, nós devemos, sem perda de tempo, aceitá-lo", sugeriu a Divisão de Planos de Guerra a Welles.[268] Por isso, os enviados militares dos EUA ao Brasil – coronel Robert L. Walsh e coronel Henry A. Barber – foram orientados a não levantar, durante as conversações, "o problema de postar, no momento, grandes efetivos de tropas norte-americanas no Nordeste".

Contudo, as negociações pelo lado brasileiro – bem como as deliberações posteriores – foram bem mais atribuladas do que se supõe. Após a assinatura do convênio, foi dissolvido o inócuo Conselho Conjunto de Defesa do Nordeste Brasileiro, criado no ano anterior para formular o plano de defesa do saliente nordestino. Em seu lugar, foi estabelecido o cargo de comandante do teatro de operações do Nordeste – que o Ministério da Guerra fez questão de ignorar. Nas palavras do general Leitão de Carvalho, designado para o cargo: "Todas as questões referentes à defesa do Nordeste eram tratadas pelo ministro diretamente com o comandante da 7ª Região Militar". Mesmo estando entre os cinco mais altos chefes do Exército, Leitão de Carvalho passou a ocupar uma função decorativa, sendo excluído até mesmo das solenidades militares.[269] Ao que tudo indica, não havia aversão à pessoa do militar, mas ao processo decisório que levou à criação do novo cargo.

Com relação à responsabilidade pelo comando operacional das forças navais e aéreas no Nordeste, encontrou-se um meio-termo para atender parte das requisições dos EUA e as restrições do Estado-Maior do Exército brasileiro. Aranha e Caffery concordaram em incluir no acordo a criação de duas comissões técnico-militares mistas. Segundo Aranha, a nova comissão mista de oficiais – a terceira em menos de dois anos – foi a forma como ele e o embaixador Caffery "haviam encontrado para vencer as dificuldades criadas até então, no Estado-Maior do Exército, à colaboração militar com os americanos".[270] Uma delas funcionaria no Rio de Janeiro, com a tarefa de aumentar a presteza das Forças Armadas brasileiras, enquanto a outra teria lugar em Washington, onde as questões relativas ao ponto nevrálgico das negociações – o Nordeste – seriam tratadas.

> Artigo IV - As bases navais e aéreas no território brasileiro poderão ser guarnecidas por forças dos Estados Unidos da América, a pedido do governo brasileiro, ficando as condições de comando e responsabilidades nas zonas de operações a serem reguladas pelas comissões mistas.[271]

Até que as comissões deliberassem o contrário, o governo brasileiro manteria o comando e a responsabilidade nas zonas de operações, e as tropas dos EUA só viriam guarnecer as bases navais e aéreas a pedido de Vargas. Em 1° de agosto, uma mensagem secreta do ministro da Guerra ao chefe do Estado-Maior ressaltou a manutenção desse *status quo*: "Comando único, com subordinação das forças americanas terrestres que operam em território brasileiro, ao comando do teatro de operações respectivo [comando brasileiro]".[272]

A resistência das autoridades militares brasileiras possuía suas razões, pois até o final do mês de maio esperou-se em vão de Washington o cumprimento do segundo contrato de empréstimo e arrendamento. O primeiro lote com material bélico foi liberado apenas em 27 de maio, mediante uma ordem direta de Roosevelt – mesmo com a oposição da Marinha – chegando ao Brasil somente em 20 de junho.[273] Surpreendentemente, nem mesmo após sua chegada em território nacional parte das armas seria repassada aos brasileiros de imediato. Em agosto, o Departamento de Guerra decidiu que qualquer armamento a ser mandado para o Brasil deveria, "inicialmente, ser guarnecido e operado por militares norte-americanos, e entregue ao Brasil após um período de treinamento adequado".[274]

O fato de a primeira remessa de armas ter sido autorizada imediatamente após a assinatura do convênio militar torna evidente o real motivo para os atrasos. Bem mais do que a ação dos submarinos alemães na costa norte-americana, as supostas dificuldades de produção da indústria dos EUA, ou as necessidades de outros teatros de operações, a entrega dos artigos militares, firmada nos Acordos de Washington, estava vinculada ao atendimento das necessidades estratégicas do Exército norte-americano no Brasil.

Um velho ditado referente à política no Brasil diz que, "quando não se quer fazer alguma coisa, cria-se uma comissão". O ditado se aplicou perfeitamente às manobras da cúpula militar brasileira. Não resta dúvida de que a montagem de duas comissões foi mais uma jogada burocrática e ardilosa de Góes Monteiro, destinada a retardar a discussão da autoridade sobre as operações militares no Brasil até a chegada do armamento comprado dos EUA. Dutra e Góes Monteiro postergaram ao máximo o início dos trabalhos das equipes e, com elas, a solução das inúmeras necessidades logísticas e operacionais norte-americanas no Nordeste. Sem a remessa do material bélico aos brasileiros, as novas comissões estavam fadadas a repetir o fiasco das estabelecidas no passado.

O Exército relutou em nomear os membros das comissões. Dois meses se passaram, desde a assinatura do convênio, sem que os representantes brasileiros fossem designados. A inércia foi quebrada apenas quando o general Estevão Leitão de Carvalho foi chamado para chefiar a delegação brasileira em Washington. Entretanto, a iniciativa não foi tomada pelo ministro da Guerra, como haveria de se esperar, mas pelo ministro das Relações Exteriores.[275]

A nomeação à revelia das Forças Armadas provocou uma crise institucional. Procurado por Leitão de Carvalho, Dutra afirmou que a nomeação nada tinha a ver com seu ministério e estava "alheia aos assuntos da sua pasta", sugerindo que ele procurasse o ministro do Exterior. Leitão de Carvalho foi o único personagem a relatar publicamente os embates que envolveram o tenso momento político – inclusive as discussões ríspidas entre o chanceler e o chefe do Estado-Maior. Numa reunião com Aranha, enquanto Góes Monteiro era aguardado, os membros da delegação brasileira – Leitão de Carvalho, um vice-almirante e um coronel-aviador – foram instruídos a embarcar rapidamente para Washington.

> O sr. Oswaldo Aranha recebeu-nos preocupado [...]. Atento a todo ruído proveniente da porta, velada por um grande biombo, que lhe ocultava a entrada, recomendou-nos que embarcássemos o mais cedo possível: os americanos tinham muita pressa de resolver algumas questões de interesse mútuo, relativas ao Nordeste, e esperavam com ansiedade a chegada da delegação brasileira.[276]

Leitão de Carvalho testemunhou uma discussão nervosa que descambou para acusações pessoais. Segundo o general, Aranha reclamou dos ataques à sua reputação, supostamente partidas de Góes Monteiro, que lhe imputavam a origem judaica. Furioso, o chanceler declarou ter recebido de Pernambuco a cópia de um boletim secreto expedido pelo general Dutra, no qual constavam referências depreciativas a sua gestão na pasta do Exterior. Góes Monteiro repreendeu energicamente o procedimento dos oficiais que remeteram o documento de Recife, classificando o ato de desleal e traiçoeiro.[277]

O atrito entre Aranha e Góes Monteiro abre caminho para uma nova interpretação das tratativas que envolveram a assinatura do acordo secreto. Ainda que as fontes norte-americanas atribuam aos seus representantes o atraso na formalização do acordo, é provável que boa parte desse retardo tivesse origem na oposição do Ministério da Guerra.[278] É razoável supor que a proposta inicial brasileira – que tanto agradou Washington – tenha sido formulada de forma independente por Aranha, à revelia de Góes Monteiro. Ou, ainda, que a desapontadora resposta de Marshall, recebida durante as tratativas, tenha indignado a cúpula militar do Estado Novo.[279] Após um acidente automobilístico que incapacitou Vargas, imobilizando-o na cama por várias semanas – justamente durante as tratativas do convênio –, Aranha monopolizou o processo de negociação com os EUA. Isso explicaria a oposição do ministro da Guerra e do chefe do Estado-Maior à gestão do chanceler.

Na capital dos EUA, Leitão de Carvalho teria de enfrentar novamente o descaso dos seus superiores. Em suas memórias, o general afirmou que as primeiras instruções a balizar os seus trabalhos só chegaram a Washington em 18 de agosto, não para "facilitar os entendimentos e apressar as decisões", mas para "retirar toda a autoridade às decisões da delegação".[280] Os integrantes da equipe brasileira não sabiam qual era o pensamento dos superiores sobre o que deveriam oferecer ou pedir como recursos a empregar na organização da defesa comum, pois:

> [...] a indiferença do ministro da Guerra e do chefe do Estado-Maior do Exército pelo desempenho da missão de que estávamos investidos, guardando ambos injustificável silêncio ante as frequentes comunicações que lhe fazíamos, quanto ao andamento dos trabalhos, obrigava-nos a resolver, por nossa própria conta, todas as questões, inclusive as mais graves.[281]

Por fim, os representantes da delegação brasileira só chegariam à capital dos EUA em 14 de agosto – quase três meses após a assinatura do acordo – sem perspectivas de resolver o impasse político-militar.

*

Os Acordos de Washington e o convênio militar Brasil-EUA representam um ponto de inflexão na trajetória brasileira, figurando entre os documentos mais importantes da sua política externa. Contudo, eles raramente têm sua importância reconhecida na literatura que aborda a Era Vargas.

A diminuta relevância dada ao convênio pode ser parcialmente explicada pela rarefeita documentação disponível para consulta. Além do contido na letra fria dos documentos oficiais, muito pouco pode ser encontrado a respeito das negociações que lapidaram os termos finais do acordo militar. Os registros das tratativas de Aranha e Caffery – os dois chefes das delegações – são escassos, pois eles discutiam pessoalmente quase todos os dias as questões diplomáticas. Vargas abandonou a escrituração do diário que mantinha desde 1930, devido aos ferimentos resultantes do acidente que sofrera em 1° de maio. As volumosas biografias de Dutra e Góes Monteiro não entram em maiores detalhes sobre as negociações. A de Dutra limita-se a transcrever os termos do convênio, enquanto a de Góes Monteiro apenas o cita. Oswaldo Aranha não deixou suas memórias escritas, e suas melhores biografias mencionam o acordo laconicamente – quando não o omitem.

Com relação às negociações que resultaram na assinatura do convênio, nem mesmo há um consenso dos historiadores acerca da data da assinatura do documento oficial; certamente, devido ao número reduzido de participantes e ao caráter altamente sigiloso das tratativas.[282] A maior parte dos historiadores passa abruptamente da Conferência do Rio de Janeiro, no início do ano, até a declaração de guerra, em agosto. Criou-se um verdadeiro hiato na descrição das relações Brasil-EUA no inverno de 1942 – justamente na sua fase mais crítica. Quando regressou a Petrópolis, Vargas dedicou as últimas linhas do seu diário para descrever o período que vai de 1° maio a 27 de setembro de 1942, avaliando os eventos ocorridos nesse intervalo de tempo:

> Quantos acontecimentos de grande transcendência ocorreram na vida do Brasil. Aqui chegando, tracei rapidamente estas linhas, dando por encerradas as anotações. Para que continuá-las após tão longa interrupção? A revolta, o sofrimento também mudou muita coisa dentro de mim![283]

Os livros de História costumam atribuir a concretização da aliança militar entre os dois países com base na assinatura do acordo secreto de colaboração militar em maio de 1942. Entretanto, a formalização do convênio não atingiu tal objetivo, pois as decisões mais importantes foram delegadas a uma comissão que o Ministério da Guerra não fazia a mínima questão de organizar.

Embora o acordo secreto tenha sido uma etapa importante para o atendimento dos variados requisitos operacionais da Marinha e do Exército dos EUA no Brasil, a materialização da aliança militar bilateral dependia de algo mais. Era preciso remover o grande obstáculo à união efetiva entre os dois países: a desconfiança recíproca entre norte-americanos e brasileiros. De fato, muito pouco seria feito de produtivo em Natal – e no Norte-Nordeste como um todo – até que o Brasil entrasse na guerra e os Estados Unidos assumissem o controle ostensivo das bases.[284]

No xadrez da Segunda Guerra Mundial, o Brasil representava um simplório peão fixo em uma posição estratégica do tabuleiro geopolítico mundial. Sua imobilidade retardava perigosamente o desenvolvimento das demais peças do esforço de guerra Aliado, que via os seus inimigos tomarem posições-chave, assumindo o controle do jogo. Para que o avanço do Eixo pudesse ser contido, brasileiros e norte-americanos teriam de aprender a confiar uns nos outros ou, como acontece normalmente durante uma partida de xadrez, o peão teria de ser sacrificado.

À beira do precipício

Deve-se observar que, juntamente com os êxitos decorrentes dos naufrágios, será causado um forte efeito moral na população mestiça brasileira [...].
Avaliação da Kriegsmarine sobre os efeitos do ataque ao Brasil.

OS PLANOS

Em 25 de março de 1942, o embaixador Caffery escreveu ao secretário de Estado falando a respeito de um aviso recebido por Vargas. O presidente fora alertado pelos seus especialistas militares de que era esperado um ataque ao Nordeste em agosto daquele ano. A ação não teria o objetivo de invadir a região, mas de destruir aeroportos e instalações utilizadas pelos EUA. Vargas acrescentou que a Força Aérea Brasileira insistia na absoluta necessidade da remessa do material bélico requisitado sob os auspícios do contrato de Lend-Lease (40 caças P-47, P-39 ou P40E; 28 bombardeiros médios B-25; 285 bombardeiros A-24; e 14 PBY Catalina, 6 dos quais anfíbios).[285] Em resposta ao pedido, foram enviados apenas seis P-40 e seis B-25 – pouco mais de 3% do pedido inicial – com a restrição de serem utilizados por tripulações norte-americanas até que os brasileiros soubessem operá-los.[286]

Em maio, o general Marshall escreveu ao secretário de Estado, informando o conteúdo de uma carta – que chegara "acidentalmente" às suas mãos – escrita pelo tenente-coronel Thomas B. Hall, encarregado do treinamento das tripulações brasileiras. Segundo Marshall, as 24 aeronaves enviadas pelos EUA para a defesa do Nordeste não voavam havia uma semana por falta de gasolina e pilotos. O general reclamou da situação ao secretário de Estado, sugerindo que os pilotos brasileiros fossem treinados por tripulações norte-americanas em patrulhas pela costa.[287]

Quando Caffery apresentou a queixa de Marshall a Joaquim Pedro Salgado Filho, ministro da Aeronáutica, o brasileiro mostrou-lhe algumas cartas recebidas de Hall apresentando um quadro diferente da situação.[288] De qualquer forma, Salgado Filho acolheu a sugestão de Marshall para que a preparação das tripulações brasileiras incluísse patrulhas ao longo da costa. Apesar da falta de suprimento, combustível e apoio de equipes em terra, 60 pilotos foram enviados para treinamento em Fortaleza. Numa escala em Recife, dois deles abordaram o brigadeiro Eduardo Gomes, indagando-o sobre como deveriam proceder caso avistassem um submarino. O brigadeiro respondeu que deveriam atacar se o submarino fosse hostil.[289]

Como a operação das fortalezas voadoras B-25B era desconhecida dos aviadores brasileiros, havia necessidade de adestrá-los com instrutores da Marinha dos EUA. Tamanha era a necessidade de proteção aérea aos comboios que os voos de treinamento foram aproveitados para operações de patrulha no litoral – fervilhante com a operação de submarinos do Eixo. Em 18 de maio, o navio Comandante Lyra foi atacado próximo a Fernando de Noronha: o primeiro ataque a um navio mercante nacional junto à costa brasileira. Quatro dias depois, uma das fortalezas voadoras do agrupamento de Fortaleza sobrevoou a região em busca do U-boot. Entre os tripulantes do bombardeiro, estavam o capitão-aviador Afonso Celso Parreiras Horta, o capitão-aviador Oswaldo Pamplona Neto e o 1° tenente Henry B. Schwane. A B-25 deparou-se com um submarino navegando na região entre o Atol das Rocas e Fernando de Noronha – provavelmente, o mesmo que atacara o Comandante Lyra.[290] A tripulação identificou o alvo e lançou suas bombas, mas o submersível conseguiu escapar. Outras ações semelhantes aconteceriam nos dias seguintes.

Os ataques da aviação contra os submarinos na costa do Nordeste foram mantidos em sigilo por vários dias, até a assinatura do convênio militar entre o Brasil e os EUA no final do mês. Logo em seguida, o Departamento de Imprensa e Propaganda repassou à imprensa uma nota informativa da Aeronáutica sobre o episódio. Buscando restabelecer a confiança da população nas autoridades – abalada após os ataques pregressos – o governo resolveu dar publicidade ao incidente, mostrando ao povo que as Forças Armadas estavam dando uma resposta às baixas sofridas pela Marinha Mercante. Até 22 de maio, 118 brasileiros haviam perecido nos 7 navios da frota nacional torpedeados pelo Eixo.

A repercussão do ataque correu o mundo. Roosevelt enviou a Vargas um telegrama de congratulações. O jornal *The New York Times* publicou na primeira página: "Brasil ataca submarinos do Eixo! – Bombardeiro afunda um corsário e Brasil contra-ataca o Eixo – Rio de Janeiro alerta que irá proteger seus interesses com patrulhas aéreas – Ação é uma resposta ao afundamento de navios e à ameaça nazista".[291] O *Diário Carioca* estampou uma manchete usando letras garrafais: "A aviação brasileira afunda um submersível do Eixo e avaria outro!"[292]

Contudo, o rompante nacionalista provocaria consequências inesperadas. Embora os ataques tenham ocorrido dentro dos limites da zona de segurança estabelecida pela Conferência do Panamá, criada com o intuito de salvaguardar o continente americano dos efeitos da guerra na Europa, o alto-comando naval alemão teve seu orgulho ferido quando a ação militar ganhou notoriedade mundial.

A série de ataques aéreos contra os submarinos seria o estopim da mais audaciosa operação militar contra um país das Américas planejada pelo III Reich durante a Segunda Guerra Mundial: a Operação Brasil.

*

Em meados de 1942, a Kriegsmarine estava mal aos olhos do Führer pelo acúmulo de fracassos recentes. Excetuadas as operações submarinas, a Marinha alemã tinha pouco o que comemorar. As aventuras das suas famosas unidades de superfície no oceano Atlântico haviam sido desastrosas. Em 1939, a incursão do encouraçado Admiral Graf Spee no Atlântico Sul terminou com a destruição da belonave na costa uruguaia. Em 1941, a patrulha de combate do célebre encouraçado Otto Von Bismarck no Atlântico Norte teve o mesmo desfecho. Ambos foram implacavelmente caçados e destruídos pela Marinha Real britânica. Trabalhando sob pressão, o grande almirante Erich Johann Albert Raeder, comandante em chefe da Kriegsmarine, seria exonerado no final de 1942 após mais um fracasso nas águas do oceano Ártico.

Para os dirigentes alemães, as baixas causadas pela Marinha Real britânica foram uma contingência de guerra aceitável. Entretanto, ter os seus submarinos atacados por um país inexpressivo como o Brasil beirava a humilhação. Uma resposta à altura precisava ser dada pelo Reich.

À beira do precipício *113*

Berlim, 29 de maio de 1942

Quando a notícia sobre o ataque aos submarinos do Eixo chegou a Berlim, a reação do Comando Naval alemão foi imediata. O Comando de Guerra Naval (Seekriegsleitung – SKL), braço operacional do Alto-Comando da Marinha (Oberkommando der Marine – OKM), propôs ao Estado-Maior Operacional do Alto-Comando das Forças Armadas (Oberkommando der Wehrmacht – OKW) que fosse desfechado um ataque militar contra o Brasil.[293]

O Comando de Guerra Naval considerou que um ataque repentino contra os navios de guerra e mercantes brasileiros seria viável naquela conjuntura, pois as medidas de defesa do país ainda estavam incompletas.[294] Além disso, não haveria a necessidade de uma declaração prévia de guerra, pois o Brasil já estava lutando contra a Alemanha no mar.

Na verdade, a série de ataques dos B-25 não havia tido como alvo os submarinos alemães, mas os italianos Barbarigo e Archimede. Todavia, a divulgação do ataque na imprensa internacional incomodou o comando da Marinha. Era inadmissível que um país habitado por mestiços – como alguns diários de bordo da Kriegsmarine referiam-se aos brasileiros – atacasse as forças do Eixo. A mesma indignação não aconteceu quando do outro lado estavam os EUA. Em 4 de setembro do ano anterior, o destróier norte-americano Greer entrou em combate com o U-652, a oeste da Islândia. A imprensa norte-americana divulgou o acontecido ruidosamente, anunciando que a Marinha recebera ordens para capturar ou destruir os navios rompedores de bloqueio do Eixo, que passaram a ser considerados "piratas".[295] No entanto, o Alto-Comando naval alemão não esboçou reação alguma.

A Alemanha nazista já havia colocado o Brasil na mira dos U-boote bem antes do ocorrido. Além dos ataques aos navios mercantes brasileiros no Caribe, nas Antilhas e na costa dos EUA, a Kriegsmarine elaborara planos mais audaciosos. Um documento confidencial de 14 de maio, assinado pelo almirante Karl Dönitz, comandante da Força de Submarinos, avaliou as possibilidades de ações navais em regiões distantes, como na foz do rio da Prata, na Cidade do Cabo, em Mombasa (no oceano Índico) e no litoral da Bahia.[296]

> O grande número de submarinos que esperamos estar disponível num futuro próximo nos capacitará a atacar a navegação em áreas remotas, que estarão ao nosso alcance com o suporte dos submarinos-tanque. Os sub-

marinos-tanque nos permitirão operar os submarinos de 517 toneladas por duas semanas no golfo do México e no Panamá, ou mais longe ainda, como em Camarões e na Bahia. O submarino de 740 toneladas é capaz de operar duas semanas próximo ao Prata e à Cidade do Cabo. Além disso, os primeiros submarinos da classe IXd II estarão prontos no outono. Esses submarinos estarão aptos a conduzir operações em locais certamente tão distantes como em Mombasa, no oceano Índico.[297]

Mais do que uma vingança contra a ação brasileira, os estrategistas navais alemães visualizaram a oportunidade de empreender um ataque devastador contra uma nação fraca militarmente. A Kriegsmarine ressurgiria favoravelmente aos olhos de Hitler com uma ofensiva impactante, punindo o Brasil pela aproximação militar com os EUA e servindo como exemplo intimidador às demais nações do continente. A ação surpresa assombraria o mundo, ganhando notoriedade internacional pela audácia e pela enorme destruição. O III Reich teria o seu Pearl Harbor.

Berlim, 30 de maio de 1942

No dia seguinte à divulgação da ação brasileira pela imprensa internacional, o Comando de Guerra Naval alemão determinou ao Comando de Submarinos a confecção de um plano de ataque contra os portos do Brasil. Uma mensagem enviada ao B.d.U. avaliava que a "crescente tensão nas relações com o Brasil possibilita o repentino início de guerra". O documento afirmava que uma operação de surpresa da Marinha, desfechando um ataque com minas e torpedos contra os portos do Pará (embocadura), de Natal, de Recife, da Bahia, do Rio e de Santos seria bem-sucedida.[298]

O SKL mandou que o B.d.U. fornecesse propostas para a operação, sugerindo que o ataque fosse desencadeado por uma palavra-chave devido ao longo tempo de deslocamento para o Brasil. Propunha, ainda, que fossem indicadas áreas alternativas para o lançamento das minas, caso elas não pudessem ser depositadas durante a ação na costa brasileira. Por último, avisou que o Comando de Submarinos não devia esperar a liberação de SMA (possivelmente, a abreviatura para a liberdade de manobra nas águas territoriais e no interior dos portos estrangeiros).[299]

Informado, por um relatório da OKW, de que submarinos do Eixo haviam sido atacados por aviões oriundos de uma base aérea brasileira, Hitler ordenou que o SKL verificasse junto aos aliados italianos se essa informação estava correta.[300] A resposta à consulta confirmou a informação. Além disso, o SKL reproduziu uma nota de Salgado Filho, ministro da Aeronáutica brasileiro, descrevendo esses ataques. Com base nas informações disponíveis, o SKL propôs que fosse colocada em prática a Ordem de Operações n° 53 – que o Comando de Submarinos chamou de Operação Brasil – contra os principais portos brasileiros.[301]

Berlim, 1° de junho de 1942

O Comando Naval alemão trabalhou com extrema rapidez. No primeiro dia de junho, já estava pronto um extenso e minucioso estudo sobre a situação dos portos e das Marinhas de Guerra e Mercante brasileiras: seus navios, grau de operacionalidade e as possibilidades de um ataque submarino. Dada a sua relevância histórica, o relatório está reproduzido, na íntegra, a seguir.

Relatório de investigação sobre as ações da Marinha contra portos brasileiros

1. Situação geral

Devido à pressão do dólar, e como consequência da dependência econômica dos Estados Unidos, o Brasil tem ficado cada vez mais subserviente a Washington.

A região de Natal é a região do continente americano que mais se sobressai em direção ao leste, a uma distância de apenas 800 milhas náuticas (1.500 km) da costa africana. Esta é a passagem mais estreita do Atlântico, que concentra as rotas de comboio/escoltas e atende aos interesses políticos, militares e econômicos dos Estados Unidos na costa africana oposta, levando a política norte-americana a articular seu trajeto pelas Antilhas, Guiana e, acompanhando a costa brasileira, até Natal e Recife (Pernambuco).

Todos conhecem o valor dos produtos de matéria-prima exportados do Brasil para os Estados Unidos. Com um total de 648.747 toneladas brutas (BRT), a Marinha Mercante coloca à disposição para o comércio com os Estados Unidos apenas 32 navios com 147.000 BRT. Há 118 navios cargueiros acima de 1.000 BRT (num total de 377.000 BRT), e sete petroleiros com 27.058 BRT que completam a tonelagem restante (distribuída em vários cargueiros pequenos abaixo de 1.000 BRT), que são suficientes para atender ao tráfego comercial entre os inúmeros portos brasileiros de norte a sul, sendo os mais importantes os do Pará, Natal, Recife, Bahia e Rio de Janeiro.

A Marinha de Guerra é constituída por dois grandes encouraçados com 19.200 t, construídos em 1908 e 1909; dois cruzadores pequenos, igualmente dos anos 1909 e 1907; sete destróieres com menos de 1.000 t, construídos antes de 1914; bem como quatro submarinos; seis caça-minas pequenos; e cinco canhoneiras, na maior parte abaixo de 500 t e tem como base Natal e Recife em primeiro lugar.

Em 1940, três destróieres modernos foram lançados ao mar e outros seis tiveram a construção autorizada; está prevista a fabricação de mais doze. A força e o poder combativo destas poucas unidades, na maioria velhas, são considerados mínimos. Tendo em vista a mentalidade peculiar desse povo, o valor psicológico da sua frota é bem maior que o real.

2. Possibilidades de operação contra o Brasil

Para a ação de guerra contra o Brasil, podem ser utilizados:
1. submarinos
2. navios auxiliares
3. eventualmente, mais tarde, navios de guerra
   (até o momento, os últimos dois não serão considerados)

Ao analisar os maiores portos, sob o ponto de vista das melhores possibilidades de ataque, primeiramente para submarinos, conclui-se o seguinte:

a. Pará:

O porto está localizado na foz do mesmo rio, a cerca de setenta milhas náuticas (129,6 km) da costa do Atlântico. A entrada para o rio é muito perigosa devido às dificuldades de navegação, correntezas e locais de pouca profundidade. O Pará é o ponto central para a exportação dos produtos da região do Amazonas e dos países vizinhos, vinda de uma área que cobre 2/5 do Brasil. É provável que a principal exportação de borracha provenha dali. É bastante provável que submarinos obtenham sucesso antes da foz do rio Pará. Esta área também parece ser adequada para minagem por meio de submarinos.

À beira do precipício 117

b. Natal:

Esta cidade portuária também se encontra numa foz, porém, apenas a 1,5 milhas náuticas (2,78 km) da costa do Atlântico. Devido aos recifes, a entrada para o rio é bastante estreita, o que impossibilita uma navegação sem o auxílio de guias. Devido à pouca profundidade da água, o uso de minas parece ser viável. Um bombardeio também traria possibilidades de sucesso, além de causar certa impressão. Tendo em vista a localização deste porto, é provável que as Marinhas americana e brasileira estejam baseadas nele.

c. Pernambuco (Recife):

Pernambuco se tornará uma das bases mais importantes para as rotas de escolta de comboios entre a América do Sul e a África. A cidade e o porto ficam na beira de um rio, sem a menor segurança, e diretamente no mar aberto. A bacia do porto possui uma milha náutica de comprimento (1,852 km) e trezentos metros de largura, não oferecendo segurança suficiente para todos os navios que chegam neste importante porto. Por isso, principalmente, os navios de guerra preferem ficar ancorados na enseada aberta. A profundidade da água (12-15 m) não é favorável para um ataque de submarino nas proximidades da enseada. Contudo, parece promissora a tentativa de ataque aos navios lá ancorados com uma ação de surpresa e a deposição de minas. Um ataque de fogo direto também é viável. Um ataque a navios de guerra brasileiros teria um grande sucesso, principalmente em relação ao prestígio alcançado.

d. Bahia:

A cidade está situada de frente para uma baía grande, cuja abertura para o mar possui a largura de três milhas náuticas (5,56 km). Considera-se que exista uma quantidade grande de navios ancorada na baía, e não nas poucas docas do porto. É possível entrar na baía e colocar minas em seguida, quando os submarinos saírem, o que de acordo com o movimento do porto resultará em sucesso pelo efeito surpresa.

e. Rio:

O Rio é, ao mesmo tempo, o porto marítimo mais significativo e a capital do Brasil. A entrada da sua grande baía possui uma largura de 2/3 de milha náutica (1,22 km) entre dois fortes que estão situados na sua parte mais estreita. A entrada possui profundidade de até cinquenta metros; porém, ao sul da linha que une os dois fortes, há uma barra com profundidade de onze e treze metros. Considera-se que a entrada nesta baía famosa deva ser feito com audácia. Mesmo que a profundidade dificulte o ataque contra os navios ancorados no cais, há um número valioso de navios ancorados a leste da cidade, numa profundidade de 30 metros. Após o ataque realizado, considera-se viável uma minagem a oeste do Forte de Santa Cruz. Deve-se observar que, juntamente com os êxitos decorrentes dos naufrágios, será causado um forte efeito moral na população mestiça brasileira, caso um submarino consiga entrar na baía do Rio.

f. Santos:
Ao lado do Rio de Janeiro, Santos possui uma base importante da Marinha brasileira em tempos de paz. Santos é alcançado apenas por um braço de rio estreito, no qual é impossível adentrar. A baía de Santos, com profundidade abaixo de 20 metros, é adequada para operações de minagem. Conta-se com o sucesso da ação dos submarinos contra o significativo tráfego comercial.

g. Descarta-se a análise de portos situados mais ao sul, devido às suas grandes distâncias.

3. Possibilidades da operação no Brasil:
Em face ao comprimento de costa de 3.180 milhas náuticas (5.889 km), a Marinha brasileira, majoritariamente desatualizada, não é capaz de realizar as tarefas mais simples de proteção. Mesmo que a participação do Brasil na guerra acelere os trabalhos nas bases dos Estados Unidos, o Brasil logo necessitará da ajuda americana, se não quiser sofrer grandes perdas causadas pelos submarinos na sua longa costa, uma vez que estas perdas serão à custa dos Estados Unidos.
A aviação brasileira assumirá o controle da costa junto com a aviação americana, porém, as suas forças também não serão suficientes para cobrir os espaços marítimos mais amplos.

4. Resumo
Conclui-se que um ataque surpresa com submarinos alemães poderá alcançar sucessos, com os devidos golpes contra a Marinha Mercante e os seus meios de defesa insuficientes. Os documentos do serviço "B" são do mês de janeiro; de acordo com eles, os dois navios de linha estavam no Rio e deviam ir para Pernambuco mais tarde. Um dos dois cruzadores estava em Pernambuco, o outro em Santos. Três destróieres haviam saído do Rio para fins de patrulha.

Uma análise cuidadosa do estudo preparado pelo SKL desmonta algumas versões consolidadas pela historiografia nacional no pós-guerra. Uma delas diz respeito ao grau de atividade e eficiência da inteligência alemã no Brasil, potencializado pela imprensa sensacionalista da época. Após o rompimento, alguns jornais instigaram uma verdadeira "caça às bruxas" na comunidade alemã.

No final de março, o *Diário Carioca* publicou uma "Relação dos brasileiros traidores, presos, em São Paulo, como membros da rede de espionagem germânica no Brasil". Segundo a reportagem, o "almirantado alemão era informado do movimento marítimo de toda a América, através de potentes rádio-emissoras instaladas nos portos do continente". Entretanto, os planos do SKL desmentem essa versão. Não havia contatos diretos entre os agentes alemães e os submarinos. Nas melhores condições, uma informação do serviço de inteligência no estrangeiro chegaria somente dois ou três dias depois ao U-boot.[302] Em junho, as informações mais recentes no almirantado alemão sobre a Armada brasileira eram de quase seis meses antes, enquanto funcionou a embaixada do Reich no Brasil. A localização das principais unidades de combate da Armada (os encouraçados São Paulo e Minas Gerais e os seus cruzadores de escolta Bahia e Rio Grande do Sul) datava ainda de janeiro, sendo de pouca valia para a operação. Os dados amplamente defasados em poder de Berlim são provas de que a historiografia no pós-guerra supervalorizou a real capacidade da rede de espionagem do Eixo no Brasil; em especial, a baseada nas notícias publicadas pelos jornais da época.

A mesma edição do *Diário Carioca* afirmou ter descoberto uma estação de rádio operada por um espião nazista em Santa Teresa, no Rio de Janeiro. O suposto agente seria o alemão naturalizado brasileiro Hans Muth, professor da Escola Técnica do Exército e engenheiro-chefe da Telefunken. Procurado por um repórter do jornal, o professor abriu as portas da sua residência para a reportagem, mas não convenceu o jornalista detetive da sua inocência: "O espião nazista procurou negar sua responsabilidade", concluiu a matéria do periódico.[303]

Paris, 3 de junho de 1942

No seu quartel-general em Paris, Karl Dönitz recebeu com desconfiança a proposta de ataque do Comando da Marinha. Embora estivesse de acordo com a montagem de uma ação de guerra antecipada contra o Brasil, acreditando que o ataque tivesse boas chances de sucesso, Dönitz desaconselhou a operação. Seus argumentos basearam-se na carência de submarinos-tanque (U-tankers) e nas limitações de um ataque naval antes que a guerra entre os dois países fosse declarada. Sem a possibilidade de reabastecimento e de autorização para a entrada dos submarinos nos portos e nas águas territoriais brasileiras, os submarinos teriam pouco tempo disponível para o ataque, restringindo o emprego pleno do seu poder de combate. Sua resposta ao escalão superior afirmou o seguinte:

1. O B.d.U. considera que um ataque surpresa frente à costa brasileira pode ser bem-sucedido e pretende executá-lo assim que tenha início a guerra contra o Brasil.
2. Enquanto o Brasil continuar neutro, uma ação de guerra não vale a pena, pelos seguintes motivos: como nenhum U-tanker estará à disposição, o estoque de combustível disponível para os submarinos do tipo IX na área de operação é bastante pequeno, devido às longas distâncias de deslocamento. Seria preciso utilizar todo o arsenal de torpedos num intervalo de tempo reduzido, mas isso é impossível, porque:
   a. há limitações com relação a um ataque irrestrito;
   b. os U-boote não têm permissão de atuar em águas territoriais e junto aos portos, ou seja, em áreas de intenso tráfego. Consequentemente, a sua força combativa não poderá ser aproveitada plenamente.
3. Uma ação contra o Brasil, antes do início da guerra, não possui finalidade nenhuma, pois, caso a guerra não seja iniciada durante a ação:
   a. o desvio para outra área de operações não valerá a pena, devido à grande distância.
   b. não promete sucesso a atuação na área de ataque permitida e no mar aberto, como mostraram as operações do U-126, do U-128 e do U-161.

Em seu diário de guerra, o almirante fez algumas observações adicionais sobre os planos do SKL. Sem especificar datas, Dönitz aconselhou que a ação fosse postergada, pois não havia disponibilidade de submarinos-tanque com brevidade, visto que as duas únicas unidades de reabastecimento disponíveis (o U-459 e o U-460) estavam comprometidas em outras operações.[304] Entretanto, destacou que a possibilidade de o Brasil entrar na guerra requeria uma rápida e efetiva operação de U-boote contra os portos brasileiros.

Eu considero que uma rápida operação contra os portos brasileiros teria uma boa chance de sucesso. [...] É esperado um pesado tráfego naval e atividade antissubmarina muito leve nos portos de Santos, Rio de Janeiro, Recife, Bahia e Natal. [...] O tipo de litoral permite a operação próxima à linha costeira. [...] A primeira operação deverá ser feita com torpedos, porque se espera que a defesa antissubmarina permita a entrada dos U-boote nas baías e portos, onde a operação com torpedos irá causar uma grande surpresa combinada com as operações de minagem. [...] A minagem, certamente, promete boas chances de sucesso no futuro.[305]

Dönitz embasou um parecer contrário ao ataque imediato ao Brasil por razões logísticas e operacionais, pois a falta de submarinos-tanque no Atlântico Sul, somadas às restrições de cunho político aos ataques, tornariam a ação pouco compensadora. Como exemplo, o almirante citou o caso dos submarinos U-161, U-126 e U-128, que estavam em operação no litoral norte brasileiro desde o final de maio sem avistar tráfego.[306]

Dönitz era um militar pragmático, que direcionava seus meios para objetivos de valor estratégico – e a Operação Brasil destoava dessa visão. A ação proposta pelo Alto-Comando voltava-se mais para a guerra de propaganda do que para alcançar objetivos relevantes na esfera militar. Uma vez levado a efeito, o ataque retiraria unidades submarinas de áreas vitais, acarretando "um considerável custo para o resto da guerra no Atlântico" e prejudicando as demais operações na costa americana.[307] Se recebesse ordem para deslocar seus U-boote para o distante Atlântico Sul, Dönitz queria que, pelo menos, fosse dada total liberdade de ação aos seus subordinados.

Berlim, 4 de junho de 1942

Após deixar a embaixada alemã no Rio de Janeiro, Karl Ritter ficou encarregado da ligação entre o Ministério das Relações Exteriores e as Forças Armadas. O ex-embaixador alemão no Brasil recebeu um relatório do Alto-Comando da Marinha (OKM), trazendo o resultado da consulta aos italianos ordenada por Hitler. O texto enumerou uma série de razões para justificar uma ação ofensiva contra o Brasil, afirmando que o país auxiliara cada vez mais os Aliados, pois "colocou não somente as forças econômicas do país, mas também o seu território e as bases do Exército brasileiro à disposição

122   Operação Brasil

do inimigo que, com apoio nestas bases, está realizando ataques contra as Forças do Eixo".

A OKM argumentava que os ataques contra os submarinos do Eixo não poderiam ser interpretados como uma reação ao comportamento germânico, porque os alemães não haviam realizado ataques no mar territorial brasileiro ou contra os navios brasileiros à revelia dos regulamentos da guerra no mar. O Comando Naval chegou ao cúmulo de imputar a culpa pelos ataques alemães aos navios mercantes brasileiros às próprias embarcações torpedeadas: "Em todos os casos conhecidos pelo SKL em que navios mercantes brasileiros foram afundados, o motivo dos afundamentos foi de absoluta responsabilidade destes navios".

O documento ressalta as supostas restrições levantadas contra os cidadãos alemães no Brasil, classificando-as de "escandalosas". Afirma que o Brasil estava aumentando seu comportamento agressivo e que iria à guerra contra a Alemanha. Para justificar sua posição, o SKL menciona a informação de que dois submarinos italianos, operando na costa nordeste do Brasil, haviam sido atacados nos dias 22 e 26 de maio "por uma aeronave cuja nacionalidade não pôde ser identificada, mas que deve ter decolado de um aeroporto brasileiro, sem dúvida alguma".

No item seguinte, o texto reproduz uma declaração do ministro da Aeronáutica brasileiro, repassada pelo adido naval alemão em Buenos Aires, em que Salgado Filho descreve a resposta da FAB ao ataque ao Comandante Lyra, afirmando que "três submarinos foram detectados, caçados e atacados na costa brasileira. Um deles foi afundado". Por último, o texto ressalta que, segundo a mídia brasileira, o "Brasil está praticamente em guerra contra o Eixo".[308] O Alto-Comando da Marinha trocava de opinião conforme a conveniência do momento. Em junho, ele instigou o ataque aos brasileiros. Alguns meses depois, o SKL responsabilizaria o Ministério das Relações Exteriores pela declaração de guerra do Brasil ao Eixo.

Berlim, 5 de junho de 1942

O SKL informou ao B.d.U. que a situação evoluíra, tendo sido ultrapassadas as restrições iniciais de Dönitz à operação. A intenção era iniciar a guerra contra o Brasil por meio de contra-ataques maciços com submarinos: "A condição para esta decisão do Führer é a possibilidade de apresentar-se com um número suficiente de submarinos, ao mesmo tempo, em frente aos portos principais do Brasil", ressaltou a mensagem. O SKL considerava necessária a operação simultânea de 10 a 15 submarinos, determinando que o B.d.U. preparasse uma proposta de operação e informasse quando e com quantos submarinos a tarefa podia ser executada, pois a decisão do Führer era esperada num intervalo de oito a dez dias. O SKL informa estar ciente do enfraquecimento das atuais operações no Atlântico. Além disso, concorda sobre o efeito da deposição de minas nos portos, endossando a sugestão de equipar cada submarino com minas.[309]

Berlim, 7 de junho de 1942

O SKL recebeu os planos elaborados pelo B.d.U., marcando o início da ação dos U-boote para o começo de agosto. O ataque seria desencadeado numa data-hora a ser determinada, à frente e dentro dos portos brasileiros: "Sendo os alvos os navios e, se possível, fazendo o bombardeamento simultâneo de alvos favoráveis no continente". Com o intuito de preservar o sigilo da operação, os submarinos estariam autorizados a atacar somente os alvos considerados valiosos durante o deslocamento para os locais designados.

Dönitz tentou postergar a operação uma vez mais, solicitando que, se fosse viável politicamente, a operação fosse deixada para o início de setembro, por questões operacionais e estratégicas: "Por conter em si um forte prejuízo para com o restante da guerra no Atlântico".[310]

Berlim, 9 de junho de 1942

A Marinha alemã finalizou os planos da Operação Brasil, organizando uma "alcateia" com dez "submarinos-lobo" (dois do tipo IX e oito do tipo VII-C), que partiriam da costa oeste da França ocidental entre 22 de junho e 4 de julho.[311] No plano proposto, esperava-se alcançar a máxima surpresa, reduzindo

124   Operação Brasil

ao mínimo o tempo de reação das defesas brasileiras. O grupo de submarinos dirigir-se-ia para uma área de espera situada entre as latitudes de 9° e 10° sul (na altura de Alagoas), onde seriam abastecidos. Terminado o ressuprimento, os submersíveis entrariam em posição à frente dos diferentes portos, desfechando os ataques simultaneamente entre os dias 3 e 8 de agosto (período imediatamente anterior à Lua nova). O pedido de Dönitz para que a operação fosse postergada para setembro não foi atendido.

A avaliação da situação política e os fatos militares ocorridos estão expostos no 1.SKL. Ic 13638/42 gKdos. do 4.6.42. Devido a essas reflexões, a SKL pretende responder às ações brasileiras com um contra-ataque maciço. O motivo crucial dessa decisão é não somente o ataque da Força Aérea Brasileira contra os submarinos do Eixo, mas também a convicção de que o Brasil provocou o estado de guerra na prática, através das suas ações belicosas. Depois de preparar-se e tomar as medidas de defesa, ele irá desencadear o seu plano de guerra.

O estudo sobre a possibilidade da ação da Marinha contra os portos do Brasil foi enviado no B.Nr.1.SKL.Iu 1035 gKdos., de 1° jun. [19]42. Esse estudo resultou nas seguintes <u>possibilidades de uma ação militar</u>:

<u>Geral:</u>

Para o êxito da uma ação com submarinos, os U-boote devem ser abastecidos por um U-tanker <u>antes</u> do início da operação, que terá início de 5 a 8 dias antes da Lua nova (Lua nova em 13 jun./11 jul./9 ago.). O deslocamento dos U-boote tem previsão de 26 dias, partindo dos portos do oeste da França até a área de espera, onde deve ocorrer o abastecimento. A duração da marcha da área de espera até a área de operações é de 6 a 7 dias. Assim, o início da operação acontecerá de 32 a 34 dias após a saída dos U-boote dos portos do oeste da França.
[...]

<u>Planos da direção da Marinha:</u>

O SKL pretende executar uma ação com submarinos do grupo II, utilizando o petroleiro U-460, à frente dos principais portos do Brasil durante o período de 3 até 8 de agosto. Os U-boote seguirão para uma área de espera na altura da costa do nordeste do Brasil, sendo abastecidos pelo U-tanker de acordo com a ordem de chegada, seguindo de lá para as áreas de ataque em frente aos portos. A ordem para o ataque de todos os U-boote será dada simultaneamente.

É previsto equipar alguns U-boote com 2 a 4 minas cada um, de acordo com as respectivas condições técnicas. A ação de dez U-boote é prevista como suficiente, porque dentro dos portos em questão, e diretamente à frente das suas entradas, não podem ser utilizadas mais unidades de maneira proveitosa e porque há pouco tráfego na área marítima à frente da costa brasileira atualmente. O sucesso da ação depende, principalmente, do cuidado com que esses submarinos serão preparados e equipados para essa tarefa especial. Por isso, caso o grupo II entre em ação, a ordem de execução deve ser dada até, no máximo, o dia 15 de junho.

O vice-almirante Krankce recebeu ordem do ObdM (comandante em chefe da Marinha) para manter o Führer informado e auxiliá-lo na tomada de decisão.

Tomando como base o *modus operandi* da Kriegsmarine, o ataque aconteceria da seguinte forma. Ao ser recebida a mensagem codificada para o início da operação, os U-boote penetrariam submersos no interior das baías e portos, identificando os alvos de maior valor. Não haveria a necessidade de maiores cálculos para o torpedeamento, pois as presas estariam imobilizadas nos ancoradouros ou fundeadas nas proximidades. Uma vez lançados os torpedos prontos para o disparo (quatro na proa e dois na popa), os tubos seriam recarregados para uma nova salva. Caso não houvesse reação defensiva, os alvos compensadores na costa receberiam o bombardeio do armamento de convés: canhões de 88 mm (U-boote tipo VII-C) e de 105 mm (U-boote tipo IX-D), atingindo objetivos terrestres como aeroportos e reservatórios de combustível e gás. Ao final da ação, seriam depositadas de duas a quatro minas em cada um dos portos, de acordo com a capacidade de cada submarino.[312]

Berghof, 15 de junho de 1942

Raeder apresentou os planos da Operação Brasil a Hitler durante a Conferência de Berghof, no "Ninho da Águia". O Führer concedeu a permissão para o ataque, reconhecendo o fato de que "a guerra submarina, ao final, irá decidir o resultado da guerra". Hitler determinou que a situação política fosse revista uma vez mais antes que a operação fosse desencadeada.[313] Segundo ele, se fosse empreendida uma ação contra o Brasil, ela não deveria ser um conjunto de "alfinetadas", mas um empreendimento sério – e não havia dúvida alguma acerca do que o Führer considerava um "empreendimento sério".

Berghof, 16 de junho de 1942

Consultado a respeito do ataque, Ritter afirmou ser indesejável o agravamento do conflito com o Brasil, devido às possíveis consequências nas relações políticas da Alemanha com a Argentina e o Chile – que ainda mantinham relações diplomáticas e comerciais com o Eixo. O diplomata afirmou que a Itália e o Japão deveriam ser previamente consultados antes da ação.

Vista pelo lado operacional, a missão de ataque ao Brasil seria mais complicada pela longa distância a ser percorrida do que pela sua complexidade e risco. No ataque a um país oficialmente neutro, a flotilha nazista poderia orientar-se pelas luzes das cidades costeiras, ainda sem as restrições de *blackout* comuns aos países em guerra. Seguindo as regras de navegação internacionais, os navios mercantes e de passageiros brasileiros seriam facilmente identificados, pois mantinham as luzes de navegação acesas, podendo ser vistos a grande distância.

Para contrapor-se a um ataque alemão, a Marinha de Guerra do Brasil teria de fazer uso do que tinha em mãos.

"VAI PRO MAR, O QUE TÁ FAZENDO ISSO AÍ?"

Em 11 de junho de 1929, Washington Luís, presidente da República, participava de um almoço oferecido em sua homenagem pelo almirante Isaías de Noronha, comandante em chefe da esquadra, a bordo do encouraçado Minas Gerais. Na saudação ao presidente, o almirante citou a necessidade de que fossem renovados os meios flutuantes. Washington Luís respondeu-lhe de forma áspera e indelicada, afirmando "ser dele a responsabilidade no momento que julgasse mais conveniente".[314] Indignado, Isaías de Noronha demitiu-se do comando e, mais tarde, seria o chefe do Estado-Maior da Armada na Junta Militar que deporia o governo na Revolução de 1930.

Quatorze anos depois, o Minas Gerais seria novamente mencionado em uma mensagem a outro presidente da República. Após servir de palco à declaração infeliz sobre o reaparelhamento da Armada, dessa vez ele seria o assunto principal. Em março de 1943, o contra-almirante Alberto de Lemos Bastos – a maior autoridade da Marinha na Bahia – escreveu uma carta a Getúlio Vargas. O oficial alertava quanto à situação precária da defesa do porto de Salvador, da segurança dos comboios que ali buscavam refúgio e da própria segurança do encouraçado ali fundeado: o Minas Gerais.[315]

Na década de 1940, a Marinha de Guerra brasileira era uma pálida imagem da poderosa Armada que fora no início do século. Inspirado na diplomacia vitoriosa do barão do Rio Branco, o governo do presidente Rodrigues Alves (1902-1906) respaldou as ações da política externa brasileira com o fortalecimento do poder naval. Utilizando os recursos oriundos da exportação da borracha e disposto a reverter a inferioridade naval brasileira frente aos vizinhos, Rodrigues Alves encomendou aos estaleiros ingleses a construção de modernas belonaves: dois encouraçados, dois cruzadores, dez contratorpedeiros e três submarinos. O embaixador norte-americano no Brasil ficou alarmado com a iniciativa, informando a Washington que a decisão brasileira poderia deflagrar uma corrida armamentista no continente.[316]

Em 1906, aproveitando a realização da Conferência Pan-americana no Rio de Janeiro, o presidente Theodore Roosevelt procurou convencer o governo brasileiro a cancelar a encomenda aos ingleses. Uma das razões era a intenção do Chile e da Argentina de denunciar um pacto de não agressão firmado pelos três grandes países sul-americanos em 1902, no qual concordavam em cortar e limitar os gastos com armamento naval durante cinco anos. O barão do Rio Branco ignorou polidamente a proposta norte-americana – que, provavelmente, incluía a oferta de proteção militar –, afirmando que aceitá-la equivaleria ao estabelecimento do mesmo tipo de suserania dos EUA sobre Cuba.

Afonso Pena, o sucessor de Rodrigues Alves, apoiou a demanda da Marinha em um discurso no Congresso, afirmando que os novos navios eram necessários para substituir as embarcações antiquadas e obsoletas em uso.[317] Entretanto, a política de reaparelhamento naval não teve continuidade nas duas décadas seguintes. No início do século XX, o Brasil detinha a quase totalidade da produção da borracha no mundo, auferindo grandes lucros no mercado internacional, mas o fim do monopólio da borracha amazônica secou a fonte de recursos, interrompendo os planos da Marinha.

Quando estourou a Primeira Guerra Mundial, as grandes unidades da Armada ainda eram as mesmas do Programa Naval de 1906. No início da Segunda Guerra Mundial, a situação era ainda mais crítica. Dos quatro encouraçados, restavam dois em serviço; dos seis cruzadores, apenas dois; dos dez contratorpedeiros, alguns poucos permaneciam teimosamente em atividade. Pior. Em 1930, os últimos navios adquiridos do exterior ainda não estavam pagos. "Devíamos os empréstimos contraídos para custeá-los; já estavam velhos, contavam com mais de 20 anos", observou Vargas, num discurso em novembro de 1941. "A Marinha sobrevivia graças ao espírito patriótico dos nossos homens do mar; alentados pela recordação das glórias passadas, pela confiança nos destinos do Brasil", concluiu o presidente.[318]

Relegada ao ostracismo, a indústria naval praticamente inexistia no início dos anos 1930, sendo obrigada a começar seus trabalhos quase do zero em diversas áreas.[319] O almirante Aristides Guilhem, ministro da Marinha, lançou um programa de renovação da frota, construindo uma série de pequenas unidades. Contudo, os progressos técnicos foram lentos, modestos e, por vezes, trágicos. Em 1936, três contratorpedeiros tiveram a construção iniciada no Arsenal de Marinha, mas ainda não estavam prontos em março de 1943. "A não ser no Brasil, nunca um arsenal levou sete anos para fazer um navio", escreveu Lemos Bastos a Vargas.[320] Quando as unidades foram colocadas à disposição da Armada, perto do final de 1943, já estavam defasadas tecnologicamente, pois ainda utilizavam caldeiras queimando óleo, em vez de motores a diesel. Passados apenas 11 anos da incorporação dos vapores à frota brasileira, a propulsão nuclear já estava presente no submarino norte-americano USS Nautilus.

O desenvolvimento de armas com a tecnologia nacional não oferecia melhores perspectivas, pois a incipiente indústria brasileira não produzia torpedos ou cargas de profundidade. A primeira tentativa de fabricar armamento moderno acabou em tragédia. Um morteiro projetado para o lançamento de bombas de profundidade, construído pelo Centro de Armamento, explodiu durante um teste em 1940, matando o capitão de mar e guerra Oscar de Almeida, responsável pelo experimento.[321] Sem ter como lançar ao mar uma esquadra com os próprios meios, a solução foi apelar para compras no estrangeiro.

Getúlio Vargas ascendera ao poder com um discurso de fortalecimento das Forças Armadas, abrindo um polpudo crédito para o reaparelhamento da Marinha, efetivado em 1934. Porém, as tentativas de compra redundaram em fracasso. Além da tentativa frustrada de arrendamento de seis velhos contratorpedeiros norte-americanos em 1937, outros seis contratorpedeiros encomendados à Inglaterra em 1938 acabaram sendo requisitados para o serviço da Marinha Real quando a guerra teve início no ano seguinte. Como na expressão popular, a Armada brasileira ficara "a ver navios".

Durante as décadas de 1920 e 1930, o descaso dos governantes, somado à fragilidade da economia brasileira, abalada pelas sucessivas crises políticas e econômicas, gerou o quadro de obsolescência da esquadra em 1942. O Minas Gerais e o São Paulo eram símbolos flutuantes do enfraquecimento do poder naval brasileiro. Encomendados ao Reino Unido no começo do século, os dois encouraçados estavam entre os mais modernos e poderosos navios de combate quando foram lançados ao mar, ao final da primeira década do século XX. Apenas a Inglaterra, os EUA e a Alemanha possuíam belonaves do mesmo porte. Porém, três décadas depois, os dois navios ainda compunham a espinha-dorsal da Armada.

Lemos Bastos ficou estarrecido com a precariedade das condições do Minas Gerais – que chegou do Rio de Janeiro sem trazer sequer o material apropriado para a ancoragem na baía de Todos os Santos. "Pedi para o Rio uma âncora conveniente: mandaram dizer que seguia uma de seis toneladas, exatamente a que convinha; com certeza ela perdeu peso em viagem, porque aqui ao chegar não tinha nem duas", relatou o almirante.[322] O navio estava em reparos há nove anos. Os vaporizadores responsáveis pela produção de água doce destilada para a tripulação e para as caldeiras trabalhavam irregularmente. Pela falta de uma barca d'água no porto capaz de suprir o encouraçado, foi necessária a instalação de uma gambiarra para abastecê-lo. No outrora sofisticado navio, havia funções tão prosaicas como as de foguista (ou carvoeiro), encarregado de alimentar as caldeiras. Até passar por uma modernização iniciada em 1935, o Minas Gerais ainda era movido a pedaços de carvão: a mesma propulsão da fragata Dom Afonso, comandada pelo capitão de fragata Joaquim Marques Lisboa, futuro marquês de Tamandaré, quase 90 anos antes.

Os dois encouraçados brasileiros estavam armados com 12 enormes canhões de 305 mm, apropriados para o duelo de superfície, mas quase inúteis para a guerra submarina. A situação da munição dos canhões do navio era

130   Operação Brasil

deprimente. Como toda a pólvora procedia da Inglaterra, o início da guerra inviabilizou o recebimento de novas remessas. A quantidade de munição para as armas de grosso calibre era razoável, mas estava há longo tempo empaiolada e com o prazo de validade ultrapassado. "Mandar munição assim para um navio em operações de guerra parece-me ser caso de Inquérito Policial Militar", observou Lemos Bastos.[323] Para os dois canhões antiaéreos de 75 mm, havia apenas meia centena de tiros doados pelo almirante Ingram. "Cinquenta tiros para dois canhões ultrarrápidos antiaéreos nada são. Para as dezesseis metralhadoras antiaéreas, que não são demais, a munição existente não dá para dois minutos de fogo!", relatou o oficial.[324]

As armas adequadas para o combate aos U-boote eram as cargas de profundidade, mas as poucas dezenas de unidades de que a Marinha dispunha eram quase peças de museu: sobras da Primeira Guerra Mundial, com apenas 40 libras de explosivo e de confiabilidade questionável pelo longo tempo em estoque.[325] Somente a generosidade do almirante Ingram permitiu que a Marinha recebesse alguns exemplares desse material como doação, adaptando-se calhas de lançamento improvisadas em alguns navios.

A carência de unidades antissubmarino era tão séria que obrigou a Marinha a estudar e a empreender soluções pouco ortodoxas. Seis pequenos navios mineiros da Classe Carioca, construídos no Arsenal de Marinha nos anos 1930, foram promovidos a corvetas com uma canetada. Os U-boote alemães e italianos não precisaram gastar um único torpedo para causar baixas entre as modestas unidades. O próprio oceano encarregou-se disso. Uma delas, a Camaquã, naufragou na costa de Pernambuco em 1944, após uma sucessão de ondas.

Durante as negociações que dariam forma ao acordo secreto, as autoridades brasileiras solicitaram à Marinha dos EUA o arrendamento de dois pequenos caça-submarinos, capazes de detectar e destruir submarinos inimigos com eficiência. O pedido representava uma gota-d'água no oceano de necessidades da Marinha brasileira, mas era melhor que nada. A resposta chegou em 30 de maio, após a assinatura do convênio militar. O adido naval em Washington foi informado de que o Departamento de Operações Navais dos EUA havia rejeitado a solicitação. Alegou-se que, se a atividade dos submarinos do Eixo fosse transferida com mais energia para a costa brasileira, os navios seriam logo fornecidos.[326] Vargas ainda telegrafou a Roosevelt no final do mês seguinte, reforçando o pedido. Porém, isso de nada adiantou.[327]

Os dois primeiros caça-submarinos arrendados pelos EUA, equipados com radar, sonar e equipamento para ataque antissubmarino, só chegariam ao Brasil em 24 de setembro de 1942.[328]

Sem dispor de meios de detecção e ataques modernos, a Armada era incapaz de lutar com eficiência contra o inimigo submerso. No lugar dos sonares, utilizavam-se os antiquados aparelhos de escuta (hidrofones) para a localização dos submersíveis pelo ruído dos motores. Todavia, mesmo esses aparelhos eram raros. Em março de 1943, Lemos Bastos afirmou que "todos os nossos navios em trabalho de escoltas e patrulhas só há pouco é que têm posto aparelhos de escuta". Até os navios de pesca foram sugeridos para o uso como caça-submarinos: "Lembrei ao chefe do EMA (Estado-Maior da Armada) que se preparassem com bombas de profundidade uns dois ou três barcos de pesca para subirem aqui comigo como caça-submarinos", escreveu o almirante, "mas o Estado-Maior não achou interessante por não terem aparelhos de escuta". Apesar da falta de unidades antissubmarino, o EMA estava correto em sua decisão. De nada adiantava equipar com bombas os barcos pesqueiros, desprovidos até mesmo dos rudimentares instrumentos de detecção.

"Considero uma covardia mandar o sujeito para o mar em um navio dessa maneira", reclamou o almirante Hélio Leôncio Martins. Como capitão-tenente, o oficial foi enviado para patrulhar e escoltar comboios no litoral sul brasileiro em um navio-relíquia: "Era um navio de 1908, queimando carvão, surdo e mudo [...]. Se a gente visse um submarino, atacaríamos na esperança de que o submarino resolvesse nos afundar e viesse à superfície, para a gente poder usar a artilharia", lembrou o oficial.[329]

A falta de aptidão das mais poderosas embarcações da Marinha para a guerra antissubmarino lhes reservou uma missão pouco nobre para uma belonave. Após a declaração de guerra brasileira, os dois encouraçados foram atuar como fortalezas de tiro fixas na proteção dos portos de Salvador e Recife. Decidiu-se expor publicamente as embarcações, dando uma falsa sensação de segurança à população. Em 1943, o Minas Gerais deixou a segurança relativa do porto do Rio de Janeiro, vindo fazer companhia ao forte de São Marcelo, em Salvador. Lá recebeu uma missão idêntica à da fortaleza durante o Brasil Colônia. O São Paulo ficou permanentemente ancorado na entrada do porto de Recife, sendo vendido como sucata para a Inglaterra em 1951. O encouraçado nem sequer conseguiu chegar ao porto de destino, naufragando junto com a sua derradeira tripulação.[330] Na prática, os navios beneficiavam-se mais da proteção dos portos do que o contrário. Ainda que tal decisão tenha sido a mais sensata naquele momento, de certa forma ela confirmava a avaliação pejorativa do relatório alemão sobre os brasileiros, no tocante "à mentalidade desse povo" em relação aos seus grandes navios.

Os portos nacionais careciam de um sistema de guarda e de alerta antecipado. Em Salvador, quase seis meses após a declaração de guerra brasileira, ainda estava para ser instalado – pelos norte-americanos – um sistema de detecção por sons com cabos submersos para o alarme quando da entrada de algum U-boot na baía de Todos os Santos. Lemos Bastos alertou Vargas sobre o estado de insegurança local:

> Se algum dia o Minas Gerais ou os navios dos comboios forem atacados dentro deste porto, ou houver um desembarque no quebra-mar, minha responsabilidade, pelas providências que lembrei e pedi, já estará descarregada perante os chefes da nação. [...] O porto não tem a menor proteção contra submarinos. Estes andam em nossa costa há muito tempo. [...] Não posso compreender por que eles ainda não entraram na Bahia para atacar os comboios em formação e o Minas. Há mais de mês expus que será grande a responsabilidade da Marinha se houver um ataque dentro do porto.[331]

A situação não era muito diferente nos demais portos. Em Recife, apenas os navios que chegassem durante o dia podiam ser rebocados para o interior do porto por um estreito canal.[332] Os demais ficavam ancorados junto ao quebra-mar, completamente expostos a um ataque submarino. A precariedade das defesas brasileiras já havia sido apontada por um estudo do Army War College, em 1939. Os especialistas observaram que a estrutura naval em Belém, Natal, Recife e Salvador dispunha de excelentes baías. Entretanto, elas estavam guarnecidas por um punhado de tropas em fortificações da Era Colonial. Segundo a conclusão do trabalho, uma belonave moderna poderia irromper a baía de Guanabara adentro, arrasando os fortes do Rio e destruindo com facilidade a velha e heterogênea coleção de navios da Marinha.[333]

A extrema fragilidade da defesa naval brasileira era semelhante à vista no Exército e na recém-criada Aeronáutica. A carência de meios flutuantes projetava um horizonte temerário para o país. Em agosto de 1942, a frota de ataque designada para a Operação Brasil, caso ela chegasse a termo, encontraria pela frente uma Armada incapaz de reagir com eficiência a um ataque surpresa. O desastre não aconteceria pela falta de vontade ou de coragem dos seus quadros, mas, principalmente, pela surpresa e pela debilidade oriunda do subdesenvolvimento brasileiro, agravado por décadas de descaso de sucessivos governos com o poder naval. Qual o oficial, graduado ou marujo não desejaria servir em uma esquadra moderna, poderosa e bem equipada?

Aécio Pereira de Souza, comandante de um caça-submarino durante a guerra, relembrou seus tempos de aspirante na Escola Naval. Aos 80 anos de idade, em um depoimento emocionado, o veterano testemunhou como a população reagiu ao ataque naval alemão:

> Eu ainda era guarda-marinha, quando ela fez o 1° comboio em 1943. Então, a Marinha entrou na guerra em 42, porque num dia só, foram torpedeados cinco navios na costa da Bahia, navios mercantes brasileiros, e nós tivemos que entrar na guerra. O povo chegava na praça Mauá e tinha um velho encouraçado lá, que não tinha mais serventia e o povo falava: "Vai pro mar, o que tá fazendo isso aí? Vai pro mar!". Aí nós juntamos o que a gente tinha: sete navios velhos e resolvemos enfrentar o mar, desse o que desse. Muitos não voltaram mais. E no dia em que esta primeira escolta de comboio passou em frente à Escola Naval, toda a estudantada, os aspirantes, estavam reunidos, formados e gritaram: Hip, hip, hip, hurra! Aquilo fez a gente ficar emocionado e uns até choraram. Sabiam que aqueles caras iam pro sacrifício e talvez não voltassem mais.[334]

Pela importância da baía de Guanabara, dos dez U-boote empenhados na operação contra os seis portos brasileiros, provavelmente dois ou três seriam destinados ao ataque ao porto carioca, investindo contra os navios atracados na ilha das Cobras, no cais do porto e ancorados nas suas imediações, além de alvos terrestres diversos.

Tomando-se como referência as operações anteriores da Kriegsmarine, era de se esperar um sucesso estrondoso da Operação Brasil. Tanto os britânicos quanto os norte-americanos possuíam esquadras numerosas, compostas de unidades navais modernas, tripuladas por homens instruídos no combate antissubmarino, com base na experiência adquirida durante a Primeira Guerra Mundial. Todavia, as duas potências levaram uma autêntica surra dos alemães assim que entraram na guerra. Durante o que foi chamado pelos alemães de "o primeiro tempo feliz", de junho a outubro de 1940, a Kriegsmarine afundou o impressionante número de 68 navios no trajeto para o Reino Unido, infligindo aos britânicos a perda de 352 mil toneladas ao custo de apenas 6 submarinos. No início de 1942, o estrago repetiu-se no litoral dos EUA, quando os submarinos alemães afundaram dezenas de navios no Caribe e no golfo do México durante o "segundo tempo feliz". "Por seis ou sete meses, os U-boote devastaram as águas norte-americanas, quase sempre sem controle, e, de fato, quase nos levaram ao desastre ou ao prolongamento indefinido da guerra", afirmou Churchill.[335]

Mesmo dentro dos seus portos, a poderosa Marinha Real britânica sentira na pele os efeitos de um ataque submarino alemão durante a ofensiva à superprotegida baía de Scapa Flow, em outubro de 1941. Na ocasião, um U-boot solitário disparou três torpedos de proa contra os navios ancorados. Não satisfeito com os resultados, o capitão mandou recarregar os tubos de lançamento e disparou mais uma salva com três torpedos. Dessa vez, atingiu mortalmente o encouraçado HMS Oak Royal, que afundou levando consigo mais de 800 homens.

Se o resultado do ataque contra duas das melhores e mais preparadas marinhas do mundo – já em guerra e em constante estado de alerta – fora amplamente favorável aos alemães, o que se poderia esperar de uma ação traiçoeira contra um país neutro, com meios de defesa ultrapassados e sem qualquer medida de proteção à navegação? Para os submarinos envolvidos na Operação Brasil, entrar na baía de Guanabara, de Todos os Santos, de Santos, ou em qualquer outro porto brasileiro, seria pouco mais do que um passeio macabro.

O "PEARL HARBOR" BRASILEIRO

É impossível prever com exatidão o rumo dos acontecimentos em situações de crise institucional. Ainda mais se a crise tiver como palco um país vivendo sob uma ditadura repressora de variados grupos políticos e repleta de militares descontentes em posições-chave no governo. O impacto de um ataque nazista com a magnitude da Operação Brasil muito provavelmente estremeceria as bases da vida nacional. Uma vez interrompidas as linhas marítimas de comunicação e de suprimento entre a Capital Federal e as regiões Sul, Norte e Nordeste, o país poderia sofrer um colapso político, econômico e militar.

Bem mais do que hoje, o Brasil da década de 1940 era uma nação insular economicamente, composta por verdadeiros "arquipélagos populacionais" ao longo da costa. A distribuição espacial da maior parte das grandes cidades era decorrente do processo colonizador, mas a carência de ligações terrestres entre elas se originava do subdesenvolvimento, implicando na quase total dependência do mar para a comunicação entre a maioria dos estados. Como exemplo, dois terços do sal consumido no país originavam-se do Rio Grande do Norte e necessitavam da via marítima para chegar às demais regiões.[336]

Viajar de avião era um sonho possível apenas para uma parcela diminuta da elite. O primeiro voo regular ligando o Rio de Janeiro a São Paulo teve início somente em agosto de 1936, utilizando dois Junkers com capacidade para 17 passageiros. Ambos decolavam de cada cidade no mesmo horário, chegando ao destino duas horas depois.[337] O primeiro aeroporto civil brasileiro – o Santos Dumont – foi inaugurado nesse ano, mas as obras só terminariam em 1947. Os passageiros de voos internacionais chegavam à capital brasileira a bordo de hidroaviões que aterrissavam nas águas da baía de Guanabara.[338]

A ligação rodoviária entre a capital brasileira e a cidade de São Paulo resumia-se a uma estrada de terra poeirenta. Em virtude da carência de estradas ou ferrovias, uma vez interrompida a ligação pelo mar entre os estados, a solução para alcançar as regiões mais afastadas do centro-sul assemelhava-se à empregada pelos bandeirantes durante o período colonial. Com relação ao transporte de cargas, o quadro era ainda mais precário. Se houvesse a necessidade do transporte de grandes recursos militares por terra para as regiões Norte ou Nordeste, o desafio logístico faria lembrar o drama vivido pelo Império para socorrer a longínqua província do Mato Grosso, invadida pelos paraguaios em 1865.

Em 1943, o deslocamento do III Grupo do 5° Regimento de Artilharia do Rio de Janeiro para Ponta Negra, próximo a Natal, foi uma verdadeira epopeia. Devido às peculiaridades da escassa malha ferroviária brasileira, a unidade foi obrigada a tomar o rumo sul, atravessando o interior do estado de São Paulo por Campinas, Leme e Ribeirão Preto. Em Minas Gerais, passou por Uberaba e Montes Claros, cortando o sertão da Bahia, Sergipe, Alagoas, Pernambuco e Paraíba. No total, a viagem durou quase três meses.[339]

Embora a maior parte da geração da energia elétrica já proviesse das usinas hidrelétricas, o carvão era utilizado em 637 termelétricas e 15 usinas mistas, fornecendo eletricidade às regiões afastadas dos grandes centros, principalmente no Norte-Nordeste.[340] Importado da Alemanha antes do início da guerra, o carvão mineral teve de ser comprado dos EUA a partir do final de 1939. Além da geração de energia, seu uso era imprescindível à produção de gás e à alimentação das caldeiras de indústrias, locomotivas e navios da Marinha. Da mesma forma, eram buscados no exterior, pela frota mercante, os derivados do petróleo

136   Operação Brasil

Guanabara Bucht – é possível que as informações para a confecção das cartas náuticas tenham sido obtidas pela Missão Cartográfica Imperial Militar Austríaca no Brasil, durante os anos 1920, ficando em poder da Kriegsmarine após a anexação da Áustria em 1938.

(gasolina, querosene, óleo diesel, lubrificantes, graxa etc.), pois a primeira refinaria brasileira entraria em operação somente nos anos 1950.[341]

Não havia dúvida de que a frágil estrutura socioeconômica brasileira receberia um impacto fulminante oriundo de um ataque naval maciço aos seus portos, frota mercante e linhas de navegação – algo que o Eixo fazia com maestria graças à experiência acumulada desde o início da guerra.

Um ataque em menor escala, semelhante ao planejado para a Operação Brasil, foi de fato realizado pela Kriegsmarine ao largo da costa da Venezuela em 16 de fevereiro de 1942, quando dois submarinos alemães receberam a missão de atacar o porto e as instalações de uma refinaria em Aruba. Após reconhecerem a área durante o dia com seus periscópios, ambos emergiram à noite e torpedearam dois petroleiros. Werner Hartenstein, comandante do U-156, deu ordem para que a guarnição do canhão de 105 mm atacasse a refinaria. Trabalhando no escuro, a guarnição cometeu um descuido que comprometeu o sucesso do ataque: foi esquecido o protetor contra a entrada de água na boca do canhão. Quando o primeiro tiro foi disparado, o projétil explodiu no tubo, matando um artilheiro e decepando o pé do chefe da peça. O ataque continuou com o fogo do canhão antiaéreo de 37 mm, que provocou somente danos leves às instalações. O capitão do U-156 ainda tentou repetir o bombardeio na noite seguinte, mas as luzes da costa foram apagadas, inviabilizando a pontaria. A falta de destreza dos artilheiros do U-boot acabou salvando a refinaria da destruição.[342]

Na semana seguinte, foi a vez de os japoneses canhonearem uma refinaria e seus tanques de combustível no canal de Santa Bárbara, na Califórnia.

No Brasil, conforme os planos traçados pela Kriegsmarine, ações semelhantes aconteceriam no início do mês de agosto de 1942 nas baías de Guanabara, de Todos os Santos, de Santos, além dos portos de Recife, Natal e Belém. A caça seria abundante. À noite, os submarinos poderiam lançar seus torpedos contra uma série de navios atracados na baía carioca: na praça Mauá, na ilha das Cobras, na praça XV ou ancorados nas proximidades do porto.

Além das embarcações, o aeroporto Santos Dumont representava um alvo de superfície tentador. O aeroporto fora construído sobre um aterro que avançou sobre a baía da Guanabara, quase chegando à ilha de Villegagnon, postado numa região altamente vulnerável a um ataque de superfície dos U-boote. No início dos anos 1940, quando ainda não haviam sido construídos os terminais de carga e de passageiros, ficavam estacionados junto à cabeceira da pista os

Junkers da Vasp, ao lado dos Lockheed L-10 Electra e dos DC-3 da Pan American Airways (Panair). Após o pouso nas águas da baía da Guanabara, os hidroaviões da Panair eram rebocados para a terra firme por uma rampa localizada ao norte do aeroporto, onde estava o seu enorme e luxuoso hangar, ostentando o nome da empresa num grande letreiro, a menos de 80 metros da água. Toda essa estrutura oferecia alvos altamente compensadores para o armamento de convés dos submarinos.[343]

Ao noticiar os eventos da guerra, a grande mídia Aliada procurava situar geograficamente o leitor, mencionando o nome de uma cidade ou de um acidente geográfico nas proximidades de cada batalha. Por isso, o ataque japonês ao arquipélago do Havaí ficou popularmente conhecido como Pearl Harbor, pois fora direcionado contra a baía de mesmo nome. Todavia, a ação visava aos navios ancorados na base aeronaval da Marinha, na ilha Ford, onde 20 navios foram seriamente atingidos por submarinos e aviões nipônicos. A ofensiva pôs ao fundo 4 encouraçados e outras 4 embarcações, provocando 2.403 mortes e deixando mais de 1.100 feridos.[344]

Da mesma forma, caso a Operação Brasil fosse levada até o fim, os objetivos militares prioritários no ataque à baía de Guanabara seriam as belonaves atracadas na base naval da Marinha de Guerra, na ilha das Cobras, situada a pouco mais de 800 metros da pista do aeroporto Santos Dumont. Entre os alvos, os encouraçados Minas Gerais e São Paulo e os cruzadores Bahia e Rio Grande do Sul ocupavam o topo da lista de prioridades.[345]

A tarefa de estimar o potencial destrutivo da grande ofensiva naval alemã pode tomar como base um evento que de fato aconteceu em agosto (independentemente da Operação Brasil), quando um único U-boot matou mais de 600 pessoas no litoral do Nordeste, destruindo seis navios sem a necessidade de entrar nos portos brasileiros. Uma vez levada a cabo a Operação Brasil, após dois ou três dias de ataques dentro e fora dos portos, uma dezena de submarinos mandaria para o fundo do mar a maior parte das unidades das Marinhas de Guerra, Mercante e de Passageiros do Brasil. O ataque japonês a Pearl Harbor seria eclipsado.

*

A entrada dos EUA na guerra fez com que o medo tomasse conta de muitos dos seus cidadãos. Em março de 1942, a conceituada revista Life publicou uma reportagem ilustrada com cinco diferentes cenários de invasão do território continental norte-americano pelo Atlântico e pelo Pacífico.[346] Nem mesmo as mais de 2.000 milhas náuticas (3.800 quilômetros) que separam o arquipélago havaiano do continente foram capazes de conter o temor de uma invasão japonesa. A ameaça grassou como uma epidemia nos moradores da faixa litorânea da costa oeste, onde dezenas de milhares de pessoas quase entraram em pânico com a possibilidade de ataques semelhantes aos de Pearl Harbor ocorrerem na Califórnia.[347] Nas semanas seguintes, os cidadãos japoneses e seus descendentes foram deportados para campos de concentração em locais isolados no interior dos Estados Unidos.[348]

Em Los Angeles, em fevereiro de 1942, um balão meteorológico foi confundido com uma aeronave nipônica, recebendo intenso fogo antiaéreo. A imprensa divulgou o incidente com estardalhaço, aumentando ainda mais o medo de que uma invasão estrangeira fosse acontecer em breve: "Batalha furiosa nos céus de Los Angeles", estampou a manchete do *Los Angeles Examiner*.[349] Caso o Brasil sofresse um ataque direto ao seu território continental, provavelmente a reação popular dos brasileiros não seria menor que a dos americanos.

É possível estimar como teria sido a reação popular dos brasileiros após um ataque maciço aos portos do Brasil com base em pistas proporcionadas por fatos reais. Por exemplo, em 2 de junho de 1942, após a divulgação dos ataques dos bombardeiros B-25 aos submarinos italianos, a propaganda alemã ameaçou o Brasil com retaliações, deixando a população de Natal em polvorosa. Não era para menos, pois o comunicado da Rádio de Berlim advertira que sérios acontecimentos teriam lugar na cidade em 6 e 7 de junho e que as mulheres e as crianças deveriam abandoná-la. Em resposta, o general Gustavo Cordeiro de Farias, comandante da guarnição local, ordenou um *blackout*. Os militares da 18ª Companhia de Fuzileiros Navais norte-americanos cavaram trincheiras e colocaram suas metralhadoras em posição.[350] O pânico que tomou conta da cidade levou alguns moradores a fugir para o interior.[351]

Durante a segunda quinzena de agosto, a mistura de informações e boatos atingiu até mesmo a tradicionalmente sóbria esfera diplomática. O embaixador do Brasil em Washington chegou a informar ao secretário de Estado norte-americano uma tragédia que jamais aconteceu. O brasileiro relatou que um navio transportando romeiros para um congresso eucarístico em São Paulo havia sido afundado no litoral da Bahia por um submarino.[352] Na imprensa, versões desencontradas dos ataques à navegação brasileira também divulgavam eventos imaginários. Segundo o *Diário Carioca,* "submarinos teriam sido rebocados até nossa costa por um navio corsário". Um deles teria se apoderado de mantimentos e combustível da barcaça Godiba.[353]

Se tivesse sido levada a cabo, a Operação Brasil provocaria reações ainda mais sérias nas capitais litorâneas. A opinião pública certamente ficaria chocada com as notícias sobre o afundamento de dezenas de navios – com mortos e feridos aos milhares. As colunas de fumaça oriundas dos ataques aos navios e às instalações costeiras, misturadas a boatos de múltiplas origens e somadas às ameaças das rádios de Berlim e de Roma, poderiam levar à histeria coletiva temendo uma invasão iminente do Eixo. É fácil imaginar que tudo isso poderia ocorrer; basta lembrar que o ataque de um U-boot isolado na costa do Nordeste no mês de agosto gerou medo suficiente para que o Conselho de Segurança Nacional chegasse à decisão extrema de transferir a capital brasileira do Rio de Janeiro para Belo Horizonte (o que acabou não ocorrendo em razão da discordância do ministro da Marinha).

APOCALIPSE TROPICAL

Além dos prováveis danos catastróficos e da trágica perda de vidas, a Operação Brasil trazia em seu bojo um perigo ainda maior. Conforme estabelecia o plano, a ofensiva seria desencadeada na primeira semana de agosto (entre os dias 3 e 8), num momento tenso da política nacional e de estagnação no processo de cooperação militar entre brasileiros e norte-americanos. Complicando o quadro, o próprio presidente da República não estava em boas condições de saúde.

De fato, em agosto, Getúlio Vargas ainda se recuperava do desastre automobilístico sofrido em 1º de maio, no qual seu carro se chocara violentamente contra um poste na avenida Beira-Mar, na esquina com a rua Silveira Martins. A imprensa minimizou os ferimentos de Vargas no acidente. "O presidente sorriu logo após o desastre", noticiou um grande jornal carioca, divulgando um boletim médico lacônico emitido pelo Palácio Guanabara no dia seguinte: "O sr. presidente da República passou bem a noite. No exame desta manhã, foi considerado em boas condições. Pulso, temperatura e tensão arterial normais. Estado geral bom. Estado local sem maior alteração".[354]

A nota oficial foi um exemplo típico da manipulação da informação pelos regimes ditatoriais, contumazes em ocultar os indícios de fragilidade institucional e de doença dos seus dirigentes. Getúlio sofrera ferimentos sérios na face e dificilmente teria sorrido após o acidente. A batida deslocou seu quadril, feriu uma das mãos e quebrou-lhe uma das pernas, que foi devidamente engessada e suspensa no ar. Além disso, um fio de metal teve de ser trançado entre seus dentes para imobilizar o maxilar fraturado, impossibilitando os movimentos mandibulares. No último parágrafo do seu diário, Vargas recorda, desconsolado, que "um incidente de automóvel imobilizou-me no leito durante vários, vários meses".[355] A gravidade das lesões o deixaria recluso no Palácio Guanabara até 1° de setembro.[356] O ditador não correu risco de morte, mas o Estado Novo passou a respirar por aparelhos.

Na estrutura política vigente durante o Estado Novo, não existiam as figuras do vice-presidente, do presidente do Senado ou da Câmara dos Deputados, capazes de substituir o primeiro mandatário em caso de impedimento. Após o acidente de trânsito, um relatório de inteligência do novo Escritório de Serviços Estratégicos dos EUA (OSS) presumiu que o político gaúcho não era mais um interlocutor útil com quem se poderia negociar: "A única coisa que conta hoje é o Exército, cuja grande maioria possui simpatias democráticas".[357] Em 13 de junho, um relatório de J. Edgar Hoover, diretor do FBI, assinalou que novas vitórias alemãs na frente russa poderiam incentivar o Exército a derrubar Getúlio e a estabelecer um governo militar.[358]

Foi extremamente longo o período de convalescência de Vargas. Pouco antes de embarcar para os EUA, em 6 de agosto, o general Leitão de Carvalho foi despedir-se do presidente no Palácio Guanabara, encontrando-o deitado num divã, pálido, com as pernas cobertas por uma manta. Vargas não estava em condições físicas de liderar o país em uma situação de crise.

No campo político, o apoio militar que alçara o gaúcho ao poder – permitindo-lhe ultrapassar as convulsões políticas da década anterior – estava fortemente abalado. As desavenças entre Oswaldo Aranha e o major do Exército Filinto Müller acirraram-se no começo de março de 1942. Boatos sobre um golpe de Estado iminente alarmaram o chanceler, que não recebeu a atenção esperada do chefe de polícia. Ambos discutiram asperamente ao telefone, chegando aos palavrões. Aranha tentou persuadir Vargas a demitir o desafeto, mas não obteve sucesso.[359] Em julho, após Müller impedir um desfile estudantil que comemorava a Independência dos EUA, Vasco Leitão da Cunha, ministro da

Justiça interino, ordenou a prisão do major. Em 17 de julho, tentando apaziguar os ânimos e encerrar a crise, Vargas aceitou as renúncias de Müller, de Francisco Campos, ministro da Justiça, e de Lourival Fontes, diretor do Departamento de Imprensa e Propaganda. As demissões fizeram circular rumores de que Getúlio estava enfraquecido e não duraria muito. Um programa da Rádio de Berlim, que costumeiramente atiçava os ânimos dos brasileiros contra os norte-americanos, referiu-se às exonerações de Müller, Campos e Fontes. O comentarista do programa indagou aos ouvintes: "Pode haver uma prova mais inconteste do que essa de que o Brasil passou a ser uma colônia ou, se quiseres, um protetorado da América do Norte?".[360]

Nesse meio tempo, os melhores navios da modesta frota mercante brasileira continuavam sendo afundados no trajeto para os EUA. Em 16 de julho, o Tamandaré foi torpedeado; em 26, foi a vez do Pedrinhas; em 28, do Barbacena e do Piave. Ainda de cama, Vargas entrou em profunda depressão ao saber das perdas. O almirante Ingram – seu "Lorde do Mar" – falhara em garantir a segurança dos navios brasileiros. Numa entrevista à imprensa em junho, o embaixador norte-americano minimizou as perdas brasileiras, considerando os ataques previsíveis e declarando que o governo dos EUA ressarciria os prejuízos. Caffery afirmou que "do ponto de vista material, sabia o Brasil, com a atitude franca que tomou ao nosso lado, que iria sofrer represálias".[361]

No âmbito das relações internacionais, a colaboração militar com os EUA permanecia indefinida. Embora tivesse sido firmado um convênio militar entre os dois países no final de maio, as providências decorrentes desse acordo não seguiram adiante; em especial, a decisão sobre a questão do comando sobre as operações militares no Nordeste.[362] Visando evitar a permanência dos estrangeiros após o conflito, o governo brasileiro insistiu para que a posse de todas as benfeitorias construídas lhe fosse conferida. Em troca, seria concedido o uso das instalações enquanto durasse a guerra. As duas partes só chegariam a um acordo satisfatório com relação a essa questão muito tempo depois.[363]

Infelizmente, não foi possível conhecer por completo a posição norte-americana mediante a consulta pública às mensagens recebidas e enviadas pela embaixada dos EUA no Rio de Janeiro durante os meses de junho e julho de 1942. A documentação oficial, divulgada pelo governo norte-americano, passa abruptamente de 31 de maio para 7 de agosto.[364] Antes do início do "silêncio" diplomático, uma das mensagens enviadas pelo secretário de Estado ao embaixador Caffery afirmou que: "A situação na região de Recife-Natal-Fortaleza, assim como o desenvolvimento de uma Força Aérea efetiva para a proteção da nossa linha de comunicações, está ficando cada vez mais séria".[365]

Além da atribulada questão da remessa de material bélico, o envio de uma série de produtos essenciais à vida cotidiana nacional havia sido interrompido. Em meados do ano eram frequentes as queixas de Aranha a Caffery sobre o fornecimento dos combustíveis, pois a população sofria as consequências da escassez de gasolina e das imposições do racionamento. Aranha chegou a acusar Washington de não estar dando a devida importância aos sacrifícios que o Brasil estava fazendo. Durante um jantar íntimo na residência do embaixador dos EUA, até Vindinha Aranha, esposa do chanceler, criticou a situação após ouvir os argumentos de Welles sendo repetidos por Caffery: "Diga-lhe que não podemos ficar assim!".[366]

Nunca ficou claro onde terminavam os efeitos da ação inimiga sobre o desabastecimento de combustíveis e começava a pressão econômica de Washington para que os brasileiros cumprissem sua parte no convênio militar. De qualquer forma, Getúlio Vargas via o seu suporte político esmorecer perigosamente no inverno de 1942.

No final de julho, Aranha convenceu-se de que o fornecimento de combustíveis, armas e outros materiais continuaria precário enquanto não houvesse a estreita colaboração militar brasileira. Se a escassez prosseguisse, Vargas não permaneceria por muito tempo no poder. Tentando resolver o impasse, como vimos, o chanceler nomeara os oficiais brasileiros da comissão mista em Washington à revelia do Exército, gerando uma grave crise institucional que provocou o estremecimento da sua amizade até com o velho amigo Góes Monteiro. Nos meses de julho e agosto de 1942, o relacionamento de Aranha com as Forças Armadas alcançou o seu ponto mais crítico durante o Estado Novo.

*

Em Washington, na manhã de 30 de julho de 1942, Roosevelt convocou seus assessores militares para uma reunião na Casa Branca. O presidente comunicou a sua decisão final de invadir o norte da África, contrariando a opinião dos generais e almirantes que pressionavam pela invasão da França. Roosevelt optou pela Operação Tocha — a preferida por Churchill.[367] A situação crítica dos britânicos no Egito foi determinante para essa escolha. Nessa mesma manhã de 30 de julho, enquanto Roosevelt anunciava a decisão aos seus oficiais, partia de Recife o comboio AS-4, carregado de materiais de alto valor estratégico

144   Operação Brasil

para socorrer os ingleses; em especial, centenas de veículos blindados (tanques Sherman, *tank destroyers* e artilharia autopropulsada).[368]

Por um capricho do destino, o trajeto dos oito navios de carga do comboio norte-americano cruzaria o caminho dos submarinos envolvidos na Operação Brasil entre os dias 28 de julho e 1º de agosto. Os U-boote da maior operação de ataque desfechada pela Alemanha nazista contra as Américas encontraria o comboio de valor inestimável para o destino da guerra no deserto africano: uma coincidência feliz para o Eixo e desastrosa para os Aliados e brasileiros.

Ainda que o AS-4 não fosse interceptado, o ataque alemão pegaria o Brasil sem a proteção das unidades do "Lorde do Mar" de Vargas, pois a maior parte dos navios de combate da TF-23 fora encarregada da proteção dos comboios AS-4 e AS-6. Na primeira semana de agosto, com exceção das embarcações de apoio logístico, apenas os destróieres Memphis e Jouett poderiam ser acionados em tempo útil, por estarem em portos nacionais ou navegando nas proximidades do litoral brasileiro.[369] O Brasil estava por sua própria conta.

A crescente importância do Atlântico meridional aumentava progressivamente o número de submarinos alemães e italianos operando na região. Em meados de 1942, a costa brasileira foi, de fato, tomada por submarinos alemães e italianos na faixa de mar entre o Rio Grande do Norte e o Amapá, causando graves perdas à navegação Aliada. Apenas mediante a construção e o uso intensivo de novas bases aeronavais na região, os corsários do Eixo poderiam ser detidos. Por isso, a colaboração total dos brasileiros era imprescindível para virar a maré da guerra a favor dos Aliados no Atlântico Sul, no Oriente Médio, no Oriente e até na URSS.

No terreno político, importava menos a Washington o ocupante da poltrona presidencial no Palácio do Catete do que o seu grau de colaboração à estratégia norte-americana. A manutenção de um governo favorável aos Aliados no Brasil – ainda que oficialmente neutro – era prioritária. Contudo, o potencial de devastação inerente à Operação Brasil seria capaz de provocar mudanças radicais na estrutura política brasileira.

Para um regime que, mesmo em tempos de paz, andava no limite da governabilidade, às voltas com sedições de comunistas, integralistas, simpatizantes do Eixo e inimigos políticos, apenas com extrema habilidade Vargas poderia evitar a implosão do Estado Novo, caso o território brasileiro fosse atacado, como o previsto nos planos da Operação Brasil. O gaúcho fora o gestor de todas as crises políticas desde 1930, ora apaziguando e cortejando aliados e inimigos, ora os perseguindo, conforme a conveniência do momento. Todavia, no início de agosto, Getúlio não dispunha de condições físicas para suas manobras.

Na melhor hipótese, após o ataque alemão, a população unir-se-ia em apoio ao regime. Os militares aquiesceriam em receber as tropas dos EUA e Vargas permaneceria no cargo. Na pior hipótese, diante do vácuo no poder causado pela imobilização do presidente, a estrutura institucional do país ruiria sob os choques entre quinta-colunistas, integralistas, comunistas, militares descontentes, partidários do Estado Novo e de oposição. O Brasil mergulharia numa guerra civil, produzindo uma situação antagônica aos interesses dos Estados Unidos.[370]

Em janeiro, Vargas havia dito a Welles que jogava a sua vida no apoio aos EUA: "porque não sobreviveria a um desastre para a minha pátria".[371] De certa forma, esse desastre era previsível, pois seus assessores militares já o haviam alertado das possíveis represálias que poderiam advir do rompimento de relações diplomáticas com as nações do Eixo. Getúlio estava ciente dos perigos a que o país estaria exposto, mas não fazia ideia da grandiosidade da Operação Brasil. O morticínio oriundo da operação de ataque alemã seria capaz de concretizar seu prognóstico sombrio. A bem dizer, seu suicídio na década seguinte elimina a hipótese de blefe.

Levando a imaginação mais adiante, ainda que Vargas não desse cabo da própria vida, sua deposição era provável: uma alternativa vista como altamente desfavorável aos EUA. Como é possível afirmar isso? As palavras de Sumner Welles no começo de maio fornecem uma pista: "Seria o maior infortúnio para nós se algo viesse a acontecer ao presidente Vargas neste momento".[372] Nesse caso, Roosevelt seria levado a crer que a facção dos "militares germanófilos" havia tomado o poder no Brasil — uma ameaça para a qual, aliás, a Missão Militar dos EUA no Rio de Janeiro vinha alertando há tempos. Em julho, um relatório de inteligência do OSS (precursor da CIA) recomendou: "muita atenção com o Exército Brasileiro".[373]

Aos olhos do governo norte-americano, era altamente desejável a existência de um regime pró-EUA no Brasil. Assim, foi incluída nos planos Rainbow, de defesa hemisférica, a Operação Pot of Gold (Pote de Ouro). De acordo com uma versão do plano preparada pelo Departamento de Guerra, já em 1939, 100 mil militares norte-americanos desembarcariam em vários pontos da costa brasileira, de Belém ao Rio de Janeiro.[374] O objetivo explícito dos planos norte-americanos visava opor-se a uma eventual tomada do poder no Brasil pelo inimigo ou seus "simpatizantes".[375] Nos anos seguintes, os planos Rainbow foram atualizados, com a diminuição do efetivo para 64 mil homens, que desembarcariam nas vizinhanças de Belém, Natal e Recife.[376] O plano Rainbow n° 4, de 14 de agosto de 1940, previa o desembarque de 15 mil homens do Exército, divididos em três *combat teams*, e a utilização de 70 aeronaves em um porta-aviões.

Não é demais supor que as perdas e os danos aos portos decorrentes de um ataque naval alemão, como previa a Operação Brasil, somados ao impasse político-militar entre Brasil e EUA, tivessem boas chances de superar as objeções do Departamento de Estado em desencadear os planos de intervenção militar no Brasil. Mesmo se Vargas permanecesse no poder, ficaria evidente às autoridades norte-americanas a ameaça do Eixo aos seus interesses na região, além da incapacidade dos brasileiros de se defenderem com os próprios meios.

O sigilo oficial que até hoje guarda parte substancial dos arquivos diplomáticos e militares norte-americanos não permite estimar com inteira segurança quais seriam as ações dos EUA nesse cenário hipotético. Entretanto, a rarefeita documentação disponível deixa poucas dúvidas: a Operação Brasil forneceria o pretexto ideal para uma ação militar de Washington. Ante os indícios de instabilidade institucional brasileira, decorrentes do ataque nazista, seriam desencadeados os planos elaborados pelo Departamento de Guerra, com o envio de tropas norte-americanas para o Nordeste – independentemente da autorização das autoridades nacionais. Uma vez colocados em risco os planos militares dos EUA no saliente nordestino, o mais assustador dos pesadelos poderia se tornar uma realidade para os brasileiros: a chegada da guerra ao país.

Embora nas Forças Armadas brasileiras houvesse correntes contra e a favor do envolvimento na guerra, havia uma opinião quase unânime entre os militares: a chegada de tropas de ocupação estrangeiras era inaceitável. Conforme Dutra alertara a Miller, no final do ano anterior, caso houvesse uma tentativa de desembarque não autorizado, ele daria ordem de abrir fogo – e o Brasil mergulharia no precipício. Se a intervenção militar norte-americana fosse limitada ao Nordeste, a resistência militar brasileira, por meio de operações regulares, provavelmente duraria algumas semanas, enquanto Recife, Natal e outras cidades da região conseguissem resistir. Entretanto, a luta prosseguiria indefinidamente, durante meses ou anos, com o emprego de ações de guerrilhas – como o bando de Lampião fizera até quatro anos antes – até a retirada ou a expulsão dos invasores.

Prevendo a queda das capitais do Nordeste e o prosseguimento da luta no interior, caso ocorresse uma invasão estrangeira, há indícios de que o Exército brasileiro tenha planejado uma estratégia defensiva em profundidade na região. Numa serra do maciço da Borborema, na divisa de Pernambuco com a Paraíba, podem ser encontrados testemunhos a esse respeito. Durante uma entrevista, um morador da região relembrou que uma equipe de militares brasileiros ali estivera em janeiro de 1942. Vários oficiais reconheceram o local por dias, trazendo veículos, armas e equipamentos diversos. O movimento amedrontou a população. Alguns militares comentaram que, "se houvesse uma invasão em Natal, a serra de Macaparana, e as serras circunvizinhas, que formam uma parte do maciço da Borborema, seriam pontos de defesa".[377] Portanto, não é muito arriscado dizer que, caso fosse materializado o pior cenário pós-Operação Brasil, é possível que o conflito no Vietnã fosse antecipado em três décadas, trocando-se as florestas do sudeste asiático pela aridez da caatinga nordestina.

Uma vez seguido à risca o plano original da Operação Pote de Ouro, o horror da Segunda Guerra Mundial seria transposto do noticiário internacional para o cotidiano brasileiro.[378] A destruição vista em várias cidades da Alemanha, da França e da Itália seria reproduzida, antecipadamente, em Belém, Fortaleza, Natal, Recife, Salvador e outras capitais. O general Mascarenhas de Morais não mais teria o seu batismo de fogo na Toscana italiana, combatendo junto ao 5° Exército norte-americano, mas no sertão nordestino – e contra o inimigo errado. A morte, a destruição e toda sorte de vicissitudes inerentes à guerra teriam lugar no Brasil, agora transformado em um teatro de operações do conflito. Paradoxalmente, no começo de agosto de 1942, o Brasil estava bem mais próximo de sofrer uma invasão militar dos EUA – seu futuro aliado – que do Eixo.

Há quem possa avaliar a existência de tais planos norte-americanos mais como hipóteses pouco factíveis do que como ameaças reais à soberania brasileira. Contudo, a história mostra o contrário. No Oriente Médio, britânicos e russos ignoraram a neutralidade iraniana ao terem suas demandas recusadas pelo governo local. O país foi invadido em 26 de agosto de 1941, quando o monarca persa recusou-se a atender ao *ultimatum* que exigia a expulsão dos alemães, sendo obrigado a abdicar do trono em favor do filho, Mohammad Reza Pahlavi.[379] Tanto o Irã quanto o Brasil ocupavam posições estratégicas vitais para a logística Aliada em seus continentes.

Voltando ao Brasil e ao campo das hipóteses sobre os efeitos de um grande ataque naval nazista, mesmo as projeções mais otimistas visualizavam um horizonte altamente nocivo aos interesses e à soberania do Brasil – que dependia da sua frota naval para o transporte dos combustíveis e das demais cargas, inclusive dos alimentos. Com a maior parte dos seus navios mercantes e de passageiros destruídos pelos U-boote, sem energia nas regiões afastadas das hidrelétricas, com aviões, máquinas, veículos e locomotivas parados por falta de combustível, a nação ficaria submetida à mais completa servidão econômica e militar norte-americana. Conforme Dutra alertara a Getúlio no início do ano, se fosse decretada a ruptura das relações diplomáticas com o Eixo, a precariedade das comunicações marítimas deixaria isolados os estados do Norte e do Nordeste: "Sem capacidade para lutar e até mesmo para viver, dependentes que são dos recursos para lá costumeiramente enviados pelos estados meridionais", frisou o general.[380] Os efeitos do ataque submarino nazista obrigariam o Estado Novo a ceder incondicionalmente às pressões norte-americanas. Caso contrário, seria uma questão de meses até que a sociedade brasileira retornasse ao cotidiano do século XIX. Ou pior: teria início uma sangrenta guerra de resistência contra uma intervenção militar dos EUA.

Para que a Operação Brasil pudesse ser executada conforme o previsto, era necessário preparar os submarinos e as tripulações com a devida antecedência. Assim, o B.d.U. solicitou ao SKL a emissão da ordem de partida até 15 de junho, para que os submarinos chegassem ao litoral brasileiro a tempo de aproveitar a escuridão da fase de Lua nova no começo de agosto. Cinco dias após o prazo, Dönitz recebeu a mensagem para desencadear a operação.[381] De imediato, os U-boote começaram a zarpar em direção ao Atlântico Sul.

A sorte do Brasil estava lançada.

O "Lobo Solitário"

No início do crepúsculo, um vapor é avistado a nove milhas náuticas no rumo 288°. Manobrei adiante. Na escuridão, o vapor acendeu suas luzes de navegação, entretanto, não há marcas de neutralidade.

Trecho do diário de guerra do U-507
sobre o avistamento do Baependy

O MÊS DO DESGOSTO

No folclore brasileiro há uma superstição que manda evitar o casamento em agosto, pois o mês estaria relacionado ao azar, ao mau agouro e ao desgosto. Dentre as possíveis origens da crendice, alguns estudiosos afirmam que ela foi trazida pelos ancestrais portugueses durante o período colonial, por ocasião das grandes navegações.[382] Nessa época do ano, as condições climáticas do verão europeu seriam propícias à partida das expedições marítimas. Por serem viagens de longa duração – normalmente, mais de um ano –, os marujos desposavam as amadas antes do início das jornadas, com o intuito de afastá-las dos cortejadores durante a ausência prolongada. Como as expedições possuíam uma alta taxa de mortalidade devido aos inúmeros perigos da época (naufrágios, combates contra indígenas hostis e tropas estrangeiras, acidentes e doenças), não raro a frota retornava a Portugal com menos da metade dos navios, enviuvando um grande número de jovens recém-casadas.[383] Assim, a rejeição ao casamento em agosto ficou incrustada no senso comum da sociedade, passando de geração a geração e deixando as igrejas com as agendas quase vazias durante o mês supostamente agourento.

Em agosto de 1942, revivendo a superstição portuguesa, chegou ao Atlântico Sul uma incursão naval oriunda do Velho Mundo que atacou vários navios mercantes e de passageiros brasileiros no litoral do Nordeste. Para compreender como foi desencadeada a ação submarina alemã, é preciso conhecer em detalhes não apenas os relatos dos tripulantes e passageiros das embarcações atingidas e os relatórios oficiais da Marinha brasileira, mas também o que os oficiais da Kriegsmarine envolvidos registraram em seus diários.

*

Em 9 de junho de 1942, a edição do *Diário Carioca* não deve ter sido comemorada no lar do 1° tenente do Exército José Castelo Branco Verçosa. O jornal anunciava a movimentação do militar do 1° Batalhão de Transmissões para o Nordeste. Uma das companhias da sua unidade recebera ordem do Ministério da Guerra para deslocar-se para Natal, no Rio Grande do Norte, onde comporia a 7ª Divisão de Infantaria. Entretanto, o oficial intendente não seguiu junto aos seus companheiros, pois fora designado para servir no 7° Grupo de Artilharia de Dorso (7° GADô), em Olinda, no estado de Pernambuco.[384]

Castelo Branco era apenas um entre os milhares de oficiais e praças deslocados de vários pontos do país para guarnecer o saliente nordestino. A região tornara-se objeto de preocupação dos militares norte-americanos, que alertavam as autoridades brasileiras para o perigo de uma invasão iminente do Eixo ao continente. O governo Vargas fez o que estava ao seu alcance para reforçar a defesa local, deslocando para o Nordeste várias unidades militares. Num tempo em que não existiam ferrovias e estradas de rodagem – nem mesmo de terra – ligando o Rio de Janeiro ao Norte e ao Nordeste, a opção do transporte de grandes cargas limitava-se à via marítima, geralmente pelos navios do Lloyd Brasileiro. Como a Marinha brasileira não dispunha de embarcações específicas para o transporte de tropas, o carregamento de cargas e passageiros, civis e militares, era realizado por embarcações com dupla finalidade chamadas de "paquetes": um aportuguesamento da palavra inglesa *packet*.

É provável que a mudança para o Nordeste não estivesse nos planos da família de Castelo Branco. Na década de 1940, deixar as comodidades da vida na capital para recomeçar a vida em uma nova e distante cidade não

152 Operação Brasil

costumava ser motivo de comemoração. Além disso, os riscos inerentes à viagem eram preocupantes, com os jornais publicando notícias frequentes sobre o torpedeamento de navios brasileiros. Até o final de julho, 15 dos melhores navios da frota nacional haviam sido afundados por submarinos do Eixo, mas o oficial nada podia fazer. Como as exigências do serviço precedem as demais necessidades da vida pessoal do militar, o tenente seguiu para Recife no começo de agosto, acomodando-se com a esposa e o filho a bordo de um paquete no porto do Rio de Janeiro. Na proa do navio, estava pintado o seu nome: Baependy.

O Baependy era uma embarcação antiga, com mais de 40 anos de uso. Fora construído na Alemanha, ainda no século anterior (1899), sendo batizado como Tijuca. Em 1914, impossibilitado de retornar à Europa quando estourou a Primeira Guerra Mundial, o navio ficou internado no Brasil. Anos depois, o governo brasileiro tomaria posse do Tijuca em represália ao afundamento de várias das suas embarcações por submarinos alemães, rebatizando-o como Baependy.

Embora ultrapassado, com seus 119 metros de comprimento, 4.801 toneladas brutas e capacidade para 319 passageiros, era um navio grande para os padrões brasileiros da época. Vagaroso, podia desenvolver até 12 nós na velocidade máxima, mas desenvolvia apenas 7 em cruzeiro (pouco menos de 13 km/h), com o impulso das suas caldeiras alimentadas por carvão.[385] Possuía uma chaminé no centro da estrutura e dois grandes mastros nas extremidades, que o fazia lembrar outro paquete de triste destino: o Príncipe de Astúrias, naufragado em março de 1916, no litoral paulista de Ilhabela, levando consigo mais de 400 vidas.

O navio fez escala em Salvador, deixando seu porto às 7h de 15 de agosto, com destino a Maceió. A viagem fora sossegada até a Bahia. Contudo, após ganhar o mar aberto, a embarcação começou a balançar desagradavelmente, pois o oceano se mostrava agitado, produzindo fortes marolas. Boa parte dos 249 passageiros era composta de militares do 7° Grupo de Artilharia de Dorso e suas famílias, incluindo o comandante da unidade, oficiais e praças. Além do efetivo militar, a embarcação levava o material bélico encaixotado de uma das duas baterias do grupo. A outra bateria seguia logo atrás, a bordo do Itagiba.[386]

O Baependy cumpria fielmente as instruções baixadas pelo Estado-Maior da Armada, navegando a menos de dez milhas náuticas da costa (cerca de 18 quilômetros), no limite de segurança para a navegação de cabotagem.[387] Com o intuito de não chamar atenção à noite, as luzes dos salões e camarotes permaneceram apagadas, deixando-se acesos apenas os faróis de navegação para evitar acidentes.[388] Vários ataques a navios brasileiros haviam acontecido anteriormente, mas acreditava-se que a navegação junto à costa, à noite, com um mínimo de luzes, não chamaria a atenção dos submarinos do Eixo. O médico Zamir de Oliveira resumiu o sentimento dos passageiros:

> O ambiente a bordo era de franco otimismo, visto que navegávamos, conforme frisei, a poucas milhas da costa, por isso nenhum de nós temíamos [sic] o ataque de submarinos, os quais, dizia-se, operavam em zonas muito afastadas daquelas em que navegávamos.[389]

Incorporado à frota nacional para repor as perdas da Marinha Mercante durante a Primeira Guerra Mundial, o Baependy havia sido um mero figurante nos eventos que envolveram a participação brasileira no conflito. Um quarto de século depois, seu destino estaria novamente vinculado à guerra submarina. Dessa vez, o velho navio seria um dos protagonistas.

*

No início de 1942, durante a conferência de chanceleres no Rio de Janeiro, o ministro da Guerra apresentou ao presidente uma exposição de motivos preparada pelo general Góes Monteiro. Em tom profético, o chefe do Estado-Maior concitava Vargas a não romper as relações diplomáticas com os países do Eixo por várias razões. Entre elas, a fragilidade das Forças Armadas e a possibilidade da ação estrangeira contra a navegação de cabotagem.

> Se não é de esperar-se que ocorram de pronto ataques em massa contra o país, certo poderão verificar-se investidas parciais contra alguns dos diversos setores vulneráveis de nosso litoral, além da indiscutível ação submarina à navegação de cabotagem e às próprias comunicações com o restante da América [...].[390]

Em 1942, radares e sonares eram instrumentos raros, ainda nos estágios iniciais de pesquisa e desenvolvimento, sendo utilizados pelos Aliados com sucesso em um número reduzido de aviões e navios. Já a tecnologia alemã ainda não fora capaz de desenvolver um modelo operacional para os seus submarinos, dotando vários deles com um modelo primitivo e ineficaz. Assim, a busca de alvos continuava a ser feita com os meios visuais ou acústicos disponíveis. Quando navegavam emersos, os comandantes de submarino alemães costumavam fazer-se acompanhar por três tripulantes munidos de binóculos, encarregados de esquadrinhar o horizonte. No final da tarde de 15 de agosto, um dos vigias alemães descobriu o Baependy.[391]

17h48 – Litoral do Nordeste, divisa entre a Bahia e Sergipe – 15 ago. 1942

No início do crepúsculo, um vapor é avistado a nove milhas náuticas (16,7 km) no rumo 288°. Manobrei adiante. Na escuridão, o vapor acendeu suas luzes de navegação, entretanto, não há marcas de neutralidade [...].[392]

Às 17h48 de 15 de agosto, o capitão de corveta Harro Schacht, comandante do submarino alemão U-507, anota o avistamento no seu diário de guerra. O oficial alemão, de 34 anos, ingressara na Marinha em 1926, tendo servido nos cruzadores leves Emden e Nürnberg até integrar os quadros do gabinete do Alto Comando da Marinha em 1937. Em junho de 1941, juntou-se à Força de Submarinos, recebendo em outubro do mesmo ano o comando do U-507. Por exatos dois meses (de 4 de abril a 4 de junho de 1942), singrou as águas do Atlântico Central e do Caribe, durante a sua segunda patrulha de combate, afundando nove navios mercantes Aliados e danificando um. Pelo feito, Harro Schacht recebeu a Cruz de Ferro de 1ª Classe. Quando chegou ao litoral brasileiro, o oficial era um submarinista experiente e respeitado.[393]

Schacht não descobrira a embarcação por acaso. A Kriegsmarine possuía as cartas náuticas daquela região. Uma delas, abrangendo o trecho que vai de Recife a Pernambuco, mostrava com nitidez as linhas de transporte marítimo entre as capitais e as demais cidades do litoral nordestino.

Porém, faltou muito pouco para que o Baependy passasse despercebido pelo U-507. Naquele horário, a visibilidade diurna era de 10 milhas náuticas (18,5 quilômetros), no máximo. O navio brasileiro havia sido avistado quase no limite do alcance visual dos vigias: 9 milhas (pouco mais de 16 quilômetros). Além da grande distância que separava as duas embarcações, restavam pouco mais de 20 minutos de claridade diurna, pois o fim do crepúsculo, ao largo da costa baiana, aconteceria exatamente às 18h11, limitando a visibilidade noturna a cinco milhas (9,3 quilômetros). A reconstituição da trajetória das duas embarcações revela que o U-507 alcançou a plataforma continental brasileira seguindo o rumo sudoeste, justamente quando o Baependy navegava no rumo norte-nordeste. Em face das condições meteorológicas e de visibilidade naquele horário, é possível que o paquete brasileiro tenha deixado de escapar ao faro do U-boot por um lapso de tempo de não mais que 20 minutos.[394]

O U-507 era um dos grandes e modernos submarinos da nova classe IXC, fabricados a partir de 1939. Tratava-se de um legítimo expoente da avançada engenharia naval alemã. A adição de 43 toneladas de combustível em relação à classe anterior (IXB) lhe dava o fabuloso alcance de 13.450 milhas náuticas (quase 25 mil quilômetros), capacitando-o a empreender missões de longo curso. Dois motores a diesel o impulsionavam à velocidade de 18,3 nós (quase 34 km/h), permitindo-lhe alcançar com facilidade o lento vapor, que se arrastava a meros 7 nós (cerca de 12 km/h).

Identificar corretamente o navio brasileiro não deve ter sido uma tarefa complicada para a tripulação alemã, pois caça e caçador possuíam a mesma origem. O Baependy fora construído em Hamburgo, no estaleiro da empresa Blohm & Voss. Quatro décadas depois, o mesmo estaleiro lançaria ao mar o U-507. Harro Schacht nota que o cargueiro está com as luzes de navegação acesas, mas sem as marcas de neutralidade visíveis (bandeira e nome do país pintados no casco e iluminados). Embora não seja mencionada a nacionalidade da embarcação, o capitão transcreve no diário as ordens que autorizam o ataque aos navios mercantes brasileiros – um sinal inequívoco de que fora identificada a sua bandeira.

Schacht anota as instruções que julgou suficientes para autorizar o ataque ao Baependy, ressaltando o amparo na ordem nº 101 B II 5, expedida pelo Comando de Submarinos e em uma mensagem de rádio privada de 5 de julho. O B.d.U. havia autorizado o uso de armas contra todos os navios mercantes que estivessem com suas luzes apagadas (*dimmed*). Os navios com as luzes de navegação acesas, porém sem as marcas de neutralidade, deveriam ser considerados como se estivessem igualmente escurecidos. A mensagem de rádio autorizava o ataque a todos os navios mercantes brasileiros sem aviso prévio, inclusive os desarmados, e contra todos os navios de guerra brasileiros que manifestassem atitude hostil.

O capitão alemão está ciente de que o navio brasileiro possui dupla finalidade – o transporte de cargas e de passageiros –, pois relata ter visto acomodações para passageiros (*passagier einrichtung*). Mais tarde, descreveria a embar-

156 Operação Brasil

cação como um passageiro-cargueiro (*passagierfrachter*). A rigor, por transportar passageiros, o Baependy não se enquadrava exatamente no universo dos navios que poderiam ser engajados, mas Schacht mostra-se ansioso por alcançar a sua primeira vitória após mais de 40 dias de missão. Voltar para casa com todos os 22 torpedos intactos seria constrangedor para um comandante laureado como ele – um motivo para a chacota dos demais submarinistas.

Quando o U-507 posiciona-se para o ataque, surge um sinal de luz no horizonte – provavelmente outro vapor, imagina o capitão. É preciso liquidar o primeiro navio sem demora. Dois torpedos movidos a ar comprimido são regulados segundo as especificações passadas à tripulação. Cada um deles carrega uma ogiva explosiva com 53,3 cm de diâmetro e 280 kg de uma mistura de TNT, alumínio e outros componentes químicos: poderosa o suficiente para romper a blindagem do mais protegido encouraçado.[395]

Pouco mais de uma hora após iniciar a perseguição ao Baependy, quando chega a 1.500 metros do alvo, Schacht ordena o disparo dos torpedos dos tubos II e IV. Ambos saem dos casulos com o ruído característico do potente jato de ar comprimido expelido sob a água. São 18h53.

A bordo do navio, os brasileiros haviam acabado de jantar, recolhendo-se após uma noite festiva, com direito à apresentação de uma pequena orquestra de três músicos, que animara o aniversário de Antônio Diogo de Queiroz, o imediato do navio.[396] No convés, a soldadesca diverte-se à sua maneira, sentada nas grandes caixas que guardam os canhões do grupo de artilharia. São quase todos cariocas, reunidos em grupos, tocando pandeiros, batendo latas e cantando alegremente as músicas à moda do morro. Desconhecendo o perigo que os ronda, passageiros e tripulantes não imaginam que estão prestes a entrar para a História do Brasil da pior forma possível.

Naquele instante, se algum dos soldados se debruçasse no costado do navio, talvez pudesse observar o rastro espumante de dois bólidos metálicos vindo em sua direção. Por sorte, ambos passam rente à popa e desaparecem no mar escuro. Na pressa de interceptar o segundo vapor, a salva de torpedos foi lançada prematuramente. Além disso, a velocidade do Baependy foi mal calculada. O ataque apressado desperdiça dois torpedos, errando um grande navio que, de tão vagaroso, parecia estar imóvel. Schacht credita o erro de pontaria à falsa percepção de que o vapor estava parado por ocasião dos disparos, voltando a movimentar-se em seguida: "Errei porque a velocidade do alvo foi subestimada. O cargueiro parecia estar parado no momento do disparo, entretanto, na verdade, prosseguia na antiga velocidade". A pontaria não era o ponto forte de Harro Schacht.

O capitão não desiste e altera o curso do submarino, emparelhando-o com o do navio. Quando o ultrapassa, faz uma curva brusca para bombordo, posicionando-se num ângulo de ataque de 80° com a trajetória do objetivo. Dessa vez, Schacht avalia corretamente a velocidade do alvo (sete nós), encurtando para mil metros a distância para a embarcação. Os cronômetros de bolso são acionados exatamente às 19h12, quando outros dois torpedos saem dos tubos I e III, separados por um curto intervalo de tempo. "Dois disparos para prevenir qualquer possibilidade de transmissão de rádio pelo vapor", anota Schacht no diário. A prioridade é destruir o vapor o mais rapidamente possível, a fim de impedir a transmissão do sinal de socorro pelo rádio – o que denunciaria a presença do U-boot naquela região. Dois tubarões de aço famintos são libertados dos tubos de lançamento, cortando o oceano à procura da caça na profundidade de 2 metros. Enquanto se aproxima velozmente do navio brasileiro, o mar revolto faz com que o primeiro torpedo venha à tona diversas vezes. Com mais de 7 metros de comprimento e cerca de 40 nós de velocidade, mesmo que fosse avistado, seria impossível ao piloto do Baependy evitá-lo.

A tripulação alemã emudece à espera do impacto, pois como o mecanismo de percussão dos torpedos não é confiável, a falha do dispositivo pode ser percebida pelo baque surdo do bólido com o casco do navio. Caso não alcancem o alvo, existe a possibilidade de os torpedos continuarem circulando, atingindo o próprio submarino que os lançou. Assim, é vital estar atento ao sucesso ou não dos disparos, a fim de que o U-boot possa submergir como medida de precaução. Não será preciso. Dessa vez, o U-507 não errará o alvo.

TERROR A BORDO

Subitamente, um intenso clarão alaranjado ilumina a noite fechada. A luz é seguida por uma detonação ensurdecedora, cujo sopro joga para o alto uma grande quantidade de pólvora e metal retorcido. O velho navio estremece quando o primeiro torpedo acerta em cheio o compartimento de carga dianteiro, levantando uma imensa coluna de água e espuma no costado. Surpreso, João Soares da Silva, comandante do navio, pergunta ao seu chefe de máquinas: "Chefe, que foi isso?".[397]

O capitão Lauro Moutinho dos Reis, oficial de artilharia do 7° GADô, testemunhou o ocorrido:

158 Operação Brasil

[...] súbito um tremendo estampido sacode violentamente o velho barco. Quebram-se as vidraças; o madeiramento range, estala, racha e, arremessados por forças invisíveis, voam estilhaços de vidro e madeira para todos os lados. Caem as primeiras vítimas, e há diversas pessoas com o rosto sangrando, devido a ferimentos provocados por fragmentos de vidro. As máquinas param, o vapor altera o rumo abruptamente, e somos jogados pela inércia, com força, para frente. O primeiro instante deixa todas as pessoas imóveis de espanto, a respiração suspensa, as fisionomias pálidas e angustiadas... Não há gritos; nenhum pânico. Percebe-se em cada um o esforço mental para entender o ocorrido, para buscar uma solução, pressentindo a gravidade do terrível momento.[398]

O capitão tenta alcançar o seu camarote para apanhar o salva-vidas, subindo as escadas agarrado ao corrimão do navio – que já aderna para estibordo. Na subida, choca-se com as pessoas que descem atordoadas pela confusão. Pouco antes de alcançar o topo da escada, outro torpedo abala fragorosamente o navio, fazendo o corrimão desfazer-se em frangalhos. O segundo bólido provoca uma explosão na sala de motores, no terço posterior do navio, produzindo enormes labaredas que quase atingem a altura do topo do mastro principal.[399] A violência do impacto inutiliza o gerador de energia, cortando o fornecimento de eletricidade. "As luzes se apagam; esbarramos uns nos outros, desorientados, no meio de profunda escuridão", conta Lauro Moutinho, que no momento desse ataque está no vestíbulo, de onde partem as escadas para o *deck* superior e para os camarotes de baixo. Sem o apoio do corrimão, Lauro rola pela escada abaixo, aos trambolhões, até a porta do refeitório de onde saíra. Não houve mais do que 30 segundos de intervalo entre os dois ataques.[400]

Como num pesadelo, a quietude da viagem noturna dá lugar ao horror, provocando as mais variadas reações dos passageiros, que vão do estupor letárgico ao pânico. Ouvem-se gritos pedindo socorro em meio à grande confusão.[401] As 322 almas a bordo procuram atender ao mais básico dos instintos: o da sobrevivência. No convés, o breu da noite fria de inverno é entrecortado pela luz fantasmagórica do combustível em chamas. Já não é mais possível andar em pé, pois o navio aderna consideravelmente. "Percebo que o afundamento vai ser rápido. Esforço-me por sair do interior. Um cheiro sufocante e enjoativo, proveniente da explosão, invade tudo", observa o oficial. Ele repara nas pessoas inertes e desnorteadas no vestíbulo, principalmente mulheres e crianças "paradas, como se esperassem que uma providência alheia as salvasse; outras caminhando febrilmente, na direção em que julgam poder encontrar salvamento".

Não há palavras suficientes para definir o drama vivenciado pelos tripulantes e passageiros do Baependy. A fumaça oriunda da explosão do torpedo e da queima do combustível torna o ar irrespirável. Poucos são capazes de sair para o convés, pois os estreitos corredores logo ficam abarrotados de gente. Quando a água gelada invade os compartimentos, a pressão da multidão em pânico congestiona as passagens estreitas. É quase impossível caminhar no piso devido à inclinação acentuada do navio, que está prestes a soçobrar. Em desespero, as pessoas andam às cegas no navio adernado. Muitos tropeçam, caem e são pisoteados pelos mais jovens e fortes.

> O navio aderna mais e mais; só podemos andar, agora, agarrados às paredes. Alguns descem com dificuldade as escadas para os camarotes inferiores, em busca de salva-vidas, ou para se reunir às suas famílias; infelizmente, para não voltarem mais... Ficarão na companhia dos que nem sequer conseguiram sair dali. Tateando, com grande esforço consigo agarrar-me à escada e, de rastos, segurando-me nas saliências, vou subindo devagar. Na escuridão, apenas distingo, numa pequena claridade vinda de fora, o contorno de uma porta, ao fim da escada que tento subir. É preciso atingi-la a todo custo, porque senão eu afundarei dentro do navio. Mais um esforço e consigo chegar. O navio, nesse momento, está quase de lado: o que era parede passou a ser chão. Atravesso aquela porta com os movimentos de quem, pela abertura do teto, passa para o forro de uma casa.[402]

O ataque veloz e mortífero não permite que as baleeiras (botes salva-vidas) sejam descidas. Lauro Moutinho alcança uma delas, ainda presa aos turcos, num emaranhado de cordas. O capitão não troca uma só palavra com os marinheiros que tentam soltá-la. Procura ajudá-los, desvencilhando as cordas. Mas é inútil. O Baependy afunda vertiginosamente sob as ondas. "[...] ouço, bem perto, os gritos pungentes dos que já lutam com elas. Compreendo, então, que devo atirar-me imediatamente ao mar, para não ser arrastado pelo turbilhão que faria a massa do navio ao submergir." Lauro nem sequer pode saltar do navio, agora fortemente adernado. Se o fizer, cairá sobre o casco ou sobre o convés, conforme o lado que escolher.[403]

Quando explodiu o segundo torpedo, o capitão José Soares da Silva foi visto correndo em direção ao apito no passadiço. Sem poder enviar um S.O.S., o apito era a derradeira chance de atrair a atenção de algum navio nas redondezas para socorrê-los. O maquinista vê o capitão coberto de sangue, ferido pelos estilhaços lançados pela explosão, acionando seguidas vezes o apito enquanto o navio submerge. Lauro Moutinho ouve o som tenebroso do instrumento: "um apito surdo e contínuo, agonizante, de estertor" que silencia apenas quando o comandante é tragado pelo oceano. João Soares da Silva morreu em seu posto.[404]

O Baependy adernou rapidamente para estibordo, onde foi atingido pelos torpedos. Depois, afundou pela proa, formando um redemoinho crescente ao seu redor. Sem saber nadar, vários dos que conseguiram saltar do navio afogam-se após gritarem inutilmente por socorro; outros, agarrados aos destroços, são inapelavelmente tragados pelo oceano, junto ao barco moribundo. O turbilhão gerado pela descida envolve Lauro Moutinho, arrastando-o para o fundo do mar, rumo à morte certa.

> Penso, conformado, na morte: deste mergulho não voltarei, certamente! Não perco o raciocínio, nem me deixo dominar pelo desespero. Antes me conservo calmo, resignado, enfrentando o desfecho da vida. Continuo a mergulhar, a mergulhar... Quantos metros? Nem sei! Sinto nos ouvidos o barulho forte e característico das bolhas de ar, numa escala cromática extravagante, que vai num crescendo do grave para o agudo, à proporção que me aprofundo nas águas... A falta de ar já me tortura; começo a engolir água...[405]

Mas ainda não chegara o seu instante derradeiro. Como por milagre, ele fica imprensado entre dois fardos que se soltam da carga do navio. Por conterem grande quantidade de ar ou de material flutuante, os volumes sobem à superfície em grande velocidade, trazendo consigo o oficial de volta à tona.

> Súbito, porém, paro de mergulhar, e percebo que vou voltando. Mas sou, então, violentamente imprensado entre dois volumosos fardos, e tenho a sensação de que vou ficar esmagado. Inexplicavelmente, não sinto nenhuma dor. Por felicidade, fico de novo livre, e continuo a voltar, aos trancos, à superfície, recebendo pancadas pelo corpo, agora mais rápido – cada vez mais rápido – até que, de repente, dou um salto, saindo-me fora d'água o tronco todo, tal o empuxo.[406]

Schacht acompanha de perto o estertor do navio brasileiro. Quando registra o naufrágio, decorridos quatro minutos do impacto do primeiro torpedo, ressalta que não fora transmitido o pedido de socorro. O alemão sabe que atacara um navio de passageiros, mas não faz qualquer menção de prestar socorro aos sobreviventes.[407]

O U-507 sai em perseguição ao segundo alvo, recarregando os tubos II e IV com novos torpedos. Há pouco tempo para alcançar o outro vapor antes que o reduzido alcance visual noturno o tire das vistas do U-boot. Trata-se de outro navio de passageiros, com cerca de cinco mil toneladas. Possui uma chaminé, dois *decks* e quatro compartimentos de carga. Segundo Schacht, a embarcação "está com as luzes de navegação acesas e é brilhantemente iluminado", mas não ostenta qualquer marca de neutralidade. É o Araraquara: um dos mais novos barcos da frota nacional. Construído na Itália, em 1928, o navio é movido a turbinas a vapor, sendo considerado um navio de 1ª classe e de luxo absoluto.[408]

Às 9h03, quase duas horas após afundar o Baependy, o U-507 lança contra o Araraquara o torpedo do tubo IV, atingindo-o entre o terceiro e quarto compartimentos de carga. A explosão corta de imediato o sistema de iluminação. A agonia do naufrágio dura cerca de cinco minutos. Primeiro o navio aderna. Depois, parte-se ao meio, afundando sem poder transmitir a mensagem de socorro. O barco leva 131 pessoas para as profundezas do mar.[409]

Nos dois navios torpedeados, os passageiros e tripulantes que conseguiram se atirar ao mar encontraram um cenário assustador. Na madrugada de 16 de agosto, o céu parcialmente encoberto bloqueava a claridade escassa de um magro quarto crescente. Com apenas 13% do disco lunar iluminado, as trevas reinavam quase absolutas.[410] Havia apenas um imenso e negro vazio, preenchido pelas ondas do mar, "violentíssimo, encapelado, está coberto de destroços e, não sei como, ainda caem paus de todos os lados, como estilhaços", recorda Lauro Moutinho, testemunha do martírio dos seus semelhantes: "Ouço gritos terríveis, angustiosos, de socorro, e vejo homens, mulheres e crianças se afogando em torno de mim".

O capitão agarra-se a alguns pedaços de madeira que flutuam, mas as fortes ondas os arrancam das mãos. O oficial insiste, tentando segurar-se em outros, mas novamente não consegue retê-los, ficando nesse jogo por algum tempo. Por sorte, alcança uma grande tábua branca, com aberturas semelhantes a janelas. Lauro deita-se nela de bruços, prendendo-se com toda a força que lhe resta e torcendo para que as ondas não o tirem dali. Perto dele, alguém grita em desespero, quase perdendo o fôlego: "Não posso mais, vou desistir!".

Lauro anima o companheiro, chamando-o para perto. O homem se aproxima e, com algum esforço, sobe na tábua onde está o capitão. É um tripulante do Baependy. Percebe-se que os náufragos e os destroços estão cada vez mais espalhados pelas ondas violentas e pelo vento forte, pois os gritos dispersos de socorro chegam cada vez de mais longe. Arrastados pela corrente, os dois são impelidos para longe do local do sinistro, rumo ao desconhecido, vagando ao sabor das ondas. Ouvem-se cada vez menos gritos, à medida que os sobreviventes sucumbem ao mar.

Após passarem horas agarrados aos destroços, lutando contra as ondas em meio à escuridão, o estado emocional dos náufragos deteriora-se. A tragédia faz com que muitos percam a razão, soltando-se dos coletes salva-vidas para mergulhar inutilmente em busca dos entes queridos. Artur Kern, chefe de máquinas do Baependy, deu seu testemunho:

> Ficamos lutando, o enfermeiro e eu. Eu estava já perdendo o controle. De fato, enquanto o enfermeiro supunha ver luzes, eu me considerava estar no Chopp da Brahma, e, quando senti a realidade, estava para afrouxar. Era Deus que inspirava o meu dever de pai; porque, do contrário, não teria tido forças para chegar à praia. O esforço era superior à minha resistência física. Lembrei-me das minhas filhinhas.[411]

Quatro náufragos do Araraquara conseguem agarrar-se a uma tábua por um longo tempo: Milton Fernandes da Silva, primeiro piloto; Eroghildes Bruno de Barros, terceiro maquinista; Esmerino Elias Siqueira, tripulante; e Oswaldo Machado, 2° tenente do Exército. A tragédia inesperada afeta o senso de realidade dos homens, abalados psicologicamente. Milton Fernandes narrou como os companheiros de infortúnio foram tomados por alucinações:

> O moço de bordo pediu café. Percebi que não estava com o juízo perfeito e procurei acalmá-lo, fazendo ver que era impossível atender ao seu pedido. Retorquiu-me que ouvira bater a campa, e, pois, estava na hora de tomar café com pão. Que lhe desse, ao menos, pão com farinha. Molhando a mão na água salgada, passeia-a pela sua cabeça e pedi-lhe que dormisse. Foi tudo inútil. O homem levantou-se e quis agarrar a garganta do tenente, já louco. Então, eu e o maquinista, empregando a força, conseguimos impedir que segurasse o tenente, que se achava inerte. Então, o moço atirou-se ao mar, dirigindo-me, antes, as seguintes palavras: "Já que não me quer dar comida, vou-me embora".[412]

Siqueira joga-se ao mar e desaparece. Pouco depois, outro náufrago, o 2° tenente Oswaldo Machado – que antes se identificara como Oswaldo Costa – também perde o controle:

> Ergueu-se o tenente e perguntou por um colega: "Onde está Nelson?" Disse, também, outros nomes, o seu inclusive que, como já declarei, é Oswaldo Costa. Minutos depois, lançava-se ao mar. Agarrei-o pelas botinas, num grande esforço, e fi-lo voltar para cima da tábua. Censurei o seu procedimento, pedi-lhe que tivesse calma, fiz-lhe ver que um já se fora e não havia necessidade de agravar a situação com a perda de mais um companheiro. Respondeu-me: "Você está é embriagado. Sabe o que mais? Vou para casa". E jogou-se n'água, desta vez sem que eu nada pudesse fazer. Se o tivesse tentado salvar, a tábua teria virado, e morreríamos todos.

O capitão Lauro Moutinho é resgatado pela única baleeira que acabou desprendendo-se sozinha do Baependy. Os náufragos a bordo lutam para retirar a água que jorra ameaçadora por um rombo no casco, enquanto tentam descobrir para onde remar. Ninguém sabe qual é a direção correta da terra firme, pois mal enxergam as estrelas. Além disso, o negrume da noite impossibilita a leitura de uma pequena bússola que passa de mão em mão. Felizmente, o piloto estava entre eles. Após recuperar o fôlego, ele orienta para que todos remem seguindo o vento – que sopra na direção da terra à noite. No dia seguinte, a baleeira alcança uma praia do litoral de Sergipe.

Das 322 pessoas que se encontravam a bordo do navio (73 tripulantes e 249 passageiros), salvaram-se, apenas, 36 pessoas (18 tripulantes e 18 passageiros), dos quais, 28 chegaram na baleeira. Dois dias após o desastre, 8 náufragos, quase mortos, chegaram ao continente agarrados a destroços.[413] Um médico, náufrago do Baependy, revelou o destino do tenente Assunção, emocionando o capitão Lauro Moutinho e os seus companheiros de farda.

> Quase todos os nossos camaradas tinham sido tragados pelas ondas. E quando um médico, náufrago também, nos relatou o episódio da morte do mais jovem dos nossos companheiros de armas, não pudemos conter as lágrimas. Ao atirar-se ao mar, sem salva-vidas, certo do fim que o aguardava, o tenente Assunção lançara em voz vibrante este grito derradeiro de patriotismo: "Viva o Brasil!".

Incidente Laconia – O U-507 (ao fundo) em 15 setembro de 1942, logo após sua incursão no litoral do Nordeste. A tripulação do submarino auxilia o resgate aos náufragos do RMS Laconia.

Obtt. z. S. Leopold Schuhmacher

Retornando ao curso original, Schacht avista um terceiro navio.

2h10 – Litoral norte da Bahia – 16 ago. 1942

Novo sinal de luz no rumo 235°, [...] é a luz de um vapor, iluminado pelas luzes laterais, mas não direcionadas aos dois mastros. Navega com todo o restante escurecido e sem marcas de navegação aparentes. É um cargueiro com cerca de 3.500 toneladas que deve estar pesadamente carregado, pois navega com seu casco bem imerso, apesar de o mar estar quase completamente calmo.

Para liquidar o Araraquara, o U-507 teve de voltar quase 20 quilômetros para o Nordeste; por isso, quando tomou posição para atacar o terceiro alvo (o Aníbal Benévolo), o submarino estava quase no mesmo local do túmulo submarino do Baependy – agora repousando no leito do oceano.

O U-boot já havia utilizado todos os torpedos de proa, sendo obrigado a manobrar, virando a popa para o alvo. Quando atinge a posição desejada, a mil metros de distância, o capitão manda lançar o torpedo de cauda do tubo V.

Atingido bem no centro da estrutura, o Aníbal Benévolo afunda como se estivesse sendo puxado por uma gigantesca mão submarina. Seu martírio é inacreditavelmente veloz, durando apenas 45 segundos. Em face do adiantado da hora (4h13) e da rapidez do naufrágio, a maior parte dos passageiros e tripulantes do navio é surpreendida ainda nas camas pela torrente de água que invade os camarotes. Não houve tempo sequer para pânico. Das 154 pessoas a bordo, apenas 4 tripulantes conseguem salvar-se.[414]

O U-507 EM SALVADOR

Após afundar os três navios brasileiros, o U-507 prossegue sua viagem em direção a Salvador. Os ataques foram bem-sucedidos, sem dar tempo para que as vítimas pedissem socorro pelo rádio-telégrafo. Sob o ponto de vista operacional, a ação se revestiu de um sucesso absoluto, pois o maior trunfo do U-boot é o elemento surpresa: "Aquele que vê primeiro, vence!". Esse era um dos princípios ensinados aos novos comandantes. Como arma de guerra, o submarino possui a excepcional habilidade de atacar e evadir-se sem ser detectado, mas para que isso seja possível, o comandante habilidoso precisa assegurar que seu barco fique incógnito o maior tempo possível.

A presença do U-507 permaneceria oculta até que as autoridades portuárias e militares brasileiras dessem pela falta dos navios – algo que só aconteceria tardiamente, pela ausência de um sistema de alerta eficaz.

13h – Litoral norte da Bahia – 16 ago. 1942

"Planejo operar na Bahia ao cair da noite para detectar o tráfego após o final de semana."

Esse era o plano de Harro Schacht para a segunda-feira, 16 de agosto. O ataque no fim de semana foi apenas uma das razões para a escolha de Salvador como objetivo – talvez a menos importante. A Bahia está situada numa região onde a plataforma continental brasileira apresenta-se excepcionalmente estreita. Pouco menos de três milhas náuticas (5,6 quilômetros) separam as areias da praia de Itapuã de um verdadeiro despenhadeiro submarino, que faz a profundidade cair abruptamente de 40 para mais de mil metros.[415] Caso fosse ameaçado pelo ataque de aeronaves ou de navios de superfície, o U-507 poderia furtar-se rapidamente à observação aérea e aos sonares dos navios. Abandonaria a pouca fundura das águas na plataforma continental (não mais de 40 metros junto à entrada do canal de Salvador), onde a detecção visual e eletrônica é mais eficiente, submergindo até cerca de 230 metros de profundidade, no limite de pressão que a estrutura do U-boot é capaz de suportar com segurança.[416]

Às 19h03, Schacht vê um sinal de luz que supõe vir de Santo Antônio da Ressaca, mas que se encontra muito longe para uma identificação precisa. Seguindo o curso sul, passa pelo farol de Itapuã e por Santo Antônio da Barra. Os nomes das localidades são citados no diário de guerra do U-507.

23h – Entrada da baía de Todos os Santos – 16 ago. 1942

O U-507 chega à entrada da baía de Todos os Santos, permanecendo à espreita dos navios em trânsito no porto de Salvador, mas o capitão alemão decepciona-se: "Nenhum tráfego avistado. [...] Todos parecem ter deixado o porto para o fim de semana". Vê-se apenas um pequeno veleiro, que é deixado em paz devido ao seu tamanho reduzido: "Não vale a pena", anota o capitão.

3h – Entrada da baía de Todos os Santos – 17 ago. 1942

Schacht manda que o U-507 siga para o mar profundo antes da alvorada, pois as condições do tempo melhoraram de tal forma que surge a oportunidade ideal para a recarga dos torpedos. Alojados nos compartimentos externos, os torpedos reservas precisam ser transportados para o interior do submarino durante uma operação delicada, que exige boas condições de tempo. Além do mais, Schacht precisa responder a uma pergunta que o Comando de Submarinos lhe fizera na manhã do dia anterior.

8h41 – baía de Todos os Santos – 17 ago. 1942

Uma coluna de fumaça é percebida no rumo 234°. O U-507 segue a pista e verifica que ela provém de um vapor navegando no rumo norte. Ao mesmo tempo, avista outra coluna, a 290°, próxima do farol do monte São Paulo. Quase uma hora e meia depois, ao aproximar-se submerso do alvo, depara-se com um navio mercante pintado de cinza leve, sem bandeira ou marcas de neutralidade.

10h49 – Entrada da baía de Todos os Santos – 17 ago. 1942

Harro Schacht faz os cálculos de velocidade e distância, ordenando o disparo do torpedo do tubo I no alcance de mil metros. O projétil acerta a embarcação no centro da estrutura, liquidando-a rapidamente. Passageiros e tripulantes abandonam o navio, passando para os botes salva-vidas. Após 10 minutos, o navio afunda pela popa. Schacht verifica que duas baleeiras foram aparentemente atingidas pelo mastro durante o naufrágio, obrigando seus ocupantes a saltar na água. Apenas alguns têm a sorte de salvar-se. Schacht identifica o vapor como "Itapale" ou algo similar. Trata-se do Itagiba.

12h10 – Entrada da baía de Todos os Santos – 17 ago. 1942

O U-507 permanece submerso e aguarda a chegada de outra embarcação ao local do ataque. O iate Aragipe percebe a explosão no Itagiba e vem acudir os náufragos.[417] Schacht inicia as manobras de ataque até se dar conta de que o barco não vale o gasto de um torpedo. O alemão também não pretende utilizar a peça de artilharia do convés devido à proximidade do continente: "A não ser por circunstâncias urgentes", ressalta. O pequeno Aragipe recolhe os náufragos que consegue acomodar (cerca de 150). Schacht o deixa seguir adiante.

Outro vapor é visto a 345°, aproximando-se do local de naufrágio. É o velho mercante Arará, fabricado em 1907, com mil toneladas, pintado de cinza leve, sem bandeiras ou marcas de neutralidade. Seu capitão avistara o Itagiba envolto em fumaça. Tendo partido de Salvador às 7h – pouco antes do alerta das autoridades – e sem dispor de equipamento de rádio, o navio está alheio à ameaça submarina.[418] Aproximando-se do local do sinistro, arria duas baleeiras, cada uma com cinco homens, a fim de resgatar os náufragos que o Aragipe não conseguira transportar.

13h03 – Entrada da baía de Todos os Santos – 17 ago. 1942

Escondido nas proximidades, o U-507 aguarda o desenrolar da situação. Schacht observa o Arará deter-se em meio aos destroços para recolher mais 18 náufragos. O alemão espera que todos subam a bordo para disparar o torpedo do tubo III a apenas 200 metros de distância. Foi preciso mandar baixar o periscópio para evitar que o instrumento fosse atingido pelos destroços da explosão. Dezesseis segundos após o impacto do torpedo, o periscópio é novamente erguido, vendo-se apenas um barco salva-vidas, onde estão cinco pessoas – que Schacht chamou de "não brancos". Dos 35 tripulantes do Arará, apenas 15 sobrevivem ao ataque.[419]

A destruição causada pelo U-507 irá receber o repúdio da opinião pública brasileira. Harro Schacht atacara navios mercantes e de passageiros inofensivos em navegação de cabotagem – um deles enquanto recolhia os náufragos de um ataque anterior –, mostrando total desprezo pela vida humana.

17h37 – Entrada da baía de Todos os Santos – 17 ago. 1942

Quatro horas depois, Schacht percebe um navio de passageiros, com cerca de duas mil toneladas, navegando em sua direção à velocidade de oito nós. Está pintado de cinza leve, sem bandeira ou marcas de neutralidade. O capitão manda disparar o torpedo do tubo IV, a 800 metros do alvo. Após 35 segundos, escuta-se o baque surdo do impacto do projétil contra o casco do navio, mas não há detonação. Houve falha do mecanismo de percussão. O capitão manda que o U-boot vire a popa na direção do alvo, pois todos os torpedos de frente já haviam sido utilizados. Entretanto, como está submerso, sua velocidade é reduzida a apenas 7,3 nós, impossibilitando que o navio seja alcançado antes de ganhar a segurança da baía de Todos os Santos.[420] Como o submarino está próximo do porto de Salvador e ainda há a claridade do final da tarde, Schacht decide não usar o canhão de 105 mm do convés, pois teme sofrer um ataque aéreo.

> Não o persegui, porque está ainda muito claro, e eu dificilmente alcançaria o vapor antes que ele entrasse no porto. Não é possível pará-lo com artilharia durante o dia, tendo em vista a proximidade do porto e o perigo aéreo.

Com a chegada da noite, Schacht volta à tona para recarregar os torpedos. Somente em 17 de agosto, dois dias após o U-507 ter iniciado os ataques na Bahia, sai da base Fox (Recife) a primeira unidade norte-americana com a missão de interceptá-lo: o destróier Sommers. Na parte da tarde, o Humboldt lhe faz companhia, formando a Força-Tarefa 23.8. As aeronaves do esquadrão VP-83 passam a realizar patrulha antissubmarino entre Natal, Maceió e Salvador.[421]

13h19 – Litoral sul da Bahia – 18 ago. 1942

O U-507 afasta-se da costa em direção ao alto-mar, pois seu capitão quer resolver um defeito mecânico no tubo II. Durante o conserto, feito à luz do dia, o submarino torna-se especialmente vulnerável. Devido às características da operação, se for preciso efetuar um mergulho de emergência, o inimigo disporá de um tempo precioso para atacar.

Às 13h19, enquanto a tripulação tenta resolver o problema, o pior acontece: uma aeronave é avistada a apenas mil metros de distância, vindo do sudoeste ao encontro do U-boot. Schacht distingue claramente as marcas da U.S. Navy pintadas na fuselagem do Consolidated PBY Catalina.

Podendo levar 907 kg de bombas de profundidade, duas metralhadoras pesadas de 0,50 polegadas e outras duas metralhadoras Browning, de 0,30 polegadas, o PBY é uma pequena – porém letal – fortaleza voadora. O capitão alemão sabe o que o espera se não agir com presteza.

O Catalina 83P6, do esquadrão VP-83, é pilotado pelo tenente John M. Lacey, em uma patrulha antissubmarino. Voando sob condições meteorológicas quase perfeitas, a tripulação avista um pequeno objeto, a 20 milhas de distância (37 quilômetros). O piloto decide, então, verificar do que se trata. À medida que se aproxima, o objeto tem seus contornos definidos com uma precisão cada vez maior. A 15 milhas (27,8 quilômetros), a tripulação desconfia tratar-se de um submarino; a 8 milhas (14,8 quilômetros), certifica-se. Temendo que o alvo suma de vista antes que a aeronave possa tomar a posição de ataque, Lacey mantém a trajetória original até o último momento.[422]

Harro Schacht precisa tomar decisões urgentes, que farão a diferença entre a vida e a morte da sua tripulação. Por questões técnicas, devido aos reparos que estavam sendo feitos, o submarino só pode imergir fazendo uma manobra arriscada. É preciso ganhar tempo.

O artilheiro de estibordo do Catalina abre fogo, aparentemente ferindo um tripulante, que despenca da torre de comando do submarino. Lacey acredita ter surpreendido o inimigo, pois não recebe fogo antiaéreo de imediato. Entretanto, logo o U-507 despeja uma rajada de munição traçante, que passa logo abaixo da cauda do avião. A sorte não ajuda o submarino, pois o canhão antiaéreo MG C30, de 20 mm, engasga.[423]

Quando mergulha para o ataque, o piloto passa sobre o submarino a 30 metros de altitude, soltando as quatro bombas de profundidade com o auxílio do intervalômetro (instrumento de pontaria), que as faz cair espaçadamente, formando um quadrilátero. As cargas explodem com violência, lançando para o alto quatro grandes colunas de água e espuma branca.

O U-boot estanca de imediato. Lacey julga tê-lo enquadrado perfeitamente, pois uma das bombas teria explodido a menos de cinco metros do alvo. O Catalina arremete ao término do mergulho, fazendo uma curva para a esquerda. A manobra permite que o artilheiro de bombordo asseste uma rajada de metralhadora no submarino, que afunda lentamente pela popa, até formar um ângulo de 90° com o oceano e desaparecer.[424]

A aeronave circula a região do combate durante três horas. Durante esse período, a tripulação observa traços de óleo grosso e muitas bolhas de ar vindo à superfície. Em seu relatório, o piloto classifica a ação como bem-sucedida, afirmando ter destruído o submarino com razoável certeza. Por estar a cerca de 50 milhas náuticas (93 quilômetros) do local dos ataques recentes à navegação, Lacey julga ter liquidado o carrasco da frota mercante brasileira.

A suposta destruição do U-boot recebeu grande publicidade nos jornais dos EUA e do Brasil. Fosse pelo desejo de encobrir a operação norte-americana, fosse por erro jornalístico, ou para engrandecer a aeronáutica nacional, as reportagens imputaram a autoria do ataque à Força Aérea Brasileira.[425] A tripulação norte-americana tinha motivos para lamentar a cobertura imprecisa da imprensa, mas também não tinha o que comemorar. Lacey errara o alvo por muito, deixando o U-507 sair praticamente ileso do ataque. As quatro bombas de profundidade explodiram longe do alvo, num ponto situado a aproximadamente 200 metros à frente e a estibordo da sua proa. O único dano ao submarino foi causado por um projétil de metralhadora, que perfurara um dos tanques de óleo combustível, originando as manchas de óleo avistadas. Em virtude dos reparos que estavam sendo feitos no tubo lançador de torpedos, a submersão pela popa, com um forte ângulo de inclinação, não fora um indício de naufrágio, mas a solução possível para escapar ao ataque do PBY.

O U-507 vem à tona somente cinco horas depois. Schacht usa as informações das cartas náuticas em seu poder para colocar a embarcação no centro da rota marítima entre Ilhéus e Salvador. Lá o oficial julga poder encontrar um "vivo tráfego", pois a região da capital baiana tornara-se perigosa demais.[426]

Nesse mesmo dia, num ponto remoto do Atlântico Sul, o cruzador norte-americano Omaha, da esquadra do almirante Ingram, está à caça de navios rompedores de bloqueio do Eixo. Ao saber da tragédia envolvendo a navegação brasileira e da quantidade de vítimas, o comandante do Omaha supõe que o ataque tenha sido apenas uma distração criada pelos alemães: "Eu me pergunto se isso [os afundamentos] foi programado propositadamente, diante do pesado e incomum tráfego de rompedores de bloqueio do Eixo".[427]

0h – Litoral de Ilhéus – 19 ago. 1942

Schacht avista o farol de Contas e, duas horas mais tarde, o farol de Ilhéus. Denunciado pelas luzes de navegação, um pequeno veleiro é descoberto. O U-507 tenta abordá-lo, fazendo uso de granadas de mão e tiros de submetralhadora. Amedrontada, a tripulação do barco Jacyra tenta escapar rumo ao continente, mas é obrigada a parar após o disparo de dois tiros do canhão de 105 mm. Um oficial e dois homens armados abordam o veleiro num bote de borracha, mas falham em obter informações pela diferença de idiomas. O Jacyra está carregado de cacau, piaçaba, caixas com garrafas vazias e um caminhão desmontado. Recebem ordem de abandonar o barco o mestre de pequena cabotagem Norberto Hilário dos Santos, seu comandante e proprietário, e a tripulação de seis "mestiços" (*mischlingen*) – conforme a descrição pejorativa de Schacht. Cerca de 40 minutos depois, quando estão amontoados em um bote salva-vidas, os brasileiros ouvem três explosões, que presumem serem tiros de canhão. Não são tiros. Schacht afunda o barco usando quatro cargas de demolição. Após o incidente, durante um inquérito da Marinha, verificou-se a ocorrência de várias irregularidades na viagem do veleiro, inclusive o transporte de um passageiro clandestino. Além de perder seu barco, mestre Norberto ainda foi punido pela Capitania dos Portos da Bahia.[428]

Durante a abordagem do Jacyra, a tripulação do U-507 sentiu um cheiro forte de óleo. Por ocasião do ataque aéreo, um projétil de 12 mm (0,50 pol.) danificara o tanque de lastro principal, além de perfurar um dos tanques de combustível da proa, causando o vazamento do combustível. O conteúdo do compartimento afetado teve de ser bombeado para outro tanque.

7h30 – Litoral de Ilhéus – 19 ago. 1942

Seguindo no curso sul, Schacht avista o farol de Ilhéus. Três horas depois, após avistar uma aeronave, o submarino é obrigado a mergulhar rapidamente, antes de ser localizado. "Durante o dia e perto da costa eu posso ser surpreendido a qualquer hora por uma aeronave no céu repleto de nuvens cúmulos", anota Schacht. O capitão ainda está perturbado pelo rastro de óleo deixado por sua embarcação e decide examinar melhor os tanques de lastro e de combustível reserva.

16h50 – Litoral sul de Ilhéus – 19 ago. 1942

Navegando submerso, o U-507 interrompe a descida para o Rio de Janeiro, retomando o curso norte. Schacht quer emergir tão logo seja possível, saindo da área onde julga não haver mais tráfego naval.

11h15 – Litoral sul da Bahia – 20 ago. 1942

Navegando ao sul do Morro de São Paulo, o capitão vê o trânsito constante de aeronaves na baía de Salvador. O U-507 permanece submerso durante quase todo o dia, emergindo somente às 16h02. O alemão acredita que o trânsito de navios fora interrompido ou reduzido, mas pretende continuar a buscar novas rotas de tráfego.

> Eu vou tentar atuar ao largo do porto, onde o tráfego deve estar, para detectar as rotas de tráfego novamente. Se não obtiver sucesso, avançarei pela costa no rumo norte, porque não tenho combustível suficiente para esperar o período de noites escuras.

19h06 – Entrada da baía de Todos os Santos – 20 ago. 1942

Após passar rente ao farol da Barra, o U-507 inicia uma patrulha na entrada do porto. Como medida passiva de defesa, as autoridades haviam determinado o *blackout* em Salvador e em outras cidades litorâneas, ordenando que o farol fosse desligado.[429] Entretanto, cada detalhe do terreno é identificado com perfeição, pois a cidade está brilhantemente iluminada, permitindo a visualização da silhueta de qualquer navio em trânsito. Não há movimento de vapores ou indício de qualquer tipo de vigilância naval ou aérea.

21h17 – Entrada da baía de Todos os Santos – 21 ago. 1942

O U-507 continua sua ronda na entrada da baía de Todos os Santos. Ali espera encontrar tráfego ou, ainda, obter autorização para entrar na baía. O farol da Barra continua desligado, mas Salvador está iluminada. Schacht não pode esperar muito tempo, em virtude da proximidade do período de Lua cheia. Como a nova fase lunar oferece noites cada vez mais claras – com a Lua nascendo logo após o crepúsculo e pondo-se apenas ao alvorecer – há cada vez menos tempo disponível para o U-boot operar emerso com segurança. Isso acarreta um problema de ordem técnica, pois o submarino não pode navegar submerso indefinidamente, usando apenas a energia das baterias. É necessário emergir de forma periódica, a fim de colocar em funcionamento os motores a diesel que recarregam o sistema elétrico.

2h10 – Farol de Itapuã – 22 ago. 1942

Schacht percebe a aproximação de um navio mercante de seis mil toneladas, com quatro compartimentos de carga e uma chaminé. É o cargueiro sueco Hammarem, que tenta passar despercebido navegando completamente às escuras, mas a sua silhueta é denunciada graças às luzes do continente. Schacht não se preocupa em identificar a nacionalidade do barco e inicia a perseguição. O navio sueco singra os mares com a ligeireza dos seus 14 nós, obrigando o U-507 a manobrar por duas horas até conseguir colocar-se na posição de tiro. Somente às 4h09, o U-507 consegue alcançá-lo, disparando o torpedo do tubo III a 800 metros de distância. A má pontaria do alemão salva o navio, pois o torpedo lançado erra o alvo pela avaliação incorreta do ângulo de ataque. Refeitos os cálculos, um segundo disparo é feito três minutos depois e acerta em cheio o Hammarem. Todavia, nada acontece. Os suecos são novamente bafejados pela sorte: o mecanismo de percussão do torpedo falha.

Há pouco tempo para outro ataque, pois a luminosidade da alvorada já começa a dar os primeiros sinais. Schacht manda abrir fogo com o canhão de 105 mm do convés. Os artilheiros são bem-sucedidos. Dos oito tiros efetuados, vários atingem a ponte de comando, detendo o navio, já envolto em chamas e fazendo a tripulação abandonar o barco pela popa. Com a presa imobilizada, o U-507 manobra para dar o "golpe de misericórdia", virando de ré e disparando o torpedo do tubo V. Mesmo com o alvo estático, Schacht consegue errar, mas somente o último torpedo disponível, do tubo I, liquida de vez o cargueiro.

No alvorecer do novo dia, Schacht desiste de patrulhar o entorno da baía de Todos os Santos. Ele supõe que o tráfego para Salvador fora interrompido quando o primeiro vapor brasileiro foi torpedeado. Por isso, não espera encontrar novos alvos compensadores, mas somente a ameaça do "pesado tráfego aéreo". O U-boot deixa a região e segue no rumo norte.

Talvez o capitão esperasse que fossem levantadas as restrições contra os ataques no interior dos portos assim que o Brasil declarasse guerra. Contudo, a reação oficial brasileira demorou a acontecer. Berlim não entendeu de imediato o que significava o "estado de beligerância" anunciado pelo governo Vargas em 21 de agosto (a declaração de guerra viria apenas em 31 de agosto).[430] No dia 23 de agosto, finalmente o B.d.U. concedeu a esperada liberdade de manobra total ao U-507:

18h20 – Mensagens de rádio recebidas 2134/23 e 2153/23 – 23 ago. 1942

Schacht
Por causa do estado de guerra com o Brasil e o Uruguai, as águas territoriais são opcionais. Liberdade total de manobra.
Todas as medidas para a condução da guerra são liberadas contra o Brasil e o Uruguai, como contra outros governos inimigos.

As mensagens do Comando de Submarinos devem ter sido recebidas com decepção pela tripulação do U-507, pois o submarino havia pouco encerrara suas operações na entrada da baía de Todos os Santos. Agora era tarde demais para retornar, pois o U-boot já estava na costa de Sergipe, com pouco combustível. A fase lunar era desfavorável, sobrando pouco mais de uma hora e meia entre o fim do crepúsculo (18h08) e o nascer da Lua cheia (19h44).[431] Fosse por azar ou por precipitação de Harro Schacht, o U-507 deixara escapar uma excelente oportunidade de sucesso. Se o governo brasileiro tivesse declarado de imediato estado de guerra em vez de estado de beligerância, a lista de mortos, feridos e de prejuízos materiais em agosto teria sido ainda maior.

Sem combustível suficiente para operar no Rio de Janeiro, o grande porto que resta ao U-507 é o de Recife. "No curso para Pernambuco [Recife] posso aproveitar a oportunidade para fazer um *raid* contra o porto e os vapores ancorados nas proximidades durante a noite de 25 para 26 de agosto", anota Schacht. Mas a esperança do alemão dura pouco. No dia seguinte, uma nova contraordem anularia a anterior, jogando um balde de água fria nos seus planos.

> 17h30 – Mensagem de rádio recebida 2031/24 – 24 ago. 1942

> Entrar ou disparar dentro dos portos é proibido por razões políticas. Contudo, continue avançando na direção de Pernambuco. Espere por tráfego de acordo com a mensagem de rádio 1041/14.

No ambiente militar, a emissão de ordens e contraordens indica uma situação de desorientação no comando. Parecia ser esse o estado do B.d.U. na segunda metade de agosto. Poucos minutos depois, outras duas mensagens informam a Schacht que os navios brasileiros Bagé e Cuyabá possuem *status* diplomático enquanto navegam do Rio de Janeiro para Lisboa. O U-507 recebe ordens de não os abordar, pois as embarcações passariam junto ao litoral de Pernambuco.

Enquanto o U-507 avança para Recife, sem ser incomodado por nenhuma embarcação de guerra brasileira ou dos EUA, o comando da TF-23 sugere ao capitão Dutra a condução de operações antissubmarino pelo cruzador Rio Grande do Sul.[432]

10h – Litoral de Pernambuco – 25 ago. 1942

Schacht anuncia que irá operar na linha Pernambuco-Santa Helena-Cidade do Cabo, permanecendo submerso durante o dia e aproximando-se do porto à noite, na superfície. O U-507 posiciona-se ao largo do porto de Recife, rondando na direção norte-sul à espera de tráfego. Como no litoral de Pernambuco a plataforma continental é bem mais larga do que a encontrada na Bahia, em vez das cerca de quatro milhas náuticas (7,4 quilômetros) em que se mantivera afastado de Salvador, agora o U-507 precisa afastar-se pelo menos a 20 milhas náuticas da costa (pouco mais de 37 quilômetros).

O rastro do "Lobo Solitário" – O trajeto do U-507 foi reconstituído segundo os registros do diário de guerra de Harro Schacht. No diagrama, a posição do U-507 está assinalada a cada 12 horas, de 8 a 28 de agosto de 1942. A análise da rota sugere que o capitão tenha desviado o curso do U-boot das cercanias do porto de Recife no início do mês. (Diagrama do autor)

Sob a luz do luar, Schacht observa nitidamente inúmeros vapores ancorados em Recife, mas suas ordens o impedem de entrar no porto. Naquela madrugada, aconteceria um fenômeno astronômico raro: o total eclipse lunar, com mais de três horas e meia de duração e excepcionalmente visível naquela região do planeta. Quando o eclipse tem início, cria o que Schacht definiu como "uma bela escuridão". O lobo vê o galinheiro repleto de presas, com as portas abertas, mas não pode fazer nada. "De outra forma, seria a noite certa para isso", lamenta o alemão.[433]

No dia seguinte, o U-507 é obrigado a mergulhar devido à passagem de vários Consolidated. Um destróier é avistado sob a Lua cheia, às 20h36, a três mil metros de distância, mas Schacht decide não atacar, devido à intensa claridade noturna e à pouca profundidade naquela área (35 m). Sobretudo, não quer denunciar sua presença na costa de Pernambuco enquanto supõe haver chance de encontrar outros navios mercantes mais ao norte. Por fim, o intenso tráfego de navios e aviões militares afugenta o U-507 para o litoral da Paraíba, ao largo do porto de Cabedelo.

17h58 – Litoral da Paraíba – 27 ago. 1942

> Emerjo no começo do crepúsculo. Não há nada à vista. Não há nada para se fazer no momento, durante o dia sou obrigado a permanecer submerso pelas aeronaves. Eu também não posso permanecer aqui por causa da transparência da água. [...] A noite está tão clara quanto o dia, por causa da Lua cheia. [...] De qualquer forma, eu estou certo de que nós paramos completamente o tráfego após os afundamentos. Meu combustível não me permite ir muito longe. [...] Talvez eu possa usar os torpedos restantes em outra área.

Às 18h50 de 27 de agosto, Harro Schacht pede autorização para tomar o curso de Freetown, na África Ocidental, sendo autorizado no final da madrugada do dia seguinte. Para evitar maiores problemas, o desorientado B.d.U. avisa o capitão, em 29 de agosto, que, por razões políticas, estão proibidas as ações de combate numa faixa de 20 milhas ao longo da costa brasileira. Já fora desse limite, Schacht escreve: "Foi bom não ter torpedeado o destróier ao largo de Pernambuco".

Terminou assim a aventura do U-507, em águas brasileiras, no mês de agosto de 1942.

*

A incursão do U-507 no litoral do Nordeste expôs a fragilidade das Forças Armadas brasileiras frente a uma ação naval inimiga – algo que o ministro da Guerra vinha alertando há anos. Além disso, a ação mostrou a inutilidade do acordo informal estabelecido entre Vargas e Ingram. Embora o almirante norte-americano tivesse recebido a autorização para o uso dos portos do Nordeste pelos navios da sua força-tarefa, a promessa que fizera a Vargas de proteger a navegação brasileira permaneceu no campo da retórica.

Em agosto de 1942, a TF-23 limitava-se a três cruzadores, quatro destróieres, alguns navios de apoio e cinco aviões. Nas mãos do almirante estava a Divisão de Cruzadores 2 (três velhos cruzadores: USS Memphis, USS Cincinatti e USS Omaha); o Esquadrão de Destróieres 9 (USS Sommers, USS Jouett, USS Davis, e USS Moffet); dois esquadrões de patrulha VP-83; sete navios auxiliares de apoio logístico (Thrush, Patoka, YO-138, Linnet, Flicker, Humboldt, Roe); mais a 18ª e a 19ª Cia. de Marines (em Natal e Recife, respectivamente).[434] Quando o U-507 iniciou a campanha de destruição em 15 de agosto, nenhum dos navios da TF-23 estava encarregado do patrulhamento das águas territoriais do Brasil. A explicação oficial norte-americana foi de que o inimigo havia chegado ao Brasil em um momento "inoportuno". De acordo com a história da U.S. Navy, todas as quatro subdivisões da frota do almirante Ingram estavam envolvidas em outras missões. O Grupo-Tarefa 1 (GT-1) estava imobilizado na ilha de Ascensão, o segundo e o terceiro grupos estavam longe demais para prestar ajuda imediata e o quarto grupo deveria assumir o lugar do grupo de Ascensão.

De todo o poderio de combate da Força-Tarefa 23, apenas dois destróieres e alguns aviões de patrulha estavam em condições de prestar socorro aos brasileiros (havia apenas dois destróieres ancorados em Recife). Uma das duas seções do esquadrão VP-83 fora deslocada para a ilha de Ascensão, a fim de proteger o comboio AS-6, e outros dois dos seus aviões cobriam a rota Belém-Paramaribo, guardando os navios petroleiros destinados ao Brasil.[435] Das onze aeronaves do VP-83, é provável que apenas três ou, no máximo, quatro aviões tenham recebido o encargo de procurar o U-507.[436]

Por uma questão de justiça, é preciso reconhecer que o efetivo reduzido da esquadra dos EUA na região era insuficiente para cumprir eficazmente as missões que lhe cabiam. Mas também é evidente que a proteção da costa brasileira não ocupava o topo das prioridades norte-americanas. Foi somente em 17 de agosto, dois dias após a ação inicial do U-507, que, finalmente, o chefe de operações navais da Marinha dos EUA teria expedido ordem para que 30 corvetas e 10 destróieres se dirigissem ao Brasil, a fim de auxiliar no patrulhamento da costa.[437]

Após a ação do U-507, Ingram expressou ao ministro da Marinha brasileira o "seu mais profundo pesar pelas perdas sofridas pelo Brasil".[438] Entretanto, o almirantado norte-americano parece não ter se comovido com a tragédia, reafirmando a determinação de que o Brasil utilizasse barcos pesqueiros adaptados para a proteção da sua frota mercante, a fim de que não fosse preciso destacar unidades da U.S. Navy. Na opinião do Departamento da Marinha norte-americana, não deveriam ser atendidos os pedidos de negociação solicitados pelos brasileiros com esse propósito.[439]

Por uma série de razões, o diário de guerra do U-507 é de uma importância sem igual para a história naval brasileira. Graças a ele, é possível encontrar os locais de naufrágio dos navios brasileiros vitimados entre 15 e 19 de agosto de 1942 – até hoje incógnitos. Os registros oficiais da Marinha brasileira parecem ter indicado o local dos ataques com base em estimativas, pois não houve tempo sequer para a transmissão de um simples S.O.S. pelos navios atacados. A localização oficial do naufrágio do Baependy (lat. 11°51'S, long. 37°02'W), por exemplo, está afastada dezenas de milhas náuticas do ponto registrado por Harro Schacht.

Sob o ponto de vista histórico, a leitura do diário desmente uma série de mitos que sobrevivem há décadas. Um deles, criado pela propaganda favorável ao Eixo, afirma que os ataques à navegação brasileira haviam sido perpetrados por submarinos norte-americanos. Um episódio fortuito acabou por alimentar essa teoria conspiratória. Em 19 de agosto de 1942, veio dar perto de Aracaju, quase no mesmo local onde chegaram as vítimas do Baependy, do Araraquara e do Aníbal Benévolo, uma baleeira com náufragos norte-americanos do USS George Claymer.[440] Nos anos seguintes, nem mesmo a abundante documentação oficial encontrada nos arquivos alemães e os livros de memórias dos oficiais da Kriegsmarine – incluindo o depoimento do próprio Dönitz – foram suficientes para enterrar o mito criado pelos nazistas e simpatizantes.

Não foram encontradas notícias sobre o destino da esposa e do filho do tenente Castelo Branco. Sabe-se apenas que não sobreviveram ao naufrágio do Baependy. Por certo, a dor daqueles que perderam os entes queridos na tragédia é inexprimível em palavras, mas algumas imagens dizem muito. Tão pungente quanto as fotografias de cadáveres putrefatos e de restos mortais semidevorados pelos peixes que chegaram às praias do Nordeste, é uma imagem de Castelo Branco (que aparece no documentário *Agressão*, de 1943) – sentado na praia e de cabeça baixa – arrasado pela morte da família.

*

Essa foi a narrativa dos ataques à navegação brasileira em agosto de 1942, com base no ponto de vista do responsável: o capitão de corveta Harro Schacht. Entretanto, o U-507 foi apenas um "Lobo Solitário". O leitor atento deve estar se perguntando sobre a Operação Brasil. O que aconteceu ao ataque devastador aos portos brasileiros que teria sido ordenado por Adolf Hitler?

Fatos e mitos

Continuo avançando para a costa brasileira, onde navegam os navios neutros, e os navios inimigos, normalmente não.
Diário de guerra de Harro Schacht, comandante do U-507.

NO BANCO DOS RÉUS

Ao ser convocado pela Corte, o réu levanta-se e caminha lentamente em direção a uma pequena mesa isolada no salão do tribunal. Dois soldados de infantaria norte-americanos passam a escoltá-lo. Os militares trajam uniformes impecáveis, com capacete, cinto, polainas e cassetetes na cor branca. Ao chegar à mesa, um dos guardas afasta a cadeira para que o réu possa ocupar o seu lugar, ainda em pé, de frente para os juízes. Com os olhos grudados no acusado, a escolta coloca-se à retaguarda, tomando a posição de descansar. Enquanto isso, um burburinho toma conta do ambiente. Usando o microfone, o juiz-presidente, *sir* Geoffert Lawrence, ordena:

- Diga o seu nome completo.
- Erich Raeder - responde o réu.

O juiz prossegue:

- Repita este juramento depois de mim. Eu juro por Deus, o Todo-Poderoso e Onisciente, que falarei a verdade pura, nada reterei e nada acrescentarei.

Após o acusado repetir o juramento, o juiz o autoriza a sentar-se. Erich Raeder, o ex-comandante em chefe da Kriegsmarine, está diante do Tribunal de Nuremberg, em junho de 1946, onde estão sendo julgados os crimes cometidos pelo regime nazista. O oficial é acusado pela promotoria de ter organizado o plano de ataque contra o Brasil. Sua vida depende do sucesso da argumentação que está prestes a iniciar.[441]

Alguns dos maiores dirigentes civis e militares do III Reich estão reunidos num compartimento ao lado. Também cercados por guardas, observam com atenção o depoimento do almirante. Há razões de sobra para isso, pois eles correm o sério risco de serem condenados à pena capital: enforcamento. Na ocasião, os réus ainda não sabem, mas dez deles terminarão seus dias na ponta de uma corda. Outros serão condenados à prisão perpétua ou a longos anos de cadeia. Alguns cometerão suicídio.

Em seu julgamento, o almirante tem de provar sua inocência contra as graves acusações feitas pela promotoria, que lhe imputaram a autoria de crimes contra a paz, de ter conspirado para a guerra agressiva, e ter cometido crimes de guerra. A mais séria delas o acusa de ter empreendido a ação submarina de forma irrestrita, incluindo o afundamento de navios mercantes desarmados de países neutros, sem prestar socorro aos náufragos. Raeder é acusado pela violação do Protocolo de Londres, assinado pela Alemanha em 1936, e por terem sido metralhados os sobreviventes de vários naufrágios. Uma das acusações, incluída no rol de crimes contra a paz, refere-se diretamente à Operação Brasil. Seu depoimento, portanto, é aguardado ansiosamente pelos brasileiros. Pela primeira vez, o ex-comandante da Marinha alemã falará em público sobre o traiçoeiro ataque submarino que teria provocado a entrada do Brasil na Segunda Guerra Mundial.

Raeder está cético quanto à possibilidade de sair com vida da prisão. Alguns dias após o seu depoimento, ele dirá: "Eu não tenho ilusão sobre o julgamento. Naturalmente, serei enforcado ou fuzilado. Fico feliz em pensar que serei fuzilado; pelo menos, é o que vou requerer. Não tenho o desejo de ir para a prisão na minha idade".[442] Havia razões fundamentadas para o pessimismo do almirante. No final de novembro de 1945, havia sido exibida no tribunal uma película mostrando as atrocidades cometidas pelo regime nazista durante o Holocausto. A divulgação dos horrores nos campos de concentração chocou não só os presentes como o mundo inteiro.[443]

184 Operação Brasil

Enquanto acomoda-se no assento, Raeder refaz mentalmente a estratégia que a defesa lhe indicara. O alemão guarda na memória as evidências apresentadas pela promotoria em janeiro passado, quando fora citada uma anotação no diário de Jodl (o diário do chefe do Estado-Maior Operacional das Forças Armadas – OKW), narrando o pedido de autorização do SKL para o ataque contra o Brasil. O major F. Elwyn Jones, representante do Reino Unido na promotoria, descreveu ao tribunal a iniciativa da Kriegsmarine:

> Como eu estava dizendo, meu Senhor, outro exemplo de atitude da insensível Marinha do Raeder para com o transporte neutro encontra-se em uma anotação no diário de Jodl, de 16 de junho de 1942, que diz: "O SKL requereu permissão para atacar as forças aéreas e navais brasileiras. Considera-se que um golpe súbito contra a Marinha brasileira e seus navios mercantes é oportuno nesse momento, enquanto as medidas de defesa estão ainda incompletas e há a possibilidade de surpresa, e porque o Brasil atualmente luta contra a Alemanha no mar".[444]

Foi essa a primeira referência pública sobre a Operação Brasil de que se teve notícia. O promotor continuou:

> Isto, o tribunal verá, era um plano para um tipo de "Pearl Harbor" brasileiro, porque o tribunal lembrará que a guerra entre a Alemanha e o Brasil não se concretizou até 22 de agosto de 1942.[445]

A defesa de Raeder tem pela frente a difícil tarefa de provar a inocência do réu, justificando sua iniciativa de incitar um ataque militar a um país neutro como o Brasil.

Em 18 de junho, o almirante, com 70 anos, depõe pelo terceiro dia seguido: o 133º dia de julgamento. Usando fones de ouvido, pelos quais um intérprete traduz as perguntas e respostas do inglês para o alemão, e vice-versa, o dr. Walter Siemers, advogado de defesa, passa a interrogá-lo a respeito da última acusação: a de ter incitado a ofensiva submarina contra o Brasil. Voltando-se para Raeder, Siemers diz que a promotoria o acusa de violar a lei de neutralidade porque ele havia apresentado uma proposta de ataque ao Brasil quando este ainda era neutro:

> Eu chamo sua atenção para o fato de que o Brasil entrou em guerra apenas dois meses depois, em 22 de agosto de 1942. Por favor, diga-me com brevidade como surgiu essa proposta.

Raeder passa a dar o seu depoimento sobre o episódio.

As relações entre o Brasil e a Alemanha nessa época não podiam ser piores. Os alemães eram perseguidos lá e tratados muito mal. Os interesses econômicos da Alemanha eram prejudicados pesadamente. Os brasileiros já estavam completamente ao lado dos Estados Unidos. Eles permitiram que bases aéreas fossem estabelecidas ao longo da costa e também estações de inteligência. Eles mesmos confirmaram que tinham destruído um submarino alemão; e, por outro lado, submarinos alemães também atacaram navios brasileiros, porque os navios brasileiros não estavam iluminados de acordo com os regulamentos e, consequentemente, não podiam ser reconhecidos à noite. [...] Então ocorreram ataques contra submarinos do Eixo, e eles partiram de bases brasileiras. Em resposta à requisição do Estado-Maior Naval ao Führer, o Führer determinou que os italianos fossem consultados novamente acerca dos seus relatórios de inteligência; em resposta, a Itália confirmou que, algumas semanas antes, submarinos italianos que haviam operado com os nossos haviam sido atacados perto da costa brasileira. Igualmente, o ministro da Aeronáutica brasileiro divulgou que aeronaves brasileiras ou norte-americanas vindas de bases brasileiras atacaram submarinos do Eixo. Com base nessa confirmação, o Führer permitiu o uso de armas contra navios brasileiros ao longo da costa brasileira. Um plano foi elaborado, no qual uma onda de submarinos deixou a costa francesa em junho para o Atlântico, rumando para a costa brasileira. O Führer ordenou, em particular, que a ação não deveria consistir em simples alfinetadas, mas em uma empresa séria. Essa operação foi mais tarde interrompida e não levada a efeito. Eu lamento não poder dizer por que motivo, mas ele pode ser visto no diário de guerra.[446]

O advogado de defesa toma a palavra, afirmando aos juízes que a promotoria apresentara ao tribunal apenas uma parte do diário de Jodl. Siemers lê o trecho referente ao Brasil na íntegra, fornecendo dados de suma importância para a compreensão da ofensiva contra o país. Entre elas, está a informação de que em 16 de junho o embaixador Ritter declarara que o agravamento do conflito com o Brasil era indesejado, devido à atitude da Argentina e do Chile, que poderiam cortar suas relações com os países do Eixo. O documento também mostra que o Führer havia concordado com as intenções do Estado-Maior Naval, mas que ordenara o exame da situação política uma vez mais pelo Ministério das Relações Exteriores antes da decisão final.

Terminada a leitura do diário de Jodl, Siemers passa a ler apontamentos do Estado-Maior Operacional da Marinha que corroboram o testemunho do almirante. O texto afirma que "existia um estado de guerra latente entre Brasil e

Alemanha", que o Brasil estava inteiramente ao lado dos EUA e que houve dano contra todos os interesses alemães. Parte do texto imputa ao Brasil a responsabilidade pela tragédia, pois "os brasileiros diziam ter afundado um navio alemão enquanto este patrulhava a costa" e que "os navios brasileiros começaram a usar pintura camuflada e a se armar".

Concluindo a defesa do réu, o advogado declara que os documentos lidos provam que houve precaução suficiente, clarificam completamente a questão e refutam quaisquer acusações contra a Marinha. Siemers volta-se para Raeder e pergunta se há algo que ele queira acrescentar aos extratos do diário de guerra: "Não, eu nada tenho a acrescentar. Está inteiramente correto", responde o almirante.

Raeder foi acusado de ter conspirado para a guerra agressiva contra o Brasil, mas, surpreendentemente, o almirante Dönitz não foi interrogado a respeito dos ataques submarinos que levaram o país à guerra. O erro da estratégia acusatória permitiu que a defesa colocasse a promotoria num beco sem saída, pois não havia como responsabilizar Raeder pela Operação Brasil (que não fora concretizada) ou pelos ataques de agosto de 1942.

Siemers desmontou os argumentos da promotoria, mostrando ao tribunal que o almirante estava sendo acusado injustamente. A defesa obteve sucesso na argumentação. Raeder seria condenado por ter cometido crimes contra a paz, mas não especificamente por ter proposto a Operação Brasil ou pela ação do U-507 na costa nordestina.[447] Fosse devido aos méritos da defesa, à deficiência da equipe da promotoria ou ao descaso com relação aos brasileiros – ou a conjunção desses fatores – o Tribunal de Nuremberg não condenou nenhum dos líderes nazistas pelo massacre de agosto de 1942 na costa do Nordeste.

EM BUSCA DE RESPOSTAS

O Julgamento de Nuremberg foi encerrado sem responsabilizar qualquer dirigente alemão pelo planejamento da Operação Brasil ou pelos ataques do U-507. Permaneceram no ar várias questões em aberto: qual foi a causa do cancelamento da Operação Brasil? Se ela foi de fato interrompida, conforme Raeder testemunhara, então, qual teria sido a origem dos ataques de agosto? Quem os ordenou? Teria sido um incidente fortuito? Uma obra do acaso?

Embora o Tribunal de Nuremberg não tenha respondido nenhuma dessas perguntas, a imprensa brasileira encarregou-se de formular suas conclusões. Por meio de diversas reportagens com espírito sensacionalista, criou-se uma série de mitos que iriam perdurar nas décadas seguintes. Ao publicar o testemunho de Raeder, o jornal A Noite destacou em manchete de capa: "O Brasil seria atacado em maio de 1942".[448] O Jornal do Brasil, em 1946, atribuiu a Hitler a ordem para o "ataque geral" ao Brasil: "As investidas contra os navios brasileiros antes de o Brasil entrar na guerra não foram casuais ou por engano e sim em cumprimento de ordens específicas do Führer".[449]

A mais antiga menção à Operação Brasil presente na literatura militar está no primeiro volume da História das operações navais dos Estados Unidos na Segunda Guerra Mundial: a batalha do Atlântico, escrita pelo contra-almirante Samuel E. Morison. O autor afirmou que oito submarinos de 500 t e dois de 700 t partiram dos portos da França no começo de julho. Num ponto a noroeste da costa do Brasil, o grupo encontrou-se com uma "vaca leiteira" – o U-460 – para o ressuprimento; logo depois, tomou seu posto. "Os dez submarinos então cumpriram suas missões contra a navegação brasileira", asseverou Morison.[450]

Uma das melhores referências para o estudo da Segunda Guerra Mundial é a série de livros publicada pelo Centro de História Militar do Exército dos EUA. Escrita por historiadores renomados, com a colaboração dos principais chefes militares e a consulta aos documentos capturados ao inimigo, a coleção é famosa pela qualidade e exatidão das informações. Por terem sido encadernados na cor verde, são popularmente conhecidos como Green Books (Livros verdes). Está inclusa nesse seleto rol de publicações o livro A estrutura de defesa do hemisfério ocidental (The Framework of Hemisphere Defense), de Stetson Conn e Byron Fairchild, ambos Ph.D., pelas universidades de Yale e Princeton, respectivamente. Lançada em 1960, a obra descreve a ofensiva naval contra o Brasil com uma versão que difere do depoimento de Raeder em Nuremberg e sustenta o trabalho de Morison. Segundo os autores, os ataques de agosto de 1942 foram desfechados por uma "matilha" de submarinos alemães. Essa versão liga a ofensiva naval no litoral do Nordeste aos planos da Operação Brasil:

> A entrada formal do Brasil na guerra seguiu-se à decisão alemã, em junho, de lançar um ataque concentrado de submarinos contra a navegação na costa do Nordeste. Quando uma matilha de dez submarinos afundou

188   Operação Brasil

cinco navios brasileiros entre 14 e 17 de agosto, incluindo um transporte de tropas, com severa perda de vidas, o Brasil rebateu com a declaração de guerra à Alemanha e à Itália, em 22 de agosto de 1942.[451]

Quase à mesma época da publicação de A estrutura de defesa do hemisfério ocidental, chegou às livrarias a esperada biografia do grande-almirante Karl Dönitz (Memoirs: Ten Years and Twenty Days), que forneceu informações adicionais sobre as operações contra o Brasil. O comandante da Força de Submarinos não menciona o ataque da "matilha de submarinos", citado por Morison e por Conn e Fairchild, mas identifica o responsável pela ação contra o Brasil: Harro Schacht, capitão do U-507. Dönitz absolveu o oficial de culpa no episódio, afirmando que ele agiu "conforme instruções recebidas".[452]

> No outro lado do estreito entre a África e a América do Sul, o U-507 (tenente-comandante Harro Schacht) estava operando. Lá, fora das águas territoriais, ele afundou cinco navios brasileiros. Ele estava agindo conforme as instruções recebidas, com a concordância do ministro do Exterior e do Comando Supremo das Forças Armadas. O governo brasileiro usou o afundamento desses navios como uma oportunidade para declarar guerra contra a Alemanha.[453]

De acordo com o relato do almirante, na primeira semana de julho de 1942, por ocasião do planejamento das ações de longo curso dos U-boote no Atlântico Sul, ele teria perguntado a Ribbentrop sobre a possibilidade de uma ação no estuário do rio da Prata contra os navios frigoríficos com destino à Inglaterra. Ainda segundo Dönitz, o ministro objetou a ação na costa argentina, pois isso prejudicaria as relações com os países da região platina, mas não teria feito objeções às operações na costa brasileira, "que haviam sido permitidas em maio e estavam em progresso desde então".[454]

Contudo, após mais de sete décadas da ação militar contra o Brasil, uma pesquisa nos arquivos históricos alemães encontrou documentos que contradizem tanto as versões alemãs de Raeder e Dönitz quanto as norte-americanas de Morison e de Conn e Fairchild.

Durante o Julgamento de Nuremberg, a defesa de Raeder citou uma entrada no diário de Jodl, de 16 de junho, sugerindo que a Operação Brasil teria sido sustada naquele dia. Porém, uma entrada o diário do B.d.U. indica que o Comando de Submarinos recebeu ordem para desencadear a operação em 21

Fatos e mitos *189*

de junho: cinco dias depois da declaração do embaixador Ritter afirmando ser indesejável agravar o conflito com o Brasil.[455] Com data de 26 de junho, o diário de guerra do Comando de Submarinos ordena o cancelamento da Operação Brasil: "A operação especial de acordo com a Ordem de Operações nº 53 (Brasil) não será desencadeada. Os barcos envolvidos na operação que já estiverem no mar receberam ordens de destruir os documentos".[456]

O diário do B.d.U. e o testemunho de Dönitz também são contraditórios. Por que Ribbentrop teria se posicionado contra uma ação ofensiva ao Brasil, em 26 de junho, para logo na semana seguinte (primeira semana de julho) autorizá-la?

Afinal, quando e por que a Operação Brasil foi interrompida? Quem ordenou os ataques de agosto?

Brasilianistas respeitados, como Stanley Hilton, endossaram as informações do Exército e da Marinha dos EUA com relação ao plano de ataque alemão contra o Brasil, discordando apenas quanto ao número de submarinos atacantes.

> No início de julho, um grupo de oito submarinos partiu de bases na costa francesa e, um mês depois, alcançou suas posições nas águas do Nordeste. No dia 15 de agosto iniciaram operações, pondo a pique cinco navios em três dias com a perda de centenas de vidas.[457]

Na obra *1942: guerra no continente*, Hélio Silva abordou o episódio, afirmando que Hitler modificara as instruções originais para o ataque ao Brasil.

> A costa brasileira foi dividida em quadrados marítimos. Cabia a cada submarino do Reich "fazer a limpeza" daquela área. Mas Ritter não foi informado dessas alterações. Quando teve a notícia dos torpedeamentos de embarcações de passageiros, supôs que houvera um engano por parte do comandante do submarino, ou então que o atacante fosse italiano.[458]

A literatura dedicada à memória institucional das Forças Armadas brasileiras também oferece versões divergentes. A *História da Força Aérea Brasileira*, do tenente-brigadeiro R/R Nélson Freire Lavenére-Wanderley, confirma a versão do contra-almirante Samuel E. Morison.[459] Em 1985, o Serviço de Documentação Geral da Marinha publicou a *História naval brasileira*, com a versão oficial da instituição sobre os ataques navais alemães. No capítulo "A Marinha na Segunda Guerra Mundial", escrito pelos vice-almirantes Arthur Oscar Saldanha da Gama e Hélio Leôncio Martins, os autores afirmam que o U-507 teria sido destacado da frota originalmente envolvida na Operação Brasil para atacar a navegação de cabotagem no mar do Nordeste.

Quando os submarinos já se encontravam no mar, Hitler, temendo que essa agressão arrastasse todos os países sul-americanos à guerra, modificou sua decisão: os dez submarinos seriam mantidos operando no Atlântico, mas somente um, o U-507, a comando do capitão de corveta Harro Schacht, atacaria indiscriminadamente nossa navegação de cabotagem.[460]

O jornalismo brasileiro também procurou fornecer respostas a essas questões. O jornalista Mauro Santayana, correspondente do *Jornal do Brasil* em Bonn, escreveu uma extensa reportagem sobre o tema: "Assim foi iniciada uma guerra", que recebeu o Prêmio Esso de reportagem em 1971. O *Jornal do Brasil* publicou a matéria com uma manchete de capa: "JB conta como Hitler mandou torpedear os navios brasileiros – Foi uma ordem pessoal e direta de Hitler ao capitão Harro Schacht, comandante do submarino U-507, com base em Bordéus, que determinou o torpedeamento de seis navios mercantes brasileiros entre 15 e 18 de agosto de 1942".[461]

A versão de Dönitz chamou a atenção do famoso historiador naval alemão Jürgen Rohwer – que auxiliou na escrituração das memórias do almirante.[462] Convidado para uma visita ao Brasil em 1982, Rohwer proferiu uma conferência na Escola de Guerra Naval, onde manifestou sua estranheza com relação ao ataque empreendido pelo U-507. Segundo ele, essa atitude fora contra todas as altas decisões políticas do III Reich e de seu Ministério das Relações Exteriores sobre o Brasil: "O Comando alemão tomou uma péssima decisão quando em 7 de agosto o U-507 recebeu por rádio a mensagem para usar 'manobras livres' ao longo da costa do Brasil", escreveu.[463]

O faro do historiador detectou a contradição, mas ele não soube afirmar, com segurança, a verdadeira causa da ação do U-507. Sem precisar a origem ou indicar nomes, Rohwer levantou a suspeita de que a ação de Harro Schacht teria sido motivada por um desejo anterior de retaliação (do Alto-Comando Naval alemão ou do Comando de Submarinos).

> Não há evidência da real intenção que havia por trás desta ordem, porque suas prováveis consequências estariam em direta contradição com a contraordem anterior de Hitler. Deve ter sido um erro tolo, causado por um desejo anterior de retaliação pela participação das forças brasileiras na guerra antissubmarino.[464]

O historiador endossou a versão de que o U-507 recebeu uma "ordem de ataque" dos seus superiores, mas também não soube afirmar com segurança qual foi a causa dos ataques aos navios brasileiros. Se a Operação Brasil foi abortada em virtude do parecer negativo do Ministério das Relações Exteriores, o que teria provocado a tragédia? Teria o U-507 sido enviado em missão de retaliação contra o Brasil?

*

Desde a década de 1940, as operações navais da Alemanha nazista contra o Brasil vêm sendo esmiuçadas por centenas de obras e estudos publicados no Brasil e no exterior. Trata-se de um evento exaustivamente abordado pela historiografia nacional; em especial, na famosa série de livros sobre o Brasil na guerra, de Hélio Silva. De uma forma geral, os mais recentes trabalhos acadêmicos repetem as conclusões dos autores pregressos, asseverando que a entrada do Brasil na guerra teria sido provocada por uma ordem de Adolf Hitler.

Aparentemente, a autobiografia de Dönitz respondera a todas as dúvidas existentes. Mas o almirante foi preciso em suas memórias?

Dönitz identificou o autor dos ataques e assumiu a responsabilidade pela ordem de envio do U-507 à costa brasileira, isentando Harro Schacht de culpa no episódio. Segundo o almirante, o capitão agiu de acordo com as ordens recebidas e previamente autorizadas pelo Ministério do Exterior e pelo Comando Supremo das Forças Armadas. Caso encerrado. Todavia, seu relato deixou vários pontos obscuros e conflitantes, além de perguntas sem resposta. Entre elas: qual teria sido a causa real dos ataques de agosto de 1942?

Passados mais de 70 anos da ação submarina alemã contra a navegação brasileira, a tragédia no mar do Nordeste continua sendo reproduzida e interpretada de forma vaga e imprecisa. O evento mais dramático da História do Brasil no século XX – que haveria de modificar radicalmente os rumos da nação – permanece imerso na "névoa da guerra". Desde as versões reducionistas dos livros de História, passando pela literatura militar especializada, até os trabalhos acadêmicos mais aprofundados, nenhum deles foi capaz de explicar, satisfatoriamente, o que de fato aconteceu naqueles dias fatídicos de agosto de 1942.

Somente os arquivos históricos alemães daquele período – o diário de guerra do U-507 (Kriegstagebuch das Unterseebootes – KTB U-507), o diário de guerra do Comando de Submarinos (KTB Befehlshaber der U-Boote – B.d.U.), e os documentos do Comando Naval Operacional da Marinha (Seekriegsleitung – SKL) – são capazes de responder às muitas perguntas deixadas em aberto.

"TRATAREI DE PERNAMBUCO NA VOLTA"

Durante a Segunda Guerra Mundial, a Kriegsmarine adotou um sistema inovador de localização geográfica. O novo método substituía com vantagem o processo tradicional, baseado nas indicações de latitude e longitude. Os cartógrafos militares alemães produziram uma carta náutica chamada *Quadratkarte* (carta de quadrados). Esse sistema visava resguardar do inimigo a localização das embarcações alemãs, mantendo o sigilo das operações. Ao mesmo tempo, ele proporcionava uma troca de informações rápida, segura e eficiente entre as unidades navais e o Comando de Submarinos, via rádio-telégrafo e criptógrafo.

O processo baseava-se na subdivisão dos mares e oceanos em quadriláteros chamados "grandes quadrados" (*Großquadrate*), com cerca de 486 milhas náuticas (900 quilômetros) de lado. Cada um deles era nomeado por um código de duas letras maiúsculas e subdividido em 9 quadriláteros médios, numa grade de três colunas e três linhas, com cerca de 54 milhas náuticas (100 quilômetros) de lado. Por sua vez, cada um desses quadriláteros médios era novamente dividido em outros 9 quadriláteros menores, numerados de 11 a 99. No total, o *Großquadrate* possuía 81 subdivisões. A compreensão desse sistema de posicionamento é importante para o entendimento da ação do submersível que atacou o Brasil em agosto de 1942, cuja missão será descrita a seguir, tomando por base as informações do diário de guerra do U-507 e os registros do Comando de Submarinos.[465]

15h40 – Porto de Lorient – França, 4 jul. 1942

O U-507, a comando do capitão de corveta Harro Schacht, partiu do porto francês de Lorient na tarde de 4 de julho de 1942[466] juntamente do U-130, do comandante de corveta Ernst Kals. Ambos seguiram em direção ao quadrado FC 50: uma região isolada do oceano, situada entre o arquipélago de São Pedro e São Paulo e a ilha de Fernando de Noronha.[467] Era a terceira patrulha de guerra do U-507.

A viagem foi tranquila durante os primeiros dias. O primeiro momento de perigo aconteceu na noite de 7 de julho, quando o submarino foi descoberto por uma aeronave que iluminava o oceano com um poderoso holofote. O U-507 mergulhou com rapidez, escapando da vistas do inimigo. Entretanto, devido à urgência da manobra, o *clip* de munição do canhão de 20 mm da popa foi esquecido na arma.

Na manhã seguinte, Schacht manda emergir o submarino para utilizar os dois motores movidos a diesel, pois a energia alternativa das baterias reduz a velocidade de 18,2 nós para apenas 7,3 nós. O capitão aproveita a oportunidade para testar o *clip* de 20 tiros que havia permanecido submerso no canhão durante a madrugada. Apenas 25% dos cartuchos falham.[468]

No dia 10 de julho, são avistados dois vapores à grande distância. O U-507 traça um curso de interceptação e mergulha para abordá-los. Ao aproximar-se do alvo, o capitão percebe que uma baleeira ou traineira (Schacht não consegue diferenciar) escolta os dois vapores. O navio emite um *pingue* estridente que ecoa pelo casco do submarino e alarma a tripulação – sinal de que o vaso de escolta está de posse do temido sonar ativo. De fato, a embarcação de escolta detectou a presença do inimigo, manobrando rapidamente em sua direção e lançando quatro bombas de profundidade. O submarino é obrigado a imergir de imediato, buscando evadir-se, mas as ondas de choque provocadas pelas detonações o sacodem violentamente.

O U-507 consegue escapar do ataque, mas sofre com diversos vazamentos que inundam o tubo de lançamento de torpedos V. Mais tarde, Schacht se dá conta de que os danos causados pelas explosões deram início a um intenso e contínuo ruído, semelhante ao do disparo de uma metralhadora. Além de irritante, o barulho diminui a capacidade furtiva do submarino, tornando-o perceptível à longa distância pelos instrumentos de detecção pelo som.

Terminou assim a primeira ação de guerra do U-507 em julho, sendo afugentado e quase destruído por uma modesta embarcação de pesca adaptada.[469]

Ao ultrapassar o arquipélago dos Açores, Schacht recebe ordem para operar junto ao U-130, do capitão Ernst Kals ("comboio Kals"), ao qual já havia se juntado o submarino italiano Pietro Calvi.[470] O pequeno grupo logo se veria privado do reforço italiano, pois no mesmo dia, durante o ataque a um comboio, o Calvi seria alvejado e destruído pelo fogo de artilharia do destróier britânico HMS Lulworth.

Em 23 de julho, o U-507 e o U-130 são designados para operar em seções das áreas FC, EF e ED. Schacht recebe ordens de patrulhar o terço médio e o terço norte do grande quadrado FC.

14h10 – Mensagem de rádio recebida 1600/23 – 23 jul. 1942

> Kals e Schacht.
> Após o reabastecimento ocupem as áreas de ataque:
> 1. Kals, terços sul do quadrante ES e norte do quadrilátero FD.
> 2. Schacht, terços médio e norte do quadrilátero FC.
> 3. O tráfego percorre essas áreas, disperso, no sentido noroeste e vice-versa.[471]

A área escolhida para a operação dos dois submarinos estende-se na direção NE-SO, na região do oceano Atlântico onde é menor a distância entre o Brasil e a África: a "Cintura do Atlântico". O U-507 foi mandado ocupar as seções norte e média do quadrilátero FC (um trecho remoto do oceano, na altura da linha do Equador, a sudoeste do arquipélago de São Pedro e São Paulo). Pouco mais de 100 milhas náuticas (cerca de 200 quilômetros) separam essa região do litoral brasileiro. Os portos mais próximos (Fortaleza e Natal) distam mais de 160 milhas náuticas (cerca de 300 quilômetros) da área de patrulha, longe das rotas de navegação de cabotagem no Nordeste.

16h30 – Sul de Cabo Verde – 25 jul. 1942

Schacht capta uma transmissão de Kals, que reporta um afundamento e um avistamento no dia anterior. O capitão lastima não ter sido informado antes.

> Se tivesse recebido a mensagem imediatamente após os eventos, eu poderia ter entrado nessa área de tráfego entre Trindad e Freetown, mas agora é tarde demais. Tenho de me dirigir para a área de reunião, senão, não chegarei lá a tempo.[472]

O U-507 tem um encontro marcado com o submarino-tanque U-116, ao sul do arquipélago de Cabo Verde, a fim de receber 28 mil litros de óleo combustível, além de provisões para mais três semanas. Durante o reabastecimento, Schacht fica sabendo que outros comandantes de U-boot (Kals, Schimidt e Schulte) afundaram várias embarcações nos últimos dias, enquanto operavam a apenas 100 milhas náuticas de distância. "Então eu estive no meio de uma área movimentada sem ver nada", registrou o capitão no diário. Terminado o ressuprimento, Schacht parte em direção à área de operações designada a contragosto: "Uma pena que este rico pasto não seja a minha área de operações", lamenta o alemão.[473]

Na estratégia da Kriegsmarine para o Atlântico, uma "matilha" de U-boote, o grupo Hai (U-116, U-201, U-572, U-136, U-752, U-582), patrulhava o litoral da África Ocidental, seguindo uma rota que passava entre Cabo Verde e Dakar e terminava no arquipélago de São Pedro e São Paulo (o ponto mais ao sul do trajeto, FC 30). O grupo Hai concentrava-se no tráfego com origem ou destino na Inglaterra. Já os comandantes Kals (U-130) e Schacht (U-507) receberam o encargo de bloquear a "Cintura do Atlântico", com o foco no tráfego oriundo das Américas, na direção noroeste. O U-130 ficou com o trecho nordeste e o U-507 com o sudoeste dessa região. O limite entre as duas áreas situava-se próximo ao arquipélago brasileiro.

> O U-507 foi direcionado para atacar os comboios que partem de Georgetown. Este porto é tido como um local de proteção e centro de reunião para comboios e navios independentes vindos de Trindad para a Cidade do Cabo.[474]

Essa entrada do diário de guerra do Comando de Submarinos prova que a missão primária de Harro Schacht era o ataque aos navios isolados e comboios na porção sudoeste do estreito intercontinental. Tais evidências documentais provam que Harro Schacht recebera uma tarefa sem qualquer relação com o Brasil. Entretanto, esse raciocínio leva a um questionamento óbvio: se o U-507 deveria patrulhar a região citada, como ele foi parar na costa brasileira? A resposta a essa pergunta encontra-se, uma vez mais, no diário de guerra do U-507.

15h – NE dos Rochedos de São Pedro e São Paulo – 30 jul. 1942

> Entrando na minha área de operações. Passarei pelo norte dos Rochedos de São Paulo, seguindo para oeste, cruzando a minha área na direção do seu canto sudoeste.[475]

Schacht ficou desapontado por ter sido o único comandante destacado para aquela região isolada, longe dos companheiros. Como um lobo banido da matilha, o U-507 passa a vagar solitário na imensidão do oceano, arrastando-se sob o escaldante Sol do Equador. Nos dias seguintes, os exercícios de submersão e de tiro com o armamento de convés servem para espantar o tédio da missão, mas logo viram um estorvo.[476]

Ao contrário dos sucessos do U-130 (Kals), junto ao qual partira de Lorient, o U-507 estava no mar há mais de um mês sem ter disparado um único torpedo. Entre 23 e 27 de julho, enquanto Schacht não conseguira avistar um navio sequer, Kals afundara três cargueiros em sua área. O U-752, o U-582 e o U-201 também foram bem-sucedidos, destruindo várias embarcações.[477] Com exceção do U-136, afundado a 11 de julho, dos cerca de oito U-boote envolvidos na operação de bloqueio do vão intercontinental, apenas o U-507 continuava sem vitória.

A caça abundante desapareceu subitamente em 30 de julho, após o U-130 afundar o Danmark. Nenhum êxito foi alcançado naquela região durante mais de uma semana. Schacht não conseguiu avistar um único navio – fosse ele aliado, inimigo ou neutro – ao longo de dez dias. Isso levou o alemão a supor que o tráfego marítimo tivesse sido desviado para a costa brasileira.

19h30 – NO dos rochedos de São Pedro e São Paulo – 7 ago. 1942

> Agora já cruzei a minha área de operações por duas vezes na diagonal na mais econômica velocidade e nada avistei. Não há, inclusive, mensagens de outras áreas sugerindo que algum tráfego passará por aqui. Os outros U-boote (Kals, Schröter, Hirsacker) em posição a leste, em Freetown, avistaram apenas um vapor e afundaram outro. Como antes de 31 de julho, o tráfego aparentemente foi desviado, possivelmente para a costa brasileira.[478]

Essa suposição influenciará suas decisões futuras.

O marasmo e a solidão são inimigos naturais do estado moral da tripulação de um vaso de guerra. Quando afligem homens espremidos no interior de um submarino, seus efeitos tornam-se ainda mais perniciosos. Vivendo por meses a fio num espaço exíguo, por dias sem conseguir enxergar a luz do Sol, a sensação de um tripulante é semelhante à de estar preso numa cela solitária – ou num caixão de aço, como bem definiu Herbert A. Werner, um comandante de U-boot. Um indivíduo que tenha propensão à claustrofobia desaba emocionalmente após um período breve dentro de um submersível.

Sob alguns aspectos, a rotina de um preso recolhido a uma solitária leva vantagem em relação à do submarinista. Por piores que sejam as condições da solitária, o preso está em terra firme, a salvo dos perigos. Já o marinheiro, mesmo com o U-boot na superfície, respira o ar impregnado e viciado pelos vapores do diesel queimado pelos motores, pelo ácido sulfúrico das baterias elétricas e pelos múltiplos odores de dezenas de homens sem higiene há semanas, usando os mesmos uniformes. Apenas três ou quatro tripulantes podem subir à ilha do convés por vez – isso quando as condições do tempo e de segurança permitem.

O temor de um ataque inimigo ou de acidentes é uma presença constante nos pesadelos da tripulação, que tenta dormir em suas camas ou redes frequentemente sacudidas pelas correntes e ondas do oceano. Boa parte das histórias de terror contadas pelos marujos mais experientes para assustar os novatos não se origina da imaginação dos escritores, mas de fatos reais ocorridos com outros colegas. A vida da tripulação de um U-boot corre no fio da navalha. Caso a em-

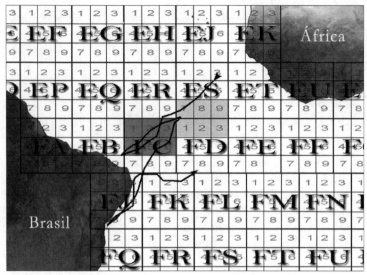

Na "Cintura do Atlântico" – Representação gráfica das áreas de patrulha destinadas ao U-507 (em cinza escuro) e ao U-130 (em cinza claro) e da rota do U-507 entre os dias 26 de jullho e 31 de agosto de 1942. Harro Schacht recebeu a missão de bloquear o tráfego Aliado no estreito intercontinental. (Ilustração do autor)

Longe da Bahia – Raro exemplar de uma *quadratkarten* do Atlântico Sul, no qual a área destinada ao U-507 está assinalada pelo retângulo preto. A missão inicial de Harro Schacht nada tinha a ver com o Brasil.

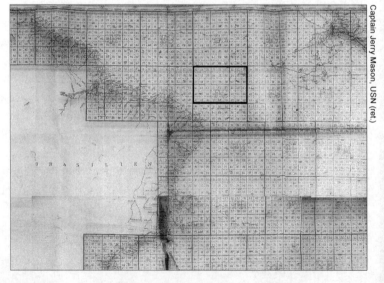

barcação seja atingida em combate por um disparo certeiro, basta que a água do mar entre em contato com as baterias para que elas emanem um gás venenoso e mortal. Se algum problema mecânico inutilizar o sistema de emersão, a possibilidade de se escapar ao naufrágio é assustadoramente reduzida. O resultado da soma desses perigos pode ser visto nas baixas da Força de Submarinos alemã: dos 40.900 homens recrutados durante a guerra, 28 mil perderam a vida.[479]

A verdadeira rotina de um submarinista dos anos 1940 talvez espante o leigo acostumado aos ambientes cenográficos confortáveis e assépticos dos filmes de ficção sobre a guerra, que raramente traduzem com fidelidade o dia a dia do tripulante de um U-boot.[480] Além da bibliografia deixada pelos veteranos da Kriegsmarine, uma visão realista desse ambiente pode ser encontrada nos cinejornais de propaganda do III Reich. Um deles, produzido em julho de 1942, retrata a rotina de um submarino idêntico ao de Harro Schacht e seus homens, cumprindo a enfadonha patrulha na linha do Equador – na mesma época e região em que estava o U-507.[481] Nesse filme, os homens aparecem com longas barbas, pois a água doce racionada tornava o barbear uma atividade de luxo. Para enfrentar o calor intenso da região equatorial, a tripulação – do capitão aos marinheiros – abandonara os uniformes. Todos estão de busto nu, trajando somente bermudas e calçando sapatilhas de borracha para evitar escorregões. O cinejornal também exibe um trecho particularmente ilustrativo do espírito da propaganda nazista, com cenas reais do ataque a um pequeno e inofensivo veleiro, afundado a tiros de canhão, ao som de uma trilha sonora vibrante – como se a destruição da pequena e indefesa embarcação simbolizasse um feito heroico.

A película não entra em detalhes, mas sabe-se que, nas viagens de longo curso, apenas um banheiro costumava servir à tripulação – que podia chegar a 56 homens. Não se fazia uso do papel higiênico, pois, uma vez jogados ao mar, os dejetos poderiam denunciar a localização do submarino. Havia um segundo sanitário, mas quase sempre não era utilizado para o fim a que se destinava, sendo aproveitado como depósito e entulhado de gêneros alimentícios – assim como todo e qualquer espaço disponível.

O U-507 navega até a costa brasileira, avançando perto de 40 milhas náuticas (cerca de 70 quilômetros) além dos limites da área que lhe fora designada. Em 3 de agosto, quando chega a pouco mais de 90 milhas náuticas (cerca de 170 quilômetros) do litoral do Ceará, o submarino retorna na direção do centro do oceano Atlântico. Quatro dias depois, no 36º dia da patrulha, atinge o nordeste dos penedos de São Pedro e São Paulo, perto do limite superior da sua área de vigilância. Nesse momento, o U-boot deveria retornar no sentido inverso, mas Schacht possui outros planos, tomando uma iniciativa que traria consequências imprevisíveis para o esforço de guerra do Eixo.

Impaciente com a apatia daquela missão, o capitão informa ao Comando de Submarinos que, desde 28 de julho, nada avistara, solicitando, ainda, liberdade de manobra na costa brasileira.[482]

20h21 – Mensagem de rádio enviada 0037/8 – 7 ago. 1942

De 28 de julho a 7 de agosto, ES50 para FB93 e de volta a FC33, nada visto. Solicito liberdade de manobra na costa brasileira. 162.000 litros de combustível. Todos os torpedos.

Schacht

Um dos muitos aspectos desconhecidos do ataque submarino que lançou o Brasil na Segunda Guerra Mundial remete a um capricho do destino. Os registros históricos mostram que Harro Schacht decidiu pedir autorização para atuar no Brasil às 20h21 de 7 de agosto. Naquela região do oceano, nenhum submarino afundava um navio sequer há mais de uma semana. Entretanto, logo em seguida ao pedido de Schacht, às 21h47 desse mesmo dia – poucos minutos após o capitão ter solicitado liberdade de manobra no Brasil – o navio-tanque norueguês Arthur W. Sewall foi atacado e posteriormente afundado pelo U-109 em ER18 (o grande quadrado contíguo à área do U-507), justamente na rota que Schacht julgara ter sido desativada.

Caso soubesse antecipadamente do sucesso do U-109, haveria a possibilidade de o comandante alemão mudar sua opinião e rever a ideia de seguir para o Brasil. Desde a semana anterior, o B.d.U. autorizara a operação do U-507 mais ao norte (a nordeste da área de Kals ou na área do grupo Hai) – o U-507 estava quase no limite norte da sua área de operações, bem próximo à área do grupo Hai.[483] Teria Harro Schacht revisto seus planos, caso recebesse a informação do sucesso do U-109 mais cedo? Somente o oficial poderia responder a essa pergunta. Caso ela fosse positiva, apenas 86 minutos fizeram a diferença entre a vida e a morte de mais de 600 brasileiros.

Quase 15 horas após o envio da solicitação, o Comando de Submarinos enviou a resposta. O U-507 estava a meio caminho da África quando o radiotelegrafista recebeu a seguinte mensagem:

11h – Mensagem de rádio recebida 1433/8 – 8 ago. 1942

Schacht
Liberdade de manobra concedida, conforme solicitado, sem suprimento. Mude de direção e tome o curso de Pernambuco.

A troca de mensagens entre o U-507 e o B.d.U. derruba um mito que permeia o imaginário nacional há décadas. Em vez de uma ação planejada e coordenada pela Marinha alemã ou de uma ordem de Adolf Hitler, partiu do capitão de corveta Harro Schacht a iniciativa de atuar no litoral brasileiro. Perto das 11h de 8 de agosto de 1942, o U-507 fez meia-volta em direção à costa do Nordeste. Harro Schacht mudara o rumo do seu barco e, em breve, mudaria o curso da História do Brasil.

A autorização superior foi motivada, provavelmente, pela informação da passagem do comboio AS-4 em Recife. O serviço de inteligência alemão mostrou-se capaz de seguir o progresso dos navios passo a passo. Segundo a *História Administrativa da* USN: "Enquanto o comboio estava em Recife, a transmissão de rádio alemã, em português, destinada ao Brasil, informava onde o comboio estava, ameaçando-o de destruição".[484]

O porto de Recife era considerado de importância estratégica pela Marinha alemã. No estudo de situação preliminar da Operação Brasil, encontra-se o seguinte comentário: "Pernambuco se tornará uma das bases mais importantes para a segurança dos comboios (*Geleitsicherung*) entre a América do Sul e a África".[485] O Comando de Submarinos faz questão de ressaltar a importância da nova missão do U-507. Às 6h40 de 14 de agosto, quando o B.d.U. relembrou Schacht do seu destino, o U-507 navegava na altura de Maceió, num ponto distante cerca de 280 milhas náuticas (151 quilômetros) de Salvador e a apenas 100 milhas náuticas (54 quilômetros) de Recife.[486]

6h40 – Mensagem de rádio recebida 1041/14 – 14 ago. 1942

> Para Schacht
> O quadrilátero FJ3840 (Pernambuco/Recife) deve ser um local de reabastecimento e ponto de encontro da escolta para comboios e navios independentes em trânsito de DM28 (Flórida) para EO46 (Georgetown) para FJ38 (Natal) para FU27 (Santa Helena) para GR56 (Cidade do Cabo).[487]

Harro Schacht simplesmente ignorou a ordem: "Estou a caminho da Bahia e já cobri quase a metade da distância até lá. Tratarei de Pernambuco quando retornar", anotou no seu diário.[488] Para um oficial alemão em ação de combate, esse foi um procedimento inusitado, digno de um verdadeiro "lobo solitário" arredio, avesso às regras. Poucos dias antes, o Comando de Submarinos admoestara Schacht por estar comprometendo o sigilo das comunicações ao enviar mensagens classificadas como desnecessárias.[489]

Fatos e mitos

Para o B.d.U., o U-507 patrulharia ao largo do porto de Recife, interceptando os comboios e navios Aliados com destino à Cidade do Cabo. Mas não era isso que Harro Schacht tinha em mente. Alguns dias depois, o capitão manifestaria o desejo de seguir até o Rio de Janeiro - e só não o fez pela falta de combustível. O alemão ordenaria que o U-507 seguisse para Pernambuco apenas no final da manhã de 22 de agosto: duas semanas após ter recebido a ordem do Comando de Submarinos.[490]

A ação de Schacht causou espanto na imprensa e no meio diplomático. Um editorial do *The New York Times* comentou a notícia com certa incredulidade: "[...] É difícil dizer por que a Alemanha iniciou a guerra submarina contra o Brasil".[491] Já a diplomacia alemã ficou intrigada. Teriam sido os italianos os responsáveis pela ação?

Na manhã do dia 16, o B.d.U. enviou uma mensagem de rádio circular à frota de submarinos, a fim de descobrir se os ataques haviam partido de algum U-boot alemão: "Reportem imediatamente se houve avistamentos inimigos ou sucessos".[492] Sem informações disponíveis, o serviço de propaganda da Rádio de Berlim teve dificuldade para responder às acusações pela barbárie no mar do Nordeste veiculadas pela imprensa Aliada. Ao comentar a declaração do estado de beligerância brasileira, foi irradiado um comunicado em português, sem assumir ou negar a responsabilidade pela tragédia: "O governo brasileiro tomou o pretenso afundamento de navios brasileiros como pretexto para declarar o estado de beligerância com as potências do Eixo, sem esperar o esclarecimento dos fatos".[493]

Enquanto isso, o "Lobo Solitário" permaneceu em silêncio. Schacht só assumiria a autoria pelos torpedeamentos na noite do dia 17, quase 40 horas após ter recebido a ordem superior de reportá-los. Desorientado, o Comando de Submarinos quer saber onde está o U-507, ordenando que Schacht informe sua posição com um sinal curto.

Na madrugada de 19 de agosto, o alemão recebe uma nova mensagem pessoal. Embora ele já tivesse indicado as coordenadas dos ataques em uma mensagem anterior, o B.d.U. torna a pedir uma confirmação: "Foi entendido que os afundamentos aconteceram fora das águas territoriais. Do contrário, reporte".[494] Schacht nada responde, pois todos os ataques aconteceram fora dos limites do mar territorial brasileiro.

Ainda não satisfeito com as informações recebidas, o B.d.U. remete uma terceira mensagem - um verdadeiro questionário - perguntando se os navios atacados estavam navegando isolados ou com escolta brasileira/norte-americana; se estavam com as luzes de navegação totalmente acesas; se exibiam marcas de neutralidade e armamento; se o U-507 foi atacado antes ou depois da ação e, em caso positivo, por quem. O Comando de Submarinos também indaga qual a exata localização dos afun-

Captain Jerry Mason, USN (ret)

– 80 –

Datum und Uhrzeit	Angabe des Ortes, Wind, Wetter, Seegang, Beleuchtung, Sichtigkeit der Luft, Mondschein usw.	Vorkommnisse
		lassen, dass hier Verkehr durchgegangen ist. Die drei anderen U - Boote (Kals, Schröter, Hirsacker) die östlich von mir vor Freetown stehn, haben insgesamt während dieser Zeit nur einen Dampfer gesehen und einen versenkt. Der Verkehr scheint also wie bereits am 31. 7. gemutmasst irgendwie umgeleitet zu sein, möglicherweise auch unter die brasilianische Küste.
0121		Ausgang F.T. 0037 / 8 28. 7. bis 7. 8. ES 50 bis FB 93 und zurück bis FC 33 nichts gesehen. Erbitte freies Manöver Brasil·Küste. 162 cbm. alle Aale. Schacht.
0400	Qu. FC 3361 SO 2, See 1, einzelne Wolken, Sicht 3-4 Sm.	
0800	Qu. FD 1114 SO 3, See 3, bedeckt, Sicht 5 - 6 Sm.	
1200	Qu. ES 7787 S 4, See 4, halb bedeckt, Sicht 12 Sm.	Etmal 138. davon ↗ 135, ↙ 3 Sm.
1600	Qu. ES 7792 S 4, See 4, halb bedeckt, Sicht 13 Sm.	Eingang F. T. 1433 / 8 Schacht Freies Manöver wie erbeten, keine Versorgung. Kehrt gemacht und Kurs auf Pernambuco genommen.
2000	Qu. FD 1126 S 2, See 2, halb bedeckt, Sicht 12 Sm.	
0400	Qu. FD 1154 SO 2, See 2, einzelne Wolken, Sicht 5 Sm.	
9.8.	bei Atlantik ▓▓▓▓▓▓St. Pauls Felse n ▓▓▓ ▓▓▓▓▓▓▓▓▓▓▓▓X	
0400	Qu. FD 1178 S 2, See 2, halb bedeckt, Sicht 4 Sm.	
0800	Qu. FC 3663 S 2, See 2, bedeckt, Sicht 3 - 5 Sm.	
1200	Qu. FC 3689 S 3, See 3, halb bedeckt, Sicht 10-12 Sm.	Etmal 158 Sm, davon ↗ 158, ↙ 0 Sm.

O fiel da balança – Harro Schacht solicita autorização para "manobras livres" na costa brasileira (1). O B.d.U. concede a autorização e ordena que o capitão vá para Pernambuco (2).

Fatos e mitos   203

damentos e se foram realizadas negociações com os capitães, determinando que, até o recebimento de ordens futuras, o U-507 fique distante pelo menos 30 milhas do litoral brasileiro, a fim de evitar maiores problemas. Além disso, manda que o comandante alemão reporte todas as informações julgadas úteis para esclarecer a situação.[495]

A motivação para tantas perguntas é evidente: a diplomacia alemã tentava apagar mais um incêndio causado pela ação submarina. Três anos antes, em 3 de setembro de 1939, o U-30 confundira o ss Athenia com um navio de carga armado, colocando-o a pique. A embarcação de passageiros estava lotada com mais de 1.100 civis, incluindo mais de 300 norte-americanos. A propaganda alemã negou com veemência a responsabilidade pela tragédia, atribuindo-a a um plano de Churchill para levar os EUA à guerra.

Dessa feita, Ritter pressiona a Marinha em busca do maior número de informações possíveis, com o intuito de evitar um desfecho altamente indesejado para o incidente: a declaração de guerra brasileira e a possível solidariedade de argentinos e chilenos.

Considerando que a Kriegsmarine tenha repassado fielmente as informações prestadas por Harro Schacht – que os navios brasileiros viajavam isolados, sem armamento e iluminados –, a postura de Ritter foi hipócrita, mas condizente com os interesses alemães. Como Berlim estava de posse de diversas mensagens de Moynen, embaixador alemão na Argentina, afirmando que o Estado Novo omitira uma série de informações no comunicado oficial dos ataques, Ritter endossou o relato de Moynen, enviando um telegrama secreto e cifrado às representações alemãs em Buenos Aires e em Santiago.[496] A mensagem municiava a diplomacia alemã com argumentos fictícios sobre o caso, determinando que fosse evitado o tom explicativo: "Ao contrário: somos nós que temos de acusar o Brasil". Ritter afirmava que os navios foram afundados pela "responsabilidade única do Brasil", pois um submarino alemão, que estava em ação contra os comboios norte-americanos e ingleses no estreito entre a África e a América do Sul, fora atacado por um navio mercante armado. Segundo o diplomata, o "submarino agiu em defesa própria":

> Os navios partiram do Rio, em comboio, para Pernambuco, a fim de transportar tropas. Nas imediações do litoral, perto de Sergipe, foi de repente avistado um submarino a curta distância, e o navio-transporte ameaçou em seguida o submarino, que respondeu com um torpedo [...]. Na noite seguinte, o submarino encontrou navios mercantes sem iluminação e sem identificação que, conforme informações da imprensa norte-americana, viajavam sob acompanhamento bélico dos Estados Unidos.[497]

O telegrama de Ritter foi um dos mais cínicos documentos elaborados pelo III Reich em relação ao Brasil. Apesar disso, ele atingiu seus objetivos. Os vizinhos

204   Operação Brasil

brasileiros no Cone Sul não honraram os compromissos de solidariedade e defesa mútua, assumidos durante a Convenção de Havana. Excluídas as manifestações de solidariedade protocolares da diplomacia, nenhum deles acompanhou de imediato o Brasil na declaração de guerra. Argentina e Chile sequer romperam suas relações diplomáticas com o Eixo logo após o ataque naval alemão.[498]

O Brasil declarou guerra contra a Alemanha e a Itália em 31 de agosto. No dia seguinte, a fim de resguardar a Marinha da acusação de ter provocado a reação brasileira, o SKL preparou um dossiê sobre o caso, responsabilizando o Ministério das Relações Exteriores alemão e os navios brasileiros. Trata-se do mais completo e detalhado documento produzido pela Kriegsmarine sobre a escalada das ações de guerra contra o Brasil, que merece ser reproduzido na íntegra.

Por haver o risco de tentarem responsabilizar a Marinha pela participação do Brasil na guerra, por precaução, deverá ser tomado o conhecimento dos seguintes itens para eventuais conversas:

1. Prevendo que pudessem ocorrer afundamentos de navios sul-americanos neutros por engano, devido à sua identificação incompleta, levando a complicações políticas e possíveis participações futuras na guerra, o SKL sugeriu comunicar o Ministério das Relações Exteriores (junto com o 1/SKL Ic 1162/42geh) que fosse entregue um informativo às nações neutras, com Marinhas ativas, em 10 de janeiro de 1942, solicitando ao governo das mesmas que prevenissem incidentes e eventuais confusões com navios inimigos, dando ordens para uma identificação devida. Estando ciente da importância de tal notificação, o SKL pediu novamente ao Ministério das Relações Exteriores, no dia 31 de janeiro de 1942, para que o informativo fosse entregue o mais rápido possível. Porém, o Ministério se prontificou a informar apenas à Argentina e ao Chile. Na opinião do Ministério, os Estados sul-americanos que haviam rompido suas relações com a Alemanha não deveriam ser informados. Mesmo assim, o SKL se mostrou a favor de uma nova publicação na mídia. Aparentemente, essa publicação não aconteceu.

2. De início, o uso imediato de armas contra os navios mercantes brasileiros foi liberado apenas quando eles navegavam em comboio inimigo, quando trafegavam contra a ordem dos regulamentos Prisen (*Prisenordnung*), quando mandavam qualquer mensagem ou quando navegavam com luzes baixas e, consequentemente, não podiam ser identificados como navios brasileiros. Incidentes posteriores confirmam a postura impecável dos submarinos.

3. Quando os navios brasileiros começaram a se camuflar e armar, foi liberado, no dia 15 de maio de 1942, o uso imediato de armas contra os navios sul-americanos visivelmente armados.

4. Devido ao fato de submarinos do Eixo terem sido atacados por aeronaves na costa brasileira, e de o Ministério da Aviação ter informado oficialmente que a Força Aérea Brasileira estava realizando ataques, o SKL determinou, no dia 29 de maio de 1942, (com o 12938/42 GKdos) a liberação do uso de armas contra as forças brasileiras e navios mercantes. Por causa do comentário do Führer, que mandou executar um trabalho amplo, e não "agulhadas", foi planejada uma ação maior, mas que foi abandonada por motivos políticos. Ao mesmo tempo, houve um novo regulamento sobre o uso de armas contra navios brasileiros no dia 1 jun. 1942, com o W.F.St. (551155/42 GKdos. Chef Op). O Ministério das Relações Exteriores, que havia concordado com as medidas, teve certeza absoluta de que elas, no decorrer do tempo, levariam ao estado de guerra contra o Brasil. O diplomata Ritter confirmou isso há dois dias por telefone.

5. Depois de afundar 5 (cinco) navios a vapor nos dias 16 e 17 de agosto de 1942, fora das águas brasileiras, o Ministério das Relações Exteriores pediu que o SKL não operasse no tráfego costeiro brasileiro, mantendo-se distante 30 (trinta) milhas náuticas. Tal ordem foi dada.[499]

O dossiê preparado pelo SKL traz informações da mais alta relevância para o entendimento do episódio, mas deve ser avaliado com cautela. O documento permite conhecer a ação do Ministério das Relações Exteriores alemão – no qual o ex-embaixador Ritter fazia o elo com as Forças Armadas – em deliberadamente negar ao Brasil as informações sobre as marcas de neutralidade necessárias à identificação dos navios. A recusa do Ministério do Exterior em alertar o Brasil foi fundamental para o início da escalada bélica entre os dois países.[500] Quando a Marinha alemã solicitou que as nações neutras fossem informadas da necessidade da sinalização correta nos navios, o Brasil foi propositalmente desconsiderado. Segundo o SKL, o "Ministério das Relações Exteriores, contudo, mandou tal notificação só para a Argentina e o Chile", pois fora decidido que os Estados sul-americanos que haviam rompido relações com a Alemanha não fossem informados. Porém, o texto mostra que a omissão dessas informações aconteceu no começo de janeiro de 1942 – antes do rompimento das relações diplomáticas do Brasil com os países do Eixo, ocorrido no final desse mês.

206 Operação Brasil

O relatório do SKL destaca os instrumentos legais em que se baseou a ação de guerra alemã contra o Brasil, mas é pleno de supressões propositais. O documento omite o relatório da Marinha, enviado a Ritter, incitando o ataque naval contra o Brasil, bem como a identificação da pessoa/órgão que autorizou a liberdade de manobra ao U-507 em 8 de agosto.[501] O texto cita a autorização para o ataque aos "navios mercantes visivelmente armados", de 15 de maio de 1942, mas não menciona a que chegou aos capitães de U-boot, em 5 de julho, estendendo essa autorização a todos os navios mercantes brasileiros, inclusive os desarmados.[502] A preparação antecipada do relatório, somada às suas omissões e contradições, o tornam mais a uma confissão prévia de culpa do que um instrumento de defesa.

A documentação encontrada no Arquivo Federal alemão não permite afirmar se a Kriegsmarine foi responsabilizada ou não pelo incidente. Todavia, poucos meses depois, Hitler ordenou o desmonte dos navios de superfície, rebaixando Raeder de posto. O almirante renunciou ao cargo e pediu a aposentadoria, sendo substituído por Dönitz no comando da Marinha alemã.

*

É pouco provável que a ação destinada ao U-507, ao largo de Recife, viesse provocar a entrada brasileira na guerra. A reconstituição dos movimentos do U-507 no final de agosto – quando Harro Schacht decidiu cumprir a missão recebida no início do mês – mostra que o submarino atuava a cerca de 30 milhas náuticas (55,5 quilômetros) do porto pernambucano durante o dia, aproximando-se a pouco menos de 15 milhas náuticas (28 quilômetros) à noite, no máximo. Essa faixa de operação está distante dos itinerários da navegação de cabotagem com escala em Recife, e, mais ainda, considerando-se as rotas traçadas segundo as instruções do Estado-Maior da Armada, que orientava os navios mercantes e de passageiros a navegarem bem próximos da costa.[503]

As evidências documentais mostram que o U-507 recebeu autorização superior para manobras no litoral brasileiro visando a um objetivo específico: a interceptação dos comboios Aliados com destino à Cidade do Cabo – e não ao ataque à navegação da cabotagem brasileira. Todavia, essa conclusão leva a uma nova pergunta. Tendo recebido ordens expressas e reiteradas para seguir com destino a Pernambuco, porque Harro Schacht foi parar na Bahia?

Os diários de guerra do U-507 e do B.d.U. trazem a cronologia da ação submarina alemã durante a guerra, permitindo reconstituir a estratégia naval da Kriegsmarine com exatidão. Contudo, descobrir o motivo pelo qual Harro Schacht resolveu dirigir-se para o litoral da Bahia exige um esforço analítico desses arquivos, pois, excetuadas as anotações no diário de guerra do U-507, não foram encontrados outros registros deixados pelos seus tripulantes.

As razões de ordem estratégica não justificam a atitude do comandante alemão, pois o porto de Recife era prioritário, tanto para os alemães quanto para os norte-americanos. O almirante Ingram referiu-se a Recife como o porto mais bem localizado para as operações ao largo do cabo de São Roque, que, por sua vez, era o mais estratégico ponto da América do Sul.

> O porto de Recife não pode ser comparado ao da Bahia. De fato, o da Bahia é superior ao de Recife como base naval em qualquer aspecto, exceto pela posição. As quatrocentas milhas de distância fazem uma grande diferença.[504]

Nem mesmo as condições meteorológicas justificam a decisão de Harro Schacht, que não aproveitou o período de Lua nova de 11 de agosto – a fase lunar mais propícia à ação submarina. Ao passar ao largo da capital pernambucana, em 13 de agosto, o alemão relatou em seu diário: "Seguirei pela costa até o sul. Aqui está a grande possibilidade de encontrar navios mercantes que levam produtos da América do Sul e África do Sul para Trindad ou para os EUA".[505]

Dentre as possíveis motivações que influenciaram a decisão de Schacht, uma delas pode estar relacionada à sua fixação no tráfego marítimo da América do Sul. O oficial parecia estar convencido de que o tráfego naval oriundo dos EUA fora desviado para o oeste do continente, passando pelo Brasil, a fim de que fossem evitadas as "matilhas" de U-boote ao largo de Trindad e das Antilhas: "Como antes de 31 de julho, o tráfego parece ter sido desviado, possivelmente, para a costa brasileira".[506] Schacht supôs que a resposta para o desaparecimento dos navios Aliados estava no estabelecimento de uma nova rota de grandes petroleiros com destino à África Ocidental, passando pelo Brasil:

> Por minha própria experiência e pela conversa com os outros capitães, as rotas prescritas para os navios-tanque pesados, com destino aos portos da América do Sul e o oeste africano, são trocadas pelo menos a cada semana. O combustível passa pelo Brasil, via estreito de Magalhães, formando um denso tráfego leste-oeste para Freetown.[507]

No verão de 1942, a Batalha do Atlântico assemelhava-se a uma caçada. As áreas de atuação dos U-boote eram evitadas pelos navios mercantes Aliados, provocando a troca constante das rotas de navegação; porém, a hipótese formulada pelo alemão era irreal. Schacht imaginou ter sido criada uma nova rota de petroleiros, passando pelo extremo sul das Américas, atravessando o Estreito de Magalhães e percorrendo o litoral brasileiro ao longo de quase dez mil milhas náuticas (18.520 quilômetros).

> Coloquei-me bem para o oeste, posicionando-me na linha de tráfego em tempo de paz da América do Sul para Nova York-Barbados. Passei pela minha área diagonalmente sem avistar nada. Não há relatos dando conta de que a minha área terá tráfego. [...] Pela minha experiência pessoal e pela conversa com os capitães, as rotas prescritas para o tráfego pesado de petroleiros com destino aos portos da América do Sul e o oeste africano mudam a cada semana, no mínimo. O petróleo para Freetown segue pelo estreito de Magellan [Magalhães]. Darei meia-volta e procurarei na minha área de operações novamente.[508]

Confiante na sua experiência, Schacht talvez quisesse surpreender um suposto trajeto alternativo dos comboios Aliados vindos pelo sul do continente. Isoladamente, essa suposição não explica o porquê da escolha de Salvador em vez de Recife, pois os petroleiros dessa rota imaginária passariam por Pernambuco no itinerário para Freetown.

Os fatores de ordem geográfica também podem ter influenciado na escolha de Harro Schacht por Salvador. O planejamento da Operação Brasil concluiu que a topografia submarina era desfavorável para um ataque com U-boote nas águas claras e rasas do entorno de Recife, onde um submersível poderia ser visto até cerca de 30 metros de profundidade, dependendo das condições do tempo: "A profundidade da água (12-15 metros) não é favorável para um ataque de submarino nas proximidades da enseada".[509] Já próximo à capital baiana, se preciso fosse, o U-507 poderia refugiar-se rapidamente nas profundezas do oceano, graças à estreita plataforma continental daquela região. Por sinal, os ataques ao Baependy, ao Araraquara e ao Aníbal Benévolo aconteceram num dos trechos de menor largura da plataforma continental brasileira.

Há outra razão de ordem tática que pode ter embasado a decisão tomada pelo comandante do U-507: o temor de uma confrontação com as unidades navais dos EUA em Recife. Um simples destróier era mais veloz, manobrável, mais bem armado e equipado que o mais avançado submarino alemão. Uma vez emerso, o armamento de convés de um U-boot não era páreo nem mesmo para um destróier norte-americano modesto. Enquanto os submarinos precisavam fazer cálculos e manobras demoradas para atingir um alvo com torpedos, os barcos de superfície

Fatos e mitos 209

podiam alvejá-lo com relativa facilidade, usando o tiro direto das metralhadoras e dos canhões.

A rejeição ao duelo contra belonaves inimigas era um traço característico de Schacht, já visto em missões anteriores. Ao contrário do comandante italiano do Archimede, que investiu contra o destróier Sommers no litoral do Nordeste, o alemão preferia manter-se a uma distância segura dos oponentes armados. Na Bahia, com um pouco de sorte, ele iria se deparar apenas com unidades da desavisada Armada brasileira: sabidamente ultrapassada, sem meios e experiência para o combate antissubmarino e que ainda não tomara as medidas básicas de segurança em tempos de guerra, como o estabelecimento de comboios. Schacht seguia o objetivo primário da guerra submarina: "Afundar o maior número de navios possível da forma mais econômica".[510]

Entretanto, seria injusto imputar ao capitão a falta de coragem, pois seu histórico revela o contrário. Dos 870 U-boote enviados em missão de combate pela Kriegsmarine durante a guerra, 550 não afundaram ou danificaram um navio. Muitos nem sequer aproximaram-se do inimigo o suficiente para lançar seus torpedos. Dos cerca de 2.450 navios mercantes Aliados afundados ou danificados pelos submarinos no Atlântico – chegando a 2.775, se considerados os outros teatros de operações –, 800 foram afundados por apenas 30 comandantes. Ou seja: apenas 2% dos comandantes foram responsáveis por cerca de 30% dos êxitos alcançados.[511] Harro Schacht fazia parte desse grupo seleto. Em 6 de junho de 1942, quando retornou à França, ao término da segunda patrulha de guerra, o alemão foi distinguido com a insígnia de guerra dos U-boote e a Cruz de Ferro de 1ª Classe – sinal do apreço do Alto-Comando da Marinha pelo grande sucesso obtido nas águas do Atlântico Ocidental. Entre 4 de abril e 4 de junho, o U-507 percorreu a costa de Cuba e da Flórida, penetrando audaciosamente no golfo do México. Sua incursão surpreendeu as defesas dos EUA na região, afundando nove navios e danificando outro (no total, sete de bandeira norte-americana, dois hondurenhos e um norueguês). Dentre as centenas de missões submarinas alemãs durante o conflito, tomando como referência o número de navios afundados, a segunda patrulha do U-507 figura entre as investidas de maior sucesso em toda a guerra.[512]

Quando chegou ao Brasil, Harro Schacht tinha uma reputação a zelar. Em sua terceira patrulha de guerra, o alemão era um submarinista reconhecido pela ousadia e intrepidez. A possibilidade de aumentar ainda mais a sua fama pessoal pode ter contribuído para a decisão de atuar na Bahia. "Um ataque a navios de guerra brasileiros significaria um grande sucesso e prestígio", destacou o plano de ataque da Operação Brasil.[513]

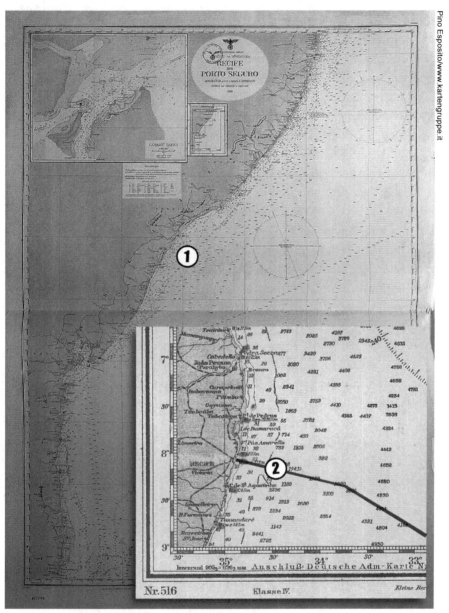

Escolha equivocada – De posse das cartas náuticas da Kriegsmarine, Harro Schacht pôde encontrar as rotas dos navios brasileiros, afundando três deles perto da foz do rio Real (1). Na figura menor, a linha preta indica o trecho inicial do percurso entre Recife e a Cidade do Cabo. Caso seguisse as ordens recebidas, o U-507 montaria guarda fora da plataforma continental, numa região afastada das rotas de navegação de cabotagem (2), onde seria improvável encontrar alguma embarcação de passageiros brasileira.

Durante a sua missão no estreito intercontinental, o U-507 captara as comunicações por rádio dos navios brasileiros por mais de uma semana – feitas abertamente e sem qualquer preocupação com a segurança. Além disso, haviam sido baixadas instruções, desde 5 de julho, autorizando o uso de armas, sem aviso prévio, "contra todos os navios mercantes brasileiros, inclusive os desarmados reconhecidos como brasileiros".[514] Schacht já dispunha de autorização para o ataque. Faltava apenas o pretexto para atuar na costa brasileira.

O "Lobo Solitário" chegou mesmo a expressar a sua predileção pelas "ovelhas" indefesas. Enquanto navegava para a Bahia, Schacht fez um comentário revelador das suas intenções: "Continuo avançando para a costa brasileira, onde navegam os navios neutros, e os navios inimigos, normalmente não".[515] O lobo precisava somente de uma desculpa para adentrar no galinheiro barulhento, aberto e desprotegido.

Portanto, bem mais do que a pretensão de encontrar uma nova rota dos comboios para Freetown ou de cumprir a obrigação de interceptar os navios com destino à Cidade do Cabo, a tentação de aumentar a lista de vitórias parece ter sido irresistível para um oficial impetuoso como Harro Schacht, levando-o a atacar a navegação de cabotagem brasileira a mais de 430 milhas náuticas (cerca de 800 quilômetros) do objetivo previamente designado.

Todavia, essa conclusão leva a um questionamento instigante: se a iniciativa de atacar o Brasil partiu exclusivamente do comandante alemão, por que esse fato não foi mencionado pela defesa de Raeder e de Dönitz no julgamento de Nuremberg ou divulgado nos anos posteriores?

"NÓS DEVERÍAMOS TER SIDO MAIS BEM AVISADOS"

O Tribunal de Nuremberg não possuía a atribuição específica de fazer a reconstituição histórica do conflito – embora, em várias situações, ela fosse essencial –, mas a de julgar os acusados pelos crimes de guerra. Infelizmente, em Nuremberg, apenas Raeder e o dr. Gerhard Wagner – este de passagem – foram inquiridos sobre a Operação Brasil. Por um descuido dos promotores - criticados pela fraca atuação durante o julgamento –, Ribbentrop e Dönitz não foram perguntados a esse respeito. Por sua vez, a defesa limitou-se a responder às acusações da promotoria, que não incluiu os ataques de agosto de 1942 no rol de acusações. A tarefa de montar o quebra-cabeça da ofensiva naval contra o Brasil ficaria a cargo dos historiadores.

Após a guerra, Erich Raeder escreveu os dois volumes da sua autobiografia, *Mein Leben* (Minha Vida), publicados em 1956. Entretanto, nenhum deles nem sequer menciona o Brasil. Propositadamente ou não, o almirante procurou evitar o episódio desconfortável, deixando de esclarecer por que omitira informações cruciais no seu depoimento em Nuremberg. Raeder declarara em juízo que os submarinos alemães haviam atacado os navios brasileiros por falta da identificação correta e que a "a Alemanha havia avisado previamente todos os países sul-americanos para iluminarem seus navios, de forma que pudessem ser distinguidos à noite". Todavia, a documentação elaborada pelos seus subordinados desmente essa versão. Conforme o dossiê do SKL revela, a Marinha estava ciente de que o Brasil não fora avisado da correta identificação para os seus navios (as marcas de neutralidade).[516]

Karl Dönitz dedicou trechos esparsos das suas memórias para descrever o ataque ao Brasil. O alemão participara ativamente da Primeira Guerra Mundial no comando de um submarino, conhecendo a dura e arriscada rotina de um capitão e de sua tripulação em um U-boot. Por isso, respeitava profundamente os homens que comandava. O almirante era um chefe democrático e carismático que ganhou o respeito dos subordinados. Prezando a opinião dos escalões subalternos, Dönitz construiu um formidável espírito de corpo na Força de Submarinos. Em maio de 1943, quando mais de 40 U-boote foram afundados pelo inimigo, instruiu os comandantes de flotilha a realizar eleições secretas com as tripulações, a fim de decidir se a ação submarina deveria prosseguir ou não. Se estivessem insatisfeitos, os capitães e membros das tripulações podiam, inclusive, deixar suas unidades sem ter de apresentar qualquer justificativa, sendo liberados tão logo chegassem os substitutos.[517]

Dönitz foi um dos líderes militares mais capazes e respeitados do III Reich, comandando com habilidade uma Força de Submarinos que chegou perto de mudar o destino do conflito. Mesmo vivendo sob o tacão da ditadura nazista, ele não se filiou ao NSDAP – algo "politicamente incorreto" na Alemanha da época. O almirante manteve-se fiel aos submarinistas no pós-guerra, repelindo as inúmeras acusações de violação das leis internacionais feitas contra os seus subordinados, preferindo atribuí-las às mazelas do nazismo, à guerra e às falhas dos líderes políticos.[518]

> [...] politicamente nós deveríamos ter sido mais bem avisados para evitar isso [a declaração de guerra brasileira]. O Comando dos U-boote, assim como os capitães de U-boot, como membros das Forças Armadas, não tinham opção se não obedecer às ordens recebidas; não lhes cabia pesar e avaliar as consequências políticas.[519]

Por tudo isso, ao escrever sua autobiografia, não é de se espantar que Dönitz tenha isentado Harro Schacht de culpa, ao mesmo tempo que não tenha assumido, explicitamente, a responsabilidade pelos atos do capitão. Dönitz afirmou que Schacht apenas obedecera a ordens, cujas consequências deveriam ser imputadas aos governantes: "Os políticos trouxeram os nazistas ao poder e começaram a guerra. Eles são os únicos responsáveis por esses crimes repugnantes, e, agora, temos que sentar no banco dos réus com eles e compartilhar a culpa!", declarou o oficial em 1946.[520] Em Nuremberg, assim como a maior parte dos réus, Dönitz declarou-se inocente das acusações, definindo-se como um militar cumpridor dos seus deveres e das ordens dos superiores. Assim, por uma questão de coerência, não seria justo incriminar Schacht, seu *alter ego* operacional.

É compreensível a atitude do almirante de tentar preservar a imagem do capitão do U-507 no pós-guerra – e, indiretamente, a da sua Força de Submarinos. Admitir que o impulso desautorizado de Schacht conduzira uma nação à guerra seria desabonador para si e para o prestígio da força. Que espécie de comandante é incapaz de controlar a ação dos seus subordinados?

Dönitz teve que assistir à repartição do território germânico – com suas grandes cidades reduzidas a ruínas – entre os inimigos. Para ele, como para tantos outros alemães, esse pesadelo tornou-se real. Todavia, coube somente ao almirante a vergonha de ordenar algo inimaginável poucos anos antes: a capitulação incondicional da Alemanha aos Aliados. Como sucessor de Hitler, além de enfrentar a humilhação pela derrota militar, Dönitz foi acusado pelos crimes do nazismo, sendo obrigado a suportar o açoite moral oriundo da barbárie do Holocausto. "Cada alemão decente se envergonha hoje dos crimes que o III Reich cometeu pelas costas da nação. [...] Apesar de toda a nossa devoção, apesar de todos os sacrifícios que fizemos, fomos totalmente derrotados. Como fomos chegar ao estado em que agora nos encontramos?", lamentou em suas memórias.[521] Sua vida pessoal também foi duramente atingida. O velho oficial viu sua família ser destroçada, com os dois filhos homens mortos em combates no mar.

Uma das poucas coisas de que o almirante ainda podia se orgulhar era a lembrança dos dias gloriosos da Força de Submarinos – isso ninguém jamais iria lhe arrancar. Dönitz foi leal com os seus subordinados até o fim. Entre culpar Harro Schacht e jogar a responsabilidade pela violência contra os brasileiros nos políticos alemães, o almirante ficou com a segunda opção. Como ele mesmo teria declarado no pós-guerra: "Terminou assim a campanha submarina.

Prenhe de sacrifício e coragem, honrosa e sem mácula, foi a conduta das guarnições durante a batalha".[522]

*

Os mitos em torno dos ataques à navegação de cabotagem brasileira tiveram início no Tribunal de Nuremberg – justamente durante o julgamento que poderia esclarecê-los. Nas décadas seguintes, em vez de o episódio ser definitivamente elucidado, a historiografia nacional e internacional endossou versões equivocadas, que atribuíam a responsabilidade e a iniciativa pela ofensiva naval de agosto de 1942 a Adolf Hitler.

Houve bons motivos para isso. O cinema e a televisão encarregaram-se de massificar a imagem estereotipada de Hitler como um político obcecado pela guerra de agressão e disposto a afrontar o mundo. Assim, nada mais natural do que considerar os ataques contra o Brasil o resultado de uma explosão de ódio e vingança do Führer. Ainda que boa parte da imagem forjada pela mídia a respeito do líder nazista seja fiel ao personagem no final da guerra, essa imagem não corresponde à realidade em 1942.

A Ordem de Operações nº 53 – *Operation Brasilien* – teve origem no Comando de Guerra Naval alemão. Ao invés de tê-la idealizado, Adolf Hitler segurou o ímpeto ofensivo da Marinha pelo menos por duas vezes. Primeiro, ordenando que o Comando Naval italiano fosse consultado acerca dos ataques aos submarinos do Eixo em maio de 1942. Depois, na Conferência de Berghof, determinando que a situação política fosse novamente revisada antes que a operação fosse desencadeada.[523]

Nunca ficou esclarecido de quem partiu a ordem para que a Operação Brasil fosse sustada, mas é provável que Ribbentrop tenha convencido o Führer a ordenar que a Marinha interrompesse a progressão do ataque. O diário de guerra do Comando de Submarinos confirma o cancelamento da operação em 26 de junho: "a Ordem de Operações nº 53 [Brasil] não será realizada. Os U-boote envolvidos que já estavam no mar receberam ordem de destruir os documentos".[524] Já a causa para a interrupção da operação encontra-se num relatório do SKL sobre a ação do U-507, afirmando que ela fora, posteriormente, abandonada por motivos políticos. A Operação Brasil jamais foi concretizada.[525]

Em Nuremberg, a estratégia adotada pela defesa procurou caracterizar os réus como meros cumpridores de ordens de um líder insano. Raeder, Dönitz e Ribbentrop evitaram acusar-se mutuamente para não complicar as suas já delicadíssimas posições. Por isso, um testemunho afirmando que Hitler vetara o

Fatos e mitos *215*

plano de ataque da Kriegsmarine destoaria dessa proposta. Talvez essa tenha sido a razão para a súbita perda de memória de Raeder quando depôs acerca do cancelamento da Operação Brasil. Contudo, é preciso estabelecer os limites de responsabilidade entre os líderes políticos e militares e o comandante do U-507.

É inegável que o "Lobo Solitário" recebera autorização do B.d.U. tanto para engajar indiscriminadamente os navios mercantes brasileiros quanto para manobrar com liberdade no Brasil, mas o oficial extrapolou a missão que lhe fora confiada. As instruções do Comando de Submarinos jamais ordenaram o ataque à navegação de cabotagem no Nordeste brasileiro. Nem mesmo a devassa feita pela promotoria do Tribunal de Nuremberg nos arquivos da Kriegsmarine (capturados praticamente intactos) foi capaz de encontrar um único documento que pudesse incriminar as lideranças alemãs. A razão é evidente: tal ordem jamais foi dada.

A suposta autorização dada por Ribbentrop para a ação do U-507 nunca aconteceu. Caso o Ministério do Exterior alemão tivesse permitido uma ação da Kriegsmarine na costa brasileira, essa autorização certamente teria sido incluída no dossiê de autodefesa da Marinha. Em 1958, quando finalizou a escrituração das suas memórias, Dönitz atribuiu a culpa pela entrada do Brasil na Segunda Guerra Mundial aos políticos, num momento em que Ribbentrop não mais podia rebatê-lo. O ministro das Relações Exteriores do Reich foi o primeiro a ser executado em Nuremberg, em outubro de 1946.

Harro Schacht não sobreviveu à guerra para escrever as suas memórias, mas o estudo da sua carreira após agosto de 1942 é esclarecedor. Como é de praxe no meio militar, a Marinha alemã recompensava a bravura dos seus homens, na medida dos seus atos, com medalhas que os distinguiam dos demais. Esse é um bom termômetro para avaliar como foi recebida a aventura do U-507 na costa brasileira. Schacht foi laureado com a Cruz de Ferro de 1ª Classe após a sua incursão no golfo do México, durante a segunda patrulha de guerra, no primeiro semestre de 1942. Em 1943, receberia a Cruz de Cavaleiro da Cruz de Ferro durante a quarta patrulha, após afundar três navios. Todavia, após a investida desautorizada no Brasil, não há registro de que o comandante alemão tenha recebido uma única honraria, mesmo tendo afundado sete embarcações. Essa evidência reforça ainda mais a tese de que a ação do U-507 no litoral da Bahia e de Sergipe se originou exclusivamente da iniciativa do seu comandante.

*

Vista de forma mais ampla, a declaração de guerra brasileira foi consequência da soma de vários episódios pregressos, como o rompimento brasileiro com o Eixo, a autorização do uso de bases aeronavais no Nordeste pelos norte-americanos e as ordens do SKL que permitiram o ataque a navios brasileiros.

Porém, a origem imediata e decisiva da entrada do Brasil no conflito não pode ser imputada isoladamente a Hitler, a Raeder, a Dönitz ou a um capricho do destino. Seja pelo desejo de encontrar um novo trajeto dos petroleiros Aliados, pela geografia do litoral brasileiro, pela ambição pessoal ou pelo receio de encontrar navios de guerra inimigos – ou a conjugação desses vários fatores –, não resta dúvida de que o comandante alemão descumpriu as ordens superiores. O massacre nas águas do litoral nordestino aconteceu graças à iniciativa e à decisão pessoal do capitão de corveta Harro Schacht.

Metamorfose

Nenhum país com respeito próprio poderia dar com sinceridade um passo como esse do Brasil.
Comentário do secretário da Marinha dos EUA, Frank Knox, reticente em acreditar que o governo brasileiro teria realmente confiado o controle operacional das suas Forças Armadas ao almirante Ingram. [526]

"NÓS JURAMOS VINGAR ESSE ULTRAJE!"

Houve uma verdadeira comoção nacional quando as notícias sobre os afundamentos na costa do Nordeste chegaram ao conhecimento público. Não foi por menos. Em um lapso de tempo de pouco mais de duas horas, houve mais vítimas no Baependy e no Araraquara do que nas outras 13 embarcações afundadas desde o início do ano. [527] Com a possível exclusão dos conflitos armados, jamais tantos brasileiros foram assassinados em tão curto espaço de tempo ao longo da história da nação.

Até meados de agosto, os ataques submarinos do Eixo limitaram-se, sobretudo, aos navios mercantes e suas tripulações. Excetuados os episódios envolvendo o Cabedello e o Cayrú (com 54 e 53 vítimas, respectivamente), o número de baixas nos demais naufrágios foi reduzido, ou até mesmo inexistente. [528] Apesar das manchetes furiosas da imprensa, essas tragédias foram vistas mais como um risco inerente à profissão do homem do mar do que um atentado à soberania nacional. Além disso, os torpedeamentos aconteceram muito longe do Brasil, no trajeto para um país beligerante e em uma zona de guerra do Atlântico.

Entretanto, a ação do U-507 transfigurou a situação radicalmente. Dessa feita, além dos marujos da Marinha Mercante, passageiros militares e civis haviam sido vitimados em uma viagem banal entre estados brasileiros - "em nossas águas territoriais", como o governo divulgou. As notícias de cadáveres de mulheres e crianças chegando às praias de Sergipe provocaram textos indignados na imprensa, sem economia de adjetivos.

O tradicionalmente ponderado jornal *O Globo* produziu algumas das manchetes mais fortes da sua história: "Desafio e ultraje ao Brasil!" (edição matutina), "Crime inominável!" (edição vespertina). Os demais periódicos não ficaram atrás: "Covardes!", exclamou o *Diário da Bahia*; "Brutalidade!", o *Diário de Notícias*; "O mais covarde de todos os atentados contra unidades da Marinha Mercante brasileira", o *Correio do Povo*; "Mais um inominável ato contra o Brasil", o *Jornal do Brasil*; "Com o desconhecimento dos mais elementares princípios de direito e humanidade", o *Correio da Manhã*; "Inominável provocação ao Brasil", o *Diário Carioca*.

O Departamento de Imprensa e Propaganda (DIP) retardou a divulgação da tragédia. Embora os ataques tivessem acontecido na noite do sábado, dia 15, somente na terça-feira, dia 18, a imprensa foi autorizada a noticiar o ocorrido.[529] Em um comunicado posterior, o DIP esclareceu que seguira para o Nordeste, a bordo do Baependy, parte de uma unidade do Exército "com reduzido efetivo em praças, dos quais alguns poucos eram reservistas convocados, não tendo, portanto, fundamento as notícias propaladas sobre elevadas perdas militares a lamentar".

O governo mentira escancaradamente. No fundo do mar, com o navio, estava metade do efetivo do 7° Grupo de Artilharia de Dorso, incluindo o seu comandante, o Estado-Maior e as peças de artilharia da unidade. A outra metade do grupo teve destino semelhante, a bordo do Itagiba, também vitimado pelo U-507. O grupo de artilharia fora aniquilado por Harro Schacht.

A imprensa, por sua vez, misturou fatos a notícias fantasiosas, atiçando os ânimos da população. "Expedia S.O.S. para atrair os navios brasileiros!", noticiou, por exemplo, *O Globo*, na capa da sua edição vespertina, informado por "uma fonte segura" de que o Araraquara e o Aníbal Benévolo haviam sido atraídos por falsas mensagens de S.O.S. do U-boot atacante: "O submarino do Eixo, após torpedear e afundar o 'Baependy', passou a pedir socorro, com o fim de atrair as outras unidades brasileiras".[530] A cobertura jornalística deficiente e sensacionalista também difundiu boatos sem fundamento sobre o destino dos náufragos. O *Correio Paulistano* afirmou que os sobreviventes do torpedeamento do Baependy haviam sido metralhados: "notícias vindas do norte dizem que, num requinte de crueldade, os nazistas metralhavam os náufragos do Baependy que procuravam aproximar-se das baleeiras".[531]

220 Operação Brasil

Na prática, as únicas vítimas dos ataques apregoados pela mídia foram exemplares da fauna marinha, que arcou com o ônus da histeria e da falta de treinamento dos pilotos. Baleias nadando pacatamente em alto-mar foram despedaçadas por bombas, ao serem confundidas com inimigos submersos. Nem os tubarões escaparam. O rastro das suas barbatanas na água, vistos de longe, foram identificados e atacados como se fossem periscópios de submarinos. Em 21 de agosto, um Catalina do esquadrão VP-83 bombardeou o que acreditava ser um submarino submerso próximo a Itabuna.[532] Cinco dias depois, um avião de reconhecimento e bombardeio Vultee V-11, com tripulação brasileira, realizou um ataque a um suposto U-boot na altura de Araranguá-SC. Os estilhaços de uma das três bombas de 250 Kg lançadas a baixa altitude contra o alvo danificaram a aeronave, obrigando-a a realizar um pouso de emergência em Osório-RS.[533]

O medo disseminado entre a população fez com que muitas pessoas acreditassem ter visto submarinos em diversos pontos do litoral brasileiro. Até no distante arroio Chuí, a paranoia coletiva avistou o inimigo.[534] Contudo, nenhuma dessas informações é autêntica, conforme pode ser visto nos Diários do B.d.U. e nos registros da Marinha italiana. O submarino alemão de Harro Schacht permaneceu no mar do Nordeste somente até 27 de agosto. E foi o único. Somente no ano seguinte outro submarino do Eixo voltaria ao Brasil. O primeiro U-boot alemão afundado próximo ao litoral brasileiro seria o U-164, quase seis meses depois, em 6 de janeiro de 1943.[535]

O efeito dos ataques de agosto de 1942 sobre a população foi imediato. Das grandes metrópoles até as pequenas cidades do interior, multidões repudiaram o ato covarde. O povo lotou as ruas na cidade mineira de Juiz de Fora, cantando o hino nacional e ovacionando o nome do presidente Getúlio Vargas. O comércio fechou as portas espontaneamente e nem os cafés – costumeiramente abertos – funcionaram. Nas fachadas dos prédios públicos, a bandeira nacional foi hasteada a meio mastro. Em Recife, por exemplo, a imprensa foi veemente:

> Nesse momento, em vários lares brasileiros, há sofrimento e lágrimas. Mas também existe algo em todos eles, como por todo o país, a absoluta confiança no governo da República. Se Roma, Tóquio e Berlim pensam que podem nos intimidar com atos tão selvagens, eles estão completamente enganados. Nosso orgulho jamais será abatido. Saberemos confrontar o inimigo – quando e exatamente como toda a bravura que sempre caracterizou esta nação quando a sua honra foi atingida.[536]

Nessa mesma cidade, uma multidão calculada entre 500 e 1.000 pessoas marchou pela rua do Bom Jesus, arrancando placas de várias lojas que supunham pertencer a cidadãos de países do Eixo. Conforme o grupo avançava, a violência aumentava. Foram arrombados e saqueados praticamente todos os estabelecimentos com nomes alemães e italianos. A polícia foi chamada, colocando seus homens armados em frente a uma loja alemã, advertindo os arruaceiros de que abriria fogo caso eles tentassem invadir o local. Contudo, nem mesmo o aparato policial foi suficiente para intimidar a massa, que avançou afastando os policiais, depredando e saqueando a loja comercial.[537]

Na capital, a retaliação contra os descendentes de alemães e italianos foi ainda mais severa.

A Companhia de Cigarros Souza Cruz apressou-se em mandar publicar um anúncio pago nos jornais, com o intuito de desmentir boatos de que estaria "despedindo empregados sem motivos legais". A empresa esclareceu que "se limitou a suspender, afastando desde logo de suas funções, os súditos do Eixo diante [sic] do covarde e perverso afundamento de navios brasileiros".[538]

Aproveitando-se da situação, o Estado Novo não titubeou em se apropriar do patrimônio dos estrangeiros. Oficialmente, a tomada dos bens do Eixo tinha o objetivo de ressarcir os danos materiais à Marinha Mercante – em especial, as perdas da frota do Lloyd Brasileiro –, mas, na prática, também serviu aos objetivos políticos de Getúlio Vargas.

O ataque alemão foi também usado por Vargas para aproximar os estudantes dos interesses do governo. Como nas demais esferas da sociedade, o ditador populista fazia questão de angariar o suporte acadêmico para seu governo. Por isso, no início de dezembro de 1938, fez questão de comparecer à abertura do II Congresso Nacional de Estudantes, mostrando apoiar as demandas dos jovens. Durante essa solenidade, esteve acompanhado pelo ministro da Educação, pelo presidente da Casa do Estudante do Brasil e por representantes de 42 agremiações escolares, para tratar do "problema da unificação das organizações acadêmicas do país".[539] No início de fevereiro de 1942, Getúlio acabou reconhecendo a UNE por meio de um decreto presidencial.[540] Durante a ditadura varguista, essa entidade estudantil funcionava como um órgão anexo ao regime, ocupando uma sala do Ministério da Educação. Valorizando o culto à personalidade, característica dos regimes totalitários, seus integrantes passaram a exibir estandartes com o rosto de Getúlio em suas eventuais manifestações.[541] Não foi encontrado o registro de nenhum protesto acadêmico contra a repressão brutal empreendida pelo regime do Estado Novo, durante o qual os diretores da UNE tiveram uma atuação altamente discutível (sendo, posteriormente, acusados de omissão em face do governo ditatorial que esmagava as liberdades individuais).[542]

Quando Hitler rompeu o Pacto Molotov-Ribbentrop de não agressão e de partilha do leste europeu (Polônia, Finlândia e países bálticos), atacando a União Soviética em junho de 1941, as facções democráticas e comunistas da entidade uniram-se contra o inimigo comum: o nazifascismo. Porém, a primeira manifestação de peso organizada pela UNE aconteceria apenas em 28 de agosto de 1942, num comício promovido no campo do Fluminense, que reuniu cerca de 30 mil pessoas.[543]

A subserviência da UNE ao Estado Novo foi recompensada. Na praia do Flamengo funcionava o luxuoso Club Germânia, frequentado por brasileiros, alemães e seus descendentes, num dos locais mais nobres da cidade. O belo clube, com três andares e uma cobertura, ficava de frente para a enseada de Botafogo, com vista para o Pão de Açúcar. Mesmo após adaptar seus estatutos às leis abusivas impostas pela ditadura, compondo a diretoria da sociedade somente com brasileiros natos, a entidade foi fechada e, posteriormente, desapropriada pelo governo por ser "nociva aos interesses nacionais".[544] Integrantes da UNE e de outras agremiações estudantis interessados em utilizar o imóvel entregaram uma petição a Vargas, que despachou favoravelmente o pedido. O prédio foi ocupado em 14 de setembro de 1942.[545]

Em 18 de agosto de 1942, populares concentraram-se em diversos locais da capital federal. Entre eles, na Faculdade Nacional de Direito, na praça Floriano e no Teatro Nacional, realizando comícios com oradores revezando-se em discursos cada vez mais exaltados. Na Cinelândia, um grupo de estudantes reuniu-se em torno de uma bandeira do Brasil, nas escadarias do Teatro Municipal. Em dado instante, uma jovem levantou-se indignada e bradou: "Nós juramos vingar esse ultraje!". Ao que um formidável coro respondeu entusiasmado: "Juramos!". Foi o sinal. A chama do rastilho que inflamou a massa.

Nesse instante, chegou ao local a viatura do coronel Etchegoyen, chefe de polícia. O público estava apreensivo. Teria ele vindo reprimir a manifestação, como fizera tantas vezes Filinto Müller, seu antecessor? Assim que o coronel saltou do veículo, os presentes o aclamaram. Os temores desapareceram quando o oficial subiu ao topo da escadaria e entoou com os manifestantes o hino nacional. Fazendo uso da palavra, disse que o governo estava tomando as providências necessárias, pedindo que todos tivessem serenidade e equilíbrio. Suas últimas palavras foram abafadas por um verdadeiro estridor: a senha para que o grupo tomasse a avenida Rio Branco, dirigindo-se para os estabelecimentos comerciais de alguma forma ligados aos países do Eixo.[546]

Na esquina com a rua da Assembleia, a multidão deteve-se em frente a um prédio onde funcionava a sede de uma companhia de seguros italiana. De um dos últimos andares, também da empresa, alguém jogou água nos manifestantes. Em resposta, o edifício foi invadido e teve as janelas apedrejadas. O princípio de violência exigiu a intervenção da polícia especial para serenar os ânimos mais exaltados. Mais adiante, a turba parou na porta de um jornal matutino, exigindo que suas portas fossem fechadas, no que foi prontamente atendida.[547] Em geral, o comércio encerrou o expediente de forma prematura, num misto de luto pelas vítimas e de temor pela massa popular que, incessantemente, afluía para as ruas centrais. Viam-se pedaços de jornais simpáticos ao Eixo rasgados, espalhados pelas ruas. Os próprios jornaleiros prontificaram-se a entregar as edições aos populares, temendo que as suas bancas fossem depredadas. Por volta das 15h, o grupo concentrou-se diante do Palácio do Itamaraty, onde saudou uma alocução de Oswaldo Aranha.

No final da tarde, a multidão deslocou-se para o quartel-general do Exército, na praça da República. Lá chegando, um orador pronunciou um discurso vibrante contra os "inomináveis atentados praticados contra a nossa soberania por essa horda de bárbaros que vem envergonhando a civilização e a humanidade há perto de três anos". Um deles exibiu uma pesada placa de bronze com a inscrição "praça Itália", arrancada do logradouro onde se achava instalado o prédio sede da Casa d'Itália, na esplanada do Castelo. O civil trazia consigo o pedaço de metal que, segundo ele, "continha o nome de uma nação desonrada pela agressão praticada contra os brasileiros". Num gesto de patriotismo romântico, o manifestante pediu aos militares que fundissem o metal da placa, transformando-o em balas. Outro orador elogiou as classes armadas, proclamando a confiança que o povo nelas depositava. Em seguida, puxou um entusiástico "Viva" aos "soldados que saberiam vingar a afronta que acabamos de receber".

O povo aclamou o nome de Dutra, que apareceu na sacada do primeiro andar, rodeado de oficiais do seu gabinete, sendo cumprimentado por uma prolongada salva de palmas. O ministro não era afeito a discursos, pois um problema de dicção o tornara um homem discreto e de poucas palavras. Em seu nome, um representante dirigiu-se ao povo, declarando que o Exército estava "cônscio dos seus deveres e responsabilidades, neste grave momento da vida nacional".[548]

Embora a revolta contra os ataques tenha dominado a imprensa e a opinião pública, o alto escalão do Exército não se deixou levar pela emoção. O torpedeamento de dois navios carregados de tropas levou as autoridades a supor que informantes estavam envolvidos no ato criminoso, fornecendo dados sobre a partida e o trajeto dos navios aos submarinos agressores.[549]

Dutra mostrou-se reticente à confrontação com o Eixo desde janeiro, quando enviou uma mensagem ao presidente solicitando que fosse adiado o ato de rompimento.

> [...] até que logremos recursos e eficiência que nos possibilitem uma leal cooperação com os Estados Unidos. Até lá, não nos deixemos conduzir por excitações românticas nem por exemplos de uma platônica atitude de países satélites, pois assim a única coisa que verdadeiramente nos restará será cedermos a nossos aliados armados os mares, os céus e os campos de nossa terra, que, desarmados, não podemos por nós próprios defender, como devêramos.[550]

A imprensa já conhecia de antemão o grau de resistência da cúpula militar a uma escalada bélica contra o Eixo. Por isso, as comemorações do centenário da ação pacificadora do Duque de Caxias receberam destaque especial. No dia 21 de agosto, véspera da reunião ministerial que decidiria os rumos da nação, o *Diário Carioca* publicou um artigo de capa no qual tecia elogios a Caxias e ao Exército. O periódico encerrou o texto com um parágrafo que conclamava o Exército a alinhar-se com "a sabedoria e prudência do governo":

> Caxias, general e homem de Estado, mostrou individualmente como devem se conciliar na sabedoria e prudência do governo as vocações das armas e da política. A lição que nos deixou demonstra que o dever do Exército, inalterável em todas as fases da nossa história, coincide, ponto por ponto, com o dever do governo. A nação agrega-se nessas duas forças coincidentes – desagrega-se na sua divergência.[551]

A capital fervilhava com as manifestações populares, mas a cautela imperava entre as lideranças do Estado Novo – inclusive na pessoa do presidente. Em 16 de agosto, o ministro da Guerra foi recebido por Vargas e anotou:

> [...] informei-o das notícias recebidas sobre o Baependy. Em seguida passou ele a tratar das reações a tomar pelo governo brasileiro em face da agressão. Disse logo não cogitar declarar guerra à Alemanha, medida que considera ridícula, e que não deseja imitar o México.

Getúlio, contudo, mostrou-se inclinado a exercer represálias, a começar pela retaliação comercial e jurídica das propriedades do Reich no Brasil. Dutra lembrou-o da possibilidade de que fossem confiscadas algumas empresas alemãs, úteis à defesa nacional. Vargas concordou com a sugestão, incumbindo-o de apresentar uma relação das firmas.[552]

Não fora uma coincidência a manifestação organizada em frente ao Ministério da Guerra em 18 de agosto. Nesse mesmo dia, Oswaldo Aranha foi recebido por Dutra e por Góes Monteiro para tratar da resposta brasileira. Aranha apresentou o esboço de uma nota a ser enviada ao governo alemão, por intermédio do governo português, protestando contra o ato de selvageria no mar. O ministro das Relações Exteriores era favorável à declaração de guerra, mas Góes Monteiro propôs modificar o projeto, lançando mão apenas de represálias, em vez da luta. Segundo Dutra, Aranha declarou que o presidente havia concordado com a redação sugerida por Góes.[553]

Entretanto, poucos dias depois houve uma guinada na situação política. Em 22 de agosto, Vargas presidiu uma reunião ministerial no Palácio Guanabara, a fim de decidir sobre o posicionamento brasileiro. Surpreendentemente, a opinião presidencial sofrera uma metamorfose. "O dr. Getúlio, que tantas vezes tratando do caso dos afundamentos comigo se mostrava contrário à declaração de guerra, modificou inteiramente seu ponto de vista", observou Dutra. Terminada a reunião, o sorridente líder gaúcho fez pose para os fotógrafos, apertando a mão de cada um dos seus ministros, a fim de passar a imagem de união dentro do governo à imprensa.[554] O que teria causado o câmbio do julgamento de Vargas?

Perscrutar a mente da esfinge getulista é uma tarefa desafiadora. Alzira Vargas afirmou que o pai escondia os pensamentos até de si próprio. Fracassaram os biógrafos que tentaram extrair alguma informação sua diretamente. Em 1940, por exemplo, ele declinou em responder perguntas de cunho autobiográfico a Gilberto Freyre. "Este inquérito descobre qualquer um. Eu não sou homem que se descubra, mas que deve ser descoberto [...]. Gosto mais de ser interpretado do que de me explicar", teria dito.[555]

A extrema cautela em resguardar seus pensamentos tinha efeitos colaterais. Getúlio era um homem isolado na solidão do poder, sem ter alguém com quem pudesse desabafar. Assim, desde 1930, confiava os pensamentos íntimos a um diário pessoal, seu confidente. "Mas tudo isso é comigo e, se escrevo aqui, não falo a ninguém", anotou.[556]

Todavia, mesmo o conteúdo do diário pessoal raramente dá pistas das suas intenções, concentrando-se mais em registrar eventos e impressões pessoais. Sobretudo, Vargas temia a eclosão de um escândalo caso os apontamentos caíssem em poder dos adversários políticos, pois as páginas manuscritas continham o relato de próprio punho dos casos extraconjugais do ditador – um deles com a esposa do seu chefe de gabinete. Em 1941, o extravio de um pequeno bloco de notas, no qual escrevia suas observações – que depois passava a limpo para o diário – o deixou alarmado: "Perdi minhas notas e observações, ou antes, o pequeno bloco que as continha e que me acompanhou na viagem a São Lourenço. Tê-lo perdido não é o pior, mas cair nas mãos de pessoas que podem explorá-lo".[557]

Foi uma pena Getúlio ter encerrado a escrituração do seu diário após o acidente que sofrera no começo de maio. Ele nem sequer deixou pistas dos planos e das motivações de uma mudança de opinião sobre a política externa. O sucesso dos Aliados no campo de batalha certamente não foi uma delas. O noticiário da Rádio de Berlim, em português, era acompanhado atentamente pelas autoridades, ultrapassando o bloqueio da propaganda Aliada que filtrava as más notícias. Em 19 de agosto, um *raid* Aliado contra o porto francês de Dieppe terminou em um fiasco, sem conseguir alcançar quase nenhum dos objetivos propostos. Menos de seis horas depois de iniciada a ação, dos cerca de seis mil homens envolvidos, 3.623 (quase 60%) estavam mortos, feridos ou seriam capturados. No Leste Europeu, a situação era ainda pior: os alemães preparavam-se para o assalto final a Stalingrado.

É provável que as manifestações populares de apoio ao regime tenham desempenhado um papel importante na mudança de opinião presidencial. Quatro dias antes da reunião que definiria a posição brasileira, multidões ocuparam as escadarias do Teatro Municipal e o entorno das estátuas do duque de Caxias e do marechal Deodoro. Entre as faixas exibidas pelo povo, uma dizia: "Queremos a guerra", aparentemente escrita à mão e com a letra "s" invertida – um erro ortográfico que evidencia a origem humilde e espontânea do protesto, diferentemente das faixas padronizadas vistas em outras manifestações encomendadas de apoio ao governo. Nesse mesmo dia, 18 de agosto, quando correu entre os manifestantes a notícia de que o presidente desejava recebê-los, eles dirigiram-se para o Palácio Guanabara.[558] Lá chegando, os portões foram franqueados ao povo. A massa popular rapidamente encheu o amplo salão de entrada do palácio. Ladeado por familiares e assessores, Vargas dirigiu-se à varanda, onde contemplou a multidão que se acotovelava à sua espera. Trajado de paletó e gravata, fez um discurso emocionado, medindo sempre as palavras, com o cuidado de não mencionar os países do Eixo. Afirmou que os traidores seriam punidos: "Serão castigados! [...] Os espiões, os quinta-colunistas e os denunciantes das partidas dos nossos navios irão, de pá e picareta, abrir estradas no interior do Brasil!".[559] A massa foi ao delírio. Dois dias depois, Getúlio receberia outro gesto de solidariedade na residência oficial, dessa vez dos marítimos, representando os sindicatos das companhias de navegação. Milhares de pessoas ouviram o novo discurso, entrecortando-o com palmas calorosas: "O Brasil jamais recuou por ameaça ou pressão! [...] Todos os nossos navios serão comboiados!", discursou.[560]

Vargas e Dutra trataram as manifestações de maneiras distintas – e as fotografias publicadas nos jornais espelham bem essa diferença. Enquanto o taciturno general observou de longe a aglomeração com a fisionomia preocupada, determinando a um oficial do gabinete que lesse uma mensagem aos manifestantes, o político gaúcho fez questão de chamar o povo para os jardins do Palácio Guanabara.[561] Para Dutra, os aplausos devem ter soado como clarins anunciando a guerra; para Vargas, como uma massagem no ego.

O presidente não se via diante do público desde o final de abril. Na ocasião do encontro dos manifestantes com Vargas, um delegado da Faculdade de Direito afirmou que a emoção de vê-lo em pé só se igualava à provocada pelas notícias das agressões sofridas pelo Brasil.[562] É provável que a ida da caravana à residência presidencial tenha sido bem mais do que uma decisão espontânea dos seus líderes. Possivelmente, Vargas fez chegar aos manifestantes o desejo de recebê-los em sua casa, pois almejava fortalecer sua posição, perigosamente fragilizada nos últimos meses em que se mantivera recluso e convalescendo. Uma vez garantido o apoio populista e sindical – do qual o Estado Novo se nutria –, o ditador teria condições de declarar guerra ao Eixo e manter-se no cargo, agora no posto de comandante em chefe de um país em guerra. "Vargas estava fazendo do proletariado o sustentáculo do seu regime e parecia decidido a permanecer indefinidamente no poder", observou McCann. Entretanto, para aprofundar suas raízes no solo da presidência da República, era preciso remover algumas pedras, distraindo a maior oposição política naquele momento: as Forças Armadas. A declaração de guerra era a solução ideal para entreter os militares, afastando-os do jogo do poder.[563] Além do mais, com o povo, os sindicatos, os estudantes e o governo dos EUA a seu lado, quem se atreveria a confrontá-lo?

Dutra pleiteava insistentemente com Getúlio uma medida óbvia em virtude da guerra: a coordenação das forças militares brasileiras sob uma direção unificada. Essa decisão era crítica sob o ponto de vista operacional, especialmente nas regiões onde as Forças Armadas poderiam vir a atuar: Rio de Janeiro, Natal e Recife.[564] Embora a proposta do ministro da Guerra tenha sido aceita pelos ministros civis, ela foi combatida pelo almirante Henrique Aristides Guilhem, ministro da Marinha, e por Joaquim Pedro Salgado Filho, ministro da Aeronáutica. Vargas parece não ter endossado o pedido do ministro da Guerra, pois, sob o ponto de vista político, concentrar tamanhos poderes nas mãos de uma única pessoa era um risco ao seu governo. Poucos dias depois, a direção das operações militares no Nordeste seria unificada, mas não como Dutra havia proposto.

Vargas concederia o Comando a um estrangeiro. Durante a vigência do estado de guerra, de 1942 a 1945, os brasileiros continuariam sem um comando de operações integrado.

Pouco mais de uma semana após o reconhecimento do estado de beligerância, o alvo político de Vargas tornou-se visível com a promulgação do Decreto n° 10.358, em 2 de setembro. Com uma canetada, o ditador surpreendeu os próprios ministros, autoprorrogando seu mandato por tempo indeterminado. O novo decreto condicionava sua permanência no poder à duração do estado de guerra, suspendendo a restrição expressa na carta de 1937, que limitava o mandato presidencial até o dia 10 de novembro de 1943.

*

A ação do U-507 mudou radicalmente o panorama político brasileiro, dando início a uma cadeia de eventos que materializou os temores de Dutra e Góes Monteiro. No plano interno, em meio ao turbilhão de acontecimentos, com a oposição sufocada, o movimento estudantil na coleira e a imprensa controlada pelo DIP, a manobra política de Getúlio – que o mantinha indefinidamente no poder – passou despercebida pela opinião pública. Vargas tornava ainda mais ditatorial o regime, apagando o único lampejo democrático que existia no fim do túnel do Estado Novo. No plano externo, o Brasil declarava guerra a uma potência europeia sem ter a mínima possibilidade de devolver militarmente o golpe tomado. Restava-lhe apropriar-se das empresas e das propriedades do governo alemão em seu território.

Enquanto isso, o Eixo avançava vitorioso na Rússia europeia, no norte da África e no Oriente. No dia seguinte à declaração de beligerância do governo brasileiro, a Wehrmacht alcançou os subúrbios de Stalingrado. Um massivo bombardeio estratégico da Luftwaffe lançou uma tempestade de fogo sobre a cidade. Seguindo à risca o princípio maquiavélico de que os fins justificam os meios, Joseph Stalin proibira os civis de abandonarem o local. O líder soviético alegou que a permanência de mulheres e crianças estimularia os soldados a lutar, ajudando-os a cavar trincheiras e a construir posições defensivas. O ataque aéreo causou a morte de milhares de pessoas, transformando a cidade soviética num cenário de ruínas ardendo em chamas.

Com os exércitos do Eixo guerreando em vantagem em todos os *fronts*, agora cabia aos brasileiros apoiar ativamente os Aliados, cedendo às investidas norte-americanas. Estava o Brasil na situação da jovem prestes a entregar-se ao amante, confiando nas suas promessas e boas intenções.

METAMORFOSE

No final de agosto de 1942, os oficiais brasileiros da Comissão Mista Brasil-EUA reuniram-se em Washington. O grupo estava chefiado pelo general Leitão de Carvalho, com o vice-almirante Álvaro de Vasconcelos representando a Marinha, e o coronel-aviador Vasco Alvez Seco, a Aeronáutica. A notícia da entrada do Brasil na guerra surpreendeu os militares. O paradoxo da situação brasileira – ao mesmo tempo indefeso e beligerante – colocou a faca e o queijo nas mãos da diplomacia dos EUA. Leitão de Carvalho e seus colegas ainda estavam atordoados com o rumo dos acontecimentos, já esperando o retorno do velho discurso que pleiteava a instalação de tropas norte-americanas no Nordeste – agora com o ímpeto redobrado. Qual não foi o espanto, por ocasião da abertura dos trabalhos, quando o major-general J. Garesche Ord, chefe da representação norte-americana, anunciou a nova orientação que, dali por diante, nortearia a ação do seu governo:

> Nós, da América do Norte, estamos adotando agora uma atitude de ofensiva estratégica na proteção do nosso hemisfério. Como consequência, sentimos que, por enquanto, o pessoal para a defesa do Brasil, inclusive o Nordeste, deve provir do país, e esperamos sinceramente limitar nossa contribuição a quadros de instrução para o material técnico e um mínimo de homens necessários ao serviço de guarda em lugares do interior.[565]

A mudança do posicionamento norte-americano surpreendeu os brasileiros.[566] O reconhecimento do estado de beligerância do Brasil com o Eixo, somado a uma série de concessões ao almirante Ingram e à chegada da delegação brasileira a Washington, fez ver aos norte-americanos que o Brasil havia se ombreado inequivocamente aos Aliados. Não havia mais a necessidade do envio de tropas dos EUA ao Nordeste para garantir o uso das bases aeronavais e, muito menos, para impedir uma "invasão do continente".

Acima de tudo, o rumo dos acontecimentos fez nascer uma concepção inovadora na relação entre os dois países: os norte-americanos começaram a tratar os brasileiros mais como aliados do que como tutelados. A mudança de abordagem foi um detalhe sutil – mas de simbologia poderosa – no fortalecimento dos laços de cooperação. A renovada postura diplomática e militar dos EUA foi o começo do fim de um capítulo longo, desgastante e prejudicial aos interesses comuns às duas nações, quebrando as resistências que emperravam a concretização da aliança militar desde a segunda metade dos anos 1930.

O novo quadro também provocou reações favoráveis na política e nas Forças Armadas brasileiras. Em 24 de agosto, Aranha manifestou o desejo do Brasil de aderir à Carta do Atlântico, concordando em empenhar-se na guerra com todos os seus recursos e não fazer a paz em separado com as potências do Eixo.[567] Em 10 de setembro, o Exército brasileiro desengavetou e pôs em prática – com algumas modificações – o Plano de Defesa do Teatro de Operações do Nordeste, proposto por Leitão de Carvalho. Dois dias depois, em Washington, foi aprovada e posta em vigor a Recomendação n° 11, da Comissão Mista de Defesa Brasil-EUA, estabelecida pelo acordo concluído entre os dois países cerca de quatro meses antes.

No Rio de Janeiro, o comandante E. E. Brady, adido naval norte-americano, e o comandante Paul Foster reuniram-se com Vargas no Palácio Guanabara. Ambos explicaram ao presidente o planejamento do esquema de comboios e os problemas enfrentados para organizá-los. Os representantes dos EUA convenceram Vargas da necessidade de um comando único nas mãos do almirante Ingram.[568] A argumentação funcionou. Nesse mesmo dia, Brady relatou que o ministro da Marinha recebera ordem do presidente de passar a Marinha do Brasil para a direção da Força do Atlântico Sul, comandada por Ingram, também comandante da FT-23.[569] A "atitude brasileira excedeu as mais otimistas expectativas" da Marinha dos Estados Unidos.[570]

A inversão da postura brasileira gerou incredulidade entre algumas autoridades norte-americanas. Ao final de setembro, Frank Knox, secretário da Marinha dos EUA, veio ao Brasil para tratar da cooperação militar com as autoridades nacionais. Ingram recebeu o visitante em Natal, acompanhando-o até o Rio de Janeiro. Logo na chegada à capital, durante um encontro reservado, Vargas teria oferecido ao almirante o comando operacional das três forças brasileiras, inclusive no tocante às operações ofensivas e defensivas, pois elas não sabiam trabalhar em conjunto.

As novidades trazidas por Ingram soaram fantasiosas aos ouvidos de Knox. Segundo ele, nenhum país que respeitasse a si mesmo tomaria tal decisão e, portanto, a proposta não iria prosperar. O secretário afirmou que, se Ingram aceitasse a oferta, tornar-se-ia um "fantoche" nas mãos dos brasileiros.[571] Os dois tiveram uma discussão acalorada, na qual Ingram colocou o secretário contra a parede, asseverando que, se as suas ações não fossem aprovadas, ele deveria ser retirado imediatamente do cargo.

O almirante exagerara a autoridade que lhe havia sido, de fato, concedida. Na realidade, em vez do comando das três forças, foi colocada sob suas ordens a Força Naval do Nordeste, sob o comando do capitão de mar e guerra Alfredo Carlos Soares Dutra, que incluía a Divisão de Cruzadores (cruzadores Bahia e Rio Grande do Sul), os navios-mineiros Caravelas, Cabedelo, Camaquã, Carioca, Camocim e Cananeia e os caça-submarinos Guaporé e Gurupi.[572] A Recomendação n° 11, baixada pelo governo brasileiro, que deu forma à coordenação entre as Forças Armadas dos dois países, estabeleceu que "a unidade de comando não autoriza o Comando da Força do Atlântico Sul a controlar a administração e a disciplina das forças brasileiras".[573]

Ingram afirmou que já tivera reuniões com os chefes das três forças, e que planos preliminares já estavam sendo traçados para o início de operações conjuntas. Jogando a responsabilidade por um eventual fracasso das negociações entre os militares dos dois países sobre os ombros de Knox, o almirante alertou que, caso os planos não fossem levados adiante, os brasileiros deveriam ser informados da mudança. Novamente o oficial exagerou na dose. Um ofício do gabinete do chefe de operações navais ao Departamento de Estado, de 25 de agosto de 1942, descreve outro panorama. De acordo com o documento, Ingram reunira-se com oficiais superiores das forças terrestres, aéreas e navais no Nordeste um ou dois dias depois da entrada do Brasil na guerra, quando ficou definido que a Marinha brasileira atuaria sob o comando do norte-americano, a Força Aérea atuaria de forma independente, mas em coordenação com a FT-23, enquanto o Exército coordenaria a defesa do litoral. Apesar do relato positivo, não há evidências indicando uma reunião de Ingram com outros chefes militares que não os instalados no Nordeste. Os registros da FT-23 mostram que houve uma conferência entre Ingram e o almirante Neiva em 22 de agosto, firmando acordos preliminares para operações conjuntas e a troca de informações. Em 24 de agosto, houve uma nova reunião, dessa vez com o comandante do Exército (Mascarenhas de Morais) em Recife.[574]

Após deixar Knox no Rio de Janeiro, Ingram retornou a Pernambuco. O secretário não demitiu o almirante, mas continuou cético com relação às informações que lhe haviam sido repassadas. Ainda sem acreditar que Vargas ousasse confiar a um estrangeiro a defesa da nação, Knox decidiu conferir se realmente existiam os tais planos preliminares traçados com os chefes das três forças. Ele queria "ver para crer". À noite, durante uma recepção na embaixada dos EUA, o secretário manifestou a intenção de conhecer o programa de guerra brasileiro. Anos depois, Góes Monteiro ainda tinha na memória o ocorrido em detalhes.

Acabou por dizer-me o almirante norte-americano que o ministro da Marinha de seu país viera aqui para conhecer do governo brasileiro o nosso programa de guerra e poder julgar, assim, as nossas responsabilidades e contribuições que poderíamos dar. [...] Como a recepção na embaixada já houvesse começado, retirei-me para um dos salões adjacentes, aonde fui ao encontro dos ministros da Guerra, Marinha, Aeronáutica e Relações Exteriores, aos quais me referi o que ocorria, solicitando deles auxílio para sair daquele embaraço, que, embora esperado, não deixava de causar-me funda decepção. Nenhum deles, porém, apresentou qualquer sugestão aceitável.[575]

Atordoado, o general brasileiro encaminhou-se para o seu gabinete no Estado-Maior do Exército, dando ordens para que os seus assessores lá o encontrassem. Góes passou a noite trabalhando junto à equipe na elaboração de um plano para evitar um vexame no dia seguinte. "Fui aí trabalhar o resto da noite, entrando pelo dia seguinte. Elaborei, então, um esquema meio artificioso, que seria o programa de guerra brasileiro", lembrou o general. Apesar da pressa, Góes Monteiro afirmou que os visitantes mostraram-se satisfeitos com a apresentação.[576] Sua inteligência privilegiada e um pouco de "jogo de cintura" lhe permitiram criar, em uma madrugada, os planos de colaboração militar com os EUA estagnados há anos. No retorno da visita, quando passou por Recife, o secretário da Marinha parecia ter se tranquilizado.[577]

*

Ingram soube cultivar um bom relacionamento com as autoridades brasileiras desde a sua primeira visita ao país. Logo de início, o almirante reconheceu que a diplomacia requerida para a situação seria pouco ortodoxa, pois ele não viera ao Brasil como um típico agente diplomático do governo dos EUA, mas como comandante de uma força naval. Primeiramente, sua missão era de reconhecimento; mais tarde, de proteção à navegação; e, por último, de conduzir a guerra contra o inimigo. Sua tarefa envolvia um papel duplo complicado, no qual teria de ser amigável, aberto, honesto e, ao mesmo tempo, um pouco distante e discreto.[578] "Agora era possível colher os frutos da boa vontade com as autoridades brasileiras civis e militares no Nordeste", registraria o norte-americano, tempos depois.[579]

No momento em que o comandante do cruzador Rio Grande do Sul apresentou seus cumprimentos ao almirante, dizendo que recebera com satisfação a ordem do Alto-Comando Naval brasileiro para operar com a FT-23, o norte-americano retribuiu a confiança recebida. Ingram ordenou que o comandante da 19ª Companhia de Marines ficasse subordinado ao comandante do Exército brasileiro em Pernambuco, a fim de que fossem estabelecidas medidas de segurança e proteção do aeroporto de Ibura.[580] A ordem "veio por requisição dos brasileiros e marcou o passo final na superação da hostilidade com relação a norte-americanos armados no litoral", registrou a História Administrativa da USN.[581]

Ingram fez por merecer a confiança dos brasileiros, esforçando-se em prover com seus escassos meios um pouco do apoio que o seu governo se mostrava reticente em ceder. Doou aos novos aliados uma centena de cargas de profundidade de 300 libras, mandando instalar um dispositivo de lançamento no cruzador Bahia, a fim de dotá-lo de uma capacidade antissubmarina mínima. Também cedeu um navio-tanque para ajudar a suprir o combustível das Forças Armadas e designou uma equipe para ensinar os procedimentos norte-americanos de comunicações via rádio aos brasileiros.[582]

O brigadeiro Eduardo Gomes, de início, mostrara-se difícil de lidar. "Este personagem interessante, e competente oficial, estava fortemente inclinado a fazer o que lhe parecia correto, dadas as circunstâncias, independentemente de outras considerações", afirma o relato norte-americano. Entretanto, Ingram soube inverter a situação a seu favor. Quando Mascarenhas de Morais concordou que as forças navais deveriam ter prioridade no Nordeste, Ingram deu sua contrapartida, determinando a subordinação de um oficial do Esquadrão VP-83, como oficial de ligação, ao brigadeiro.[583] "Parte do progresso americano no Brasil avançou ganhando a estima de Gomes. Nenhuma dificuldade houve sobre a questão fundamental, que foi a cooperação para a defesa do Brasil."[584]

O marechal Cordeiro de Farias – cujo irmão, Gustavo, comandava uma brigada de infantaria em Natal – relatou em suas memórias a mudança na relação dos militares brasileiros com os estrangeiros:

> No princípio, houve muita amolação, porque impediam o acesso dos brasileiros às bases onde operavam. Mas, com o tempo, tudo foi se amaciando e os atritos praticamente desapareceram, sobretudo após o início das operações de submarinos alemães no Atlântico Sul, quando uma divisão naval norte-americana instalou-se em Recife, ao lado de guarnições da Marinha brasileira.[585]

Antes da entrada do Brasil no conflito, mesmo a alta capacidade de relacionamento interpessoal do almirante norte-americano era insuficiente para alcançar todos os seus objetivos. Seria humanamente impossível comandar as operações de guerra e, simultaneamente, negociar com as diversas autoridades civis e militares em cada um dos portos brasileiros, onde nem sempre predominavam as relações cordiais, por conta de incidentes envolvendo a marinhagem desembarcada.[586] A declaração de guerra brasileira abriu as portas antes fechadas a Ingram, granjeando-lhe uma série de facilidades.

> Nesta época, os brasileiros concordaram com as quatro mais importantes demandas americanas. Todo aeroporto e base de hidroaviões no país, com todas as suas benfeitorias, estava agora disponível para a TF-23. O pessoal baseado em terra poderia portar suas armas em bases ou aeroportos. Os arsenais de Recife e Bahia foram disponibilizados para a estocagem de bombas e munições. A construção de alojamentos para o pessoal militar americano em Natal, Recife, Maceió e Bahia foi aprovada.[587]

O almirante logo veria crescer a importância do teatro de operações no Atlântico Sul. Sua pequena Força foi continuamente reforçada por diversas unidades e promovida a 4ª Esquadra em março de 1943. No período mais intenso das operações, a frota mobilizaria 141 vasos de guerra, incluindo quatro porta-aviões. Operando longe das bases norte-americanas nos EUA e no Caribe, a FT-23 necessitava dos meios de suporte às operações militares. Todavia, o apoio logístico disponível nos portos brasileiros durante a década de 1940 não ia muito além de alguns itens básicos: fornecimento de água, repouso, recreação, venda de artigos diversos do comércio e de gêneros alimentícios. A maior parte das necessidades em tempos de guerra – comunicações, inteligência, manutenção, fornecimento de combustível e munição – era suprida de forma extremamente precária, ou mesmo era impossível de ser atendida.

Embora a gestão diplomática de Ingram tenha sido extremamente proveitosa, os obstáculos existentes não se deviam somente a fatores políticos. Os maiores problemas diziam respeito à incapacidade dos portos brasileiros de oferecer o suporte logístico adequado às necessidades de uma esquadra em ação de combate. Nem mesmo o suprimento de óleo combustível podia ser feito com eficiência, pois a maior parte da sucateada frota nacional ainda empregava o carvão como combustível. Até o abastecimento de água possuía restrições.[588]

O porto do Rio de Janeiro – o principal do Brasil – foi descrito nos anos 1950 pelo jornalista David Nasser como o "porto da miséria", "culpado da escassez de matéria-prima, ele é semicolonial, acanhado, pequeno, irrisório, não atende ao mínimo das exigências da época atual". Segundo o jornalista, por falta de armazéns livres para o desembarque das mercadorias, "os marujos estrangeiros quase chegam a constituir família no Brasil, tão longa é a espera".[589] Mesmo descontado o evidente exagero, a notória precariedade da infraestrutura portuária brasileira é uma fragilidade histórica da economia nacional, que se arrasta sem solução há mais de um século. Numa carta provavelmente escrita no final de outubro de 1942 – quase dois meses após a declaração de guerra –, Ingram queixou-se a Vargas a respeito da atividade portuária. O oficial alertou sobre o perigo de inanição nos estados do Norte, caso as descargas nos portos continuassem morosas, pois "só a muito custo as autoridades portuárias reconheciam que havia uma guerra em andamento".[590]

No ano de 1942, o suporte logístico da Armada brasileira restringia-se às instalações do Rio de Janeiro. Fora da capital federal, havia apenas um modesto ponto de suprimento, com tanques de óleo combustível, óleo diesel e um depósito de carvão na ilha Rita, em São Francisco do Sul. Em Natal, ainda estava sendo construída uma base da Marinha, cujo projeto fora aprovado em maio do ano anterior.[591] No Nordeste, nem mesmo para a Marinha do Brasil havia benfeitorias militares adequadas para o suporte logístico (reabastecimento, manutenção, suprimento, apoio de saúde, depósitos de munição). Em virtude das condições dos portos brasileiros, as regalias concedidas a Ingram eram insuficientes para prestar o apoio minimamente necessário à sua força-tarefa. "Havia falta de muitas coisas aqui", registrou um relatório da Marinha dos EUA sobre Recife, futuro QG da força-tarefa norte-americana. "O suprimento de combustível era muito limitado. Tão limitado que obrigava muitos navios a aguardarem ociosamente antes de obtê-lo".[592]

Obras e melhorias precisavam ser feitas com urgência para atender à crescente demanda. Nem os dois maiores portos nordestinos – Salvador e Recife – possuíam docas para o conserto das embarcações. No início de 1944, ainda não havia instalações adequadas com essa finalidade, e a prestação de serviços era inadequada.[593] Se houvesse necessidade de reparos em um dos navios de guerra, ou de tratamento médico especializado para um dos marinheiros norte-americanos, a solução teria de ser buscada na base naval mais próxima, no golfo do México ou do mar do Caribe. Hospitais militares tiveram de ser construídos pelos estrangeiros em várias cidades. Foram trazidos dos EUA dois diques flutuantes para reparos – um de mil e outro de três mil toneladas –, sendo o primeiro instalado em Natal, e o segundo, em Salvador. Na chegada de um dos diques ao Rio Grande do Norte, no meio da guerra, 26 navios aguardavam seus serviços na fila de espera.[594]

Homem-chave – Ingram uniu a habilidade diplomática, a astúcia política e o talento militar, conquistando a confiança dos brasileiros, iludindo o secretário da Marinha e assumindo com sucesso o Comando da defesa Aliada no Atlântico Sul.
(1) Com Getúlio Vargas, setembro de 1942; (2) Comandante da 4ª Frota e da Força do Atlântico Sul (foto tirada entre 1942 e 1944); (3) Recebendo uma condecoração do almirante Guilhem, ministro da Marinha brasileiro, setembro de 1942; (4) Em 1935, na ponte de comando do uss Litchfield, aparentemente surpreendido durante um cochilo; (5) Com Roosevelt e Vargas em Natal, janeiro de 1943. O presidente norte-americano fez piada com Ingram, afirmando que o jipe onde estavam poderia desmontar-se com o peso do oficial; (6) Em 1943, com Frank Knox, secretário da Marinha dos EUA em visita ao Brasil.

Metamorfose 237

No campo organizacional, Ingram coordenou o planejamento da defesa do Atlântico Sul em níveis sucessivos. Aparadas as arestas com as Forças Armadas do Brasil, o almirante acertou suas atribuições junto ao secretário Knox. Oito dias após a declaração de guerra brasileira, o almirante reuniu-se com o general Walsh e os demais representantes do Exército. Tomando uma iniciativa ousada, Ingram anunciou que, como o mais antigo comandante militar na área, estava assumindo o comando das operações como "chefe das Forças Aliadas no Atlântico Sul".[595] Embora o relacionamento entre Ingram e Walsh tenha sido descrito como eficiente e sem rusgas, a U.S. Navy exigiu a formalização da sua autoridade no Brasil. Assim, por insistência da Marinha, o Exército dos EUA emitiu uma diretiva conjunta abrindo mão da autoridade sobre toda operação antissubmarino e outras atividades de combate no Atlântico Sul.[596]

Após acertar os ponteiros com seus patrícios do Exército, foi a vez de Ingram reunir-se com os ingleses, junto aos quais trabalhava de forma limitada.[597] Extraoficialmente, a Marinha Real Britânica não era estimada no Brasil, devido aos incidentes ocorridos no início da guerra, quando embarcações inglesas abordaram os navios nacionais na saída dos portos, à caça de passageiros do Eixo. Além disso, o bloqueio inglês impedira que boa parte do material bélico encomendado pelo Ministério da Guerra à Alemanha chegasse ao Brasil, o que levou as autoridades militares a pensar com seriedade até mesmo no rompimento das relações diplomáticas com o Reino Unido. Em virtude da animosidade entre as duas nações, os navios ingleses em patrulha no Atlântico Sul aportavam em Montevidéu, onde "o sentimento antibritânico não era tão forte".[598]

O novo posicionamento brasileiro superou as antigas rusgas, abrindo caminho para as operações militares em três dimensões no Atlântico Sul. Em 22 de agosto, Ingram foi informado de que o almirante Frank Henderson Pegram, comandante das forças navais britânicas do Atlântico Sul, obteve permissão para vir ao Brasil, a fim de participar de uma conferência em setembro.[599] Nela compareceram os adidos navais dos EUA e do Reino Unido para discutir os detalhes da ação militar conjunta; em especial, a operação de bloqueio da linha Recife-Takoradi (colônia britânica da Costa do Ouro). Foi acertada a instalação de um quartel-general em Recife, onde todos os comandantes militares da Marinha e da Força Aérea deveriam manter oficiais de ligação operando na linha vital Fortaleza-Natal-Recife.

O quartel-general da USN uniu os representantes da Marinha, do Exército e da Força Aérea Brasileira; o Comando de Transporte do Exército dos EUA; o serviço de inteligência britânico (logo depois descontinuado); um centro de informações para oficiais; e um centro administrativo para os comandos Aliados. No campo operacional, foi estabelecida a cooperação estratégica entre a Marinha inglesa e a norte-americana, demarcando áreas de responsabilidade para as duas Armadas. Para os britânicos, foi destinada a região a leste de Freetown; para os norte-americanos, o espaço entre Recife e a ilha de Ascensão.[600] Uma vez organizada a defesa do Atlântico, a virada da maré da guerra a favor dos Aliados não tardaria a chegar.

Ingram ajudou a promover o degelo gradual das relações entre brasileiros e britânicos, concorrendo para que, em dezembro, a comunidade britânica promovesse um almoço em homenagem a Oswaldo Aranha.[601] Foi graças à cooperação brasileira que o comboio WS-24 pôde sair da Inglaterra, passando pela Nova Escócia e chegando a Bombaim, na Índia, ao final de dezembro de 1942.[602] Os navios transportavam uma Divisão de Infantaria com 20 mil ingleses e canadenses com destino ao teatro de operações do sudeste asiático. O trajeto pelo litoral brasileiro, usando a cobertura da aviação, era imprescindível à segurança do comboio, pois a atividade submarina alemã junto à costa da África tornava o reabastecimento em Freetown extremamente arriscado. O comboio chegou a Salvador em 17 de novembro, sendo suprido de combustível e água. Por insistência das autoridades brasileiras, foi dada uma rara oportunidade para que as tropas desembarcassem, marchando numa espécie de parada da vitória pelas ruas de Salvador. Os baianos ainda estavam eufóricos com os desembarques Aliados no norte da África, ocorridos cerca de dez dias antes.[603] A mesma cena seria inimaginável poucos meses antes.

"A declaração de guerra brasileira à Alemanha e à Itália, em agosto, teve um grande efeito sobre a organização naval em Recife", conta a *História administrativa do Comando da Força do Atlântico Sul.*[604] Na esfera logística, uma série de medidas foi tomada para permitir a melhoria e a ampliação dos serviços da infraestrutura portuária brasileira. Dez dias depois da entrada do Brasil no conflito, Ingram obteve de imediato a permissão do ministro da Marinha brasileiro para construir estruturas para a FT-23 em terra, usando uma verba de 300 milhões de dólares disponibilizada pelo Departamento da Marinha.[605] No porto de Recife, os norte-americanos instalaram a Base Fox, construindo o Hospital Knox, paióis de munição e centros de recreação em outros pontos da cidade. Em Salvador, foi construída a Base Baker, com o equipamento necessário à calibragem dos sistemas de desmagnetização dos navios: fundamentais para evitar a ação dos torpedos com ogiva de orientação magnética. No Rio de Janeiro, a FT-23 organizou uma base naval de operações, utilizando o arsenal de Marinha para o reparo dos seus navios. Foram instaladas diversas estações de radiogoniometria ao longo do litoral, destinadas a levantar a posição dos U-boote, de navios piratas e de rompedores de bloqueio, com base na triangulação das suas emissões de rádio.

Metamorfose *239*

Em 1º de outubro de 1942, o embaixador dos EUA recebeu autorização para instalar 43 observadores navais nos principais portos brasileiros, com o objetivo de facilitar os contatos entre as Forças Navais e as autoridades locais, civis e militares. Nos anos seguintes, a Força do Atlântico Sul continuaria desenvolvendo uma gama de operações e missões: escolta de comboios, interceptação de rompedores de bloqueio em trajeto do Oriente para a Europa; busca de submarinos e navios corsários inimigos; proteção para a costa norte-nordeste brasileira; e o apoio à instalação de uma base aérea na ilha de Ascensão, entre outras. A metamorfose da aliança militar Brasil-EUA favoreceu tanto o incremento do poder naval quanto do poder aéreo de patrulhamento e de transporte no Atlântico Sul-Central.

Até meados de agosto de 1942, as restrições aos planos militares dos EUA no norte-nordeste brasileiro permaneciam sem uma solução à vista. Apesar da assinatura do acordo militar entre os dois países, continuava latente a obstrução às obras de construção e de melhoria nas bases aeronavais – de forma velada ou não. Em 22 de agosto de 1942, apenas 30% das obras planejadas para Parnamirim Field estavam concluídas.[606]

Na segunda metade de 1942, ficou evidente que a eficiência das patrulhas aéreas antissubmarino estava vinculada à expansão das bases aeronavais no Brasil. Como chefe das Forças Aliadas no Atlântico Sul, Ingram assumiu a responsabilidade pelo fortalecimento da estrutura militar dos EUA no Brasil. Trocou-se a fórmula malsucedida que vinha sendo utilizada desde o final da década anterior, na qual o Programa de Desenvolvimento de Aeroportos (ADP) gerenciava o projeto de expansão dos campos de pouso sob a orientação do Exército.

Após Ingram tomar as rédeas da situação no Brasil, a Marinha dos EUA assumiu os encargos de construção e de melhorias das bases por meio do Bureau of Yards and Docks.[607] Em setembro, o capitão C. A. Trexel, da Marinha dos EUA, recebeu ordens para fazer uma viagem de inspeção a Trindad e ao Brasil. Sua missão era avaliar os campos de pouso existentes e a possibilidade do estabelecimento de outros mais.[608] As benfeitorias foram aprimoradas pela ação da Marinha que, a partir do segundo semestre de 1942, trouxe para si os encargos de administração e construção, em certos casos, com a colaboração do corpo de engenheiros do Exército e do ADP. Foram construídos alojamentos, usinas de tratamento de água, hangares de guarda e manutenção, estocagem de hélio para balões, depósitos de combustível, dutos para o transporte de combustível, depósitos de munição e até usinas de geração de energia.[609]

Diversas instalações tiveram de surgir do zero, sendo necessário provê-las praticamente de tudo: geradores, água potável, suprimentos, e variadas benfeitorias.

240 Operação Brasil

Foram construídas bases militares em locais remotos, encravados na floresta amazônica, como no lugarejo de Igarapé-Açu, no Pará. Algumas estavam tão afastadas da civilização que, após a desmobilização em 1945, suas dependências foram retomadas pela selva, como a base de dirigíveis construída no município de Amapá, localizada a 300 quilômetros de Macapá.

Após a declaração de guerra brasileira, foi impressionante a velocidade com que a estrutura de Parnamirim Field evoluiu. Em 1944-1945, sua área aumentou para 1.340 hectares. Foram construídos cerca de 400 prédios, um hospital para 200 leitos, grandes refeitórios, teatros ao ar livre e internos, dois clubes de oficiais e um para subtenentes, hangares externos, oficinas de reparação, torre de controle e quartel-general. A configuração física da base aérea em 1945 contrastava vivamente com a precariedade das instalações no inverno de 1942, quando ainda eram limitadas a duas pistas, um punhado de construções antigas e a um aglomerado de barracas que abrigava os soldados de forma precária.

Trocou-se a rotina de bebedeira e arruaças da tropa nos bordéis de Natal por outras consideradas mais decentes e saudáveis. Foram erguidas instalações recreativas que ofereciam projeções de cinema e shows, além de programas de estudos e de esportes para os soldados, que os levavam para nadar na praia de Ponta Negra usando a nova estrada asfaltada conhecida como a "Pista Americana".[610] A administração da base passou a convidar as moças da cidade para os bailes abertos ao público: *"For All"* (para todos). Enciumados, os brasileiros chamavam os ônibus encarregados do transporte das jovens para a base de "marmitas".

Com a rota aérea do Pacífico cortada pelo avanço japonês, a rota alternativa brasileira carreou todo o tráfego aéreo para a África e a maior parte dos aviões e suprimentos emergenciais para Índia, China e URSS. "Por volta de maio de 1943, em um único dia, a Base Aérea de Natal estava lidando com mais movimento de aviões do que fazia em um mês, um ano antes".[611] Nesse mesmo ano, "a rota aérea do Brasil, planejada para a defesa hemisférica, tornou-se um funil aéreo para os campos de batalha do mundo". No auge do conflito, Parnamirim Field era o mais congestionado aeroporto do planeta, com aviões pousando e decolando de três em três minutos. Pelo seu papel na vitória das Nações Unidas, a base se tornaria conhecida como "Trampolim da Vitória".[612]

Por fim, foi edificada uma extensa cadeia de bases aéreas na costa brasileira, que ia desde o estado do Amapá, perto da fronteira com a Guiana Francesa, até Santa Cruz, no Rio de Janeiro. Completadas em dezembro de 1944, foram erguidas ao todo 37 bases em quase todos os países da América Central e do Sul, fornecendo o suporte logístico à campanha Aliada no Oriente Médio, no norte da África e no sul da Europa.[613] Pelos campos de pouso no Nordeste transitaram esquadrilhas inteiras de bombardeiros e caças de curto alcance. Era possível remetê-las por via naval, mas o procedimento era extremamente lento e perigoso, demorando meses até que as aeronaves pudessem ser empregadas. Em 1942, as remessas do porto de Nova York levavam mais de dois meses para alcançar o Egito. Já o tráfego por via aérea não durava mais do que alguns dias. A utilização das bases navais e aéreas no Brasil foi vital para a chegada do apoio logístico aos vários teatros de operações.

*

A importância do teatro de operações do Atlântico Sul - desconhecida da maioria dos brasileiros - vai muito além das citações oficiais. Na *História administrativa da Marinha dos EUA na Segunda Guerra Mundial*, as duas primeiras linhas da introdução do volume dedicado ao Comando da Força do Atlântico Sul evidenciam o papel da frota comandada por Ingram: "Esta é a história da frota e da campanha que ganhou e manteve o controle do Atlântico Sul durante o período mais crítico da guerra".[614]

Em dezembro de 2011, foi comemorado o 70° aniversário do início das atividades conjuntas Brasil-EUA, relembrando a chegada do primeiro esquadrão de aeronaves da USN ao Rio Grande do Norte. Na ocasião, foi inaugurada na Base Aérea de Natal uma placa materializando a passagem da data histórica, doada pelo comandante do Comando Sul dos Estados Unidos da América. Nela está escrito o seguinte:

> De 1941 a 1945, os militares brasileiros e americanos trabalharam lado a lado no Nordeste brasileiro para fornecer apoio vital às Forças de Combate na África, Europa e além. Com o fechamento da Rota Aérea do Atlântico Norte devido ao inverno, a Rota Aérea do Atlântico Sul, através do Nordeste do Brasil, controlou virtualmente todo o tráfego aéreo para os campos de batalha do mundo, incluindo aviões e suprimentos de emergência para a Índia e China, materiais para a União Soviética e equipamento e pessoal para a África e a Europa. Sem a ajuda imensurável dos militares brasileiros no Nordeste do Brasil, a vitória não teria sido possível. Por causa da sua proeminência nessas operações conjuntas, a Base Aérea de Natal ficou conhecida como o "Trampolim da Vitória".[615]

É provável que o almirante Ingram tenha exagerado, propositadamente, quanto à autoridade que lhe fora delegada pelo governo brasileiro, bem como acerca dos planos supostamente traçados junto às autoridades nacionais. Por si só, a entrada do Brasil na guerra não garantia, automaticamente, o sinal verde para a consecução dos planos militares dos EUA. Era preciso alguém em quem os brasileiros confiassem para conduzir esse processo, pois era notório o fracasso da gestão conduzida pelos representantes do Exército até então. Ao contrário de Miller e Walsh – seus patrícios do Exército, alçados às pressas ao generalato para relacionarem-se com as autoridades nacionais –, Ingram era o oficial em que os brasileiros depositavam absoluta confiança.[616] Fora ele promovido ao almirantado bem antes do começo da guerra. De acordo com McCann, ele "possuía a combinação certa de tato, energia e determinação para conseguir que as coisas fossem feitas e se comportava com um vigor inato, uma certa imponência" que tanto agradava quanto impressionava os brasileiros.[617]

Sua atitude de assumir o comando das operações militares, provocando a emissão de uma diretiva conjunta que lhe dava a chefia das forças Aliadas no Atlântico Sul, visava desempenrar a relação dos norte-americanos com os brasileiros. Ao assumir o comando das operações, o oficial conduziu o processo de distensão entre os exércitos dos dois países, tornando possível, ao final do ano, a instalação em Natal do quartel-general da Ala do Atlântico Sul do Comando de Transporte Aéreo (SADATC), bem como do quartel-general do teatro de operações em Recife, ambos comandados pelo general Walsh.

Parnamirim Field – Foto sem data (provavelmente durante o 1° semestre de 1942). Ao fundo está a precária "cidade das tendas", onde ficou alojada uma companhia de Marines. (1) Área de Parnamirim Field; (2) Hangar da LATI; (3) LATI hotel; (4) Hangar da Air France; (5) Setor oeste da futura Base Aérea de Natal (BANT).

Em construção – foto sem data (provavelmente no início de 1943). Parnamirim Field e a Base Aérea de Natal estão repletas de canteiros de obras. Detalhe para os Curtiss P-40 da FAB estacionados junto ao hangar da LATI. (1) Área de Parnamirim Field; (2) Hangar da LATI; (3) LATI hotel; (4) Hangar da Air France; (5) Futura Base Aérea de Natal (BANT).

Sinal verde – Após a declaração de guerra brasileira, as tendas de Parnamirim Field dão lugar a alojamentos (maio de 1943).

O "Trampolim da Vitória" – Parnamirim Field foi a maior base aérea dos EUA fora do seu território durante a Segunda Guerra Mundial. Foto aérea sem data (provavelmente obtida em 1945).

Coube a Ingram uma parcela substancial do sucesso da aliança militar entre o Brasil e os EUA. Ele logo compreendeu que o sucesso dos seus planos não comportava a mais remota tentativa de interferência na política interna brasileira – algo que os seus colegas de farda não observaram.[618] Substituindo o Exército na condução das obras nas bases aeronavais, Ingram superou as reservas quanto aos pedidos norte-americanos, agravadas desde o incidente de dezembro de 1941, quando três companhias de Marines desembarcaram em Belém, Natal e Recife à revelia dos brasileiros. Somente em 1943, o Exército dos EUA obteria autorização para que o seu corpo de engenheiros assumisse os encargos das obras em Parnamirim Field, transformando a precária "cidade das tendas" na maior base aérea norte-americana fora do seu território.[619]

A trajetória de Ingram é relativamente pouco reconhecida, mesmo entre os historiadores militares. Enquanto as vidas de outros comandantes militares, como Rommel, Montgomery, Patton, De Gaulle e MacArthur foram exaustivamente abordadas pelos biógrafos, a verdadeira dimensão da obra do carismático almirante norte-americano é subestimada.

Ingram uniu os dotes de um eficiente estrategista naval aos de um diplomata, administrador e político habilidoso. Seu depoimento para a introdução da *História do Comando da Força do Atlântico Sul* resume a base do êxito da sua missão: "Em minha opinião, o sucesso da Campanha do Atlântico Sul foi baseado no espírito da Força do Atlântico Sul e sua capacidade de fornecer uma liderança inspiradora para os nossos aliados sul-americanos".[620] O corpulento oficial foi o grande responsável por abrir as portas do Brasil ao esforço de guerra Aliado, mesclando a costumeira eficiência operacional e administrativa anglo-saxã ao temperamento alegre, franco, tipicamente latino. "Sua capacidade de sedução e seu espírito aberto conquistaram por completo Vargas e as autoridades brasileiras", conta McCann.[621] Não era por menos. Uma mensagem do militar ao chefe de Operações Navais, em maio de 1942, revela o quanto ele estava a par da real conjuntura brasileira e dos caminhos que levariam à união entre os dois povos.

> Eles têm medo do nosso Exército. Definitivamente eles não estão prontos para receber uma guarnição do Exército dos EUA. [...] O Brasil é agora a grande nação latina no mundo, com recursos ilimitados, e o futuro desse grande país, em certa medida, depende de nós [...] É o toque pessoal aqui que atingirá resultados [...] Para os EUA colherem os benefícios da expansão e do desenvolvimento [brasileiro], uma leal camaradagem, baseada na confiança mútua, precisa ser cultivada e preservada [...] É um grande erro tentar vender os EUA na América do Sul. Maior progresso será alcançado cultivando a amizade e desenvolvendo a confiança e o respeito mútuo.[622]

Ingram soube aproveitar as oportunidades abertas com a ação do U-507 no litoral do Nordeste, fortalecendo a estrutura defensiva aérea e naval dos EUA no país. Até 22 de agosto de 1942, não havia sido afundado um único submarino nazista na porção intertropical do oceano Atlântico (trecho entre os trópicos de Câncer e de Capricórnio, excluindo o golfo do México e o mar do Caribe).[623] As perdas navais restringiam-se aos navios mercantes e de passageiros de bandeira Aliada, cuja tonelagem perdida colocava em xeque a capacidade da indústria norte-americana de lançar ao mar mais navios do que o Eixo encaminhava para o fundo do oceano.

A declaração de guerra brasileira marcou o ponto de inflexão da Batalha do Atlântico Sul, possibilitando o aumento expressivo do número de submarinos do Eixo afundados a partir do segundo semestre daquele ano. Em 1943, foram destruídas 18 unidades alemãs na região mencionada. Como cada U-boot em missão no Atlântico Sul afundava, em média, 4 navios por missão, num total de 12 por ano, calcula-se que somente os 18 submarinos destruídos seriam capazes de afundar 216 navios inimigos naquele ano, provocando o colapso do sistema de apoio logístico Aliado em vários teatros de operações.

A metamorfose da aliança militar Brasil-EUA foi decisiva para virar a maré da Batalha do Atlântico. Sem a declaração de guerra brasileira, teriam prosseguido os obstáculos à concretização dos planos militares norte-americanos no Brasil, inviabilizando a estratégia de guerra antissubmarina Aliada. Caso a posição brasileira se mantivesse inalterada em 1942, as "matilhas de lobos cinzentos" de Dönitz devorariam os suprimentos desesperadamente aguardados pelos ingleses e russos. Em vez da África, da URSS e do Oriente, as profundezas do Atlântico Sul receberiam a carga dos navios mercantes nos meses decisivos que marcaram a virada do conflito, em 1942-1943. Parnamirim Field limitar-se-ia a um campo de pouso, com as obras de ampliação estrutural arrastando-se indefinidamente nas mãos da Panair do Brasil. Não fosse, portanto, a ação de Harro Schacht, talvez a base norte-americana jamais recebesse a alcunha de "Trampolim da Vitória" – se houvesse vitória.

Mais do que qualquer outro personagem, o agente provocador das transformações ocorridas no cenário político-militar brasileiro, em agosto de 1942, foi o comandante do U-507. Graças a Harro Schacht, foi aberto o caminho para a materialização da aliança militar Brasil-EUA, encerrando a longa queda de braço entre os militares das duas nações.

Além de levar o Brasil à guerra, o U-507 esteve envolvido em outro episódio da mais alta relevância para os destinos do conflito, até hoje ignorado pela historiografia militar.

O navio do tesouro

Há algo que possamos fazer imediatamente que possa mudar os
rumos da situação no Oriente Médio a nosso favor?
Roosevelt a Marshall, 30 de julho de 1942

EGITO EM CHAMAS

Na manhã do dia 21 de junho de 1942, os dois homens mais poderosos do Ocidente estavam reunidos no salão oval da Casa Branca, em Washington. O presidente norte-americano Franklin Delano Roosevelt e o primeiro-ministro britânico Winston Leonard Spencer Churchill discutiam com seus respectivos estados-maiores a estratégia da guerra Aliada contra o Eixo. No meio da reunião, um telegrama chegou às mãos de Roosevelt. O presidente leu a mensagem e, sem dizer uma só palavra, repassou-a a Churchill, que estava em pé ao seu lado. Ao tomar ciência do conteúdo, o inglês deu meio passo para trás, como para melhor se equilibrar. Suas famosas bochechas rosadas empalideceram subitamente. O teor da mensagem era devastador: "Tobruk rendeu-se. Vinte e cinco mil homens foram feitos prisioneiros". A fortaleza inglesa no norte da África caíra nas mãos alemãs.[624] A notícia desfechou um duro golpe no líder britânico, que mais tarde lembraria: "Eu fiquei tão surpreso que não acreditei". De fato, logo em seguida, o primeiro-ministro mandou que Londres fosse consultada por telefone, imaginando que tivesse havido um engano. Em poucos minutos, veio o retorno:

Tobruk caiu, e a situação se deteriorou de tal forma que existe a possibilidade de recebermos pesados ataques aéreos em Alexandria em breve. Por causa da Lua cheia, estou ordenando a todas as unidades da frota ocidental que aguardem a definição dos eventos ao sul do canal. Espero tirar das docas o H.M.S. Queen Elizabeth até o fim da semana.[625]

Em vez de desmentir a mensagem norte-americana, a resposta de Londres foi ainda mais preocupante. O 8º Exército inglês se preparava para evacuar Alexandria, deixando o Cairo e o canal de Suez nas mãos do Afrikakorps de Rommel.

A rendição inglesa em Tobruk reverberou no mundo inteiro, aumentando a série de reveses ingleses para alemães e japoneses na Europa e na Ásia. Em fevereiro, na mais catastrófica derrota da Inglaterra em toda a sua história militar, 130 mil homens – mais do que os efetivos do Exército, da Marinha e da Aeronáutica brasileiras somados à época – foram feitos prisioneiros após a rendição de Cingapura.[626] Nos meses de maio e junho, eclodiram revoltas violentas contra o domínio inglês na Síria e no Iraque; em agosto, seria a vez da Índia.[627] No Oriente, o outrora vasto e poderoso Império Britânico, "onde o Sol jamais se punha", passava a ser iluminado pelo sol nascente da bandeira imperial japonesa.[628] No norte da África, os seguidos fracassos diante dos alemães e italianos – em desvantagem de efetivos – eram motivo de vergonha. O orgulho do primeiro-ministro inglês foi atingido em cheio pela queda de Tobruk diante do Afrikakorps. Churchill descreveria o momento crítico em suas memórias:

> Foi o mais duro impacto de que me recordo em toda a guerra, não apenas pelos seus graves efeitos no Exército, mas na reputação dos exércitos britânicos [...]. Agora, em Tobruk, 25 mil soldados experimentados depuseram as armas diante de um inimigo que não dispunha talvez da metade das suas forças. Se este caso representasse o moral do Exército para a luta no deserto, então nenhuma medida poderia evitar a catástrofe sobre o norte da África. Nem sequer tentei ocultar meu choque ao presidente. Foi um momento amargo. Derrota é uma coisa; desgraça é outra.[629]

No dia seguinte, os jornais de Nova York exibiam em suas manchetes: "Indignação na Inglaterra: A queda de Tobruk pode forçar a troca do governo – Churchill será censurado".[630] O *The New York Times* publicou: "Queda de Tobruk é vista como desastre – Londres afirma que o Eixo está em condições para empreender o avanço ao Egito. Teme-se que tenham sido perdidos 50 mil homens".[631]

Os membros da Câmara dos Comuns exigiram uma retratação de Churchill, porque três semanas antes, o primeiro-ministro afirmara diante do Parla-

250   Operação Brasil

mento: "É evidente que temos todos os motivos para estarmos contentes com o desenvolvimento da batalha até esta data".[632] Os governantes ingleses não eram os únicos atônitos diante da derrota inesperada em Tobruk. De uma forma geral, a imprensa internacional foi pega de surpresa. Em 21 de junho, enquanto 33 mil britânicos, indianos, sul-africanos e tropas coloniais marchavam para o cativeiro, o *Jornal do Brasil* publicava: "Frustrada a tentativa alemã em direção à fronteira do Egito".[633]

Churchill viajara para os EUA confiante nas informações otimistas do general *sir* Claude Auchinleck "Auk", comandante em chefe do 8° Exército britânico no Oriente Médio. Segundo o general: "Tobruk estava fortemente defendida e preparada para um cerco de 80 dias".[634] Auchinleck enviara-lhe uma mensagem de rádio tranquilizadora: "A situação é julgada com serenidade e determinação. O moral da tropa é bom. Aparentemente, as intenções do inimigo não se realizam conforme seus planos".[635] Havia bons motivos para o primeiro-ministro acreditar no relato do militar, pois, em dezembro do ano anterior, Tobruk fora libertada do cerco das forças do Eixo após suportar 28 semanas de sítio. Preocupado com a situação do moral de suas tropas, Churchill respondeu: "Saúdo muito especialmente a sua decisão de lutar. O êxito não depende apenas das suas armas, mas também da sua vontade. Deus abençoe a todos".

O inglês esquecera-se de um componente fundamental para o êxito na guerra: o emprego adequado da tática e da estratégia. Foi baseado nelas que Rommel não só tomou Tobruk em apenas um dia, como também Mersa Matruh – considerada a última fortaleza relevante em poder dos Aliados antes de Alexandria – na semana seguinte, fazendo mais seis mil prisioneiros e apoderando-se de copioso material bélico.[636]

O *The New York Times* sugeriu faltar às tropas britânicas o "instinto matador": a combinação mortal de "velocidade, virilidade e resistência".[637] Entretanto, vontade de lutar, coragem, tropas, suprimentos e armas não faltavam aos ingleses. Num dos muitos exemplos de bravura, os homens da 6ª Bateria de Campanha sul-africana lutaram quase até o último soldado para cobrir a retirada da guarda escocesa, mantendo a posição sob os fogos cruzados da artilharia e dos blindados alemães.

> Seus oito canhões haviam sido desmantelados, e metade dos serventes, incluídos os chefes e a maioria dos oficiais, mortos. Junto à derradeira peça, o tenente Ashley e seu operador de rádio aguentaram até o momento em que o obus de um blindado os despedaçou.[638]

Faltava, porém, o uso de táticas modernas de combate no deserto – algo que Rommel dominava como poucos. O inimigo que Auchinleck considerava derrotado no começo de junho, cercado, privado de reabastecimento e prestes a receber o golpe de misericórdia, estava a ponto de destruir o 8° Exército no final do mês.[639] Além de uma verdadeira aula de como guerrear, o Afrikakorps aplicou um "choque de realidade" nos súditos do Império Britânico, abrindo o caminho para a conquista do Egito, o grande prêmio da guerra no deserto.

No final de junho, os líderes egípcios reuniram-se para decidir qual tratamento deveria ser dispensado aos alemães. Cairo passou a viver sob o estado de sítio com a aproximação de Rommel, o que alarmou a população, congestionando as ruas com automóveis em fuga vindos de Alexandria e vizinhanças. Os trens foram tomados de assalto pela população, enquanto a polícia tentava organizar o embarque do povo que se atirava aos vagões em busca de um lugar. Sentadas em suas malas na plataforma de embarque, as famílias dos militares britânicos, com ordem especial de evacuação, ouviam os gritos dos policiais para a multidão: *British first!* (primeiro os britânicos!).

> Aos que recomendavam esperança ou calma, os mais exaltados mostravam a coluna de fumaça que se erguia da embaixada britânica e do quartel do Comando Supremo, onde os ingleses queimavam documentos e arquivos, soldados empilhavam à pá montes de mapas, códigos e listas, em quatro fogueiras acesas num canteiro próximo aos edifícios do QG. Longas colunas de caminhões, carregados de material de escritório, partiam em direção à Palestina. Os Estados-Maiores americanos partiam em direção à Somália. Os auxiliares de transmissões, telefonistas e todo o pessoal feminino de secretariado eram levados para o sul.[640]

Aos EUA chegavam relatórios desencorajadores da diplomacia e da inteligência norte-americanas no Cairo, que avaliavam negativamente a gestão da guerra feita pelos ingleses. Em especial, "a falta de comando unificado britânico, estratégia defeituosa e métodos demorados".[641] Essa opinião, aliás, era compartilhada tanto em Washington quanto em Londres. Durante a crise no Egito, o secretário da Guerra Henry Lewis Stimson encaminhou a Roosevelt um relatório inglês que fazia uma autocrítica reveladora: "Em grande parte somos um exército de amadores enfrentando profissionais da guerra".[642]

*

O verão do hemisfério norte em 1942 foi a pior estação em toda a guerra para os Aliados. A Europa continental estava nas mãos do Eixo, tornando inviável qualquer ajuda aos britânicos no Egito pelo mar Mediterrâneo – transformado em *Mare Nostrum* de Hitler e Mussolini. A Marinha Real desencadeou a Operação Pedestal em agosto, enviando 14 cargueiros para abastecer a sitiada ilha de Malta, mas a tentativa desesperada causou a perda de um porta-aviões, dois cruzadores, um destróier e nove cargueiros, ao custo de apenas dois submarinos do Eixo. Após a queda da França, em 1940, as antigas rotas de apoio logístico para o norte da África foram cortadas, obrigando o estabelecimento de um longo e perigoso trajeto marítimo pelo oceano Índico; e, pelo ar, atravessando o coração da África, numa verdadeira epopeia, pela Takoradi Route. O cambaleante 8° Exército estava praticamente ilhado em pleno deserto.

A situação desesperadora enfrentada no Egito seria apenas uma das surpresas desagradáveis para Churchill no fatídico verão europeu de 1942. Até meados daquele ano, os comboios Aliados conduziam os suprimentos do Lend-Lease para a URSS, via oceano Ártico. Sob a proteção da escolta britânica, os navios de carga vindos dos EUA e da Inglaterra formavam grandes comboios nas proximidades da Islândia, com destino aos portos de Murmansk e Arkangel, na Rússia setentrional.

Todavia, durante os preparativos para a ofensiva de verão no Cáucaso, o comando alemão decidiu cortar antes a rota de suprimentos para os russos. A Luftwaffe deslocou vários esquadrões de aeronaves para o norte da Noruega, enquanto a Kriegsmarine enviou para o Ártico uma flotilha de submarinos. O resultado foi altamente compensador. Poucos dias após a queda de Tobruk, o comboio PQ-17 foi destroçado pelo ataque dos U-boote e dos bombardeiros alemães, mesmo navegando sob a proteção de uma forte escolta. Dos 34 navios que partiram da Islândia, 23 foram afundados. Das 200 mil toneladas de suprimentos transportados, apenas 70 mil foram entregues em Arkangel. Segundo Churchill, esse foi "um dos episódios navais mais melancólicos de toda a guerra".[643] O almirantado solicitou a interrupção desses comboios até o recuo das calotas polares e o fim do período de luz perpétua na região.[644] A rota do Ártico teria de ser fechada.

Churchill resolveu dar a má notícia a Stalin em 17 de julho, informando-lhe da interrupção de novas remessas de material bélico pelo Ártico e de que a abertura de uma segunda frente na Europa só aconteceria em 1943.[645] Furioso, o russo respondeu na semana seguinte, chamando de inconvincentes as razões apresentadas para a suspensão dos comboios. O ditador acusou os Aliados de terem quebrado o acordo feito para a abertura da nova frente ainda em 1942, que visava aliviar a pressão nazista sobre o Exército Vermelho.[646]

A única rota disponível para a entrega de materiais à URSS (blindados, aeronaves, caminhões, tratores, fios telefônicos, locomotivas, fuzis e coturnos, óleo combustível, petróleo, entre outros) passou a seguir um longo trajeto pelo sul do oceano Atlântico até o golfo Pérsico. Usando a rota setentrional, os comboios percorriam mais de 1.600 milhas náuticas (cerca de 3.000 quilômetros) dos portos britânicos até Arkangel. A nova rota oceânica aumentou para mais de 10.000 milhas náuticas (quase 20.000 quilômetros) essa distância. A carga ainda tinha de ser desembarcada e transportada nos precários portos, ferrovias e rodovias do Irã e do Iraque até o sul da Rússia, pela chamada Rota Persa (ou Corredor Persa, conforme outras fontes). Por ela, os russos receberiam a quase totalidade do material bélico nos anos seguintes – inclusive nos meses que decidiram a sorte da Batalha de Stalingrado: o ponto de inflexão da guerra na Europa Oriental.

A mudança da rota de suprimentos para o Atlântico Sul pode ser vista nos relatórios da carga enviada pelos EUA à URSS em 1942. Enquanto no primeiro semestre foram remetidas 810 mil toneladas para o norte da Rússia, esse número caiu para 139 mil toneladas no segundo semestre. Já pelo Corredor Persa, as 223 mil toneladas entregues de janeiro a junho passaram a 483 mil toneladas na segunda metade do ano, aumentando ainda mais nos meses seguintes.[647] Até setembro de 1942, cerca de 35% de toda a produção norte-americana de Lend-Lease foi destinada à URSS; outros 35%, para o Reino Unido; e o restante, para o Oriente Médio, a Austrália e outras áreas.[648] Embora a Rota do Pacífico, via porto de Vladivostok, tenha recebido a maior parte das remessas em termos de tonelagem durante a guerra, a carga remetida por ela limitava-se a materiais não bélicos, devido à proximidade com o Japão – com o qual a Rússia não estava em guerra. Em agosto de 1942, a Rota Persa tornou-se o principal destino do material militar enviado pelos anglo-americanos à URSS. De acordo com os relatórios dos EUA, "o golfo Pérsico continuou sendo a única alternativa à rota do norte para todos os tipos de material de guerra".[649]

Era necessário o envio rápido das aeronaves para a frente de batalha russa. A utilização de uma rota aérea pelo Alaska enfrentou grandes obstáculos, tanto pelas condições climáticas, altamente adversas, quanto pela falta de entendimento entre as autoridades dos dois países. A assinatura do Segundo Protocolo de Lend-Lease com a URSS previa a entrega mensal de 100 caças, 100 bombardeiros leves e 12 bombardeiros médios.[650] Inicialmente, ficou acertado que as aeronaves seriam enviadas pelo Alaska até o leste russo. Contudo, por questões técnicas, meteorológicas e políticas, apenas 85 aviões foram entregues por essa

254   Operação Brasil

rota até o final de 1942. Um pequeno número de bombardeiros médios e leves foi transportado pelo Atlântico Sul, passando pelo Brasil, mas a maior parte teve de ser transportada em navios até os portos do Irã e do Iraque.[651] No total, passaram pelo Corredor Persa 47.874 aeronaves com destino à URSS.[652]

Somente os EUA remeteram impressionantes 16,3 milhões de toneladas de carga para os soviéticos. Desse total, mais de quatro milhões seguiram pela Rota Persa.[653] Incluindo-se os países do Commonwealth, outras nações, colônias e protetorados, calcula-se que, durante o conflito, transitaram pelo corredor cerca de 7,9 milhões de toneladas de material – a maior parte, com destino à URSS. Até o inverno de 1944, ela foi a mais importante ligação com os soviéticos.[654] A única capaz de fazer chegar ao Exército Vermelho, em grande quantidade, as armas, as viaturas, os aviões e a munição imprescindíveis para a luta.

*

No tabuleiro estratégico da guerra, a devastação sofrida pelo comboio PQ-17 fez mover uma série de peças das nações Aliadas e do Eixo. Os Aliados deslocaram o eixo dos seus transportes navais para o estreito intercontinental entre as Américas e a África. Por sua vez, o incremento das remessas de material bélico pela Rota Persa atraiu as "matilhas" de U-boote de Dönitz para o Atlântico Central-Sul. Assim, a segurança dos comboios para os britânicos e russos passou a depender do controle da "Cintura do Atlântico", colocando o Brasil, de vez, numa posição-chave na estratégia global da Segunda Guerra Mundial.

O corte abrupto da Rota do Ártico foi um duro golpe para Stalin, privando os russos do grosso das remessas de armas, munições e equipamentos diversos. O início da ofensiva de verão alemã, em 28 de junho 1942, logo conquistou Rostov, levando os combates para as cercanias de Stalingrado. As cunhas blindadas de Von Rundstedt penetraram no Cáucaso em julho, ameaçando interromper definitivamente a rota alternativa de suprimentos para os russos pela Pérsia e o acesso do Exército Vermelho ao petróleo caucasiano. Se as forças do Eixo atingissem tais objetivos, estaria encerrada a guerra na Europa Oriental.

No Extremo Oriente, a Batalha de Midway fora a nota dissonante numa sinfonia em que o resultado das batalhas seguia a partitura nipônica. A vitória norte-americana aconteceu longe do perímetro de defesa estabelecido pelo comando naval japonês no Pacífico. Quatro dos sete porta-aviões de que os EUA dispunham no começo da guerra repousavam no fundo do mar. Darwin, capital do território do norte australiano, recebeu um bombardeio pesado ao final de julho: o prenúncio de uma invasão. Submarinos italianos e japoneses operavam na costa leste africana do oceano Índico. O Império do Sol Nascente avançava tomando as posições inglesas e desintegrando o esforço de guerra da China. Após a queda de Cingapura, milhares de prisioneiros britânicos escravizados iniciavam a construção da ferrovia Tailândia-Burma. Na Oceania, Guadalcanal estava prestes a transformar-se num imenso sorvedouro de vidas humanas.[655] Em setembro de 1940, uma força-tarefa inglesa com oito mil homens tentou desembarcar em Dakar, mas foi recebida pelo fogo pesado dos defensores, sendo obrigada a recuar após dois dias de combate. Em represália, a aviação francesa bombardeou a posição inglesa de Gibraltar. A base francesa na África Ocidental continuava irredutível nas mãos do governo colaboracionista de Vichy, assim como boa parte das suas demais colônias.

Em julho de 1942, as preocupações dos EUA podem ser vistas num memorando escrito por Roosevelt que orientara como Harry L. Hopkins, o general Marshall e o almirante King – seus mais graduados assessores – deveriam proceder durante a Conferência de Londres. Mais tarde, Churchill afirmaria ter sido esse o "mais sólido e magistral documento sobre política de guerra escrito por Roosevelt".

> Vocês seguirão imediatamente para Londres, como meus representantes pessoais, com o propósito de consulta às autoridades britânicas responsáveis pela conduta da guerra. A estratégia militar e naval mudou de tal forma desde a visita do sr. Churchill a Washington que se tornou necessário que sejam alcançados planos operacionais conjuntos entre os britânicos e nós. [...]
>
> 8. O Oriente Médio deve ser defendido com firmeza, quer a Rússia desmorone ou não. Quero que vocês considerem os efeitos da perda do Oriente Médio, essa perda acarretará a seguinte sucessão:
> 1. A perda do Egito e do canal de Suez.
> 2. A perda da Síria.
> 3. A perda dos poços de petróleo do Iraque.
> 4. A perda do golfo Pérsico, mediante ataques do norte e do oeste, dando acesso a todo o petróleo do golfo.
> 5. A união das forças alemãs e japonesas, com a provável perda do oceano Índico.
> 6. A muito provável ocupação pelo Eixo da Tunísia, do Marrocos, da Argélia, de Dakar e o encerramento da rota de transporte via Freetown e Libéria.
> 7. Sério perigo para os transportes no Atlântico Sul e sério perigo para o Brasil e toda costa leste da América do Sul. Eu incluo nas possibilidades acima o uso dos territórios da Espanha e de Portugal [...].[656]

O presidente norte-americano fez um prognóstico quase apocalíptico caso o Oriente Médio fosse conquistado pelo Eixo. A projeção dos estrategistas alertava para a provável perda do oceano Índico – o que provocaria o colapso do Império Soviético e da resistência inglesa na África. Exceto pela referência à ameaça às Américas, a avaliação presidencial foi semelhante à imaginada pelos líderes alemães. Pouco antes da ofensiva de Rommel, no verão de 1942, o almirante Raeder já havia encaminhado a Hitler um relatório de conclusões similares.

> Suez e Basra são os pilares de sustentação das posições britânicas na Índia. Se essas posições entrarem em colapso sob o peso das ações do Eixo, as consequências para o Império Britânico serão desastrosas. Um ataque preliminar ítalo-alemão às posições-chave britânicas de Suez seria de extrema importância estratégica. Tal empreendimento, se bem-sucedido, iria resolver todos os nossos problemas no Mediterrâneo. Teria grande alcance em questões como os campos de petróleo de Mosul[657] (!!), a posição da Turquia, do Oriente Próximo, os árabes e os movimentos nacionalistas hindus, o *front* leste e o Cáucaso. De acordo com os relatos disponíveis, os britânicos estão alarmados com o perigo que passam no Egito. Temem que as forças ítalo-germânicas estabeleçam contato com os japoneses. Os japoneses, por seu turno, estão realizando esforços honestos para estabelecer contato conosco por mar e ar, desde que perceberam a decisiva significância que isso teria no resultado final da guerra.[658]

Estivesse Roosevelt certo ou não quanto à disposição de Hitler desembarcar nas Américas, os efeitos da queda do Oriente Médio seriam potencialmente desastrosos para o futuro do Brasil.

Em breve, o destino da guerra seria decidido nas águas do Atlântico, nas estepes russas e nas areias de El Alamein.

"WHAT CAN WE DO TO HELP?"

Marshall e Roosevelt discordavam da melhor estratégia de guerra para os EUA no Oriente Médio. Ao contrário do general, o presidente estava determinado a enviar para lá uma divisão blindada, desembarcando-a entre a Pérsia e o Cairo, de forma a abrir a segunda frente de combate que Stalin vinha pedindo. A seu ver, essa operação tanto auxiliaria os britânicos quanto aliviaria a pressão no *front* russo. Porém, o Exército ainda não estava preparado o suficiente para operações desse vulto. Churchill também não se mostrou simpático à sugestão, pois, na prática, ela implicava na perda do Egito para a Inglaterra – incluindo o seu cargo de primeiro-ministro. Durante uma reunião, quando Roosevelt propôs desembarcar uma divisão blindada em algum ponto entre o Irã e o Iraque, Marshall retirou-se da sala num protesto mudo.[659]

A chegada do telegrama anunciando o desastre britânico em Tobruk veio decidir o impasse entre o presidente e o seu chefe do Estado-Maior. Roosevelt perguntou ao abalado colega: *"What can we do to help?"* ("O que podemos fazer para ajudar?"). Diante da pergunta decisiva – cuja resposta decidiria o futuro do Império Britânico –, o inglês mostrou um dos atributos que o tornariam legendário: o raciocínio rápido e a inteligência invulgar. Das várias respostas possíveis, ele escolheu aquela que conjugava o conhecimento bélico atualizado com a confiança nos seus soldados. Ainda sob o choque da notícia terrível, sem vacilar ou recorrer a nenhum dos seus assessores militares, Churchill respondeu de imediato a Roosevelt: "Nos dê quantos tanques Sherman puder e os despache para o Oriente Médio o mais rápido possível".[660]

O britânico estava a par das virtudes do novo blindado médio Sherman (M4), projetado para substituir o criticado modelo Grant (M3) e seu canhão de 75 mm semifixo no chassi, fabricado às pressas após a queda da França. Em março de 1942, o Departamento de Guerra norte-americano recebera um grupo de *experts* britânicos que trabalharam junto ao US Tank Committe no projeto de um novo blindado médio: a série M4, popularmente conhecida como General Sherman.[661]

Roosevelt chamou Marshall, transmitindo-lhe o pedido do britânico. O general respondeu:

> Senhor presidente, os Shermans estão apenas em início de produção. As primeiras centenas foram entregues para as nossas próprias divisões blindadas, que até agora tiveram de se contentar com material obsoleto. É algo terrível tirar essas armas das mãos dos nossos soldados. Contudo, se a necessidade britânica é tão grande assim, eles devem tê-las; e nós podemos incluir ainda uma centena de 105 mm (obuseiros) autopropulsados.[662]

A decisão de despachar os Shermans e outros blindados e materiais com unidades da Força Aérea do Exército alinhou o desejo de Roosevelt aos planos de Marshall, recebendo a aprovação unânime da delegação britânica.

Em resposta aos apelos de Winston Churchill, o comboio AS-4 foi reunido em Nova York. Dez navios foram carregados com 500 tanques, equipamento técnico e guarnições.[663] Churchill lembrar-se-ia do gesto magnânimo do norte-americano em suas memórias: "Um amigo na necessidade é um amigo de verdade".[664]

Para cumprir a oferta presidencial aos britânicos, a máquina industrial dos EUA foi colocada à prova. As primeiras unidades dos Shermans começaram a sair das fábricas Fisher e Chrysler em julho de 1942.[665] Ordens emergenciais foram encaminhadas para acelerar a produção, prorrogando os turnos de trabalho muito além do normal, o que provocou acidentes devido à fadiga dos trabalhadores.[666] Por fim, 300 Shermans e 100 obuseiros autopropulsados, entre outros blindados e suprimentos diversos, começaram a ser levados por ferrovia para o porto de Nova York, onde navios fretados pelo Army Transportation Corps já os esperavam para conduzi-los ao Egito.

No dia 13 de julho de 1942, partiu de Nova York o comboio AS-4 (Afirm Sail Four), formado por SS Fairport, M.V. Zaandam, SS Exhibitor, M.V. Tarn, H.M.S. Empire Oriole, SS Hawaiian Skipper, SS Santa Cruz, M.V. American Manufacturer e M.V. Mormacdale, sob a escolta da Task Unit 21.5.2, dos destróieres USS Livermore, Kearny, Mayo, Gleaves e Wilkes.[667] Os Shermans, os obuseiros autopropulsados e cerca de 13 mil toneladas de munição foram distribuídos nos seis primeiros cargueiros. Os dois últimos conduziam material para a construção de uma refinaria no golfo Pérsico.[668]

A quantidade de blindados transportados pelo comboio AS-4 varia de acordo com a fonte consultada. Um dos "livros verdes" do U.S. Army Center of Military History (CMH) menciona 300 blindados médios e 100 *tank destroyers*.[669] Outro livro do CMH menciona 300 tanques e 100 obuseiros autopropulsados.[670] O diário de guerra da USN afirma que cerca de 400 tanques que aportaram em Recife para reabastecimento. A *História administrativa da USN* remete a 500 blindados transportados.[671] O diário de guerra do USS Omaha registrou: "Nosso comboio possui poucos homens (técnicos de blindados, principalmente), mas carrega 400 novos tanques M-4. A chegada dessa enorme força deve fazer uma grande diferença em algum lugar".[672]

Independentemente da quantidade exata de blindados transportados, o AS-4 foi o mais importante grupo de cargueiros enviado pela Marinha dos EUA a um porto estrangeiro durante toda a guerra.[673] Num raro comentário do gênero, o diário de guerra da Marinha afirmou que todas as cargas do comboio AS-4 eram de "grande importância". Não haveria uma segunda chance de ajuda aos ingleses num curto prazo, pois o transporte do material bélico de Nova York até o Egito demorava cerca de 70 dias. O sucesso ou não da chegada da carga ao 8° Exército seria capaz de fazer pender o fiel da balança da guerra na Frente Ocidental para os Aliados ou para o Eixo.

Na manhã de 21 de junho de 1942, enquanto norte-americanos e ingleses tentavam chegar a um consenso em Washington, a notícia da vitória do Afrikakorps em Tobruk foi motivo de júbilo em Berlim. Hitler determinou a promoção de Rommel ao marechalato, convidando-o para receber o bastão do novo posto das suas mãos. Mandado à África com uma pequena força blindada para socorrer os aliados italianos, Rommel conseguira inverter a maré da guerra no deserto a seu favor. Agora os ingleses estavam em apuros.

*

Com o mar Mediterrâneo interditado para a navegação Aliada, a única rota marítima para abastecer as tropas do Commonwealth no Egito dava a volta no continente africano. O trajeto impunha uma longa e perigosa travessia do oceano Atlântico, contornando o cabo da Boa Esperança em direção aos portos do Oriente Médio.

As remessas com destino ao oceano Índico intensificaram o tráfego naval pelo Atlântico Sul e foram logo percebidas pelo Eixo. Até o marechal Rommel, em pleno deserto, estava informado pelo serviço de inteligência a respeito. Falando aos seus oficiais, o general alemão disse:

> Os êxitos do nosso exército blindado nas últimas semanas despertaram em Washington o pavor e a fúria. É claro que esse alerta levará os anglo-americanos a fazerem os maiores esforços para evitar a perda do delta do Nilo e do Oriente Próximo.[674]

Além dos dados colhidos pela inteligência e pelos informes dos U-boote, o Alto-Comando alemão se valeu do êxito da seção criptográfica naval na quebra dos códigos de criptografia britânica, que forneceu informações preciosas sobre a localização dos comboios.[675] Em 17 de julho, um despacho do comandante das forças navais dos EUA informou ao chefe de operações navais que os comandantes de submarinos alemães aparentemente sabiam em detalhes das datas de partida, da rota e das cargas dos navios mercantes norte-americanos.[676] No verão de 1942, para escapar das garras da frota de Dönitz, era preciso mais do que uma escolta poderosa: era preciso sorte.

260 Operação Brasil

A campanha submarina mostrava-se extremamente proveitosa para o Eixo. Ao custo de um único torpedo, milhares de toneladas de suprimentos podiam ser destruídos em minutos. No início de 1942, a Marinha alemã lançou a Operação Paukenschlag (Rufar dos Tambores) contra a navegação costeira dos EUA. Mesmo com uma reduzida "alcateia" de U-boote, a Kriegsmarine afundou 45 navios mercantes Aliados até o final do mês de janeiro e mais 45 no mês de fevereiro. Nos primeiros seis meses do ano, foram destruídos 585 navios pela ação conjunta dos submarinos do Eixo, totalizando mais de três milhões de toneladas brutas perdidas. Em agosto, durante uma conferência com Hitler em Wehrwolf, o almirante Raeder disse: "A luta contra o poder marítimo dos anglo-saxões decidirá tanto a duração quanto o resultado da guerra e poderá forçar a Inglaterra e a América a discutir os termos de paz".[677]

A frieza dos dados numéricos embute um custo humano terrível ao efetivo da Marinha Mercante Aliada. Os ataques navais do Eixo provocaram a morte de 30 mil tripulantes e 10 mil passageiros durante o conflito.[678] Para não abalar o moral da população e visando negar informações ao inimigo, os dados sobre as baixas foram mantidos em sigilo. Hoje se sabe que, de cada 26 marinheiros mercantes norte-americanos, um não retornou para casa.[679] Em 1942, o estrago protagonizado pelos submarinos do Eixo provocou uma crise de abastecimento no Reino Unido no começo do ano seguinte.[680]

Em julho, como parte da estratégia alemã de interdição ao tráfego no Atlântico Central, um grupo de submarinos foi posicionado ao largo de Trindad, à espera dos comboios. Fazia parte desse grupo o U-155, do capitão de corveta Adolf Cornelius Piening. Sua primeira vítima foi o cargueiro brasileiro Barbacena, afundado com dois torpedos em 28 de julho. Outras nove embarcações seriam destruídas pelo alemão, totalizando cerca de 43 mil toneladas em apenas duas semanas de caça. Entre as presas estava o Empire Arnold, afundado em 4 de agosto, com 10 mil toneladas de blindados e aviões que seguiam para o Egito.[681]

Nesse mês, o U-161, sob o comando do capitão de corveta Albrecht Achilles, estava posicionado ao largo das Bermudas. Na ensolarada manhã do dia 16 de julho de 1942, quando o submarino fazia exercícios de submersão no mar calmo, o capitão viu surgir um grande comboio. Sem perder tempo, Achilles lançou três torpedos contra os navios. Após dois minutos e meio de espera, duas grandes explosões estremeceram o primeiro alvo – que, erroneamente, o capitão alemão julgou ser um navio-tanque de nove mil toneladas. Uma terceira detonação foi ouvida um minuto depois, supostamente resultante do impacto em um cargueiro.

O navio do tesouro

O navio atingido indicou a direção de onde os torpedos foram lançados com o fogo das armas no convés, orientando a reação vingativa da escolta. Usando o sonar como guia, os destróieres USS Wilkes e USS Kearny deram início à caça do U-161, atacando-o com diversas cargas de profundidade. O Wilkes perseguiu o submarino durante quatro longas horas até perder o contato, julgando-o liquidado. Contudo, a tripulação alemã sobreviveu para contar a sua história.[682] O U-161 atingiu o SS Fairport com dois torpedos. As explosões abriram grandes rombos no casco do navio, que engoliram vorazmente toneladas de água, levando a embarcação ao fundo após dez minutos. Todos os mais de 130 tripulantes e passageiros do navio foram recolhidos pelo Kearny e trazidos de volta a Nova York, mas a carga havia sido totalmente perdida: 8 mil toneladas de material de guerra.

Albrecht Achilles não acertou dois navios, conforme imaginara, mas, por um golpe de sorte, o resultado foi uma centena de vezes melhor do que o naufrágio de um navio-tanque ou a destruição de um cargueiro comum. No cais do Brooklyn, os Shermans haviam sido embarcados às pressas, ainda sem os motores instalados, impossibilitando a divisão da carga pelas embarcações. Assim, todos os motores dos blindados foram postos a bordo do Fairport.[683] Sem eles, os itens mais valiosos da divisão blindada levada ao Egito não passavam de carcaças inúteis. Apenas em sonhos o alemão poderia imaginar o valor da carga que mandara para o fundo do oceano.

O NAVIO QUE OS NAZISTAS TINHAM DE PEGAR

Segundo Churchill, as autoridades norte-americanas intervieram rapidamente para repor a perda do SS Fairport: "Sem uma simples palavra nossa, o presidente e Marshall colocaram um suprimento de motores em outro navio rápido e o despacharam para alcançar o comboio".[684] O transporte escolhido foi o Seatrain Texas, que voltava de uma viagem ao arquipélago britânico. O cargueiro retornou a Nova York no comboio ON-109, tendo partido de Belfast Lough no dia 4 de julho.[685] Por coincidência, o submarino alemão U-507 zarpou do porto francês de Lorient nesse mesmo dia. No mês seguinte, as rotas das duas embarcações se cruzariam nas águas do Atlântico Sul.

O Seatrain Texas nasceu nos estaleiros da Sun Shipbuilding & Drydock Company of Chester, em 1940, na Pensilvânia. Era um navio de grandes dimensões (147 m de comprimento) e rápido para o seu porte, capaz de conduzir

262 Operação Brasil

8.108 toneladas de carga. Originalmente, o Seatrain destinava-se ao transporte de locomotivas e vagões de Nova York para o Texas, utilizando um sistema eficiente para o ingresso rápido da carga, que embarcava as composições por meio de trilhos instalados em dois *decks* de concreto. O navio fora requisitado pela Marinha em 1941, visando ao transporte de aeronaves para o Reino Unido, mas em 28 de maio de 1942 acabou sendo posto à disposição do Exército, que o denominou USAT (US Army Transport) Seatrain Texas.[686]

Algumas narrativas no pós-guerra afirmam que o Seatrain Texas teria sido carregado com 250 Shermans e mais 50 *tank destroyers*, mas elas são claramente exageradas em face da capacidade real de carga do navio. A origem da confusão deve-se, possivelmente, ao cômputo dos motores como se fossem blindados.[687] Um memorando de 31 de agosto, enviado por Marshall a Roosevelt, desfaz alguns desses mitos. O documento informa que o navio afundado no comboio AS-4 (Fairport) transportava 33 *self-proppeled mounts* (obuseiros autopropulsados) e que o Seatrain estava carregando uma nova remessa do equipamento perdido. A preocupação atípica do presidente norte-americano com a viagem de um único navio de carga é reveladora.[688] Durante o *briefing* da viagem, um almirante teria sussurrado no ouvido do comandante do navio, o capitão Kenneth G. Towne, de 44 anos: "Roosevelt em pessoa está dando as ordens".[689]

Em 29 de julho, o Seatrain Texas zarpou do porto de Nova York com destino ao porto de Taufiq, no extremo sul do canal de Suez. Sua primeira escala seria na Cidade do Cabo. Churchill acompanhava de perto a remessa dos blindados em Londres, pressionando seu almirantado para acelerar o processo.[690] O diário de guerra da USN, normalmente contido, relatou a viagem do Seatrain Texas, "transportando uma carga valiosa".[691] Os ingleses aguardavam tão ansiosamente pela chegada do cargueiro que lhe teriam dado um codinome emblemático: Treasure Ship (Navio do Tesouro).[692]

Até a primeira escala na Cidade do Cabo, o navio teria de viajar sozinho, pois não havia uma escolta de proteção disponível. Sua defesa seria provida usando os próprios meios. O armamento antiaéreo era composto de oito metralhadoras de 20 mm distribuídas em dois *decks*. O armamento antinavio possuía um canhão de 4"50 polegadas, instalado na popa, e dois de 3"50 na proa, capazes de afugentar os navios corsários do Eixo, mas pouco úteis para a guerra antissubmarino. Restava ao capitão Towne navegar em zigue-zague na maior velocidade possível (15,5 nós, pouco mais de 28 km/h). O Seatrain Texas era veloz para um navio mercante, mas não o suficiente para livrá-lo dos predadores do Eixo.[693]

Durante os primeiros cinco dias de viagem, o navio contou com a escolta de bombardeiros. Entretanto, quando foi excedido o raio de ação das aeronaves, a embarcação foi abandonada à própria sorte. Do cais do Brooklyn até a Cidade do Cabo, teria pela frente 21 dias de viagem num oceano infestado de inimigos.[694] Além da ameaça submarina, a reduzida frota da FT-23 estava às voltas com seguidos pedidos de S.O.S. de navios atacados por um navio pirata do Eixo, o que forçou o envio de uma fração substancial das suas poucas belonaves para um trecho remoto no Atlântico, mil milhas náuticas ao largo da costa brasileira.[695]

Dois eventos coincidentes dimensionam bem o contraste entre o estado de espírito dos Aliados e do Eixo à época. No mesmo dia em que o Seatrain Texas deixava o porto de Nova York, Benito Mussolini chegava de surpresa à Líbia. O Duce viera da Itália pilotando um avião trimotor, aterrissando sorridente e ansioso para testemunhar um momento histórico: a queda dos britânicos no Egito. O líder italiano mandara trazer seu cavalo branco, sobre o qual, em breve, imaginava desfilar triunfante pelas ruas do Cairo na Marcha da Vitória.[696]

No dia seguinte à partida do "Navio do Tesouro", Marshall informou a Roosevelt que seus assessores não haviam chegado a uma conclusão quanto ao resultado do avanço de Rommel. Não havia consenso sobre se o alemão levaria uma ou duas semanas para chegar ao Cairo. A questão não era "se", mas "quando" isso aconteceria. O presidente, então, perguntou: "Há algo que possamos fazer imediatamente que possa mudar os rumos da situação no Oriente Médio a nosso favor?". A resposta foi uma negativa enérgica de Marshall.[697] Naquela ocasião, o único instrumento nas mãos de Washington viajava solitário nas águas do Atlântico.

Em tempos de paz, os navios mercantes e de passageiros em viagem de Nova York para a Cidade do Cabo seguiam uma rota que passava ao norte das Bermudas.[698] Contudo, após o início da ação submarina contra a navegação norte-americana, esse trajeto foi desviado para o sul das ilhas, a fim de aproveitar ao máximo a cobertura da aviação baseada no continente e nas Antilhas. Uma recomendação da Marinha estabelecia que toda remessa para o exterior - incluindo as destinadas às Índias Ocidentais, à América do Sul e à Cidade do Cabo - navegasse junto à linha costeira dos EUA enquanto viajasse sem escolta.[699] É provável que o Seatrain Texas tenha partido no encalço do comboio AS-4, seguindo um trajeto similar. Pode-se excluir um caminho próximo ao litoral brasileiro, pois devido à grande quantidade de torpedeamentos no litoral das Guianas, em julho, o percurso dos navios isolados fora deslocado para o norte, longe mais de 400 milhas náuticas da costa sul-americana.[700]

264   Operação Brasil

Com os dados disponíveis, pode-se estimar que a rota do cargueiro tenha passado pelo local de torpedeamento do Fairport e seguido até a Cidade do Cabo. Esse trajeto cruza a extensão do grande quadrado FC em sua extremidade superior direita (FC3), passando cerca de 100 milhas náuticas a oeste do arquipélago de São Pedro e São Paulo.[701] Mesmo sem o acesso aos dados de navegação do navio (*ship deck logs*), é possível calcular o período aproximado da passagem do Seatrain Texas por FC3. Nesse trajeto são percorridas, aproximadamente, 3.500 milhas náuticas de Nova York até o arquipélago de São Pedro e São Paulo, e mais 3.400 milhas até a Cidade do Cabo. Levando-se em consideração o tempo de duração da viagem (21 dias) e a diferença de fuso horário entre Nova York e o arquipélago brasileiro (três horas), pode-se afirmar, com razoável precisão, que o Seatrain Texas atravessou a longitude do arquipélago de São Pedro e São Paulo no seu 11° dia de viagem, em 9 de agosto.[702]

Transporte de blindados Sherman no porto de Nova York, em 1943. Os blindados eram trazidos por ferrovia até as docas de Jersey, onde eram colocados em balsas que faziam o transporte para as instalações do Exército no Brooklyn.

Library of Congress

O Seatrain Texas desembarcando locomotivas em Cherbourg, na costa da Normandia, em 13 de julho de 1944.

Nos meses de julho e agosto de 1942, o Comando de Submarinos alemão estava vivamente interessado em cortar as vias de abastecimento das tropas britânicas no Egito; Rommel alertava os seus superiores em Berlim para os suprimentos que os ingleses recebiam continuamente:

> Gigantescos comboios, fortemente escoltados, avançam pelo oceano em torno do cabo da Boa Esperança. Os primeiros já estão no mar Vermelho, mas isso é apenas o começo. Roosevelt e Churchill sabem o quanto vale o trunfo do norte da África. Cada vez virão mais e temos que prever que pelos meados de setembro o 8º Exército Britânico estará enormemente mais forte que nós e não poderemos mais resistir-lhe.[703]

Dönitz empregou uma estratégia de bloqueio naval com grupos de submarinos atuando em várias regiões de operações. Fossem em "matilhas" ou agindo de forma independente, dezenas de U-boote operavam em locais tão diversos como o Mediterrâneo, o Ártico, as Antilhas e Freetown (Serra Leoa), concentrados ao longo das rotas dos comboios Aliados.

Havia locais estratégicos para o reabastecimento dos navios Aliados. Os vindos dos EUA com destino ao Oriente Médio ou à África Ocidental faziam escala em Trindad e em Georgetown. Já os provenientes da Inglaterra aportavam em Freetown. Para o bloqueio do porto africano, foi designado um grupo formado pelo U-752 (Schröter) e pelo U-572 (Hirsacker). Completando a estratégia de bloqueio do vão intercontinental, foram incumbidos da patrulha dessa região o U-507 (Harro Schacht) e o U-130 (Ernst Kals), atuando no centro do grande quadrado FC (área FC 50), numa área situada entre o arquipélago de São Pedro e São Paulo e o de Fernando de Noronha.[704]

Em 23 de julho, pouco antes de chegarem ao destino, Kals e Schacht receberam ordem do B.d.U. para assumir novas posições de vigilância. A mensagem os lembrou da rota característica dos navios em trânsito naquela região, na direção Noroeste-Sudeste.[705] O U-130 deslocou-se para um novo setor a nordeste, enquanto o U-507 permaneceu em FC, para bloquear o tráfego que passava por Trindad, Georgetown e Cidade do Cabo. Todavia, o comandante do U-507 pensava diferente. Quando alcançou o limite superior do grande quadrado FC, Schacht fez uma anotação reveladora, imaginando-se encarregado de interceptar o tráfego britânico com destino a Freetown – e não os comboios e navios independentes com destino à Cidade do Cabo.

> Estou afastado da área onde aconteceram os últimos grandes sucessos. [...] O tráfego britânico foi provavelmente desviado dela, possivelmente para a área que me foi designada. Não posso julgar a atual situação da minha área de operações, pois cheguei aos seus limites apenas a alguma horas.[706]

Schacht referia-se ao tráfego naval britânico vindo de Trindad, com destino a Freetown, que atravessara o estreito intercontinental mais ao norte. Analisando o diário de bordo do submarino, percebe-se que o alemão estava atento ao que acontecia ao seu redor. Em 4 de agosto, ele captou uma mensagem de Piening, comandante do U-155, reportando o afundamento de um vapor (o Empire Arnold). Pela localização do ataque, Schacht intuiu que os navios designados para Alexandria, via Cidade do Cabo, estariam atravessando o oceano primeiramente na direção leste (evitando a costa das Guianas), depois mudando o curso para o sul, rumo ao Atlântico Oriental. Seguindo esse trajeto, os navios atravessariam a "Cintura do Atlântico" na parte central: justamente onde o U-507 e o U-130 estavam postados. O capitão percebera corretamente a mudança da rota dos navios Aliados, mas julgou-se postado numa área deserta e "completamente afastada", tanto da rota destinada à Alexandria quanto de uma hipotética rota de navios Aliados junto à costa brasileira.

> Piening afundou um vapor no quadrado EF77, na parte mais ao leste do curso, conhecida por ser a rota para Alexandria via Cidade do Cabo. Com base nela, os vapores primeiro cruzam o Atlântico num curso mais ao leste e depois vão em direção ao sul no Atlântico Oriental. Não há confirmação disso no momento, pois os U-boote operando no leste do Atlântico estão proibidos de utilizar o rádio por causa das operações de suprimento. Talvez uma rota de tráfego esteja funcionando também na costa brasileira. De qualquer forma, em ambos os casos eu estou localizado numa área livre do Atlântico Ocidental, completamente afastado delas. Todavia, apenas para me certificar, eu vou patrulhar minha área diagonalmente uma vez mais.[707]

Determinado a interromper quase um mês de ócio (a última ação de combate do U-507 ocorrera a 10 de julho), Harro Schacht resolveu dar um basta na situação. Dentre as alternativas possíveis, ele poderia continuar patrulhando o terço médio e o superior do grande quadrado FC, conforme vinha fazendo há mais de uma semana. Poderia afastar-se daquela região, dirigindo-se para a área do U-130; ou, ainda, atuar na região do grupo Hai, pois o B.d.U. já havia informado que a atuação nessas duas regiões era "opcional".[708] Mas Schacht não escolheu nenhuma das três opções, preferindo solicitar permissão para "manobras livres na costa brasileira". Pelos seus cálculos, havia tempo suficiente para aproveitar o período de obscuridade noturna proporcionado pela Lua nova (12 de agosto).[709]

Por um capricho do destino, a região considerada inativa por Schacht passou por uma mudança súbita. Bastou o U-507 inverter o curso para o Brasil, em 8 de agosto, para que a área fosse logo preenchida por grandes navios sem escolta: um verdadeiro banquete. As unidades que permaneceram naquela região colheram os frutos da paciência. O U-130 afundou cinco petroleiros: o Malmanger (9 de agosto), o Mirlo (11 de agosto) e mais outros três em setembro. O U-109 já havia afundado o Arthur W. Sewall (7 de agosto) e fez novas vítimas, o Vimeira (11 de Agosto), o Viking Star (25 de agosto) e o Beechwood (26 de agosto).

Após navegar por mais de uma semana no oceano vazio, enfastiado pela modorrenta patrulha de combate, uma conjunção de equívocos, precipitações e azares fez o capitão abandonar a região que logo voltaria a ser um "rico pasto". Enquanto seus colegas obtinham uma série de triunfos, Harro Schacht já estava longe, decidido a saciar sua sede de vitórias em águas brasileiras.

Às 6h44 do dia 10 de agosto, quando o U-507 navegava entre o arquipélago de São Pedro e São Paulo e Fernando de Noronha, seu capitão avistou um sinal de fumaça no horizonte, distante 15 milhas náuticas (27,8 quilômetros). Schacht ordenou que o submarino seguisse no encalço do navio. Três horas depois, já próximo ao objetivo, o submarino mergulhou para o ataque. Antes de dar a ordem de fogo, o navio foi identificado. Teria Schacht tirado a sorte grande, caindo em suas mãos o "Navio do Tesouro"? Poderia o capitão do U-507 entrar para a história da Marinha alemã, colocando a pique o navio que transportava as centenas de motores dos Shermans? Ao atingir a distância de lançamento dos torpedos, o comandante alemão viu o nome e a nacionalidade do navio. Não era o Seatrain Texas, mas o cargueiro espanhol Alvarada, com a bandeira nacional visível e as marcas de neutralidade previstas. Assim que a embarcação saiu do alcance visual, o capitão mandou emergir o submarino, retomando o curso para o Brasil.

O U-507 jamais interceptou o Seatrain Texas, mas poderia tê-lo feito se tivesse prosseguido em sua missão original. Patrulhando na direção NE-SO a área que lhe fora designada, Schacht teria a possibilidade de interceptar o cargueiro norte-americano sob a luz do dia em 9 de agosto.[710] As projeções das rotas das duas embarcações indicam que elas se cruzariam num ponto a cerca de 100 milhas náuticas (185,2 quilômetros) a oeste do arquipélago de São Pedro e São Paulo, num dia com ótimas condições meteorológicas e visibilidade de 10 a 12 milhas náuticas (entre 18 e 22 quilômetros). Schacht cruzaria a rota do cargueiro norte-americano pouco antes do meio-dia. Entretanto, o U-boot seguiu por outro curso, interceptando a rota estimada do Seatrain somente às 23h, num ponto ao sul do arquipélago (FC62), quando o cargueiro certamente já havia ultrapassado aquela região.

Com base no diário de guerra do U-507, presume-se que Schacht pedira autorização para efetuar "manobras livres no Brasil" com o objetivo de surpreender os petroleiros que estariam em curso pela costa brasileira, vindos do estreito de Magalhães rumo a Freetown. Por isso, o alemão postergou a missão que lhe fora ordenada, cumprindo a determinação de operar contra os navios Aliados na rota Pernambuco-Santa Helena-Cidade do Cabo apenas no dia 25 de agosto.[711]

Na viagem de Nova York para a Cidade do Cabo, é possível que o Seatrain Texas tenha seguido rota diferente daquela aqui apresentada – embora a urgência da missão aponte para a escolha do menor curso combinado com a proteção aérea. Seu trajeto real poderá ser conhecido com exatidão quando encontrado – caso ainda exista – o registro de navegação referente ao período entre julho e agosto de 1942.[712] Todavia, mesmo com uma série de alternativas possíveis, existe uma certeza: por ocasião da passagem do "Navio do Tesouro" pela "Cintura do Atlântico", o submarino encarregado da guarda da seção sudoeste daquela região estava envolvido em outro assunto. Harro Schacht já havia direcionado a proa do U-507 para Salvador.

*

A jornada do Seatrain Texas pelo oceano Atlântico ocorreu num momento determinante para os rumos do conflito. Em 19 de agosto, quando o cargueiro aportou na Cidade do Cabo, o sóbrio *The New York Times* publicou algumas notícias alarmantes em sua manchete de capa: "Russos retrocedem perto de Stalingrado", "Avanço alemão no Cáucaso muda o curso para o sul".[713] No dia 21, o navio retomou a viagem para o oceano Índico. Nesse mesmo dia, o influente político norte-americano Wendell Lewis Willkie discursou em Nova York. Num pronunciamento radiofônico à nação, Willkie declarou que os Estados Unidos estavam ameaçados por um perigo real e iminente de perderem a guerra e que a América estava ameaçada de extermínio.[714]

Graças ao Seatrain Texas, contudo, a ameaça do Eixo no norte da África seria exorcizada em breve. Em 8 de setembro, o cargueiro chegou em segurança ao porto de Suez, entregando aos ingleses o tesouro que lhe fora confiado. Segundo relatos, a pressa em pegar o material bélico foi tamanha que os estivadores subiram a bordo do navio antes mesmo da atracação.[715]

O cartão de movimento do navio revela um pouco da sua fascinante história. O cargueiro civil – com vocação militar – navegou por oceanos e mares suprindo os Aliados nos mais distantes teatros de operações, levando o apoio logístico às tropas Aliadas pelo mundo: da Normandia a Okinawa, de Nápoles a Casablanca, de Nova York ao golfo de Suez. Duas décadas depois, prestaria seus serviços na Guerra do Vietnã, sendo alvejado por foguetes portáteis disparados por vietcongues escondidos num canal próximo ao porto de Saigon. Em dezembro de 1967, foi atingido no casco pela explosão de engenhos flutuantes quando estava ancorado em Nha Be. Contudo, nada disso foi

270   Operação Brasil

o suficiente para afundá-lo. A robusta embarcação superou as adversidades até o fim de sua longa vida útil.[716] Devolvido à empresa proprietária, a Seatrain Lines, foi empregado como navio porta-contêineres no início dos anos 1970. O navio permaneceu no serviço ativo até julho de 1973, quando realizou sua última viagem rumo ao desmanche.

A viagem memorável do "Navio do Tesouro", no inverno de 1942, foi retratada pela novela de rádio *Cavalcade of Americas*, em um episódio chamado "The Ship the Nazis Had to Get". O capitão Towne, interpretado pelo ator Ray Milland, iniciou o programa com a seguinte apresentação: "Meu nome é capitão Kenneth Towne. Acho que, se eu for para o mar por uma centena de anos, eu jamais farei outra viagem igual àquela em que conduzi o Seatrain Texas: o navio que os nazistas tinham de pegar".[717]

O Seatrain Texas descarregando veículos no norte da Irlanda.

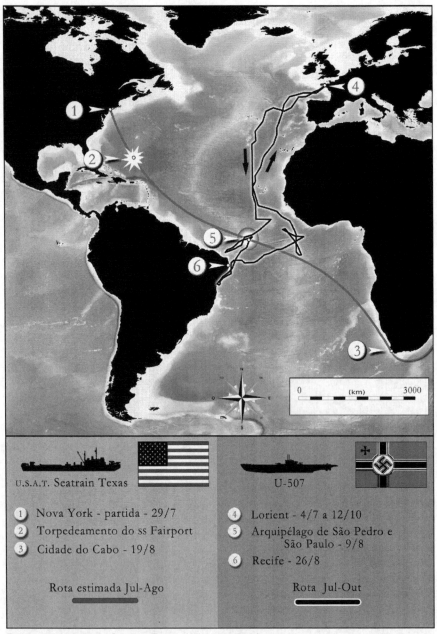

Rotas do U-507 e do Seatrain Texas (jul./out. 1942).

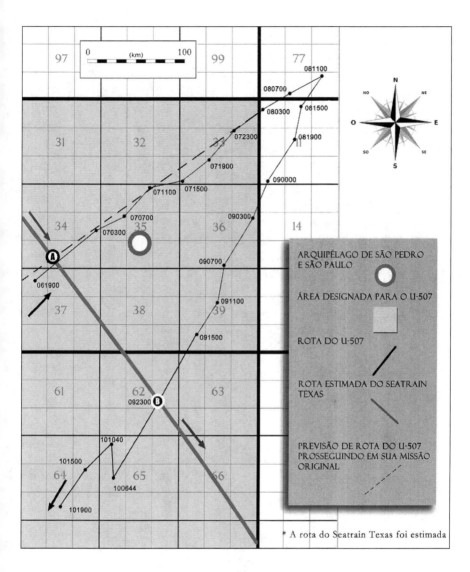

Percurso do U-507 (entre 6 e 10 de agosto de 1942) e do Seatrain Texas (em 9 de agosto de 1942)* – Caso prosseguisse na sua missão de patrulha na direção sudoeste (rota tracejada), o U-507 teria cruzado a rota do Seatrain Texas em (A) no dia 9 de agosto, data provável da passagem do cargueiro pela região. Todavia, após Schacht alterar o curso do U-507 para o Brasil, as duas rotas se cruzaram em (B), quando o Seatrain Texas já havia ultrapassado o estreito intercontinental. O trajeto do U-507, com as indicações de data e hora, está representado no diagrama por dois e quatro algarismos, respectivamente. Exemplo: dia 7 às 15h00min: 071500.

O fiel da balança

Caso isso aconteça, significará, certamente, o fim para nós.[718]
Comentário de Rommel acerca da possibilidade de os ingleses
receberem blindados e armas antitanque de melhor qualidade.

"NOS MANDE MAIS SHERMANS"

No 1º dia de julho de 1942, o tenente Blenton, ordenança da 3ª Brigada sul-africana, corria a toda velocidade em sua viatura por uma estrada costeira do Mediterrâneo. Enquanto seguia na direção de Alexandria, repassando ordens para as unidades de abastecimento, o oficial disseminava uma notícia alarmante: "Os alemães já bombardeiam El Alamein!".

Tobruk havia caído aos pés de Rommel há apenas dez dias, mas a "Raposa do Deserto" não se deteve, prosseguindo uma marcha que adentrou 470 quilômetros em território egípcio em pouco mais de uma semana. Agora, apenas 100 quilômetros separavam os alemães de Alexandria, e o pior: não havia outra posição defensável até lá. Para a sorte dos ingleses, o bombardeio que alarmou o tenente não passava de uma escaramuça, mas os oficiais do Estado-Maior britânico achavam tudo possível naqueles dias terríveis do verão africano.

"Os alemães atacam!", "Rommel está às nossas portas!". O alarme correu velozmente entre a população de Alexandria. A frota inglesa recebeu ordens para zarpar, deixando o cais do porto abandonado. Quase todas as tropas britânicas abandonaram a cidade, deixando apenas os comandos de destruição prontos para explodir as instalações portuárias assim que os blindados com a cruz gamada irrompessem na cidade.[719] O sentimento antibritânico entre os egípcios era visível, sendo estimulado pelas promessas nazistas de libertação da dominação colonial inglesa. O país estava tomado por uma crise econômica, com demonstrações públicas de apoio ao avanço dos exércitos do Eixo.[720]

Em 6 de agosto, quando Churchill passou pelo Cairo a caminho de Moscou, o primeiro-ministro enviou um telegrama para a Pasta da Guerra em Londres, com propostas de mudança na estratégia britânica. Entre elas, estava o abandono do Iraque e da Pérsia pelo comando do Oriente Médio.[721] Alan Mooreread, correspondente de guerra, relatou a situação vivenciada no Cairo:

> Durante anos, o Império Britânico enviara todas as tropas disponíveis, todas as bocas de fogo e tanques para o Oriente Médio. Somente aí é que os ingleses mantiveram uma verdadeira frente contra os inimigos. E eis que essa frente parecia tombar. A perda do Egito estava próxima e arrastaria consigo uma série de indescritíveis desgraças. Suez, Porto Said, Beirute e Trípoli, na Síria, não resistiriam à queda de Alexandria. A Palestina e a Síria não poderiam esperar manter-se, e, se os alemães chegassem a Jerusalém e a Damasco, os poços de petróleo estariam ao seu alcance e a Turquia ficaria praticamente cercada.[722]

O prognóstico do jornalista não estava muito distante dos planos do comando do 8º Exército. Auchinleck estava preparado para evacuar o que sobrasse de suas tropas para uma nova linha de resistência no delta do Nilo. "Se o Cairo e o delta não pudessem ser sustentados, o Exército devia retirar-se para o sul, subindo o Nilo", disse o general a Montgomery, enquanto ponderava sobre a situação britânica no Egito.[723] A perda do controle do canal de Suez seria o golpe de misericórdia na valente guarnição da ilha de Malta, acarretando a perda do controle do Mediterrâneo oriental e inflamando de vez os ânimos nacionalistas árabes contra a dominação britânica nos demais países do Oriente Médio.

Todavia, apesar das vitórias de Rommel e das possibilidades futuras da campanha alemã no deserto, a prioridade de Hitler era a luta contra a URSS. Por isso, os eventos no norte da África não receberam a devida atenção dos líderes do III Reich. Em fins de agosto, os estados-maiores alemães calcularam a relação de forças terrestres no *front* africano: três para um a favor dos ingleses. No ar, a superioridade era ainda maior: cinco contra um. "Havia 229 blindados

276 Operação Brasil

alemães de qualidade e 243 medíocres tanques italianos contra 700 britânicos", registrou um historiador alemão.[724] Após Tobruk, as perdas do Afrikakorps demoraram a serem repostas, e, quando isso aconteceu, a estreita janela de oportunidade havia passado. Em Berlim, até setembro de 1942, toda a vez que Rommel solicitava ajuda, encontrava do general Halder como resposta "apenas um incontido risinho de mofa".[725] Em novembro, durante uma discussão com Hitler, Rommel perguntou-lhe qual seria a melhor opção: perder Trípoli ou o Afrikakorps? Hitler berrou que o Afrikakorps pouco lhe importava.[726]

Em 21 de junho, no dia da queda de Tobruk, Kesselring veio à África encontrar-se com Rommel, que estava disposto a fazer todo o possível para provocar o colapso inglês no Oriente Próximo, antes que consideráveis remessas de armas pudessem chegar aos britânicos. Entretanto, Kesselring foi contra um ataque imediato, e ambos discutiram vigorosamente. Rommel estava doente, sofrendo os efeitos de uma infecção nasal e do intumescimento do fígado – provavelmente em consequência de uma icterícia, cujo tratamento fora negligenciado. Assim mesmo, ele não abria mão de continuar avançando, dispondo-se a evitar que os ingleses montassem novas linhas defensivas no Oriente Próximo. "O 8º Exército estava agora extremamente fraco, com um núcleo de apenas duas novas divisões de infantaria", escreveu.[727]

O Estado-Maior italiano e a Marinha alemã também se opuseram aos planos de Rommel, alegando que Malta deveria ser tomada antes de uma nova ofensiva do Afrikakorps no Egito. Estabelecido o impasse, telegrafou-se a Hitler em busca de uma decisão.[728] Por fim, Rommel não obteve o apoio dos superiores. Ficou decidido postergar a ofensiva para outra ocasião, deixando passar a grande oportunidade de vitória do Eixo no deserto. Um mês e meio depois, em 13 de agosto, quando assumiu o comando do 8º Exército, Montgomery afirmou que "se ele [Rommel] chegasse logo, seria um caso sério; se viesse dentro de uma semana, muito bem; porém, que nos fossem dadas duas semanas e podia fazer o que quisesse".[729] A oportunidade de conquistar o Egito havia escorrido das mãos de Rommel como areia fina. "Nossa chance de devastar os remanescentes do 8º Exército e de ocupar com um golpe o leste do Egito fora irremediavelmente perdida", lamentou o marechal.[730] O Afrikakorps só voltaria à ofensiva tardiamente.

*

Grande parte do sucesso de Rommel, até então, deveu-se ao emprego de uma tática de guerra apropriada ao terreno. O oficial percebera muito antes dos contendores a similaridade de uma batalha entre blindados no deserto – um espaço plano e livre de obstáculos – aos combates no mar. Tanto no deserto quanto no oceano, a mobilidade era fundamental, importando mais a velocidade, o alcance do canhão e a capacidade de agir em grandes formações. "Do carro de combate deve exigir-se, acima de tudo, capacidade de manobra, velocidade e um canhão de grande alcance, pois o lado que possuir o armamento mais poderoso tem o braço mais longo e pode engajar primeiro o inimigo", escreveu Rommel, entre uma batalha e outra.[731]

Nos anos 1940, o poder combativo de um exército lutando no deserto fundamentava-se nas virtudes da sua força blindada. Residia justamente nesse quesito o calcanhar de Aquiles dos ingleses. Mesmo com um efetivo blindado amplamente superior aos alemães, seus tanques eram abatidos pelos do Afrikakorps com relativa facilidade, disseminando um sentimento de inferioridade generalizada que abalava o moral da tropa. Até o final de agosto, a força blindada do 8° Exército estava composta, majoritariamente, de modelos M3 (Stuart, General Lee, General Grant), Crusaders e Valentines. No *front* russo, a debilidade dos M3 valeu-lhes o apelido de "sepultura para sete irmãos".[732]

Essa debilidade seria finalmente resolvida no começo de setembro, quando os Shermans chegaram ao porto de Taufiq, na extremidade sul do canal de Suez. Churchill determinou que as novas unidades fossem colocadas no *front* o mais rapidamente possível. Contudo, alguém decidiu deixar 107 tanques "em reserva para treinamento". Embora a medida fosse coerente do ponto de vista militar, o primeiro-ministro ficou exasperado quando descobriu a providência, afirmando que "as autoridades norte-americanas iriam ficar extremamente decepcionadas com aquele desperdício". O líder inglês explodiria de indignação novamente em outubro, quando soube que 81 Shermans estavam em *workshops*, apesar de lhe terem garantido o contrário. Às vésperas da batalha de El Alamein, havia sido assegurado a Churchill que "todos os Shermans [...] foram trazidos à frente para serem empregados nas operações futuras", e que "Montgomery iria empregar o número máximo dos seus melhores blindados no momento decisivo".[733]

O Sherman era a "menina dos olhos" do Exército dos EUA. Seu canhão de 75 mm podia engajar alvos a dois mil metros e a blindagem era impenetrável à maior parte dos disparos dos canhões inimigos – excetos os de 88 mm. Com a proteção e o alto poder de fogo, outra característica o diferenciava dos antigos blindados: a confiabilidade. O novo blindado requeria pouca manutenção se comparado aos modelos alemães. Além disso, os reparos podiam ser feitos em campanha com relativa facilidade.

278 Operação Brasil

Os Shermans vieram com todas as vantagens dos antigos modelos e nenhuma das suas desvantagens.[734] Sua guarnição era de apenas cinco homens – em vez de sete, como nas versões anteriores.[735] Ao contrário dos obsoletos M3, com seus dois canhões, os novos modelos M-4 ostentavam um único e eficiente canhão de 75 mm, preso numa torre giratória com novo *design*.[736] O canhão da torre dos M3, de apenas 37 mm, era incapaz de atravessar a blindagem dos Mark IV, enquanto o de 75 mm, instalado no chassi, obrigava a guarnição a girar o blindado com as esteiras para engajar os adversários.

> Os Shermans eram máquinas magníficas. Possuíam uma torre estabilizada capaz de girar 360°, enquanto o instrumento de pontaria, se ajustado corretamente, fazia do canhão uma arma com precisão mortal. Sua força motriz vinha de novos motores, funcionando com gasolina de alta octanagem, dando-lhe uma velocidade de aproximadamente 30 milhas por hora.[737]

Como era de se esperar, os comandantes de unidades blindadas fizeram o que era possível para obter os Shermans no lugar dos Grant e dos Crusaders.[738] Um sargento do 10º Regimento de Cavalaria britânico (10th Royal Hussars) registrou sua impressão a respeito do novo tanque: "Foi a primeira vez que tivemos uma arma que era equivalente à dos alemães".[739]

Em 5 de julho, após os combates de Tobruk e Mersa Matruh, os dois oponentes estavam materialmente exauridos. O efetivo de blindados de qualidade em poder dos alemães era de apenas meia centena de exemplares.[740] Atendendo aos pedidos insistentes de Rommel, novas remessas elevaram esse número para 203 unidades no mês de agosto (166 Mark III e 37 Mark IV).[741] Entretanto, o reforço foi insuficiente. Quando teve início a Batalha de El Alamein, a relação entre as forças blindadas oponentes era de 5 para 1, a favor dos Aliados, com os Shermans compondo 21% dos tanques do 8° Exército.[742]

Pouco antes do combate decisivo, Montgomery redigiu uma mensagem final aos seus oficiais, comparando a situação do inimigo com a das suas tropas.

> 6. O inimigo
> Sua fraqueza: armamentos fracos; pequenos estoques de gasolina, munição e alimento. Moral bom, exceto, possivelmente, os italianos.
> 7. Nós mesmos
> Imensa superioridade em canhões, tanques e homens. Podemos lutar numa batalha prolongada e assim o faremos. 1.200 tanques (470 pesados).[743]

São bem próximas da realidade as avaliações inglesas sobre o material de guerra em poder dos alemães, mas elas não registram com exatidão a escassez de meios do Afrikakorps. O exército de Rommel lutava usando o butim de diversas origens, incluindo canhões russos, material bélico capturado aos ingleses (obuseiros e viaturas) e até peças de uniformes. Mais de 85% dos transportes do Eixo consistiam em veículos capturados do inimigo, pintados apressadamente com as insígnias da Wehrmacht. Apenas a força blindada era predominantemente germânica. "Minhas tropas deram o melhor de si sempre, mas foi a superioridade de certas armas alemãs sobre as equivalentes britânicas a nossa salvação",[744] assinalou Rommel. Profeticamente, o alemão afirmou que, se os ingleses recebessem blindados e armas antitanque de melhor qualidade, estaria terminada a campanha alemã na África: "Caso isso aconteça, significará, certamente, o fim para nós".[745]

Os ingleses tiveram a mesma percepção do marechal alemão. Uma semana após o início da Batalha de El Alamein, Alexander, comandante em chefe do Oriente Médio, enviou uma mensagem a Londres, retransmitindo o pedido dos subordinados: "As tropas estão dizendo: 'nos mande mais Shermans'".[746]

Churchill retransmitiu a mensagem para Averell Harriman, emissário pessoal de Roosevelt no Reino Unido, destacando que os "blindados inimigos, incluindo o Mark IV especial – o melhor blindado alemão – têm sido destruídos a alcances superiores a duas mil jardas (1.828 metros)".[747] Um grupo de observadores do Exército britânico retornou a Londres em fevereiro de 1943, recomendando que o Sherman fosse adotado como o modelo universal de tanque para as unidades blindadas.[748] Em seu famoso discurso ao Congresso dos EUA, em maio de 1943, o líder inglês afirmou que o Sherman fora o melhor tanque no deserto em 1942. "[...] a presença dessas armas desempenhou um papel apreciável na ruína do exército de Rommel na Batalha de El Alamein e na longa caçada a ele de volta à Tunísia", ressaltou Churchill.[749]

Embora Montgomery tenha praticamente ignorado o valor dos Shermans para as vitórias do seu Exército, seu 10º Corpo de Reserva foi mobiliado com três centenas deles, recebidos no começo de setembro. Segundo o inglês, o novo corpo "seria para nós o que o Afrikakorps era para Rommel".[750] Usando essa grande unidade – chamada por "Monty" de "meu *corps d'elite*" –, composta de três divisões motorizadas (1ª, 8ª e 10ª), a linha defensiva do Afrikakorps foi rompida pelo 8º Exército no começo de novembro, decidindo a vitória em El Alamein em favor dos britânicos.[751]

280 Operação Brasil

SEGREDOS DE GUERRA

A vitória em El Alamein foi entronizada na História Militar britânica, que saudou Montgomery como "o homem que derrotou Hitler". "Antes de Alamein, nós nunca tivemos uma vitória. Depois de Alamein, nós nunca tivemos uma derrota", escreveu Churchill, que elogiou Montgomery numa carta a Alexander, usando o adjetivo "brilhante".[752] As várias homenagens e os títulos concedidos ao general – agora marechal de campo 1° visconde Montgomery de Alamein – parecem ter influenciado seu julgamento acerca das batalhas travadas na África. Em suas memórias, quando descreveu as Batalhas de Alam Halfa e de El Alamein, o inglês supervalorizou seu papel em detrimento do dos demais agentes e fatores envolvidos. Usando de pouca modéstia, colocou na sua conta a primazia de ter derrotado Rommel, antecipando-se aos movimentos do Afrikakorps:

> Eu não podia atacar pessoalmente; Rommel devia dar-me essa oportunidade. Mas, com o objetivo de alcançar o máximo benefício, eu devia prever o esquema do esperado ataque e determinar, previamente, como o bateríamos. Isso não era difícil.[753]
> [...] Isso levou a que oficiais e homens reconhecessem a necessidade de um cérebro condutor que lhes controlaria os destinos e, após a batalha, aceitaram-me como tal cérebro.[754]
> O esquema do ataque de Rommel foi exatamente o previsto para os oficiais e homens do 8° Exército; nós lutamos a batalha conforme eu havia previsto.[755]

Como se houvesse criado o 8° Exército a partir do zero, Montgomery desprezou os métodos e a doutrina do chefe antecessor. "O que eu mais precisava era de uma batalha que fosse levada a efeito de acordo com minhas ideias e não com as dos antigos comandantes do deserto", escreveu.[756] O orgulhoso oficial suprimiu da sua autobiografia quase por completo a importância do apoio material e de homens recebido dos EUA. Em particular, dos blindados, dos obuseiros, da munição, dos aviões com tripulações norte-americanas e dos demais recursos que vinham sendo enviados ao Egito – passando pelo Brasil – desde 1941.

As memórias do marechal deixam no leitor a impressão de que os britânicos foram liderados por um verdadeiro gênio militar, cuja intuição assombrava a todos. Suas impressões foram reproduzidas por uma historiografia de cunho laudatório nos anos seguintes, que praticamente se limitou a cotejar versões pregressas, destacando a habilidade e a intuição de "Monty" e de seus generais. Um artigo recente sobre a Batalha de El Alamein, por exemplo, o descreve

O fiel da balança *281*

como uma espécie de visionário: "Rommel agiu rapidamente. Em 30 de agosto, posicionou-se em Alam Halfa, ao sul de El Alamein, e atacou – exatamente como Montgomery, admirador e entusiasta das manobras do marechal, havia previsto".[757] Mas há discordâncias.

Quase 30 anos após a guerra, o historiador Paul Carell desconfiou da genialidade atribuída ao inglês em prever os movimentos do oponente: "Montgomery e seus generais dizem ter deduzido o plano de Rommel baseados nas condições meteorológicas, na força e na situação de combustível do Afrikakorps, na mentalidade dos alemães e também no reconhecimento aéreo normal", escreveu o historiador, citando as memórias de Alan Brooke, chefe do Estado-Maior britânico, durante uma visita ao 8° Exército, em agosto de 1942:

> Montgomery estava a apenas alguns dias na posse do seu comando [...] Sabia já exatamente que Rommel ia atacar numa data precisa [...] e que o ataque se verificaria na frente sul, tendo como objetivo um movimento circular para o norte. Explicou-nos com exatidão como sua artilharia quebraria esse ataque. Suas afirmações eram tão cheias de segurança que o Primeiro-Ministro considerou os seus planos e todas as medidas como penhores do sucesso.[758]

Na década anterior, *sir* Basil Henry Liddell Hart, historiador militar inglês, produzira uma biografia de Rommel, na qual inseriu trechos de um relatório do general Bayernlein, chefe do Estado-Maior do Afrikakorps: "De acordo com as declarações de oficiais e soldados aprisionados durante a batalha, os chefes inimigos tinham certeza da nossa intenção de atacar depois de 25 de agosto". Segundo ele, alguns prisioneiros informaram que o Alto-Comando inglês recebera informações de um graduado chefe italiano: "Os dados fornecidos pelo italiano revelavam o nosso plano de ataque pelo flanco sul inglês".[759]

Durante a pesquisa, Carell ficou impressionado com a quantidade e a precisão das informações em mãos dos britânicos, concluindo que elas tiveram origem não nas ações de espionagem ou na dedução lógica dos estrategistas, mas na traição. Sem apresentar evidências documentais, o autor atribuiu o fracasso da última investida de Rommel ao comando da Regia Marina italiana: "Pode-se hoje dizer, sem risco de engano, que o reabastecimento do exército da África, dependente do Comando Superior da Marinha italiana, se via exposto à traição de maneira extraordinária".[760] O alemão citou o caso do almirante Maugeri, integrante do serviço secreto da Marinha italiana, que teria recebido uma alta condecoração norte-americana após o conflito.[761] Absolutamente convicto – e

282   Operação Brasil

indignado – com a suposta traição dos aliados, Carell desabafou: "Em muitos pontos, depois da guerra, se disse que a traição emanava de um importante Estado-Maior italiano. Eu renuncio a ir mais longe nesta deplorável história."[762]

Aparentemente, a má impressão do autor quanto aos súditos do Duce fora reforçada pelas atitudes de Rommel. A par do talento no campo de batalha, o general alemão também era conhecido pela falta de tato e pela rispidez com que tratava os próprios oficiais – generais inclusive. Com o general italiano Bastico não foi diferente.

> Rommel desconfiava dos seus aliados italianos. Quando desencadeou um contra-ataque, em janeiro de 1942, não informou seus superiores italianos com medo de uma quebra de sigilo. Apenas instruiu seus oficiais do Estado-Maior recuado no sentido de que, depois de iniciado o ataque, pregassem notícias no quadro de avisos dos cassinos dos oficiais italianos nas áreas de retaguarda. Foi assim que o Estado-Maior italiano ficou sabendo da operação e ficou indignado. Mandaram chamar Rommel. Este respondeu que estava ocupado na linha de frente e que, caso o general quisesse vê-lo, teria muito prazer em recebê-lo lá. O general Bastico não foi. Alguns dias depois, Rommel foi informado de que ele pretendia retirar todas as suas tropas italianas. O alemão respondeu que isso pouco lhe importava. Esse episódio custou-lhe a primeira condecoração italiana que iria receber e a perda da afeição do general Bastico.[763]

Em geral, a literatura sobre o Afrikakorps escrita até meados dos anos 1970 converge para as mesmas conclusões. Embora não seja de todo impossível que algum caso de deslealdade tenha ocorrido entre os italianos, é improvável que os oficiais da Regia Marina tenham traído os próprios companheiros de farda – cujos navios eram seguidamente tragados para o fundo do Mediterrâneo pelos tentáculos do polvo de Malta. O código de honra militar varia pouco entre os diferentes exércitos – e a traição ocupa o topo da lista dos seus pecados capitais. De qualquer ponto de vista, a colaboração com o inimigo é a mais execrável atitude que um militar pode tomar em tempos de guerra, não importa a sua nacionalidade.

As deduções de Montgomery e as desconfianças de Rommel tinham uma origem que estava distante das conclusões a que chegaram historiadores como Paul Carell. A verdadeira fonte da notável onisciência britânica seria revelada apenas em 1974, quando o governo inglês finalmente autorizou a divulgação de um dos segredos mais bem guardados de toda a guerra.

*

O fiel da balança   *283*

Em julho de 1942, quando Churchill viajou a Moscou para encontrar-se com Stalin, o inglês fez um escala no Egito, onde participou de uma conferência com os chefes de Estado-Maior sobre a situação no Oriente Médio. O primeiro-ministro trouxe consigo o melhor presente que os seus generais na África poderiam receber: a ordem de batalha completa das forças de Rommel. Tão importantes eram os documentos que o político não se atreveu a transmiti-los por nenhum meio, nem por mensageiros, resolvendo entregá-los pessoalmente. Os papéis informavam os efetivos em homens, carros de combate e aviões, além de uma estimativa bastante exata da situação em combustível e munição do inimigo.[764] Ali estavam os planos de ataque do Afrikakorps, inclusive, com a data em que uma nova ofensiva seria desencadeada. Melhor impossível. Com o intuito de resguardar a origem das informações, "Montgomery convocou uma reunião de comandantes subordinados e revelou-lhes a sua intuição de que Rommel tentaria atacar em torno do flanco sul".[765]

Numa instalação secreta nos arredores de Londres, em Bletchley Park, os ingleses haviam desenvolvido um projeto inovador de decifração de códigos secretos designado pelo codinome Ultra. Trabalhando inicialmente com dispositivos eletromecânicos, o sistema fez surgir o primeiro computador programável feito pelo homem em 1943: o Colossus. Os equipamentos eram um tesouro de valor inestimável do ponto de vista militar, científico e tecnológico. Por isso, ao final da guerra, Churchill ordenou que as máquinas fossem quebradas em pedaços não maiores que a mão de um homem. Os exemplares hoje existentes, em exibição pública, são réplicas baseadas em plantas e fotografias da época.

Montgomery atribuiu a origem das informações de inteligência para si e para os integrantes do seu Estado-Maior: "Meu Estado-Maior pensante estava certo de que a brecha em nossa posição seria no flanco sudeste, seguido por um movimento à esquerda, com a direção de suas tropas para os espinhaços de Alam Halfa e Ruweisar".[766] Entretanto, essa previsão não tivera origem no prognóstico dos analistas do 8º Exército, mas no trabalho de matemáticos e criptógrafos instalados em Bletchley Park.

Ao contrário da versão normalmente difundida até 1974 sobre a Campanha do norte da África, alemães e italianos jogavam com os Aliados uma partida de pôquer com cartas marcadas. Para afastar as suspeitas de que as mensagens secretas do Eixo estavam sendo decifradas, permitindo que os comboios italianos no Mediterrâneo fossem constantemente destruídos, utilizava-se algum tipo de artifício de cobertura, como o sobrevoo de um avião de reconhecimento que "casualmente" estava em patrulha.[767]

284 Operação Brasil

Os indícios de traição das autoridades italianas, descritos pelos alemães e pelos historiadores no pós-guerra, originaram-se de uma manobra de despistamento da inteligência Aliada para encobrir a existência do Ultra e minar a relação de confiança entre os países do Eixo. F. W. Winterbotham, supervisor de distribuição das informações do Ultra durante o conflito, revelou ter enviado uma mensagem falsa a um suposto agente em Nápoles – provavelmente, a autoridade naval italiana citada mais tarde como colaboradora – em um código capaz de ser decifrado pelos alemães, "cumprimentando-o pelos excelentes informes e aumentando a sua remuneração".[768] Mais tarde, o almirante italiano que dirigia o porto de Nápoles seria demitido, com a suspeita de ter sido ele próprio o informante.

Montgomery ficou a par dos planos do seu oponente, inclusive do local preciso e da data da operação em Alam Halfa.[769] Na noite de 31 de agosto, o general dormia quando o seu chefe de Estado-Maior o acordou para informá-lo do ataque alemão. O inglês, então, respondeu: "Excelente, não podia ser melhor". E voltou a dormir.[770]

Os britânicos puderam distribuir suas tropas e preparar a defesa da melhor forma. "Graças ao Ultra, Montgomery dispôs de bastante tempo para se preparar para o ataque de Rommel", declarou Winterbotham. Em 31 de agosto, esperavam a passagem das tropas de Rommel "cerca de 400 tanques em posição, escondidos em covas e espalhados atrás de um anteparo de canhões antitanques de 6 libras".[771]

Após oito dias de combates encarniçados, quando a situação ficou insustentável na linha principal de resistência do Eixo em El Alamein, Rommel comunicou o fato a Hitler, solicitando permissão para recuar. O Führer respondeu que "não havia outra linha de ação, exceto defender a posição até o último homem, e que só havia uma escolha para as tropas alemãs: 'a vitória ou a morte'". Com o Ultra funcionando a todo vapor, os líderes Aliados estavam cientes do teor das mensagens mais secretas entre o Afrikakorps e Berlim. Minutos depois de expedida em Berlim, a mensagem de Hitler foi interceptada, descodificada e a passada às mãos de Churchill e de Montgomery. Em vez de acusar o recebimento, Rommel pediu sua repetição – por problemas na recepção ou por não acreditar no seu conteúdo absurdo. Nesse caso em particular, é provável que os ingleses tenham tomado conhecimento das ordens de Hitler antes mesmo que Rommel.[772]

Irritado com o fracasso em El Alamein, Hitler passou a dirigir a campanha na África remotamente de Berlim, facilitando ainda mais o trabalho dos Aliados.[773] Numa das poucas oportunidades em que o Ultra não proporcionou aviso-prévio sobre as ações de Rommel, a surpresa foi total. Em fevereiro de 1943, o Raposa do Deserto investiu pelo corredor do passo de Kasserine, no oeste da Tunísia, desferindo um soco violento no nariz das tropas de Bradley.[774] O Eixo sofreu cerca de 2 mil baixas, enquanto os Aliados tiveram cerca de 10 mil (mais da metade dos EUA) e perderam ainda centenas de blindados.[775]

Analisado do ponto de vista estratégico, o papel do Ultra na Segunda Guerra Mundial ressalta o valor da inteligência militar, da ciência e da tecnologia no poderio bélico de uma nação. Do ponto de vista historiográfico, a divulgação tardia desse segredo de guerra mostra o quanto a História Militar está sujeita a revisões ao longo do tempo – mesmo a escrita pelos seus protagonistas e autores renomados.

Bem mais que a suposta clarividência de Montgomery, a vitória britânica sobre o Afrikakorps aconteceu graças à conjunção de uma série de fatores, nos quais o Brasil ocupa um lugar de destaque.

*

No inverno de 1942, a derrota dos ingleses no norte da África e o desmoronamento do Império Soviético eram dados como altamente prováveis. Entretanto, a situação foi revertida em alguns meses. As batalhas de El Alamein e Stalingrado marcaram o ponto de inflexão da guerra no norte da África e na Rússia europeia, sendo descritas nas histórias inglesa e russa, respectivamente, como batalhas travadas integralmente pelos seus exércitos. De fato, as forças terrestres em El Alamein foram compostas, quase na totalidade, de soldados do Commonwealth: ingleses, tropas coloniais e exilados europeus, como poloneses e tchecos. De forma idêntica, nas divisões russas em Stalingrado lutavam soviéticos de várias origens. Todavia, as narrativas desses confrontos no pós-guerra geralmente minimizam – ou mesmo ignoram – a importância do suporte logístico dos EUA, das informações do Projeto Ultra e da Campanha do Atlântico para o resultado dessas batalhas.

As narrativas da Campanha do norte da África geralmente supervalorizam as características pessoais de Montgomery, em detrimento dos demais elementos envolvidos. O general inglês revelou-se um militar corajoso, enérgico e perspicaz que soube impor seu estilo de comando e levantou o moral do combalido 8° Exército. Mostrou inteligência ao compreender rapidamente os mecanismos básicos da luta no deserto, quando empregou formações e táticas similares às do Afrikakorps. Sobretudo, Montgomery acertou quando decidiu adotar uma guerra de desgaste contra um inimigo que dispunha de meios e abastecimento precários. Mas, o inglês estava longe de ser um gênio da estratégia. Em setembro

286   Operação Brasil

de 1944, o desastre da Operação Market Garden – planejada por Montgomery – mostraria isso ao Comando Aliado da pior forma possível.[776] O britânico teve a oportunidade de destruir o exército de Rommel em El Alamein; porém, mesmo dispondo de ampla superioridade material terrestre, aérea e de efetivos, deixou a oportunidade escapar.

Em defesa de "Monty", é preciso reconhecer que Churchill ordenara o mais absoluto sigilo sobre a existência do Ultra. Segundo Winterbotham, o futuro visconde de Alamein não gostava do sistema ultrassecreto porque sabia que Churchill e os chefes de Estado-Maior também recebiam o mesmo informe em Londres. "Como consequência, Montgomery jamais parecia atribuir ao Ultra o valor que realmente tinha", frisou o oficial.[777]

Contudo, somente a quebra do sigilo das informações do inimigo não bastava para virar o jogo da guerra. Faltavam os meios para derrotar Rommel. Embora Montgomery tenha quase ignorado a contribuição norte-americana para o sucesso do seu exército, ela foi fundamental para a vitória britânica. Em outubro de 1942, quase metade dos esquadrões da Desert Air Force ou eram unidades da Força Aérea dos EUA ou eram tripulações que voavam em aeronaves norte-americanas, causando danos tremendos na retaguarda das forças do Eixo, suas linhas de suprimento e instalações logísticas: o calcanhar de Aquiles do Afrikakorps. Churchill reportou a Roosevelt o impacto no moral do 8° Exército graças às ações da Força Aérea: elas eram "como trens regulares e encorajadores para as nossas tropas".[778]

> A Força Aérea já havia iniciado a sua batalha, atacando tropas inimigas, aeródromos e comunicações. Atenção especial era dedicada aos comboios. Em setembro, 30% dos comboios de suprimento para o norte da África foram afundados, principalmente pela ação aérea. Em outubro, o número subiu para 40%, a perda de petróleo foi de 66%. Nos quatro meses de outono, duzentas mil toneladas de carga foram destruídas. Isso foi um sério golpe para o exército de Rommel.[779]

Enquanto o Afrikakorps fazia o seu derradeiro assalto em Alam Halfa, a superioridade dos meios aéreos em poder dos ingleses permitiu que Tobruk e as extensas rotas de suprimento alemãs fossem pesadamente bombardeadas. De Bengazi até a linha de frente, em El Alamein, havia mil quilômetros a serem percorridos pelas colunas de reabastecimento. De Trípoli, quase dois mil. O bombardeio do sistema logístico do Eixo desvaneceu a última esperança alemã para um rápido suprimento de combustível. Segundo Montgomery: "Esse foi o ponto imperativo na decisão de Rommel de recolher o ataque".[780]

Sem o apoio material norte-americano, incluindo a superioridade aérea obtida pelo 8° Exército – com boa parte das aeronaves recebidas graças à escala nas bases brasileiras –, os rumos da guerra teriam sido diferentes. Em janeiro de 1944, num artigo intitulado "Key Skyway Base", para a revista *Western Mail*, o jornalista australiano J. A. Marris ressaltou a importância estratégica de Parnamirim Field: "Hitler daria dez das suas divisões para destruí-la", escreveu.[781] Os secretários de Estado Cordell Hull e Edward R. Stettinius destacaram o valor das bases aéreas brasileiras para o esforço de guerra:

> Sem as bases aéreas que o Brasil permitiu que construíssemos em seu território, as vitórias na Europa e na Ásia não teriam ocorrido tão cedo. Essas bases, lançadas bem dentro do Atlântico Sul, permitiram que nossos aviões atravessassem o oceano em verdadeiras ondas, chegando à África Ocidental e partindo daí para o teatro de operações da Europa ou no Oriente mais afastado. Se não tivéssemos contado com essas bases brasileiras, não poderíamos ter auxiliado tanto os ingleses no Egito, como fizemos, no momento crucial da Batalha de El Alamein.[782]

> É justo dizer que, se não nos uníssemos aos ingleses para a exploração da rota [Miami-Natal-Oriente Médio] e se não tivéssemos a colaboração total do governo brasileiro, o 8° Exército não poderia ter adquirido em tempo a esmagadora superioridade aérea que tornou possível a vitória de El Alamein, assim como nossas entregas de aviões destinados à frente russa teriam diminuído de muitas centenas.[783]

Com um pouco de sorte, o U-507 poderia ter colocado a pique o Seatrain Texas, que atravessou incólume o setor da "Cintura do Atlântico" onde Harro Schacht recebera o encargo de patrulhar. Os motores guardados nos seus compartimentos de carga permitiram a constituição de uma divisão com 300 unidades do mais moderno blindado produzido pelos Aliados. A chegada desse material bélico ao Egito foi essencial para o esforço de guerra inglês, num momento em que os dois contendores necessitavam do mais precioso armamento para o duelo terrestre no deserto: o tanque de combate. Foi justamente a divisão blindada trazida pelos norte-americanos a protagonista da vitória de Montgomery sobre Rommel em El Alamein. Segundo o historiador Andrew Buchanan: "Mesmo a mais britânica das vitórias foi, de fato, obtida com substancial assistência dos EUA".[784] Não há como discordar disso.

A avaliação da importância do apoio logístico disponibilizado pelas bases brasileiras para a derrota do Afrikakorps também é válida para a guerra na URSS.

288   Operação Brasil

No período crítico da campanha alemã no leste europeu, que decidiu a Batalha de Stalingrado, a única rota naval disponível para a entrega dos suprimentos aos russos passava pelo Atlântico Sul. Sem o controle dessa região – onde poucos submarinos eram capazes de destruir o equipamento militar ou o efetivo de uma divisão inteira – é pouco provável que a maré da guerra na Europa Oriental pudesse ser invertida em 1942-1943. Por isso, a declaração de guerra brasileira teve um papel da mais alta relevância para a vitória Aliada.

ERROS INDUBITÁVEIS

No primeiro semestre de 1942, a aliança militar Brasil-EUA continuava travada por questões políticas. Os militares brasileiros estavam frustrados com o atraso no recebimento do material bélico comprado dos norte-americanos no ano anterior e temiam uma ocupação permanente do seu território. Por sua vez, Washington desconfiava que as armas pudessem ser utilizadas contra suas tropas, evitando fornecê-las enquanto o governo Vargas não atendesse às suas demandas.

Logo após a assinatura de um acordo secreto entre os dois países, Roosevelt determinou que fosse enviada ao Brasil a primeira remessa substancial de armamento. A ordem foi cumprida, mas as armas ficaram sob o controle norte-americano em pleno território brasileiro – o que, certamente, desagradou as autoridades nacionais. Em represália, o Ministério da Guerra manteve o controle das operações militares no Nordeste, aumentando os empecilhos às atividades estrangeiras. Além disso, Dutra e Góes Monteiro recusaram-se a nomear os representantes brasileiros da Comissão Militar Mista, encarregada de colocar em prática os termos do acordo militar bilateral.

A iniciativa de Aranha de nomear os membros da Comissão provocou uma grave crise institucional, justamente quando estava prevista a investida de uma poderosa flotilha de submarinos alemães contra os portos e a navegação brasileira, sendo capaz de afundar a maior parte da Marinha de Guerra, Mercante e de Passageiros brasileira.

Os efeitos catastróficos do ataque naval poderiam causar repercussões ainda piores nas semanas seguintes. Se a investida de um único submarino alemão ao largo da costa deixou a nação em estado de choque em agosto, a ofensiva de dez deles no interior dos portos nacionais seria muito superior, provocando consequências políticas e militares imprevisíveis. Uma ação de tal magnitude tinha o poder de causar a deposição de Vargas.

O fiel da balança *289*

Uma vez deposto o ditador, não é demais supor que Washington chegasse à conclusão de que uma facção militar simpática ao Eixo tivesse tomado o poder no Brasil, conforme vinham alertando os relatórios de Miller, Ridgway e Thomas White ao Departamento de Guerra, e do OSS ao Departamento de Estado. Nesse caso, seria empreendida uma intervenção militar que traria os horrores da guerra para o solo brasileiro, dando início a um conflito sangrento capaz de arrastar-se por longos anos. Felizmente, a história seguiu outro curso, e a ofensiva naval alemã foi cancelada alguns dias após os submarinos terem zarpado dos portos franceses. Por muito pouco, o destino não reservou ao Brasil uma catástrofe que reduziria o ataque do U-507 a um episódio secundário.

Contudo, o destino não evitou que o plano nazista e a ação de Harro Schacht fossem confundidos e interpretados erroneamente nos anos seguintes. A historiografia e a imprensa nacional produziram uma série de mitos desde a década de 1940; entre eles, o que atribuiu a Adolf Hitler a iniciativa pela ordem de ataque ao Brasil. Todavia, a situação real é inversa. A Operação Brasil nasceu da iniciativa do Comando Operacional da Marinha, e não por ordem do líder nazista. Agindo na direção contrária, Hitler apresentou obstáculos aos planos por mais de uma vez, determinando que os italianos fossem consultados e que a operação passasse antes pelo crivo do Ministério das Relações Exteriores. É provável que o Führer tenha sido o responsável por interromper o plano em curso, convencido a tempo por Ribbentropp de que o ataque arrastaria os demais países do continente para uma guerra contra o Eixo. Embora a ação tenha sido suspensa, um incidente posterior concretizou os temores do chanceler alemão.

No inverno de 1942, o capitão de corveta Harro Schacht foi designado para patrulhar a "Cintura do Atlântico", recebendo a missão de interceptar os navios e comboios Aliados com destino ao Oriente Médio, via Cidade do Cabo. No começo do mês de agosto, a ausência de tráfego naval em sua área de operações motivou Schacht a solicitar ao Comando de Submarinos a autorização para manobras livres no litoral brasileiro. O B.d.U. autorizou o pleito, mas destinou ao U-507 uma tarefa específica em Recife, correlata à sua tarefa inicial. Porém, o capitão ignorou a ordem e seguiu para a Bahia.

As razões descritas por Schacht em seu diário de bordo não justificam o impulso desautorizado, pois não houve qualquer evidência concreta que lhe sugerisse um suposto desvio da rota dos petroleiros com destino a Freetown, via estreito de Magalhães. Ainda que houvesse, não era essa a sua missão. Parece ter sido maior a tentação de atacar os navios mercantes e de passageiros desarmados – aproveitando-se da sabida fragilidade da Armada brasileira – do que agir no porto de Recife, onde correria o risco de encontrar as belonaves norte-americanas. Após o ocorrido, a Marinha alemã procurou eximir-se da culpa pela declaração de guerra brasileira, atribuindo-a ao Ministério do Exterior. Por sua vez, o grande-almirante Dönitz absolveu Schacht em suas memórias, resguardando a imagem da sua Força de Submarinos e atribuindo aos políticos a responsabilidade pelo episódio.

Em apenas dois dias de ação no litoral nordestino, Harro Schacht fez mais em prol do alinhamento Brasil-EUA do que vários anos de esforços da diplomacia norte-americana. Nem Hitler, Ritter, Dönitz ou Raeder tiveram tamanha responsabilidade individual pela entrada do Brasil na guerra quanto o oficial alemão. Embora tivessem sido registrados inúmeros ataques contra a navegação mercante brasileira antes de agosto, Dutra e Góes Monteiro estavam irredutíveis quanto à possibilidade de uma declaração de guerra ao Eixo. Apenas um evento de extrema gravidade e comoção nacional poderia mudar essa situação.

Graças ao submarinista alemão, foram desatados os nós que impediam o desenlace da aliança militar Brasil-EUA. Em 25 de agosto de 1942, durante a primeira reunião da Comissão Mista em Washington, os norte-americanos não mais insistiram no envio de suas tropas para o Nordeste. Após a declaração de guerra brasileira, já não havia mais essa necessidade.

Coube ao almirante norte-americano Jonas H. Ingram o mérito de tomar a frente nas negociações entre os militares brasileiros, os representantes do Exército dos EUA e os oficiais da Marinha inglesa, assumindo o comando das forças Aliadas no Atlântico Sul. Ele distendeu a relação militar entre o Brasil e os EUA, esclarecendo aos seus superiores em Washington que a atitude brasileira contra a Inglaterra nada tinha a ver com uma suposta antipatia à democracia, mas à "atitude arrogante das autoridades britânicas contra o Brasil e pela paralisação do envio de materiais de guerra comprados da Alemanha".[785] Ingram estabeleceu procedimentos operacionais, técnicos e administrativos que inviabilizaram a ação dos U-boote nas águas do Atlântico Central-Sul numa fase delicada da guerra. A U.S. Navy tomou para si o controle das obras a cargo da Panair do Brasil, até então geridas pelo U.S. Army, concretizando o "Trampolim da Vitória" em Parnamirim Field.

As projeções das rotas do U-507 e do Seatrain Texas mostram que o submarino teria uma excelente oportunidade para interceptar o cargueiro norte-americano. Porém, quando navio alcançou a área de patrulha do U-boot, Harro Schacht e sua tripulação não mais estavam lá: o alemão havia alterado o curso do U-507 para o Brasil. Caso o submarino continuasse a patrulhar a

O fiel da balança *291*

região que lhe fora designada, poderia estar hoje no fundo do mar a mais preciosa carga trazida por um navio isolado dos EUA em toda a Segunda Guerra Mundial.

Em defesa de Harro Schacht, é preciso reconhecer que a área que lhe fora designada no estreito intercontinental era por demais extensa para a vigilância de um único submarino. Com os meios de busca disponíveis em 1942, interceptar um navio isolado e veloz era uma tarefa complexa para um U-boot. Assim, não é possível garantir que o U-507 fosse encontrar o Seatrain Texas caso perseverasse na sua missão original. Além disso, sob o ponto de vista da disciplina militar, Schacht não agiu intempestivamente ao deixar a área que lhe fora destinada, pois o capitão solicitou e recebeu a autorização superior para manobras no Brasil. Entretanto, do início ao fim da sua terceira patrulha de guerra, lhe coube a missão de destruir os navios Aliados com destino ao cabo da Boa Esperança – e ele não a cumpriu.

O controle do estratégico vão intercontinental pelos norte-americanos e ingleses possibilitou o transporte de dezenas de milhares de homens e de milhões de toneladas de suprimentos essenciais para a vitória Aliada nos vários teatros de operações. A chegada de homens e suprimentos no Oriente permitiu que os britânicos resistissem aos japoneses no sudeste asiático. Na Rússia, auxiliou na contenção da ofensiva alemã no Cáucaso. No Egito, foi essencial para a derrota do Afrikakorps. A logística proporcionada pelas bases aeronavais instaladas no Brasil permitiu que fossem enviadas milhares de aeronaves para diferentes teatros de operações, além de possibilitar a caçada eficiente aos U-boote, aos navios-piratas e rompedores de bloqueio do Eixo.

Escrita logo após o término da guerra, a *História do Comando da Força do Atlântico Sul* profetizou que os futuros historiadores concentrariam seus esforços para narrar os grandes combates. Contudo, os verdadeiros mestres da estratégia global perceberiam a importância do Atlântico Sul durante o período nevrálgico do conflito, reconhecendo o valor dos homens que ali deram "o melhor de si em prol dos colegas que defenderam Stalingrado, venceram em El Alamein, tomaram Guadalcanal e cruzaram o canal da Mancha".[786]

A profecia foi consumada. Nos anos seguintes, os historiadores das grandes potências Aliadas procuraram ressaltar a importância das batalhas famosas – em especial, as protagonizadas por suas Forças Armadas. Os norte-americanos destacam o valor da invasão da Normandia, que o célebre escritor Stephen Edward Ambrose chamou de "Batalha Culminante da Segunda Grande Guerra"; autores russos consideram a Batalha de Stalingrado a responsável pela vitória sobre o Eixo; enquanto os ingleses afirmam que o êxito em El Alamein foi o fiel da balança na guerra.[787] Por mais decisiva que cada uma dessas batalhas tenha sido, nenhuma pode ser considerada, isoladamente, a responsável pelo triunfo Aliado. É evidente que todas elas dependeram do desenlace de uma luta pregressa. Se existe uma batalha que pode ser escolhida como fundamental para a vitória Aliada, esta foi a Batalha do Atlântico, segundo a História da Marinha Real britânica, ela foi: o "pivô do sucesso Aliado na Segunda Guerra Mundial".[788] Conforme afiançou Churchill, a ação submarina representou a principal ameaça aos planos Aliados.

> A única coisa que realmente me assustou durante a guerra foi o perigo dos submarinos [...]. O ataque dos submarinos foi o pior dos nossos males. Os alemães teriam lucrado muito se tivessem arriscado tudo nele.[789]

A montanha de suprimentos entregue aos ingleses e russos alimentou, armou, equipou, fardou, medicou e municiou, em maior ou menor grau, os homens que triunfaram em El Alamein e Stalingrado. Em vista disso, é improvável que houvesse um triunfo Aliado no Egito e na URSS caso fosse afundada uma parcela substancial dos navios que atravessaram os oceanos Atlântico e Índico ou se o "Trampolim da Vitória" não funcionasse como tal. O controle aéreo e naval do estreito entre a África e as Américas, nos meses decisivos do conflito, permitiu que a maré da Batalha do Atlântico fosse invertida em agosto de 1943, quando a construção dos navios mercantes igualou as perdas (20 milhões de toneladas). Sem o domínio dos mares em tempo hábil, o sucesso Aliada até poderia sobrevir, em virtude do domínio da tecnologia nuclear pelos EUA; contudo, ela certamente chegaria bem mais tarde e a um custo humano dolorosamente superior.

A vitória Aliada na Batalha do Atlântico foi o resultado de um somatório de ações que incluem o desenvolvimento e a difusão de radares e sonares sofisticados, o emprego de porta-aviões, a quebra dos códigos criptográficos do Comando de Submarinos alemão e o progressivo fortalecimento da Força Naval Aliada. No entanto, a maior parte desses fatores só veio a manifestar-se decisivamente quando o período mais sensível da guerra já havia passado. Assim, a efetiva colaboração brasileira foi essencial para definir o epílogo do conflito a favor dos Aliados. Segundo Frank McCann, sem o uso das bases no Nordeste, a Segunda Guerra Mundial teria tido uma história diferente.[790] O historiador naval Samuel E. Morison considerou a entrada do Brasil na guerra "um evento de grande importância na história naval". Sem isso, teria sido impossível fechar "os estreitos do Atlântico" aos navios alemães e japoneses que conseguiam se esquivar do bloqueio.[791] Em 1944, Roosevelt escreveu uma carta a Vargas, sintetizando a contribuição brasileira.

> A História certamente registrará que o ponto de inflexão da guerra no teatro europeu foi coincidente com a ação de seu governo fornecendo bases e instalações, que contribuíram de maneira muito concreta para a campanha da África. Vargas e o povo brasileiro devem ter consciência do reconhecimento deste governo e do povo americano pela ajuda vital com que o Brasil contribuiu para a nossa luta comum contra as potências do Eixo.[792]

*

No dia 7 agosto de 1942, às 20h21, a balança da Segunda Guerra Mundial começou a pender para os Aliados. Nesse instante, Harro Schacht pediu autorização para manobras livres na costa brasileira. Caso o U-507 tivesse permanecido na área que lhe fora designada – ou tivesse seguido à risca as ordens recebidas –, não teriam ocorrido os ataques aos navios mercantes e de passageiros no litoral baiano-sergipano. Consequentemente, o Brasil não declararia guerra ao Eixo e o domínio do estreito intercontinental pelos Aliados não aconteceria a curto/médio prazo. Por tudo isso, não há dúvida de que a ação do U-507 colaborou decisivamente para modificar os rumos da guerra.

Durante o maior conflito mundial, raramente se viu um oficial, no posto correspondente ao de Schacht, com tamanho poder de influenciar os rumos do conflito usando apenas o seu livre-arbítrio. Para a sorte dos Aliados – e o azar dos brasileiros –, o "Lobo Solitário" deixou escapar o Seatrain Texas, trocando a carga preciosa do navio norte-americano pela vida de centenas de homens, mulheres e crianças a bordo de indefesos navios mercantes e de passageiros. Harro Schacht perdeu a chance de entrar para a História como o responsável por uma ação capaz de influenciar decisivamente os rumos da guerra no deserto. Agindo no sentido contrário, sua iniciativa não autorizada deu aos Aliados o controle do vão oceânico em um momento capital do conflito.

O "Lobo Solitário" tornou-se o fiel da balança na Batalha do Atlântico. "Esse erro crasso estratégico alemão deu aos Aliados o controle completo por mar e ar da 'Cintura do Atlântico', entre o Brasil e a África Ocidental, onde o oceano está em seu ponto mais estreito", escreveu o historiador Dan van der Vat.[793] Ninguém melhor do que o grande almirante Dönitz para avaliar as consequências da incursão de Harro Schacht em agosto de 1942. O comandante alemão declarou: "Foi um erro indubitável ter levado o Brasil a uma declaração oficial [de guerra]".[794]

294   Operação Brasil

O erro estratégico alemão teve consequências desastrosas para o esforço de guerra do Eixo. Em janeiro de 1943, a Conferência de Casablanca foi o palco de muitas discussões e opiniões divergentes entre os líderes Aliados. Entretanto, sobre um tema houve um consenso geral entre os participantes: a guerra no mar deveria ter a mais alta prioridade dos Aliados. "A derrota dos U-boote permanece o primeiro objetivo dos meios das Nações Unidas [como os países Aliados se autodenominavam]." Foi esse o texto que encabeçou o memorando conjunto com as decisões tomadas durante a conferência.[795]

Os "lobos cinzentos" de Dönitz passariam de caçadores à caça. O U-507 seria um dos primeiros a sentir as consequências da política de guerra Aliada.

O ÚLTIMO MERGULHO

O U-507 veio passar o Natal de 1942 nas águas próximas ao litoral brasileiro. O capitão de corveta Harro Schacht e a sua tripulação zarparam do porto francês de Lorient no final de novembro, alcançando a latitude do arquipélago de São Pedro e São Paulo em 22 de dezembro. Dessa vez, o alemão não seguiu para a Bahia, conforme o fizera em agosto. Em vez disso, seguiu para o oeste, patrulhando a faixa do oceano ao largo do Ceará e do Rio Grande do Norte.

Como no ano anterior, Harro Schacht tinha a missão de interceptar os navios e os comboios vindos do mar do Caribe e dos EUA, com o trajeto pela "Cintura do Atlântico". Seu "presente de Natal" chegou com alguns dias de atraso. Em 27 de dezembro, encontrou e torpedeou o cargueiro Oakbank; em 3 de janeiro, foi a vez do Baron Dechmont; em 8 de janeiro, do Yorkwood. Todos eles navegavam isolados. Por razões óbvias, as cargas de maior valor militar eram levadas em comboio – salvo raríssimas exceções, como no caso do Seatrain Texas. Pelos sucessos obtidos na missão, Schacht foi homenageado com a Cruz de Cavaleiro da Cruz de Ferro, a ser entregue pessoalmente por Dönitz no seu retorno à França.

O alemão passou a utilizar uma nova técnica de ataque, não mais se limitando ao torpedeamento dos navios, seguido de um breve interrogatório dos náufragos. Os capitães e outros tripulantes julgados úteis passaram a ser aprisionados para que fornecessem informações mais detalhadas, tais como a carga transportada e as rotas de navegação utilizadas pelos comboios. Assim, foram recolhidos a bordo os capitães James Stewart, do Oakbank; Donald MacCallum, do Baron Dechmont; e Frank Hernert Fenn, do Yorkwood.[796]

O fiel da balança *295*

Cinco dias depois do ataque ao Yorkwood, Schacht localizou o primeiro alvo de valor na missão: o comboio TR-1 (Trindad-Recife). Nele estavam nove navios mercantes em viagem para o Brasil, que alteravam periodicamente a velocidade e a direção para dificultar a abordagem de eventuais agressores. O capitão informou ao Comando de Submarinos a localização, o curso e a velocidade do comboio, ficando à espera de instruções superiores, mas sem desgrudar os olhos da caça.[797]

Em 13 de janeiro de 1943, as condições do tempo eram altamente desvantajosas para a segurança do U-507. Enquanto o céu limpo – exceto por algumas nuvens esparsas – proporcionava uma ótima visibilidade aos pilotos das aeronaves de patrulha, para os observadores de guarda na torre do submarino a situação era inversa: uma camada de névoa cobria a superfície do oceano, ascendendo vários metros acima da linha d'água.

O U-boot ignorava o mar extremamente agitado, navegando emerso a toda velocidade. Seu deslocamento produzia uma longa cauda de espuma branca e de ondas atrás de si. O impacto do oceano bravio contra o casco jogava os tripulantes de um lado para o outro, dificultando ou mesmo inviabilizando o uso dos binóculos. Como o alerta contra a ameaça aérea aos submarinos da época resumia-se aos vigias, o aviso sobre a eventual aproximação do inimigo limitava-se ao alcance do olho humano, prejudicado pela névoa matutina. Sob tais circunstâncias, a navegação à luz do dia deixava o submarino perigosamente exposto. Caso navegasse sob a água, utilizando as baterias elétricas, ele estaria protegido da observação aérea, mas logo perderia o contato visual com os navios.

O comboio seguia à velocidade de 10 nós – mais do que os 7,3 nós que o submarino podia desenvolver navegando submerso.[798] À noite, sob a luz do quarto crescente, haveria boas chances do sucesso alemão em um ataque furtivo. Contudo, o alvo poderia escapar até que a escuridão chegasse. Por isso, quando recebeu a autorização para o ataque, Schacht decidiu não aguardar a proteção da noite.

Dessa vez, o U-507 corria riscos. Em vez de embarcações isoladas, ele tinha à sua frente navios mercantes artilhados, escoltados pelos destróieres norte-americanos Jouett e Tenacity e três barcos de patrulha. Apesar do aparato de segurança, o perigo maior não vinha dos barcos de superfície, mas do ar.

O alemão colheria os frutos das sementes que plantara no ano anterior.[799] Harro Schacht fora o principal responsável pelo rápido fortalecimento da estrutura de defesa antissubmarino no Atlântico Sul. Após a declaração de guerra brasileira, foi possível acelerar a construção e a ampliação de uma série de bases aeronavais de norte a sul do país.[800] Em agosto de 1942, havia um único esquadrão antissubmarino dos EUA no Brasil, operando com apenas 11 aviões. No

296   Operação Brasil

ano seguinte, já eram 8 esquadrões, atuando desde o Amapá até Florianópolis, chegando, por vezes, a Montevidéu, no Uruguai. Em abril de 1944, o efetivo de aeronaves chegaria a 98, fora as dezenas de *blimps* (dirigíveis) e as unidades da revigorada Força Aérea Brasileira. Cada um dos esquadrões funcionava como um dos dentes afiados de uma grande mandíbula, aberta sobre o estreito intercontinental entre a África e as Américas.[801]

Até o início do inverno de 1942, no hemisfério sul, os Aliados não haviam afundado um único U-boot nas proximidades do litoral brasileiro. Enquanto isso, seus navios mercantes eram abatidos às dezenas. De agosto a dezembro, a mandíbula organizada por Ingram começou a funcionar num ritmo cada vez mais intenso, mastigando três submarinos do Eixo nesse período. Um quarto submersível, o U-164, foi afundado na primeira semana de janeiro de 1943 a poucas milhas a sudoeste de onde o U-507 navegava.[802]

O tenente L. Ludwig, piloto e comandante do Consolidated Catalina PBY VP-83/P-10, não esperou o nascer do dia para levantar voo. Era preciso dar cobertura aérea ao comboio TR-1, mesmo estando com o radar de bordo quebrado, pois aquela região do oceano ficara extremamente perigosa para os transportes Aliados. Dias antes, em 9 de janeiro, o comboio TB-1 (Trindad-Bahia) fora destroçado pelo U-164, perdendo quatro dos seus navios ao largo de Paramaribo e sendo obrigado a refugiar-se nos meandros do rio Pará, a fim de escapar da destruição total.[803]

O Consolidated decolou de Fortaleza às 5h, seguindo na direção noroeste, na altitude de 5.500 pés (pouco mais de 1.600 metros). Às 6h47, o longo rastro deixado pelo U-507 foi visto a 20 milhas de distância (cerca de 37 quilômetros). O submarino navegava tão rápido que o tenente Ludwig pensou tratar-se de um dos ligeiros barcos de patrulha que acompanhavam o comboio. Baixando a altitude para melhor observar o alvo, o tenente identificou a embarcação inimiga, cujo *deck* estava sendo lavado pelo mar revolto, criando uma enorme onda atrás de si. Não foi possível perceber maiores detalhes devido à neblina baixa e ao *spray* gerado pelo deslocamento do U-boot.[804]

O U-507 começou a submergir apenas quando o Catalina chegou a duas milhas náuticas de distância (3,7 quilômetros), pois, com a observação prejudicada pelas condições meteorológicas, é provável que os vigias tenham dado o alerta tardiamente. Harro Schacht ordenou então que o submarino se escondesse sob a água. Bem-treinada, a tripulação agiu com destreza, submergindo o barco por completo em apenas 30 segundos. Ainda assim, foi tarde demais. Sem ser percebido, Ludwig teve cerca de quatro minutos para manobrar sorrateiramente a aeronave, buscando a posição ideal para o ataque. O piloto alinhou o Consolidated na mesma direção e no sentido contrário ao deslocamento do U-boot.

O fiel da balança   *297*

Para o azar de Schacht, a tripulação norte-americana não era a mesma que o atacara no ano anterior, quando o U-507 fora bombardeado de forma atabalhoada. Desde agosto de 1942, o esquadrão VP-83 acumulara cerca de sete mil horas de voos operacionais e de treinamento em quase 800 missões diferentes.[805] Aproximava-se rapidamente do submarino uma tripulação altamente treinada, com técnicas de abordagem e munição aperfeiçoadas.

Quando o Catalina mergulha para o ataque, o U-boot já está submerso, mas a onda produzida pela torre ainda está visível, denunciando a sua posição. Ludwig solta duas bombas de profundidade Mark-29, de 650 libras, seguidas por duas Mark-17, de 325 libras, a pouco mais de 12 metros de altitude. O lançamento acontece tão próximo da superfície que uma das Mark-17 ricocheteia, subindo bem alto no ar, para, logo em seguida, afundar junto às demais. Todas atingem a água quase num mesmo ponto, a cerca de 50 metros adiante da trajetória do submersível. A tripulação não errou o alvo. As bombas estavam munidas de espoletas de retardo, acionadas pela pressão da água ao atingirem 7,6 metros de profundidade. Segundo o cálculo do piloto, elas iriam explodir bem em cima do alvo.

O submarino alemão continua navegando em linha reta. Por ter escolhido furtar-se ao combate na superfície, não lhe foi possível utilizar as manobras evasivas em curvas fechadas, usadas para dificultar a pontaria dos agressores. Três segundos após o lançamento, os quatro projéteis explodem logo atrás da sua torre, na altura do compartimento das baterias. A detonação dos 884 quilos de TNT estremece o oceano, provocando um estrondo surdo e poderoso, tal qual um pequeno terremoto. Após dois segundos, surgem duas grandes áreas de espuma e de bolhas na superfície, que logo se fundem em uma massa única. Quatro minutos após as explosões, aflora uma mancha de óleo brilhante e escura. Ludwig circula a região por cinco vezes para confirmar o afundamento; pois, quando um submarino sofria danos sérios, era obrigado a retornar imediatamente à superfície. Todavia, após dez minutos de ronda sem novidades, o Consolidated retoma o curso em busca do comboio TR-1.

Nunca mais o U-507 foi visto.

Até aqui, a descrição do ataque seguiu o contido nos diários de guerra do Comando de Submarinos alemão e da U.S. Navy, cruzado com o relatório da tripulação do PBY. O que vem a seguir é apenas uma estimativa, baseada em relatos de incidentes anteriores.

Durante o mergulho de emergência, o U-507 submerge velozmente, num ângulo entre 12° a 15° com a superfície, mas não consegue escapar da onda de choque e dos estilhaços das granadas que rompem seu casco, comprometendo

298 Operação Brasil

a integridade estrutural do submarino. A água salgada jorra abundantemente no compartimento das baterias, entrando em contato com o ácido sulfúrico. A mistura produz uma nuvem de gás tóxico que toma conta do ambiente.

Ao ultrapassar os 30 metros de profundidade, o submersível fica a salvo das vistas do inimigo aéreo, mas agora a preocupação é outra. Sem energia para expelir a água dos tanques de lastro, o U-507 desce vertiginosamente rumo ao abismo oceânico. Quando atinge o limite de segurança de mergulho (cerca de 230 metros), a alta pressão externa faz o submarino gemer, retorcendo o metal do casco, que estala e range numa sinfonia medonha. A partir dos 250 metros, ouve-se o espocar crescente dos rebites saltando das suas juntas: verdadeiros projéteis de metal que ricocheteiam violentamente no interior do U-boot.

São inúteis os esforços desesperados dos homens da tripulação – assim como dos prisioneiros –, que apertam com toda a força dos músculos as porcas e válvulas, tentando estancar os vazamentos cada vez mais intensos. Os orifícios deixados pelos rebites são imediatamente preenchidos por torrentes múltiplas de água fria, que inundam o interior da embarcação condenada. O U-507 agoniza.

Para os que ainda estão vivos, resta apenas rezar para que o fim seja o mais rápido e indolor possível – algo improvável naquela circunstância. A partir dos 300 metros, a estrutura do U-boot entra em colapso, assim como os frágeis corpos humanos em seu interior. A tremenda pressão mecânica de 30 atmosferas esmaga as caixas torácicas, rompe os tímpanos e provoca sangramentos nos seios da face dos tripulantes.

Enquanto o submarino afunda desgovernado, aumentam de intensidade os gritos e o pranto dos homens que tentam escapar do barco moribundo. Mas o desespero é inútil. Da tripulação, chega à superfície apenas o ar dos seus pulmões sob a forma de bolhas, misturadas ao óleo negro que vaza dos tanques implodidos. Aos poucos, o pânico vai cedendo lugar ao silêncio absoluto. Vários minutos depois, os destroços do U-507 alcançam o leito sem luz e gelado do fundo do Atlântico, a mais de 3.600 metros de profundidade. Como a morte não distingue amigos de inimigos – criados pela insensatez humana nas guerras que provoca –, os 54 homens da tripulação partilharão o mesmo jazigo com seus prisioneiros. Não houve sobreviventes.

A incursão do U-507 no litoral do Nordeste mudou os rumos do Brasil e os da Segunda Guerra Mundial. Entretanto, Harro Schacht e seus homens não iriam testemunhar a consequência dos seus atos, pois o submarino transformara-se num gigantesco caixão de ferro, levando consigo segredos que permaneceriam escondidos por mais de 70 anos.

Cronologia

1930	Getúlio Vargas chega ao poder com a Revolução de 1930
1932	Julho/outubro – Revolução Constitucionalista
	Outubro – Fundação da Ação Integralista Brasileira
1935	Novembro – Intentona Comunista
1936	É fundada a Federação 25 de Julho pelos alemães e seus descendentes no Brasil
1937	Agosto – Fracassa a tentativa de empréstimo de seis contratorpedeiros dos EUA à Armada brasileira
	Novembro – Início do Estado Novo
1938	Março – A Alemanha anexa a Áustria
	Maio – Ataque integralista ao Palácio Guanabara
	Outubro – O embaixador alemão Karl Ritter é declarado *persona non grata* pelo governo brasileiro
1939	Setembro – Início da Segunda Guerra Mundial
1940	Junho – A França rende-se à Alemanha
1941	Outubro – Assinatura do 1° contrato de Lend-Lease Brasil-EUA
	Dezembro – Entrada dos EUA na guerra após Pearl Harbor
1942	Janeiro – O Brasil rompe as suas relações diplomáticas com os países do Eixo
	Fevereiro – Rendição inglesa em Cingapura
	Março – Assinatura do 2° contrato de Lend-Lease Brasil-EUA
	Abril – Ameaçada pela Marinha japonesa, a Armada britânica refugia-se na África
	Maio – Assinatura do acordo secreto Brasil-EUA
	Junho – Rendição inglesa em Tobruk
	Julho – Os alemães destroçam o comboio Aliado PQ-17, cortando a rota de suprimento para a URSS pelo oceano Ártico
	Agosto – O U-507 ataca uma série de navios mercantes e de passageiros no litoral brasileiro
	– O Brasil declara guerra ao Eixo
	– Chegada do Seatrain Texas ao Egito
	– Os alemães alcançam os subúrbios de Stalingrado
	Novembro – Vitória inglesa em EL Alamein
1943	Fevereiro – Vitória russa em Stalingrado
	Agosto – Os Aliados viram a maré da Batalha do Atlântico a seu favor
1944	Dezembro – Termina a construção de 37 bases aeronavais Aliadas em quase todos os países da América Central e do Sul
1945	Maio – A Alemanha rende-se incondicionalmente
	Setembro – O Japão rende-se incondicionalmente e termina a Segunda Guerra Mundial

Agradecimentos

Por que nós sempre nos fascinamos pelas imagens do passado?
Porque somos uma espécie de deuses quando olhamos para trás.
Deus conhece todos os tempos e Ele conhece todos os futuros.
Nós não conhecemos senão um futuro: o futuro do passado.
Jean d'Ormesson, *Au plaisir de Dieu.*

Esta obra não teria sido produzida sem o generoso apoio de uma série de colaboradores listados a seguir. No Brasil: o capitão engenheiro cartógrafo Alexandre Dantas Soares Coutinho; a professora e tradutora Anisha Vetter, da Unicamp; o capitão de corveta Carlos André Lopes Silva, encarregado da Divisão de História Marítima e Naval da Diretoria de Patrimônio Histórico e Documentação da Marinha (DPHDM); a capitão de fragata Cláudia Drumond do Nascimento, da DPHDM; o capitão de mar e guerra Francisco Eduardo Alves de Almeida, professor de História Naval da Escola de Guerra Naval; o major QCO (Quadro Complementar de Oficiais) Giovanni Latfalla, professor do Colégio Militar de Juiz de Fora; o analista de sistemas Carlos Alberto de Carvalho, da Embrapa Monitoramento por Satélite; o professor dr. Dennison de Oliveira, da UFPR; o professor Eduardo Alves de Almeida, da Escola de Guerra Naval; o professor Júlio César Guedes Antunes, do Departamento de Computação do Instituto Federal do Norte de Minas Gerais; a sra. Márcia Prestes Taft, encarregada da Divisão de Documentos Especiais da DPHDM; o jornalista Marcelo Monteiro, autor do livro *U-507*; o sr. Paulo Fernando Kasseb; de corveta Pierre Paulo da Cunha Castro, da DPHDM; o sociólogo e diplomata Paulo Roberto Almeida, do Consulado Brasileiro nos EUA; e o capitão de mar e guerra da Reserva de 1ª Classe da Marinha Walter dos Santos Duarte Junior, coordenador de programas de CTM (Centro Tecnológico da Marinha).

Na Alemanha: o pesquisador Benjamim Haas, pela busca incansável nos documentos do Bundesarchiv. Nos Estados Unidos: Craig A. Mackey, da U.S. Air Force

Research Agency; Damanis K. Davis, do National Archives em Washington D.C.; David A. Pfeiffer e Eric Van Slander, do National Archives em College Park; Ed Boggs, pesquisador do U.S. Army War College and Carlisle Barracks; Frank Arre, do Naval History & Heritage Command; Gregory J. Plunges, do National Archives em NYC; John Lonnquest, chefe do Escritório de História do U.S. Army Corps of Engineers; o pesquisador Ken Dunn; Mike D., do National Personnel Record Center no National Archives; Shannon S. Schwaller, do U.S. Army Military History Institute; e William Baehr, da Franklin D. Roosevelt Presidential Library.

Um agradecimento especial precisa ser feito a um grupo seleto de colaboradores, pela gentileza e paciência dispensadas para responder às consultas diversas. No Brasil: ao amigo Alexandre Gimenes, estudioso da guerra submarina; à major QCO Célia Cristina de Almeida Gauté, pela minuciosa revisão do livro; ao professor dr. César Campiani Maximiano, do Centro Histórico Overlord, pelas sugestões e críticas sempre oportunas; ao tenente-coronel de Artilharia Márcio de Castro Alves e ao capitão QCO Alcemar Ferreira Júnior, do Arquivo Histórico do Exército, pela pesquisa no arquivo do general Góes Monteiro; ao amigo CMG RM1 Ronald Santiago dos Santos, por ter viabilizado preciosos contatos na Marinha do Brasil; ao historiador e amigo potiguar Rostand Medeiros, pela disponibilização de informações sobre Parnamirim Field e pela inestimável discussão de temas relacionados ao Nordeste na Segunda Guerra Mundial; e ao amigo Sidney Dantas, responsável pelo estímulo inicial para que este livro pudesse ser escrito.

No Canadá: ao capitão Jerry Mason, da U.S. Navy (Ret.), pela disponibilização dos diários de guerra do Comando de Submarinos alemão e do U-507 e pela consultoria informal acerca da Batalha do Atlântico. Nos EUA, ao amigo Decio Moreira, Deputy Director of SOS International, pela paciência infinita em traduzir inúmeras expressões idiomáticas e termos militares do inglês para o português, além de viabilizar a aquisição de cópias de documentos históricos em diversas bibliotecas dos EUA; ao prof. dr. Frank D. McCann Jr., da Universidade de New Hampshire, por compartilhar suas pesquisas e o profundo conhecimento das relações Brasil-EUA; e a Richard Riseberg, do Archives II Reference Section, no National Archives, pela busca dos arquivos do Seatrain Texas. Na Itália: ao pesquisador Pino Esposito, pelo envio das diversas cartas náuticas utilizadas pela Kriegsmarine.

Por fim, é mais do que justo reconhecer que o prestimoso auxílio despendido pelos amigos e colaboradores citados seria inútil sem a confiança depositada pelo editor Jaime Pinsky e o trabalho da sua qualificada equipe da Editora Contexto.

As críticas e as sugestões dos colaboradores contribuíram para aprimorar substancialmente o texto, na forma e no conteúdo. Todavia, os eventuais erros e omissões, bem como os julgamentos e opiniões expressados, são de minha inteira responsabilidade.

Notas

A ameaça totalitária

1 Embora a denominação de "revolução" não seja a mais correta para classificar os conflitos citados, foi seguida a utilizada pela imprensa e pela historiografia da época.

2 Revista *A Noite Illustrada*, edição 86, 25 nov. 1931. Vide: *Al Capone no banco dos reos e fusilamento do paraguayo Francisco Gil* (sic).

3 William Waack, *Camaradas: nos arquivos de Moscou: a história secreta da revolução brasileira de 1935*, São Paulo, Companhia das Letras, 1993, pp. 43-4.

4 Segundo o Censo de 1940, 56% dos brasileiros com mais de 15 anos eram analfabetos.

5 W. Suzigan, *Industrialização e política econômica: uma interpretação em perspectiva histórica*, Rio de Janeiro, v. V, n. 2, 1975, p. 472. Disponível em: <http://ppe.ipea.gov.br/index.php/ppe/article/viewFile/646/588>. Acesso em: 12 fev. 2011.

6 Carl von Clausewitz, *On War*, New York, Oxford University Press, 2007, p. 89; *The Fog of War: Eleven Lessons from the Life of Robert S. McNamara*, documentário produzido e dirigido por Errol Morris, EUA, 2003.

7 M. R. Leite e Novelli Jr., *Marechal Eurico Gaspar Dutra: o dever da verdade*, Rio de Janeiro, Nova Fronteira, 1983, p. 107.

8 *Diário Carioca*, Rio de Janeiro, 13 maio 1938.

9 F. D. McCann, *A aliança Brasil-Estados Unidos, 1937-1945*, Rio de Janeiro, Bibliex, 1995, p. 75.

10 O depoimento de João Cândido está no acervo do Museu da Imagem e do Som do Rio de Janeiro.

11 F. D. McCann, op. cit., p. 74.

12 *Getúlio Vargas: diário*, v. II, CPDOC, São Paulo, Siciliano/Rio de Janeiro, Fundação GetúlioVargas, 1995, pp. 114-5 e 121.

13 *Diário Carioca*, Rio de Janeiro, 3 abr. 1938.

14 *O III Reich e o Brasil*, Rio de Janeiro, Laudes, 1968, pp. 48-9. Do embaixador no Brasil para o Ministério do Exterior, 2621/525732-34, 12 maio 1938.

15 A. O. Saldanha da Gama e H. L. Martins, *A Marinha na Segunda Guerra Mundial: história naval brasileira*, Rio de Janeiro, Serviço de Documentação da Marinha, 1985, v. 5, t. II, p. 142.

16 Alzira Vargas, *Getúlio Vargas, meu pai*, Porto Alegre, Globo, 1960, p. 183.

17 *Getúlio Vargas: diário*, cit., v. II, p. 130.

18 *Diário Carioca*, Rio de Janeiro, 12 maio 1938.

19 M. R. Leite e Novelli Jr., op. cit., pp. 313-17.

20 Lourival Coutinho, *O general Góes depõe...*, Rio de Janeiro, Coelho Branco, 1956, p. 350.

21 *Diário Carioca*, Rio de Janeiro, 18 maio 1938.

22 M. R. Leite e Novelli Jr., op. cit., p. 318.

23 Idem, pp. 321-2.

24 *Getúlio Vargas: diário*, cit., v. II, p. 130.

25 Alzira Vargas, op. cit., p. 198.

26 M. R. Leite e Novelli Jr., op. cit., p. 102.

27 Mais tarde, Severo Fournier seria preso, julgado e condenado pelo atentado. Faleceu de tuberculose em 1946.

28 *Diário Carioca*, Rio de Janeiro, 30 set. 1938.

29 *Getúlio Vargas: diário*, cit., v. II, p. 131.

30 *Diário de Notícias*, Rio de Janeiro, 14 maio 1938.

31 M. R. Leite e Novelli Jr., op. cit., p. 151.

32 *Getúlio Vargas: diário*, cit., v. I, p. 547.

33 M. R. Leite e Novelli Jr., op. cit., pp. 164, 196, 254.

[34] Idem, pp. 116, 117, 164 e 247.

[35] Lourival Coutinho, op. cit., p. 304.

[36] F. D. McCann, op. cit., pp. 71-2.

[37] *Nazi Conspiracy and Aggression Opinion and Judgment - Office of United States Chief of Counsel for Prosecution of Axis Criminality United States Government Printing Office*, 1947, p. 4. Em 1920, o programa do NSDAP foi anunciado por Hitler em Munique. (As citações dos textos originalmente em idioma estrangeiro foram traduzidas pelo autor.)

[38] F. D. McCann, op. cit., pp. 71-2.

[39] Idem, pp. 71-2.

[40] Dennison de Oliveira, *Os soldados alemães de Vargas*, Curitiba, Juruá, 2011, p. 14.

[41] *A Noite*, Rio de Janeiro, 16 maio 1942.

[42] *O III Reich e o Brasil*, v. I, pp. 27-30. Relatório político confidencial do embaixador alemão no Brasil, 2621/525726-29, 30 mar. 38.

[43] F. D. McCann, op. cit., p. 73.

[44] *O III Reich e o Brasil*, v. I, pp. 9-10. Memorando do chefe da Divisão Política IX do Ministério do Exterior, 1173/328680-81, 30 nov. 1937.

[45] Idem, pp. 11-5. Telegrama de Ritter ao Ministério do Exterior 173/328712-15, 23 dez. 1937.

[46] Stanley E. Hilton, *Oswaldo Aranha: uma biografia*, Rio de Janeiro, Objetiva, 1994, p. 256.

[47] F. D. McCann, op. cit., p. 73.

[48] Idem, p. 84.

[49] *Getúlio Vargas: diário*, cit., v. II, p. 111.

[50] Stanley E. Hilton, op. cit., p. 187.

[51] Idem, p. 206.

[52] Idem, p. 253.

[53] Lourival Coutinho, op. cit., p. 324.

[54] Aspásia Camargo, João Hermes Pereira de Araújo e Mário Henrique Simonsen, op. cit., p. 167.

[55] Lourival Coutinho, op. cit., p. 325.

[56] *Getúlio Vargas: diário*, cit., v. II, p. 95, 101.

[57] Idem, p. 111.

[58] Aspásia Camargo, João Hermes Pereira de Araújo e Mário Henrique Simonsen, *Oswaldo Aranha, a estrela da revolução*, São Paulo, Mandarim, 1996, p. 176. O discurso de posse de Aranha seria publicado apenas em 24 fev. 1945.

[59] Stanley E. Hilton, op. cit., p. 274.

[60] Idem, pp. 10-11.

[61] O contrato de 105 milhões de *reichmarks* deveria ser pago com 25% em divisas estrangeiras e o restante em marcos-convênio. *O III Reich e o Brasil*, v. II, p. 117.

[62] M. R. Leite e Novelli Jr., op. cit., pp. 344-5; Stanley E. Hilton, op. cit., p. 274.

[63] As impressões do oficial brasileiro e de seus familiares citadas neste livro encontram-se no fascinante livro *Alemanha, 1938: um militar brasileiro e sua família na Alemanha nazista*, São Paulo, Prata, 2012, escrito por Eduardo Infante, neto do militar.

[64] Idem, p. 84.

[65] Idem, p. 146.

[66] *United States Holocaust Memorial Museum*. Disponível em: <http://digitalassets.ushmm.org/photoarchives/detail.aspx?id=28172>. Acesso em: 3 mar. 2013.

[67] Eduardo Infante, op. cit., pp. 104-6.

[68] *O III Reich e o Brasil*, v. I, pp. 39-41. Memorando do Departamento de Política Cultural, 3023/598880-83, sem data.

[69] Dennison de Oliveira, op. cit., pp. 19-20. Os periódicos eram o *Blumenauer Zeitung* (Jornal de Blumenau), o *Urwaldsbote* (Correio da Mata) e o *Volk und Heimat* (Povo e Pátria).

[70] *O III Reich e o Brasil*, v. I, pp. 27-30. Relatório político n° B7/7, 2621/525726-29, 30 mar. 1938. Meio século depois, em vez de ser combatido, o racialismo passou a ser promovido pelo Estado brasileiro.

[71] Aspásia Camargo e Walder de Góes, *Diálogos com Cordeiro de Farias: meio século de combate*, Rio de Janeiro, Bibliex, 2001, p. 232.

[72] Idem, p. 235.

[73] Idem, p. 232.

74 O III Reich e o Brasil, v. I, pp. 69-73. Memorando do secretário de Estado 257/168738-39 e 2084/451117-19, 18 maio 1938.

75 Ibid., pp. 47-9. Do embaixador no Brasil para o Ministério do Exterior, 2621/525732-34, 12 maio 1938.

76 Stanley E. Hilton, op. cit., pp. 277-278.

77 F. D. McCann, op. cit., p. 84.

78 O III Reich e o Brasil, v. I, p. 51. Ritter ao Ministério do Exterior, 235/156963, 13 maio 1938.

79 Idem, p. 54. Weizsäcker a Ritter, 6901/E518233/1-33/3, 14 maio 1938.

80 Idem, p. 55. Ritter ao Ministério do Exterior, 235/156978, 14 maio 1938.

81 Idem, p. 59. Weizsäcker a Ritter, 235/156977, 16 maio 1938.

82 Stanley E. Hilton, op. cit., p. 275.

83 O III Reich e o Brasil, v. I, p. 55. Ritter ao Ministério do Exterior, 235/156982, 14 maio 1938.

84 Idem, pp. 97-99. Ritter ao Ministério do Exterior, secreto, 2621/525748-51, 29 jun. 1938.

85 F. D. McCann, op. cit., p. 83.

86 O III Reich e o Brasil, v. II, pp. 117-18. Minuta do diretor de Política Econômica, secreto, 326/194986-88, 10 jun. 1941.

87 Idem, v. I, pp. 27-30. Relatório político n° B7/7, 2621/525726-29, 30 mar. 1938.

88 Idem, pp. 83-4. Do embaixador no Brasil para a Secretaria de Estado, 2621/525739, 25 maio 1938.

89 Stanley E. Hilton, op. cit., p. 276.

90 Idem, pp. 83-84.

91 Idem, pp. 274-275.

92 O III Reich e o Brasil, v. I, p. 57. Memorando do secretário de Estado, 6590/E492673, 16 maio 1938.

93 Idem, p.85. Memorando do secretário de Estado 2621/525756, 2 jun. 1938.

94 Idem, p. 121. Da Secretaria de Estado para a Embaixada no Brasil, 235/157031, 3 out. 1938.

95 M. R. Leite e Novelli Jr., op. cit., p. 335.

96 O III Reich e o Brasil, v. I, pp. 151-2. Memorando do chefe da Divisão Política IX, 2621/525760-62, 27 fev. 1939.

97 Donald M. McKale, Traditional Antisemitism and the Holocaust: The Case of the German Diplomat Curt Prüfer, Annual 5 Chapter 3. Multimedia Learning Center, Museum of Tolerance. Disponível em: <http://motlc. wiesenthal.com>. Acesso em: 5 jul. 2012.

98 Nuremberg Remembered Biography: Curt Prüfer. Disponível em <http://www.facinghistory.org/node/780>. Acesso em: 28 set. 2012.

99 Donald M. McKale, op. cit.

100 O III Reich e o Brasil, v. I, p. 63. Circular do chefe da Auslandsorganisation a todas as missões alemãs na América Latina, 263/170914, 18 maio 1938.

101 Idem, telegrama n° B5, 6966/E519618-20, 25 out. 1938.

102 Idem, v. II, p. 143. Von Levetzow a Bismarck, 2 jan. 1939.

103 D. McKale, op. cit., p. 52.

104 Vide biografia de Ritter no website do Bundesarchiv e em O III Reich e o Brasil, v. I, p. 15.

105 D. McKale, op. cit., p. 76.

106 Idem, p. 73.

107 Aspásia Camargo e Walder de Góes, op. cit., p. 234.

108 Dennison de Oliveira, op. cit., p. 11.

109 Depoimento do major veterano da FEB Ivan Esteves Alves ao autor, 22 fev. 2006.

110 Dennison de Oliveira, op. cit., p. 57. O oficial citado é o general de Exército Sebastião José Ramos de Castro, falecido em 2007.

111 Aluízio de Barros (org.), Expedicionários sacrificados na campanha da Itália (mortos e desaparecidos), Rio de Janeiro, Bruno Buccini, 1957; Dennison de Oliveira, op. cit., p. 11.

Aliança incerta

112 Stanley Hilton, Oswaldo Aranha: uma biografia, Rio de Janeiro, Objetiva, 1994, p. 388.

113 O Globo, Rio de Janeiro, 24 jan. 1942.

114 Foreign Relations of the United States, Diplomatic Papers, 1942, v. V, The American Republics. Washington: Government Printing Office, 1962, p. 633. The Under Secretary of State (Welles) Temporarily at Rio de Janeiro to the Secretary of State, Foreign Relations.

Notas 307

[115] F. D. McCann, *Negotiating Alliance in World War II, Brazil and United States 1938-1945*, submitted draft, 16 fev. 1913, p. 36. Segundo McCann, a conferência esteve próxima do desastre quando o avião que trouxe a representação argentina caiu na baía de Guanabara, mas seus ocupantes foram salvos.

[116] *Getúlio Vargas: diário*, v. II. CPDOC, São Paulo, Siciliano/Rio de Janeiro, Fundação Getúlio Vargas, 1995, p. 451.

[117] Stanley Hilton, op. cit., p. 386.

[118] *Diário Carioca*, Rio de Janeiro, 29 jan. 1942.

[119] Hélio Silva, *1942 – Guerra no Continente: o ciclo Vargas*, v. XII. Rio de Janeiro, Civilização Brasileira, 1972, pp. 214-5.

[120] *Diário Carioca*, Rio de Janeiro, 29 jan. 42.

[121] Stanley Hilton, op. cit., p. 389.

[122] *O Globo*, Rio de Janeiro, e *Diário Carioca*, Rio de Janeiro, 28 jan. 1942.

[123] Aspásia Camargo, João Hermes Pereira Araújo e Mário Henrique Simonsen, *Oswaldo Aranha, a estrela da revolução*, São Paulo, Mandarim, 1996, pp. 278-79.

[124] Idem, p. 208.

[125] F. D. McCann, *A aliança Brasil-Estados Unidos, 1937-1945*, Rio de Janeiro, Biblex, 1995, p. 206.

[126] Hélio Silva, op. cit., p. 211.

[127] F. D. McCann, op. cit., 1995, p. 203.

[128] Aspásia Camargo, João Hermes Pereira Araújo e Mário Henrique Simonsen, op. cit., p. 278; telegrama n° 67, 24 jan. 1942, da Embaixada brasileira em Washington-AHI.

[129] Idem, p. 280.

[130] A. O. Saldanha da Gama e H. L. Martins, *A Marinha na Segunda Guerra Mundial: história naval brasileira*, Rio de Janeiro, Serviço de Documentação da Marinha, v. 5, t. II, 1985, p. 323.

[131] Stetson Conn e B. Fairchild, *A estrutura de defesa do hemisfério ocidental*, Rio de Janeiro, Bibliex, 2000, pp. 241-2.

[132] Aspásia Camargo, João Hermes Pereira Araújo e Mário Henrique Simonsen, op. cit., p. 281.

[133] *The Thomas Jefferson Papers*, carta de 4 maio 1787, Divisão de Manuscritos da Biblioteca do Congresso dos EUA e *Autos de Devassa da Inconfidência Mineira*, v. 8, Câmara dos Deputados, Brasília, 1977.

[134] *Cartas de Thomas Jefferson sobre a Independência do Brasil*, disponível no website da Biblioteca do Congresso dos EUA. Disponível em: <http://international.loc.gov/intldl/brhtml/br-1/br-1-4-8.html>. Acesso em 28 nov. 2012.

[135] Disponível em: <http://history.state.gov/countries/brazil#diplomatic-relations>. Acesso em: 25 ago. 2014.

[136] M. R. Leite e Novelli Jr. *Marechal Eurico Gaspar Dutra: o dever da verdade*, Rio de Janeiro, Nova Fronteira, 1983, p. 499.

[137] Charles Nowell, *United States Naval Administration in World War II, Commander South Atlantic Force, Commander-in-Chief, Atlantic Fleet*, v. XI, CXLVI, pp. 49-50.

[138] *Naval History & Heritage Command*. Disponível em: <http://www.history.navy.mil>. Acesso em: 1 ago. 2010.

[139] M. R. Leite e Novelli Jr., op. cit., p. 522.

[140] Charles Nowell, op. cit., p. 50.

[141] F. D. McCann, op. cit., p. 222.

[142] Hélio Silva, op. cit., p. 103.

[143] Charles Nowell, op. cit., p. 53.

[144] O Estado-Maior das Forças Armadas (EMFA) seria criado apenas no início dos anos 1950, tendo o general Góes Monteiro como o seu primeiro chefe.

[145] A. O. Saldanha da Gama e H. L. Martins, op. cit., p. 286.

[146] F. D. McCann, *Negotiating Alliance in World War II, Brazil and United States 1938-1945, submitted draft*, 16 fev. 2013, pp. 34-5.

[147] Charles Nowell, op. cit., p. 270.

[148] Hélio Silva, op. cit., p. 104.

[149] Idem, p. 110.

[150] A maior parte dos canhões eram os 152,4 mm Vickers Armstrong, de fabricação inglesa.

[151] M. R. Leite e Novelli Jr., op. cit., p. 488. Parcela da culpa pela compra dos canhões deveu-se ao parecer equivocado de uma comissão de oficiais técnicos brasileiros que foi aos EUA examinar o material. A equipe afirmou que os canhões estavam em boas condições, apesar de faltarem os complementos indispensáveis à sua utilização.

[152] Cf. Conn e B. Fairchild, op. cit., p. 358; M. R. Leite e Novelli Jr., op. cit., pp. 413-4. Em maio de 1941, ao preço de um milhão de dólares, foram vendidos ao Brasil 137 canhões de 6, 7 e 12 polegadas, 167 caminhões, dez *scout-cars*, dez carros de combate leve e pequena quantidade de munição.

[153] Stetson Conn e B. Fairchild, op. cit., pp. 358-9. Antes de 1941, a Aeronáutica buscou nos EUA 30 North American 44, de treinamento avançado, e 4 Lockheed 12 de transporte de autoridades. Até julho do ano seguinte, seriam trazidos em voo mais 6 Beechcraft D17, C-43 "Traveller" destinados ao Correio Aéreo Nacional e 50 aviões de instrução básica Vultee BT-15. Nenhuma dessas unidades destinava-se ao combate. Nélson F. Lavanére-Wanderley, *História da Força Aérea Brasileira*, Rio de Janeiro, Editora Gráfica Brasileira, 1975, p. 224.

[154] *Diário Carioca*, Rio de Janeiro, 14 ago. 1937.

[155] *Diário Carioca*, Rio de Janeiro, 12 ago. 1937.

[156] *Diário Carioca*, Rio de Janeiro, 14 ago. 1937.

[157] Cf. *Diário Carioca*, Rio de Janeiro, edições de 14 fev. 1937 e de 14 ago. 1937.

[158] A entidade fora presidida por vários anos pela socióloga feminista Janne Addams, ganhadora do Prêmio Nobel da Paz em 1931.

[159] *Diário Carioca*, Rio de Janeiro, 15 ago. 1937.

[160] *Diário Carioca*, Rio de Janeiro, 14 ago. 1937.

[161] M. R. Leite e Novelli Jr., op. cit., p. 465; F. D. McCann, op cit., p. 215.

[162] Hélio Silva, op. cit., pp. 285-6.

[163] F. D. McCann, op. cit., p. 215.

[164] Hélio Silva, op. cit., p. 290.

[165] Stanley Hilton, op. cit., p. 393.

[166] Idem, p. 291.

[167] Stetson Conn e B. Fairchild, op. cit., p. 381.

[168] M. R. Leite e Novelli Jr., op. cit., p. 529.

[169] Stanley Hilton, op. cit., p. 372. Segundo Aranha, Dutra faria tal questionamento.

[170] M. R. Leite e Novelli Jr., op. cit., p. 476.

[171] Idem, pp. 476-7.

[172] Idem, pp. 420-1. Ofício de 2 maio 1942 ao Estado-Maior do Exército (EME).

[173] Idem, pp. 420-1, gabinete do ministro da Guerra, ofício secreto n° 33-25, 5 jun. 1941.

[174] Idem, pp. 424-5.

[175] F. D. McCann, op. cit., p. 192.

[176] Stetson Conn e B. Fairchild, op. cit., pp. 284-6.

[177] Idem, p. 347.

[178] M. R. Leite e Novelli Jr., op. cit., pp. 424-31. Ofício n° 82 secreto da 3ª Divisão, Rio de Janeiro, 2 jun. 1941, do chefe do Estado-Maior do Exército ao ministro da Guerra.

[179] M. R. Leite e Novelli Jr., op. cit., p. 429; Stetson Conn e B. Fairchild, op. cit., p. 346.

[180] Idem, pp. 430-1.

[181] Idem, p. 348.

[182] Idem, pp. 286-7, citando o diário de Stimson, 19 jun. 1941. De fato, a Marinha alemã fez planos para utilizar Dakar como base de submarinos em junho de 1941, mas tais planos não foram levados adiante.

[183] Stetson Conn e B. Fairchild, op. cit., pp. 349-50.

[184] M. R. Leite e Novelli Jr., op. cit., p. 445.

[185] F. D. McCann, op. cit., p. 200.

[186] Stetson Conn e B. Fairchild, op. cit., p. 350.

[187] Andrew Buchanan, *A Friend Indeed? From Tobruk to El Alamein: The American Contribution to Victory in the Desert*. Diplomacy Et. Statecraft, 15:2, pp. 279-301.

[188] Fundação Getúlio Vargas, CPDOC, ofício secreto n° 107, do chefe do EME ao ministro da Guerra, Rio de Janeiro, 6 ago. 1941. Para uma visão das negociações entre Góes Monteiro e Miller, recomenda-se a leitura do trabalho de Giovanni Latfalla: *O general Góes Monteiro e as negociações militares Brasil/EUA – 1938-1942*, dissertação de mestrado, Vassouras, 2011.

[189] Em entrevista para o jornalista Lourival Coutinho, Góes Monteiro minimizou o episódio.

[190] M. R. Leite e Novelli Jr., op. cit., p. 446.

[191] Idem, p. 466.

192 O *III Reich e o Brasil*, Rio de Janeiro, Laudes, 1968, v. 2, pp. 137-8.
193 Idem, p. 123.
194 Idem, p. 139.
195 M. R. Leite e Novelli Jr., op. cit., p. 466; *Getúlio Vargas: diário*, cit., v. II, p. 431.
196 *Getúlio Vargas: diário*, cit., v. II, p. 431-2.
197 Ofício de Góes Monteiro a Dutra, 30 out. 1941.
198 M. R. Leite e Novelli Jr., op. cit., pp. 472-73. Carta de 4 nov. 1941.
199 Idem, p. 479.
200 *Getúlio Vargas: diário*, cit., v. II, p. 443.
201 F. D. McCann, op. cit., pp. 42-3.
202 Giovanni Latfalla, O Estado-Maior do Exército e as Negociações Militares Brasil-Estados Unidos entre os Anos de 1938 e 1942, *Caminhos da História*, Vassouras, v. 6, n. 2, jul./dez. 2010.
203 Mônica Hirst, *O processo de alinhamento nas relações Brasil-Estados Unidos: 1942/45*, Rio de Janeiro, Iuperj, 1982, pp. 113-4; Miller a Barber, 29 abr. 1942.
204 F. D. McCann, op. cit., p. 41.
205 Stanley Hilton, op. cit., p. 391.
206 F. D. McCann, op. cit., p. 46.
207 *Sixth Report to Congress on Lend-lease Operations, for the Period Ended September 11, 1942*. Fondren Library, Southern Methodist University, Dallas, Texas. Em agosto, os itens militares como aviões, blindados, armas e munição representaram 58% do total exportado.
208 Stetson Conn e B. Fairchild, op. cit., p. 378.

O xadrez da guerra

209 F. D. McCann, *A aliança Brasil-Estados Unidos, 1937-1945*, cit., p. 187.
210 Charles Nowell, op. cit., p. 111.
211 F. D. McCann, op. cit. p. 185.
212 Idem, p. 186.
213 Disponível em: <http://www.parnamirim.rn.gov.br/pdf/historia.pdf>. Acesso em: 11 jan. 2013.
214 FDR Presidential Library and Museum – memorando de Marshall a Roosevelt. Disponível em: <http://docs.fdrlibrary.marist.edu/PSF/BOX3/t43e01.html>. Acesso em: 28 fev. 2012.
215 Isso sem considerar as novas obras inseridas por um futuro convênio assinado entre os dois países em maio de 1942.
216 Stetson Conn e B. Fairchild, op. cit., pp. 371-8.
217 Idem, pp. 386-7. Agradeço ao amigo Decio Moreira no auxílio à tradução dos termos militares dos EUA.
218 Stetson Conn e B. Fairchild, op. cit., pp. 386-7.
219 *United States Atlantic Fleet, Cruiser Division Two, USS Memphis, War Diary*, 1° abr. 1942. Foi autorizada a vinda de 150 técnicos para Recife, 300 para Natal e outros 300 para Belém, cf. Comtaskfor 23, *War Diary*, 4/1-30/42, 40451, 1° abr. 1942 a 30 abr. 1942.
220 Carlos Peixoto, *A história de Parnamirim*, Natal, Z Comunicação, 2003. Disponível em: <http://www.parnamirim.rn.gov.br/pdf/historia.pdf>. Acesso em: 15 jul. 2012. Ernâni do Amaral Peixoto, *Artes na política: diálogo com Amaral Peixoto*, organização de Aspásia Camargo et. al, Rio de Janeiro, Nova Fronteira, 1986, p. 213.
221 *Getúlio Vargas: diário*, v. II, São Paulo, Siciliano, Rio de Janeiro, Fundação Getúlio Vargas, 1995, pp. 466-7.
222 Decreto-Lei n° 4.142, 2 mar. 1942; *História da Base Aérea de Natal*. Disponível em: <http://www.cruzex.aer.mil.br/index.php/a-operacao/natal-rn-brazil>. Acesso em: 26 ago. 2014.
223 Carlos Peixoto, op. cit., pp. 73-5.
224 Idem, pp. 112-3.
225 Para descrições de Parnamirim Field veja F. D. McCann *A aliança Brasil-EUA 1937-1945*, pp. 192-3; O. P. Gomes, *A História do 4° GAC*, Rio de Janeiro, Bibliex, 1983, pp. 40-8. Carlos Peixoto, op. cit.
226 Stetson Conn e B. Fairchild, op. cit., pp. 387-388.
227 Paulo de Q. Duarte, *O Nordeste na II Guerra Mundial*, Rio de Janeiro, Bibliex, 1971, p. 198.
228 E. L. Carvalho, *A serviço do Brasil na Segunda Guerra Mundial*, 2. ed., Rio de Janeiro, A Noite, 1952, p. 75; Paulo de Q. Duarte, op. cit., pp. 208-12.

[229] M. T. Castello Branco, *O Brasil na II Grande Guerra*, Rio de Janeiro, Bibliex, 1960, pp. 109-10.

[230] J. B. Mascarenhas de Morais, *Memórias*, 2. ed., Rio de Janeiro, Bibliex, v. 1, 1984, pp. 115-7. Mascarenhas menciona o efetivo de 50 mil homens em seu Comando, em 1942. Contudo, esse número parece ter sido superestimado. Em agosto de 1942, o efetivo total do Exército brasileiro era de cerca de 60 mil homens, com o grosso da tropa concentrada na 1ª, 2ª e 3ª RM. Cf. Paulo de Q. Duarte, *O Nordeste na II Guerra Mundial*, Rio de Janeiro, Bibliex, 1971, p. 215. Agradeço a César Campiani Maximiano pelo alerta sobre o cálculo desse efetivo.

[231] Paulo de Q. Duarte, op. cit., p. 199.

[232] *A República*, Natal, 27 fev. 42.

[233] E. L. Carvalho, op. cit., p. 101.

[234] O. P. Gomes, op. cit., pp. 43-6.

[235] *Diário Carioca*, Rio de Janeiro, 6 jan. 1942, p. 13.

[236] Helio Higuchi, Iury G. Jataí e Roberto P. Bastos Jr., Os canhões antiaéreos Krupp, de 88 mm, do Exército Brasileiro, *Revista Tecnologia & Defesa*, n° 130, 2012, pp. 54-60.

[237] E. L. Carvalho, op. cit., p. 130.

[238] *A República*, Natal, 27 fev. 1942; O. P. Gomes, op. cit., pp. 47-8.

[239] Charles Nowell, *United States Naval Administration in World War II, Commander South Atlantic Force, Commander-in-Chief, Atlantic Fleet*, v. XI, CXLVI, pp. 43-4.

[240] E. L. Carvalho, op. cit., pp. 100-1. Agradeço ao pesquisador potiguar Rostand Medeiros o auxílio na identificação das unidades em Natal.

[241] Idem, p. 126.

[242] Paulo de Q. Duarte, op. cit., p. 206.

[243] Para facilitar a compreensão e a leitura do texto, em conformidade com o emprego da notação utilizada internacionalmente para a navegação aérea e marítima, e também com o intuito de manter a originalidade documental, as distâncias horizontais superiores a um quilômetro estão descritas em milhas náuticas, com a medida equivalente em quilômetros/metros indicada entre parênteses. Da mesma forma, a profundidade está indicada em metros. Neste livro, as distâncias em milhas referem-se sempre a milhas náuticas.

[244] A *História Oficial do Comando de Transporte Aéreo da Divisão do Atlântico Sul* (Official History of the South Atlantic Division, Air Transport Command - SADATC) traz o desenvolvimento de Parnamirim Field ao longo dos anos. Trata-se da narrativa (não publicada) do Comando estabelecido em Natal, escrita a partir de arquivos oficiais. Infelizmente, não foi possível obter uma cópia desse documento. Tanto o National Archives quanto o U.S. Army Center of Military History negaram possuir cópias da história oficial do SADATC em seus arquivos. A Air Force Historical Research Agency afirmou possuir o documento; porém, desde o primeiro contato, em julho de 2013, até o encerramento da produção deste livro, em fevereiro de 2014, a entidade não remeteu os documentos solicitados nem respondeu aos e-mails enviados. Segundo Frank McCann, alguns dos seus anexos foram classificados como sigilosos pela Seção da Segunda Guerra Mundial do National Archives and Records Administration (NARA). Passadas quase sete décadas do final da Segunda Guerra Mundial, é provável que essa classificação sigilosa ainda esteja em vigor — obviamente, não mais por razões operacionais. Em 1965, quando o McCann solicitou ao Escritório de História Militar do Exército o rebaixamento da classificação sigilosa da História do Exército dos EUA no Atlântico Sul de "Secreto" para "Confidencial", foi-lhe respondido que o material não poderia ser desclassificado sem a aprovação do Departamento de Estado, por conter documentos originados por aquele departamento e outras informações de natureza diplomática. Além disso, os documentos traziam observações sobre os latino-americanos, tanto individualmente quanto em grupo, de natureza depreciativa e que, caso fosse liberado, poderia causar um impacto adverso nas relações com os países sul-americanos.

[245] F. D. McCann, *Negotiating Alliance in World War II, Brazil and United States 1938-1945, submitted draft*, 16 fev. 1913, pp. 47-8, "Highlights on the General Political Situation in Brazil", copy in 19354, MMB, RG226, NA. Segundo McCann, o documento não possui o nome do agente ou data, mas parece ter sido escrito em julho de 1942.

[246] F. D. McCann, op. cit., p. 167.

[247] Carlos Peixoto, op. cit., pp. 61-2.

[248] F. D. McCann, op. cit., p. 179.

[249] Idem, p. 193. Em 1944, nas tratativas para renovar a autorização de uso de Parnamirim, Dutra se opôs a incluir um item que renunciava à jurisdição brasileira sobre o pessoal dos EUA.

250 Agradeço ao pesquisador Rostand Medeiros pela gentileza no envio de uma cópia do processo.

251 E. L. Carvalho, op. cit., p. 100.

252 Giovanni Latfalla, "O Estado-Maior do Exército e as negociações militares Brasil-Estados Unidos entre os anos de 1938 e 1942", em *Caminhos da História*, Vassouras, v. 6, n. 2, jul./dez. 2010. Ofício secreto de n° 284 do EME.

253 Expressão usada para se referir a grupos clandestinos que atuam, dentro de um país ou região prestes a entrar em guerra (ou já em guerra), ajudando o inimigo, espionando e fazendo propaganda subversiva.

254 Disponível em: <http://www.sixtant.net/>. Acesso em: 1 out. 2011.

255 Frank D. McCann, op. cit., p. 191.

256 M. R. Leite e Novelli Jr., op. cit., p. 458.

257 F. D. McCann, op. cit., p. 188; *Diário Carioca*, Rio de Janeiro, 11 out. 1942. Entrevista com McCann, que entrevistou Cauby C. Araújo nos anos 1960.

258 Stetson Conn e B. Fairchild, op. cit., p. 386.

259 Michael Paterson, *Battle for the Skies*, Chicago, David & Charles, 2004.

260 *Foreign Relations*, 1942, v. V, pp. 658-9.

261 M. R. Leite e Novelli Jr. *Marechal Eurico Gaspar Dutra: o dever da verdade*, Rio de Janeiro, Nova Fronteira, 1983, pp. 525-7.

262 Stetson Conn e B. Fairchild, op. cit., pp. 317-8.

263 Idem, p. 384.

264 Telegrama n° 1276 de Caffery ao Departamento de Estado, 15 abr. 1942, arquivo # 832.20/367. Informação prestada por e-mail ao autor por Frank McCann em 4 abr. 2013.

265 F. D. McCann, op. cit., p. 218.

266 Não foi possível identificar a que se referiam os artigos citados, em especial, o sétimo. Informação prestada por e-mail ao autor por McCann.

267 Nélson F. Lavanére-Wanderley, *História da Força Aérea Brasileira*, Rio de Janeiro, Editora Gráfica Brasileira, 1975, pp. 256-7. Os termos do acordo secreto estão em M. R. Leite e Novelli Jr., op. cit., p. 533.

268 Stetson Conn e B. Fairchild, op. cit., p. 384.

269 E. L. Carvalho, op. cit., pp. 157-8.

270 Idem, p. 157.

271 F. D. McCann, op. cit., p. 218; M. R. Leite e Novelli Jr., op. cit., p. 534.

272 M. R. Leite e Novelli Jr., op. cit., p. 539.

273 *Foreign Relations of the United States, Diplomatic Papers*, 1942, v. V, *The American Republics*, Washington, Government Printing Office, 1962, p. 662; Stetson Conn e B. Fairchild, op. cit., p. 385. Segundo o diário de guerra da Frota do Atlântico, o primeiro envio do material de Lend-Lease para o Brasil aconteceu em 1° de março de 1942, pelo navio S.S. Rio Blanco. Vide Cinclant, *War Diary*, 3/1-31/42 (Enc A), 40089, 1° mar. 1942 a 31 mar. 1942, A16-3(10), 00159, 4/3/1942, A6, 38.

274 Idem, p. 388.

275 E. L. Carvalho, *A serviço do Brasil na Segunda Guerra Mundial*, 2. ed., Rio de Janeiro, A Noite, 1952, pp. 164-5.

276 Idem.

277 Idem, pp. 165-66. O documento viera de Recife, sede da 7ª Região Militar, comandada por Mascarenhas de Morais.

278 Entrevista com Frank McCann, ago. 2013.

279 Embora essa teoria seja plausível, não foi encontrado um único documento que sustente tal versão dos fatos.

280 E. L. Carvalho, op. cit., p. 203.

281 Idem, p. 335.

282 McCann aponta 27 de maio; Conn e Fairchild, 28 de maio; Leite e Novelli Jr. convergem na data apontada por Leitão de Carvalho: 23 de maio.

283 *Getúlio Vargas: diário*, cit., v. II, p. 477.

284 F. D. McCann, op. cit., p. 191.

À beira do precipício

285 *Foreign Relations*, p. 656.

286 Idem., pp. 656-7. Do secretário de Estado ao embaixador Caffery, 30 mar. 42.

[287] *Foreign Relations of the United States, Diplomatic Papers*, 1942, v. V, *The American Republics*, Washington, Government Printing Office, 1962, pp. 659-60. Hull a Caffery, 11 maio 1942.

[288] Idem, pp. 661-2. Caffery a Hull, 16 maio 1942.

[289] História Geral da Aeronáutica Brasileira, Instituto Histórico – Cultural da Aeronáutica (Incaer), edição do Incaer e da Vila Rica Editoras Reunidas, RJ/BH, 1991, v. 3, pp. 421-2.

[290] O submarino era o italiano Barbarigo, que atacara o comandante Lyra com torpedos e artilharia em 18 de maio de 1942. Disponível em: <http://www.regiamarina.net>. Acesso em: 25 ago. 2014.

[291] *The New York Times*, 29 maio 1942.

[292] *Diário Carioca*, Rio de Janeiro, 29 maio 1942. Ainda que as versões oficiais digam o contrário, nenhum avião em poder da Força Aérea Brasileira efetuara qualquer ataque antissubmarino durante o mês de maio. As aeronaves do Agrupamento de Aviões de Adaptação de Fortaleza estavam sob o controle operacional da Força Aérea do Exército dos EUA, sendo efetivamente repassadas aos brasileiros apenas em junho, quando terminou a instrução do primeiro grupo de oficiais-aviadores. Só então os aviões de caça foram transferidos para a Base Aérea de Recife, a fim de participarem da defesa da zona aérea (Nélson F. Lavanére-Wanderley, op. cit, p. 256).

[293] Documento 12938/42, altamente secreto, diário de Jodl, Atas do Tribunal de Nuremberg, p. 125, 18 maio 1946.

[294] *Trial of The Majors War Criminals Before the International Military Tribunal, Nuremberg, Germany, 14 November 1945-1 October 1946*, v. V, *Proceedings, 9 jan. 1946-21 jan. 1946*, Nuremberg, Germany, 1947, 15 jan. 1946, pp. 276-7.

[295] David Manson, *Submarinos alemães: a arma oculta*, Rio de Janeiro, Renes, 1975, p. 64.

[296] *Report of the Commanding Admiral, Submarines at Fuhrer Headquarters on 14 May 1942 in the presence of the Commander in Chief, Navy*.

[297] Idem, pp. 84-5.

[298] 1. SKL. I Op 1026/42, 30 maio 1942.

[299] 1./Seekriegsleitung Iu, 1026/42, 30 maio 1942.

[300] *Trial of the Major War Criminals Before the International Military Tribunal*, Nuremberg, 14 nov. 1945–out. 1946, v. XIV, Nuremberg, 1948, p. 124.

[301] *U-boat Archive Admiralty C.B. 4501 History of U-Boat Policy 1939-1945*, p. 26; KTB B.d.U., 21 jun. 1942.

[302] Jürgen Rower, "Operações navais da Alemanha no litoral do Brasil durante a Segunda Guerra Mundial", *Revista Navigator: subsídios para a história marítima do Brasil*, Rio de Janeiro, n° 18, jan./dez. 1982, p. 33.

[303] *Diário Carioca*, 28 mar. 1942.

[304] KTB B.d.U., 6 jun. 1942, pp. 113-4.

[305] *Kriegstagebücher (KTB) & Stehender Kriegsbefehl Des Füehrers/Befehlshaber der Unterseeboote (FdU./BdU) War Diary and War Standing Orders of Commander in Chief Submarines*, p. 108, 3 jun. 1942, pp. 107-8.

[306] KTB B.d.U., 2 jun. 1942.

[307] Idem, 6 jun 1942.

[308] I *Seekrieger* I C IIII. *International Law-Neutrality of Brazil. Report of the OKM to the Foreign Office Ambassador Ritter*, 4 jun. 42, pp. 180-2.

[309] 1.SKL. Iu 1070/42 Gkds. Chefs., 5 jun. 1942.

[310] 1.SKL.B.Nr. 1092/42 Gkds. Chefs., 7 jun 1942.

[311] *Trial of The Majors War Criminals Before The International Military Tribunal*, v. XIV, p. 124. Os submarinos do tipo IX eram os mais modernos e poderosos da frota alemã, com capacidade de disparar 27 torpedos (IXD); os da classe VIIC carregavam 14 torpedos.

[312] KTB B.d.U., 6 jun. 1942.

[313] *Report on a Conference between the Commander in Chief, Navy and the Fuehrer at Berghof the afternoon of 15 June 1942*, p. 86.

[314] H. L. Martins, *A Marinha brasileira no período entre guerras: história naval brasileira*, Rio de Janeiro: Serviço de Documentação da Marinha, v. 5, t. II, 1985, p. 147.

[315] Hélio Silva, *1944: o Brasil na guerra*, Rio de Janeiro, Civilização Brasileira, 1974, pp. 290-300. A carta possui data de 2 de março de 1943.

[316] Seward W. Livermore, *Battleship Diplomacy in South America: 1905-1925*, *The Journal of Modern History* v. 16, n. 1 (mar. 1944), pp. 31-48.

[317] Idem.

[318] Paulo de Q. Duarte, *Dias de guerra no Atlântico Sul*, Rio de Janeiro, Biblex, 1967, p. 131.

[319] Idem, pp. 183-4.

[320] Hélio Silva, op. cit., p. 296.

[321] S. O. Saldanha da Gama e H. L. Martins, *A Marinha na Segunda Guerra Mundial: história naval brasileira*, Rio de Janeiro, Serviço de Documentação da Marinha, v. 5, t. II, 1985, p. 187.

[322] Hélio Silva, op. cit., p. 292.

[323] Idem, p. 293.

[324] Idem.

[325] Os Aliados chegaram a empregar cargas de até 600 libras (272 Kg) durante a Segunda Guerra Mundial. S. O. Saldanha da Gama e H. L. Martins, op. cit., p. 338.

[326] S. O. Saldanha da Gama e H. L. Martins, op. cit., p. 293. Do adido naval em Washington ao Estado-Maior da Armada, 22 maio 1942.

[327] S. O. Saldanha da Gama e H. L. Martins, op. cit., p. 280.

[328] Idem, p.282. Rebatizados como G1-Guaporé e G2-Gurupi, cujo arrendamento custou aos brasileiros US$ 1.700.000 por cada unidade durante o conflito.

[329] Ricardo Bonalume Neto, *A nossa Segunda Guerra: os brasileiros em combate, 1942-1945*, Rio de Janeiro, Expressão e Cultura, 1995, p. 63. O excelente livro do jornalista merece uma reedição.

[330] S. O. Saldanha da Gama e H. L. Martins, op. cit., p. 278. As informações sobre o São Paulo estão disponíveis em: <http://www.naviosbrasileiros.com.br/ngb/S/S031/S031.htm>. Acesso em: 11 mar. 2013.

[331] Hélio Silva, op. cit., p. 294.

[332] Charles Nowell, *United States Naval Administration in World War II, Commander South Atlantic Force, Commander-in-Chief, Atlantic Fleet*, v. XI, CXLVI, p. 11.

[333] F. D. McCann, op. cit., p. 113.

[334] No depoimento original, o oficial trocou a data do primeiro comboio de 1943 para 1941, e o ano da entrada do Brasil na guerra de 1942 para 1941. Disponível em: <http://www.velhosamigos.com.br/foco/aeciopereirasouza.html>. Acesso em: 22 dez. 2012.

[335] W. Churchill, *Memoirs of the Second World War*, Boston, Houghton Mifflin Company, 1991.

[336] F. D. McCann, op. cit., p. 289.

[337] Giafranco Beting, "Ponte aérea, quarenta anos da maior invenção da aviação comercial brasileira", *Revista FLIP*, 8 mar. 2007.

[338] Em janeiro de 1942, o voo que trouxe a delegação argentina para a Conferência do Rio sofreu um acidente, afundando durante o pouso. Felizmente, todos os passageiros e tripulantes se salvaram. *Getúlio Vargas: diário*, v. II, São Paulo, Siciliano, Rio de Janeiro, Fundação Getúlio Vargas, 1995, p. 458.

[339] Paulo de Q. Duarte, *O Nordeste na II Guerra Mundial*, Rio de Janeiro, Bibliex, 1971, p. 310.

[340] Disponível em: <http://www.infoescola.com/energia/historia-da-energia-eletrica-no-brasil/>. Acesso em: 29 mar. 2013.

[341] A refinaria Landulpho Alves, em São Francisco do Conde (BA), iniciou as operações no dia 17 de setembro de 1950.

[342] Karl Dönitz, *Memoirs, Ten Years and Twenty Days*, London, Frontline Books, 2012, p. 212. Von den Borne, chefe da peça de artilharia do U-156, defendeu a versão de que não houve esquecimento, mas falha da munição.

[343] O hangar da Panair abriga hoje a sede do III Comando Aéreo Regional.

[344] Disponível em: <http://www.history.navy.mil/>. Acesso em: 27 maio 2013.

[345] Os navios da Marinha de Guerra também utilizavam as instalações do cais do porto e da praça Mauá.

[346] *Life Magazine*, 2 mar. 1942.

[347] *The California State Military Museum, Military History California and the Second World War*. Disponível em: <http://www.militarymuseum.org/HistoryWWII.html>. Acesso em: 3 jun. 2012.

[348] Disponível em: <http://www.archives.gov/education/lessons/japanese-relocation/>. Acesso em: 8 jan. 2011.

[349] *Air Battle rages over Los Angeles, Los Angeles Examiner*, 25 fev. 1942.

[350] Cf. Paulo de Q. Duarte, op. cit., pp. 109 e 144; F. D. McCann, op. cit., p. 223; Clyde Smith Jr., *Trampolim para a Vitória*, Natal, 1992, p. 70.

[351] F. D. McCann, op. cit., p. 223.

[352] *United States Department of State/Foreign relations of the United States diplomatic papers, 1942. The American Republics (1942)*, The Ambassador (Martins) to the Secretary of State Washington, August 22, 1942.

[353] *Diário Carioca*, Rio de Janeiro, 22 ago. 1942.

354 *O Globo*, Rio de Janeiro, 2 maio 1942.
355 *Getúlio Vargas: diário*, cit., v. II, p. 477.
356 F. D. McCann, *Negotiating Alliance in World War II, Brazil and United States 1938-1945, submitted draft*, 16 fev. 2013, p. 45.
357 Idem
358 Idem, p. 47.
359 Stanley Hilton, *Oswaldo Aranha: uma biografia*, Rio de Janeiro, Objetiva, 1994, pp. 395-6.
360 Stanley Hilton, op. cit., p. 397.
361 M. R. Leite e Novelli Jr., *Marechal Eurico Gaspar Dutra: o dever da verdade*. Rio de Janeiro, Nova Fronteira, 1983, p. 500.
362 Passados quase dois meses da assinatura do convênio – e mais de quatro meses do início das tratativas – nem sequer haviam sidos nomeados os integrantes da comissão mista brasileira, cuja proposta de criação partira do Brasil. A delegação só iria chegar por completo em Washington no dia 18 de agosto. Cf. E. L. Carvalho, *A serviço do Brasil na Segunda Guerra Mundial*, 2. ed., Rio de Janeiro, A Noite, 1952, p. 197.
363 M. R. Leite e Novelli Jr., op. cit., pp. 659-60. Telegrama nª 7792, de Caffery ao Secretário de Estado, 29 jun. 1942. A análise da documentação diplomática norte-americana indica que pelo menos até o final de junho essa questão continuou em aberto.
364 *Foreign Relations of the United States, Diplomatic Papers, 1942*, v. V, *The American Republics*, Washington, Government Printing Office, 1962, Brazil, pp. 667-70. Agradeço ao prof. McCann pela gentileza no envio do material.
365 Idem, p. 660.
366 Stanley Hilton, op. cit., p. 392
367 Rick Atkinson, *An Army at Dawn: The War in North Africa, 1942-1943*, New York, Holt Paperbacks, 2004, p. 16.
368 NARA – USS *Juneau War Diary*, File CL52, A12-1 /serial (045), 1 jul. 1942.
369 NARA – *Present locations and prospective movements*, Task Force Twenty-three, August 1, 1942.
370 McCann fez uma previsão semelhante. F. D. McCann, op. cit., p. 114.
371 *Getúlio Vargas: diário*, cit., v. II, p. 454.
372 F. D. McCann, *A aliança Brasil-Estados Unidos 1937-1945*, p. 223.
373 F. D. McCann, *Negotiating Alliance in World War II, Brazil and United States 1938-1945*, cit., p. 95.
374 F. D. McCann, *A aliança Brasil-Estados Unidos 1937-1945*, p. 167.
375 Steven Ross, T. U. S. *War Plans: 1938-1945*. USA, Lynne Rienner Publisher, 2002.
376 Idem, pp. 199-200.
377 Rostand Medeiros, *Da Serra dos Canaviais à Cidade do Sol*, Natal, edição do autor, 2012, p. 50.
378 Pode ser encontrado no website da Biblioteca do Congresso dos EUA um mapa da cidade do Rio de Janeiro produzido pelo War Department, em junho de 1941. Classificado como *confidential*, o documento indica a localização das infraestruturas críticas da capital brasileira (quartéis do Exército, da Marinha e da polícia; usinas de energia; postos de rádio, telégrafo; terminais rodoviários e ferroviários; instalações governamentais etc.).
379 Süleiman Erkan, *The invasion of Iran by the Allies during World War II*. Disponível em: <http://atlas.usv.ro/www/codru_net/CC16/2/iran.pdf>. Acesso em 1ª out. 2013.
380 M. R. Leite e Novelli Jr., op. cit., p. 487.
381 KTB B.d.U., 20 jun. 1942.

O "Lobo Solitário"

382 *Agosto, mês do desgosto?* artigo de Francisco Fernandes Ladeira, especialista em Ciências Humanas, *Brasil: Estado e Sociedade*, UFJF.
383 A expedição de Pedro Álvares Cabral, em 1500, perdeu 6 dos seus 13 navios.
384 *Diário Carioca*, Rio de Janeiro, 9 jun. 1942.
385 *Agressão: documentário dos fatos que levaram o Brasil à guerra*, Imprensa Nacional, janeiro de 1943, apêndice.
386 Paulo de Q. Duarte, *Dias de guerra no Atlântico Sul*, Rio de Janeiro, Bibliex, 1967, p. 111. *História oral da FEB*, t. 6, depoimento do 1ª tenente Dalvaro José de Oliveira.
387 Vide carta náutica Brasil – Costa Leste, de Maceió ao rio Itariri, publicada pela Diretoria de Hidrografia e Navegação da Marinha do Brasil.
388 *Agressão: documentário dos fatos que levaram o Brasil à guerra*, op. cit., p. 17.

[389] *Diário Carioca*, Rio de Janeiro, 22 ago. 1942, Depoimento do médico Zamir de Oliveira.

[390] Hélio Silva, *1942: guerra no continente*, Rio de Janeiro, Civilização Brasileira, 1972, v. XII, p. 206.

[391] KTB U-507, 28 jul. 42. O U-507 possuía o dispositivo EM 3 (provavelmente o radar FuMO 29 Seetakt), mas, segundo o comandante do U-boot, sua operação mostrou-se ineficaz. Agradeço a Jerry Mason pelo auxílio na identificação do dispositivo.

[392] As informações sobre o U-507 encontram-se no diário da sua 3ª Patrulha de Guerra, de 4 jul. 1942 a 12 out. 1942.

[393] Disponível em: <http://www.uboat.net/>. Acesso em: 11 jan. 2013.

[394] Os dados meteorológicos podem ser obtidos no website do U.S. Naval Observatory. Disponível em: <http://aa.usno.navy.mil/data/docs/RS_OneDay.php>. Acesso em: 28 nov. 2011. Os dados sobre o alcance da visibilidade e as condições do oceano encontram-se no diário de guerra do U-507.

[395] O U-507 portava torpedos movidos a bateria elétrica (*Elektrischer Torpedo*) e a ar comprimido (*Atmosphärisch getriebener Torpedo*). Os primeiros deixavam um rastro de bolhas facilmente observável, sendo, por isso, utilizados preferencialmente à noite. Disponível em: <http://www.uboataces.com/weapon-torpedo.shtml>. Acesso em: 17 out. 2013.

[396] A. O. Saldanha da Gama e H. L. Martins, *A Marinha na Segunda Guerra Mundial: história naval brasileira*, Rio de Janeiro, Serviço de Documentação da Marinha, v. 5, t. II, 1985, p. 347; Paulo de Q. Duarte, op. cit., p. 110.

[397] J. Pires Wynne, *História de Sergipe (1930-1972)*, Rio de Janeiro, Pongetti, 1973, v. II, pp. 93-4.

[398] O depoimento do capitão Lauro Moutinho dos Reis foi publicado originalmente no livro *Seleção de Seleções*, uma coletânea de artigos publicados pela revista *Seleções do Reader's Digest*, em 1948.

[399] *Agressão: documentário dos fatos que levaram o Brasil à guerra*, op. cit., pp. 89-90. Depoimento de Adolfo Arthur Kern, chefe de máquinas do Baependy.

[400] Depoimento do capitão Lauro Moutinho dos Reis.

[401] *Diário Carioca*, Rio de Janeiro, 22 ago. 1942. Depoimento do médico Zamir de Oliveira, sobrevivente do Baependy.

[402] Depoimento do capitão Lauro Moutinho dos Reis.

[403] Idem.

[404] *Agressão: documentário dos fatos que levaram o Brasil à guerra*. Depoimento de Adolfo Arthur Kern.

[405] Depoimento do capitão Lauro Moutinho dos Reis.

[406] Idem.

[407] Lauro Moutinho relatou ter visto o submarino agressor lançando um feixe de luz sobre os destroços, mas o capitão do U-boot não relatou essa ação no diário.

[408] *Diário Carioca*, Rio de Janeiro, 18 ago. 1942.

[409] A. O. Saldanha da Gama e H. L. Martins, op. cit., p. 347.

[410] Informações meteorológicas e do oceano segundo o KTB U-507, 15 ago. 1942; as fases da Lua podem ser consultadas no website do U.S. Naval Observatory.

[411] *Agressão: documentário dos fatos que levaram o Brasil à guerra*, op. cit., p. 90.

[412] Idem, depoimento de Milton Fernandes da Silva.

[413] Cento e quarenta e um militares do 7° Grupo de Artilharia de Dorso viajavam no Baependy. O número exato de tripulantes e passageiros mortos no naufrágio ainda é motivo de controvérsia, variando conforme a fonte consultada. M. R. Leite e Novelli Jr. contaram 51 tripulantes e 214 passageiros entre as vítimas. A *História Naval Brasileira* menciona 55 tripulantes e 215 passageiros. O documentário *Agressão* é a fonte mais detalhada sobre o episódio, trazendo, inclusive, a relação nominal dos tripulantes e passageiros, salvos e desaparecidos.

[414] O. Saldanha da Gama e H. L. Martins, op. cit., pp. 347-8. O documentário *Agressão* aponta oito sobreviventes.

[415] Governo do estado da Bahia, Secretaria da Indústria, Comércio e Mineração (SICM); Companhia Baiana de Pesquisa Mineral (CBPMA), *Plataforma continental do município de Salvador: Geologia, usos múltiplos e recursos minerais*. Vários autores.

[416] Disponível em: <www.uboat.net>. Acesso em: 21 jan. 2011

[417] *Agressão, documentário dos fatos que levaram o Brasil à guerra*, op. cit., p. 19.

[418] Ainda não havia sido dado o alerta de perigo para a navegação costeira. A mensagem que proibiu a saída de qualquer navio do porto de Salvador só seria expedida às 9h, cf. *Agressão: documentário dos fatos que levaram o Brasil à guerra*, op. cit., p. 96.

[419] O. Saldanha da Gama e H. L. Martins, op. cit., p. 348.

[420] O navio seria um cargueiro sueco, segundo O. Saldanha da Gama e H. L. Martins, op. cit., p. 348.

[421] U.S. Navy War Diary, 17 ago. 1942; present locations and prospective movements, Task-Force Twenty Three, 21 ago. 1942.

[422] A descrição oficial do ataque encontra-se no diário de guerra da COMTASKFOR 23, 18 ago. 1942. National Archives, Catalog Id 4697018, World War II War Diaries, Other Operational Records and Histories, compiled ca.

[423] Harro Schacht menciona a existência de dois canhões antiaéreos no U-507, um de 20 mm (MG C/30 - L 30/37) e outro de 37 mm (SK C/30U) no KTB de 23 ago. 1942, mas não menciona o uso da arma de 37 mm por ocasião do ataque aéreo.

[424] Charles Nowell, United States Naval Administration in World War II, Commander South Atlantic Force, Commander-in-Chief, Atlantic Fleet, v. XI, CXLVI, pp. 64-5.

[425] Idem.

[426] O relatório da tripulação norte-americana afirma que o lançamento das bombas foi perfeito, enquadrando o alvo com duas bombas em cada lateral do U-boot, que afundou adernando pela popa, sem, entretanto, confirmar o afundamento. History of Patrol Squadron Eight Three and Bombing Squadron One Hundred Seven, p. 4. ASW incident #1394.

[427] USS Omaha, U.S. Navy War Diary, 18 ago. 1942.

[428] Paulo de Q. Duarte, op. cit., p. 115.

[429] O Globo, Rio de Janeiro, 22 ago. 1942.

[430] M. T. Castello Branco, O Brasil na II Grande Guerra, Rio de Janeiro, Bibliex, 1960, pp. 60-1.

[431] Dados do Observatório da U.S. Navy em 23 ago. 1942.

[432] U.S. Navy War Diary, 24 ago 1942. O cruzador Rio Grande do Sul teve instalados o sonar e duas calhas para lançamento de bombas de profundidade somente após a declaração de guerra brasileira. Cf. A. O. Saldanha da Gama e H. L. Martins, op. cit., p. 286.

[433] Disponível em: <http://eclipse.gsfc.nasa.gov/eclipse.html>. Acesso em: 2 mar. 2012.

[434] War Diary Task-Force Twenty Three, Present locations and prospective movements, 15 ago. 1942.

[435] Boyce McCoy, History of Patrol Squadron Eight Three and Bombing Squadron One Hundred Seven, 15 set. 1941 to 31 dez. 1944, p.3.

[436] Uma das aeronaves do Esquadrão VP-83 acidentou-se na vinda para Natal, em 13 de junho de 1942, durante uma tempestade, matando seus tripulantes.

[437] Disponível em <http://www.history.navy.mil/library/online/buildbaseswwii/bbwwii2.htm>. Acesso em: 15 set. 2012. Não foram encontradas evidências de que essa ordem tenha sido efetivamente cumprida.

[438] Task Force Twenty-three, War Diary, 21 ago. 1942. COMTASKFOR 23, War Diary, 8/1-31/42, 42540, 1° ago. 1942 a 31 ago. 1942.

[439] Brazilian A/S Trawlers, 22 ago. 1942. Admiralty, War Diaries 7/1/42 to 7/31/42; 8/1/42 to 8/31/42, K-7-C, 1 jul. 1942 a 31 jul. 1942.

[440] Luiz A. P. Cruz e Lina M. B. Aras, Submarinos alemães ou norte-americanos nos malafogados de Sergipe (1942-1945), Revista Navigator: subsídios para a história marítima do Brasil, v. 9, n. 17, 2013. Disponível em: <http://www.revistanavigator.com.br/navig17/dossie/N17_dossie5.pdf>. Acesso em: 23 nov. 2013.

Fatos e mitos

[441] Trial of The Major War Criminals Before the International Military Tribunal – Nuremberg, 14 November-1 October, v. XIII. Nuremberg, Germany, 1948, day 133°, p. 595.

[442] Disponível em: <http://law2.umkc.edu/faculty/projects/ftrials/nuremberg/meetthedefendants.html>. Acesso em: 18 ago. 2011.

[443] As cenas do julgamento e do filme apresentado em Nuremberg podem ser vistas no YouTube (Nuremberg Day 8 Concentration Camp Film).

[444] Trial of The Major War Criminals Before the International Military Tribunal – Nuremberg, 14 November -1 October, v. V, Nuremberg, Germany, 1948, pp. 276-7.

[445] Idem.

[446] Idem, v. XIV, pp. 122-3.

[447] Nazi Conspiracy – Opinion and Judgment: Office of United States – Chief of Counsel for Prosecution of Axis Criminality, Washington, 1947, pp. 142-4.

[448] A Noite, Rio de Janeiro, 19 maio 1946.

[449] Jornal do Brasil, Rio de Janeiro, 19 maio 1946.

450 Samuel E. Morison, *The Battle of Atlantic, September 1939-May 1943*, v. I of *History of United States Naval Operations in World War II*, New Jersey, Castle Books, 1947, p. 381.

451 Stetson Conn e B. Fairchild, *A estrutura de defesa do hemisfério ocidental*, Rio de Janeiro, Bibliex, 2000, pp. 323-4.

452 Karl Dönitz, *Memoirs, Ten Years and Twenty Days*, London, Frontline Books, 2012, p. 252.

453 Idem.

454 Idem, pp. 239-40.

455 KTB B.d.U., 21 jun. 1942.

456 KTB B.d.U., 26 jun. 1942.

457 Stanley Hilton, *Oswaldo Aranha: uma biografia*, Rio de Janeiro, Objetiva, 1994, p. 398.

458 Hélio Silva, op. cit., p. 384. Hélio Silva cita como referência a reportagem de Mauro Santayana no *Jornal do Brasil*.

459 Nélson F. Lavanére-Wanderley, *História da Força Aérea Brasileira*, Rio de Janeiro, Editora Gráfica Brasileira, 1975, p. 258.

460 A. O. Saldanha da Gama e H. L. Martins, op. cit., p. 347.

461 *Jornal do Brasil*, Rio de Janeiro, 8 jun. 1971.

462 Historiador naval militar alemão e professor de História da Universidade de Stuttgart. Escreveu mais de 400 livros e ensaios sobre a história naval da Segunda Guerra Mundial e a Inteligência Militar, ganhando reconhecimento mundial. Serviu em vários navios da Kriegsmarine durante o conflito.

463 Jürgen Rower, "Operações navais da Alemanha no litoral do Brasil durante a Segunda Guerra Mundial", *Revista Navigator: subsídios para a história marítima do Brasil*, Rio de Janeiro, n. 18, jan./dez. 1982, p. 15.

464 Idem.

465 Agradeço ao capitão Jerry Mason, da Marinha dos EUA (reserva), auxiliado por Ken Dunnpela, pela tradução, divulgação e a cessão do conteúdo desses documentos.

466 As entradas do diário de guerra do U-507 foram ajustadas para o horário oficial brasileiro.

467 KTB U-507, 7 jul. 1942.

468 Idem, 8 jul. 1942.

469 Idem, 10 jul. 1942.

470 Idem, 14 jul. 1942.

471 Idem, 23 jul. 1942.

472 Idem, 25 jul. 1942.

473 Idem, 28 jul. 1942.

474 KTB B.d.U, 14 ago. 1942. Um telegrama posterior de Ritter aos representantes diplomáticos alemães na Argentina e no Chile, em 29 ago. 1945, corrobora tal missão.

475 KTB U-507, 30 jul. 1942.

476 Idem, 28 jul. 1942.

477 Idem, 23 jul. 1942. Mensagem recebida 1600/2. O U-130 afundara o cargueiro norueguês Tankpress, em 25 de julho; o britânico Elmwood, em 27 de julho; e o Danmark, também de bandeira britânica, em 30 de julho. O U-752 afundou o cargueiro britânico Gamula, em 23 de julho, e o norueguês Leikanger, em 27 julho.

478 KTB U-507, 8 ago. 1942.

479 David Manson, *Submarinos alemães: a arma oculta*, Rio de Janeiro, Renes, 1975, p. 160.

480 Uma exceção à regra é o excelente *Das Boot* (lançado no Brasil com o título *O Barco: inferno no mar*), Alemanha Ocidental, 1981, dirigido por Wolfgang Petersen.

481 *German Wartime Newsreel U-Boat action in South Atlantic* (jul. 1942), disponível no YouTube.

482 KTB U-507, 8 ago 1942.

483 Idem, 30 jul. 1942. Mensagem recebida 1436/31.

484 Charles Nowell, op. cit., p. 59; Samuel E. Morison, *History of United States Naval Operations in World War II*, v. I -*The Battle of Atlantic, September 1939/May 1943*, New Jersey, Castle Books, 1947, p. 381.

485 *Oberkommando der Kriegsmarine, 1. Skl Iu 1035/42 Gkds. Chefs. Untersuchung – Uber den Einsetz von Seestreitkräften gegen Häfen Brasiliens*, 1 jun. 1942.

486 Vinte minutos após receber a mensagem do B.d.U., alertando sobre a importância de Pernambuco, a posição do U-507 era FJ 6545 (09°45'00"S, 035°03'00"W).

487 KTB U-507, 14 ago. 1942.

488 Idem.

489 Idem, 23 jul. 1942. Mensagem recebida 22.12/23.

[490] Idem, 22 ago. 1942.

[491] Marcelo Monteiro, *U-507: o submarino que afundou o Brasil na Segunda Guerra Mundial*, São Paulo, Schoba, 2012, p. 229.

[492] KTB U-507, 16 ago. 1942. Agradeço ao capitão Jerry Manson pelo auxílio na interpretação da mensagem original em alemão.

[493] Hélio Silva, op. cit. p. 385. Comentário redigido por Timmler, assessor de Goebbels.

[494] KTB U-507, 19 ago. 1942. Mensagem recebida 0454/18.

[495] Idem, 23 ago. 1942. Mensagem recebida 1738/22.

[496] Hélio Silva, op. cit., p. 388. O embaixador Moynen atribuiu parte dessas informações ao embaixador Luzardo, representante brasileiro em Montevidéu, enviando a Berlim uma série de mensagens entre 22 e 24 de agosto.

[497] Idem, pp. 389-390.

[498] Paraguai, Uruguai, Argentina e Chile permaneceram neutros até os últimos dias do conflito, declarando guerra ao Eixo somente em 7 de fevereiro de 1945, 22 de fevereiro de 1945, 27 de março de 1945 e 11 de abril de 1945, respectivamente.

[499] I *Seekriegsleitung Part C IV War Diary U-boot Warfare,* 1942, pp. 199-200.

[500] Há relatos de que alguns navios brasileiros estavam com as insígnias do Brasil iluminadas por refletores, como o Buarque, afundado em fevereiro. Cf. O Globo, Rio de Janeiro, 18 fev. 1942.

[501] KTB U-507, 15 ago. 1942. I *Seekrieger I C IIII. International Law-Neutrality of Brazil. Report of the OKM to the Foreign Office Embassador Ritter,* 4 jun. 1942. pp. 180-2.

[502] KTB U-507, 15 ago. 1942.

[503] *Agressão: documentário dos fatos que levaram o Brasil à guerra,* Imprensa Nacional, jan. 1943, p. 17.

[504] Samuel E. Morison, *History of United States Naval Operations in World War II,* v. I –*The Battle of Atlantic, September 1939-May 1943,* New Jersey, Castle Books, 1947, p. 378. Declaração de Ingram em setembro de 1941.

[505] KTB U-507, 13 ago. 1942.

[506] Idem, 8 ago. 1942. O posicionamento individual dos U-boote, em agosto de 1942, pode ser visto em: <http://www.uboat.net/boats/patrols/search.php>. Acesso em: 14 jul. 2012.

[507] Idem, 3 ago. 1942.

[508] Idem, 2 ago. 1942. De fato, alguns navios Aliados utilizariam essa rota durante a guerra, mas com destino ao leste africano.

[509] *Oberkommando der Kriegsmarine, 1. SKL Iu 1035/42 Gkds. Chefs. Untersuchung – Uber den Einsetz von Seestreitkräften gegen Häfen Brasilien,* 1 jun. 1942.

[510] Karl Dönitz, op. cit., p. 196.

[511] Idem, prefácio de Jak P. Mallmann Showell.

[512] Disponível em: <http://uboat.net/boats/patrols/patrol_1098.html>. Acesso em: 14 jul. 2012.

[513] Idem.

[514] KTB U-507, 15 ago. 1942, citando uma mensagem rádio de 5 jul. 1942.

[515] Idem, 10 ago. 1942.

[516] *Trial of The Major War Criminals Before the International Military Tribunal,* v. XIV, pp. 123-4.

[517] Karl Dönitz, op. cit., Introdução.

[518] Em Nuremberg, Dönitz rejeitou as acusações de que a tripulação de um U-boot teria metralhado os náufragos do navio brasileiro Antonico.

[519] Karl Dönitz, op. cit., p. 253.

[520] *University of Missouri, Kansas City, UMKC School of Law.* Disponível em: <http://law2.umkc.edu/faculty/projects/ftrials/nuremberg/meetthedefendants.html>. Acesso em: 29 set. 2012.

[521] Karl Dönitz, op. cit., pp. 476-7.

[522] Elísio F., "U-507: um estudo interpretativo das ações de um submarino alemão nas águas do Brasil", *Revista Navigator,* n. 3, 2006.

[523] *Report on a Conference between the Commander in Chief, Navy and the Fuhrer at Berghof the afternoon of 15 June 1942.*

[524] KTB B.d.U., 26 jun. 1942.

[525] B.Nr. 1/ SKL 20764/42 GKdos, 23 ago. 1942.

Metamorfose

[526] Charles Nowell, *United States Naval Administration in World War* II, *Commander South Atlantic Force, Commander-in-Chief, Atlantic Fleet*, v. XI, CXLVI. Transcrito e formatado por Rick Pitz, HyperWar Foundation, p. 83.

[527] Segundo o documentário *Agressão*, houve 453 mortes nos ataques de agosto de 1942.

[528] A. O. Saldanha da Gama e H. L. Martins, op. cit., pp. 342-3.

[529] Dutra relatara o ataque a Vargas, em 16 ago. 1942. M. R. Leite e Novelli Jr., *Marechal Eurico Gaspar Dutra: o dever da verdade*, Rio de Janeiro, Nova Fronteira, 1983, p. 502.

[530] *O Globo*, Rio de Janeiro, 18 ago. 1942.

[531] *Correio Paulistano*, São Paulo, 19 ago. 1942.

[532] Diário de guerra da COMTASKFOR 23, 21 ago. 1942. *National Archives*, Catalog Id 4697018, *World War* II *War Diaries, Other Operational Records and Histories, compiled ca.*

[533] Nélson F. Lavanére-Wanderley, *História da Força Aérea Brasileira*, Rio de Janeiro, Editora Gráfica Brasileira, 1975, p. 266.

[534] *O Globo*, Rio de Janeiro, 24 ago. 1942.

[535] Disponível em: <http://www.uboat.net/fates/losses/1943.htm>. Acesso em : 15 jul. 2012.

[536] Charles Nowell, op. cit., p. 63.

[537] Idem, p. 62.

[538] *O Globo*, Rio de Janeiro, 19 ago. 1942.

[539] *Diário de Notícias*, Rio de Janeiro, 4 dez. 1938.

[540] A *Noite*, Rio de Janeiro, 11 fev. 1942.

[541] A *Noite Ilustrada*, Rio de Janeiro, 2 fev. 1943.

[542] Sonia Maria S. Seganfreddo, UNE *instrumento de subversão*, Rio de Janeiro, GRD, 1963. Disponível em: <http://www.ebooksbrasil.org/eLibris/UNE.html>. Acesso em: 2 jun. 2012.

[543] *Diário da Noite*, Rio de Janeiro, 28 ago. 1942.

[544] A *Noite*, Rio de Janeiro, 6 fev. 1942; 28 maio 1942.

[545] Angélica Muller, "Estudantes contra o Eixo: as manifestações da UNE e a relação com o Estado Novo". ANPUH-XXIII Simpósio Nacional de História, Londrina, 2005. Depoimentos de Hélio de Almeida e de José Gomes Talarico. Disponível em: <http://anpuh.org/anais/wp-content/uploads/mp/pdf/ANPUH. S23.1109.pdf>. Acesso em: 27 mar. 2012.

[546] *Correio da Manhã*, Rio de Janeiro, 19 ago. 1942.

[547] Provavelmente, o matutino era a *Gazeta de Notícias*, que veiculava propaganda a favor da Alemanha, abastecida pelas agências de notícias alemã e italiana. Joaquim Xavier da Silveira, A FEB *por um soldado*, Rio de Janeiro, Bibliex, 2001, p. 28.

[548] *Correio da Manhã*, Rio de Janeiro, 19 ago. 1942.

[549] O Tribunal de Segurança Nacional condenaria o integralista Gerardo Melo Mourão à pena de morte por fuzilamento, devido à espionagem à favor do Eixo. A pena foi comutada para 30 anos de cadeia e posteriormente reduzida para seis anos. Por fim, Gerardo foi perdoado e posto em liberdade no governo Dutra (1946-1951). Revista O Cruzeiro, edição de 1953; *Diário da Noite*, Rio de Janeiro, edições de 28 abr. 1948, p. 5, e de 24 jul. 1953, p. 3.

[550] M. R. Leite e Novelli Jr., op. cit., p. 489. Ofício de Dutra a Getúlio Vargas, 27 jan. 1942.

[551] *Diário Carioca*, artigo do jornalista J. E. de Macedo Soares, 21 ago. 1942.

[552] M. R. Leite e Novelli Jr., op. cit., p. 502.

[553] Idem, p. 503.

[554] *O Globo*, Rio de Janeiro, 24 ago. 1942.

[555] *Getúlio Vargas, Diário*, v. II, CPDOC, São Paulo, Siciliano/Rio de Janeiro, Fundação Getúlio Vargas, 1995. Apresentação, p. VII.

[556] Idem, p. 10.

[557] Idem.

[558] *Correio da Manhã*, Rio de Janeiro, 19 ago. 1942.

[559] *O Globo*, edição extra, Rio de Janeiro, 18 ago. 1942.

[560] *Diário Carioca*, Rio de Janeiro, 21 ago. 1942.

[561] *Correio da Manhã*, Rio de Janeiro, 19 ago 1942; *O Globo*, Rio de Janeiro, 19 ago. 1942.

[562] *Correio da Manhã*, Rio de Janeiro, 19 ago. 1942.

[563] F. D. McCann, A *aliança Brasil-Estados Unidos, 1937-1945*, Rio de Janeiro, Bibliex, 1995, p. 242

564 M. R. Leite e Novelli Jr., op. cit., p. 507.

565 M. T. Castello Branco, *O Brasil na II Grande Guerra*, Rio de Janeiro, Bibliex, 1960, pp. 123-124.

566 Idem.

567 *Foreign Relations of the United States, Diplomatic Papers*, 1942, v. V, *The American Republics*, Washington, Government Printing Office, 1962, V. V, p. 667.

568 F. D. McCann, op. cit., p. 237. O Estado-Maior das Forças Armadas seria criado no pós-guerra por Góes Monteiro, quando ministro da Guerra.

569 Charles Nowell, op. cit., p. 127. É imprecisa a versão apresentada na *História Administrativa da Marinha dos EUA* de que a Marinha e a Aeronáutica brasileiras foram passadas ao comando de Ingram. Ao norte-americano foi concedida a autoridade prevista na Recomendação n° 11 do Acordo Militar, limitando-se às Forças Navais e Aéreas do Brasil no Nordeste.

570 F. D. McCann, op. cit., p. 235; Charles Nowell, op. cit., p. 67.

571 F. D. McCann, op. cit., p. 236.

572 A. O. Saldanha da Gama e H. L. Martins, *A Marinha na Segunda Guerra Mundial: história naval brasileira*, Rio de Janeiro, Serviço de Documentação da Marinha, v. 5, t. II, 1985, p. 295; Paulo de Q. Duarte, *Dias de guerra no Atlântico Sul*, Rio de Janeiro, Bibliex, 1967, pp. 151, 162-3. Somente a leitura da mensagem do adido naval poderia confirmar se a mensagem fora repassada de forma errônea ou se Ingram superdimensionou a autoridade recebida – o que parece ter sido o mais provável.

573 Paulo de Q. Duarte, op. cit., p. 160.

574 *War Diary*, COMTASKFOR 23, de 22 e 24 de agosto de 1942.

575 Lourival Coutinho, *O general Góes depõe...*, Rio de Janeiro, Coelho Branco, 1956, p. 382.

576 Idem, p. 383.

577 Charles Nowell, op. cit., pp. 82-3.

578 Idem, pp. 219.

579 Idem, p. 50.

580 Idem, 26 ago. 1942.

581 Charles Nowell, op. cit., p. 69.

582 F. D. McCann, op. cit., p. 226; Charles Nowell, op. cit., pp. 43, 49-50. No final de junho de 1945, o dispositivo improvisado seria atingido acidentalmente durante um exercício de tiro. Dos 372 homens à bordo, salvaram-se apenas 36. Vide A. O. Saldanha da Gama e H. L. Martins, op. cit., pp. 407-13.

583 *War Diary* COMTASKFOR 23, 24 ago. 1942.

584 Charles Nowell, op. cit., pp. 67-8.

585 Aspásia Camargo e Walder de Góes, *Diálogos com Cordeiro de Farias: meio século de combate*, Rio de Janeiro, Bibliex, 2001, p. 264.

586 E. L. Carvalho, *A serviço do Brasil na Segunda Guerra Mundial*, 2 ed., Rio de Janeiro, A Noite, 1952, p. 159. Natal e Recife, os dois pontos mais importantes para a defesa do NE, vivenciavam essa situação.

587 Charles Nowell, op. cit., p. 53.

588 Vide o episódio do atraso de abastecimento de água aos primeiros navios vitimados pelo U-507 em *Agressão: documentário dos fatos que levaram o Brasil à guerra*, op. cit.

589 David Nasser, *Para Dutra ler na cama*, Rio de Janeiro, Empresa Gráfica O Cruzeiro, 1947, p. 113.

590 F. D. McCann, op. cit., pp. 239-40.

591 A. O. Saldanha da Gama e H. L. Martins, op. cit., p. 306.

592 Charles Nowell, op. cit., p. 19.

593 Ibid.

594 A. O. Saldanha da Gama e H. L Martins, op. cit., p. 308.

595 Stetson Conn e B. Fairchild, op. cit., p. 391.

596 Idem, p. 393.

597 Charles Nowell, op. cit., p. 41.

598 Idem, pp. 41-42.

599 Idem, p. 68.

600 Idem, pp. 68-70.

601 F. D. McCann, op. cit., p. 241.

602 Disponível em: <http://niehorster.orbat.com/013_usa/_41_USN/z-convoys/convoy_ws-24.html>. Acesso em: 20 ago. 2012.

[603] Charles Nowell, op. cit., p. 107.

[604] Idem, p. 50.

[605] Idem, p. 104.

[606] Paulo de Q. Duarte, *Dias de guerra no Atlântico Sul*, Rio de Janeiro, Bibliex, 1967, p. 321.

[607] *Building the Navy's Bases in World War II*. History of the Bureau of Yards and Docks and the Civil Engineer Corps 1940-1946, v. II, part III, The Advance Bases, cap. XVIII, Bases in South America and the Caribbean Area, Including Bermuda, p. 43.

[608] Charles Nowell, op. cit., pp. 111-4.

[609] *Building the Navy's Bases in World War II*, pp. 43-6.

[610] Charles Nowell, op. cit., p. 219.

[611] Stetson Conn e B. Fairchild, op. cit., p. 393.

[612] Disponível no website da FAB: <http://www.fab.mil.br>. Acesso em: 20 out. 2013.

[613] *History of the South Atlantic Division of The U.S. Army Corps of Engineers, 1945-2011*. Disponível em: <http://www.sad.usace.army.mil/Portals/60/docs/history/SAD_History_small.pdf>. Acesso em: 4 maio 2012.

[614] Charles Nowell, op. cit., p. 1.

[615] *Base Aérea de Natal recebe homenagem do Comando Sul dos EUA*, Agência da Força Aérea Brasileira. Disponível no website oficial da FAB: <http://www.fab.mil.br>. Acesso em: 21 mar. 2011.

[616] Idem, pp. 53-4.

[617] F. D. McCann, op. cit., p. 220.

[618] Charles Nowell, op. cit., p. 219.

[619] Idem, p. 194. F. D. McCann, *Brazil and World War II: The Forgotten Ally. What did you do in the war, Zé Carioca?* Disponível em: <http://www.tau.ac.il/eial/VI_2/mccann.htm>. Acesso em: 21 mar. 2011

[620] Charles Nowell, *United States Naval Administration in World War II, Commander South Atlantic Force, Commander-in-Chief, Atlantic Fleet*, v. XI, CXLVI.

[621] F. D. McCann, op. cit., p. 236.

[622] F. D. McCann, *Negotiating Alliance in World War II, Brazil and United States 1938-1945*, cit., p. 44. O autor reproduziu uma mensagem de 15 de maio de 1942 de Ingram ao Chefe de Operações Navais.

[623] A porção tropical do oceano Atlântico é a área do oceano compreendida entre os trópicos de Câncer e de Capricórnio.

O navio do tesouro

[624] W. Churchill, *The Hinge of Fate*, London, Mariner Books, 1950, v. IV, p. 343.

[625] Idem.

[626] John Keegan, *The Second World War*, New York, Penguin Books, 1990, p. 259.

[627] *Diário Carioca*, Rio de Janeiro, 12 ago. 1942.

[628] Richard M. Leighton e Robert W. Coakley, *Global Logistics and Strategy 1940-1943*. Washington, D.C., Center of Military History – U.S. Army, 1995, p. 50; NARA World War Diaries, 1941-1945, 305241, *War Diary*, Spenavo, London & ComNavEu, 13 ago. 1942.

[629] W. Churchill, op. cit., pp. 343-4.

[630] "Face to Face with Stalin: The War Memories of Winston Churchill", em *Life Maganize*, 30 out. 1950, p. 89.

[631] Craig Thompson, *Special Cable to The New York Times*, 22 jun. 1942.

[632] *Jornal do Brasil*, Rio de Janeiro, 24 jun. 1942.

[633] Idem, 21 jun. 1942.

[634] Andrew Buchanan, *A Friend Indeed? From Tobruk to El Alamein: The American Contribution to Victory in the Desert*, Diplomacy Et. Statecraft, 15:2, pp. 279-301.

[635] Paul Carell, *Afrika Korps*, São Paulo, Flamboyant, 1967, p. 222. Paul Carell (nome de nascimento Paul Karl Schmidt) foi tenente-coronel do Exército alemão, tendo servido no Estado-Maior de Rommel.

[636] Paul Carell, op. cit., p. 232.

[637] *The New York Times*, New York, 24 jun. 1942.

[638] Paul Carell, op. cit., p. 221.

[639] Idem

[640] Idem, p. 276.

[641] Andrew Buchanan, op. cit., Kirk para Cordell Hull, 16 fev. 1942, FRUS 1942, IV, p.73.

[642] Idem, p. 288.

[643] W. S. Churchill, *The Hinge of Faith*, Boston, Houghton Mifflin Company, 1991, v. IV, p. 237.

[644] Idem, p. 238.

[645] Idem, p. 240.

[646] Idem, p. 241.

[647] Idem, appendix D.

[648] *Sixth Report to Congress on Lend-Lease Operations, For The Period Ended, September, 11 1942*. Fondren Library, Southern Methodist University, Dallas, Texas.

[649] Richard M. Leighton e Robert W. Coakley, op. cit., p. 566.

[650] Idem, p. 563.

[651] Idem, p. 566.

[652] T. H. Vail Motter, *The Persian Corridor and the Aid to Russia*, Washington, Center of Military History U.S. Army, 1952; table 11, "Aircraft Delivered to the USSR by U.S. Army in Persian Corridor, by type, 1942-1945".

[653] Idem, chart 12, "Cargo Shipped to the USSR from the Western Hemisphere by Route, 22 June 1941-20 September 1945".

[654] Idem, table 1, "Cargo Shipped from the Western Hemisphere to the USSR by Route of Delivery 22 June 1941-20 September 1945".

[655] S. W. Roskill, *History of the Second World War – United Kingdom Military Series, War at Sea*, London, HMSO, 1956, v. II.

[656] W. Churchill, op. cit., pp. 601-2.

[657] Campo de petróleo ao norte do Iraque.

[658] *Report to the Führer made by Commander in Chief, Navy, The afternoon of 13 February 1942*, p. 11.

[659] Andrew Buchanan, op. cit., p. 287.

[660] W. Churchill, op. cit., p. 344.

[661] Richard M. Leighton e Robert W. Coakley, op. cit., p. 288.

[662] Idem.

[663] Charles Nowell, *United States Naval Administration in World War II, Commander South Atlantic Force, Commander-in-Chief, Atlantic Fleet*, v. XI, CXLVI. Aparentemente, o material enviado superou o que fora prometido a Churchill (300 Shermans, 100 obuseiros M7, além de 150 técnicos para manutenção e reparos), incluindo na carga mais 100 *tanks destroyer*. Cf. Clayton R. Newell, *Egypt-Libya*, U.S. *Army Campaign World War II*, U.S. Army Center of Military History. Disponível em: <http://www.ibiblio.org/hyperwar/USA/USA-C-Egypt/>. Acesso em: 24 abr. 2012.

[664] Richard M. Leighton e Robert W. Coakley, op. cit., p. 288.

[665] Harry C. Thomson e Lida Maio, op. cit., p. 253.

[666] James H. Winchester, "The Ship the Nazis Had to Get", *The American Legion Magazine*, August 1951, p. 55.

[667] *War Diary* – USS *Gleaves*, 13 jul. 1942.

[668] Charles Nowell, op. cit., p. 59; *Nara, World War II Diaries 1941-1945, War Diary, 17 Jul. 1942, Foreign Stations, 305241*; Chester Wardlow, *The Transportation Corps: Movements, Training, and Supply*, Washington, Center of Military History, 1999, U.S. Army, Pub. 10-19, p. 335.

[669] Harry C. Thomson e Lida Maio, *The Technical Services – The Ordnance Department: Procurement and Supply*, U.S. *Army in World War II* – CMH, Pub 10-10, Cloth 1960, 2003, p. 335.

[670] Richard M. Leighton e Robert W Coakley, op. cit., p. 372.

[671] NARA - *World War II Diaries 1941-1945, War Diary*, USS *Juneau* - File n. CL52, A12-1/Serial (045); Charles Nowell, op. cit., p. 59.

[672] NARA – *World War II Diaries, 1941-1945, 305241, War Diary*, USS *Omaha*, 5 ago. 1942.

[673] Charles Nowell, op. cit., p. 58-59.

[674] Paul Carell, op. cit., p. 289.

[675] Karl Dönitz, *Memoirs, Ten Years and Twenty Days*, London, Frontline Books, 2012, p. 242.

[676] *World War II War Diaries, 1941-1945 Nara 4697018, Office of Comnaveu and Spenavo*, 29 jul. 1942.

[677] *Conference of the Commander in Chief, Navy with the Fuehrer at Wehrwolf*, 26 ago. 1942, Commander in Chief of the Navy, Berlin, 29 ago. 1942.

[678] A. O. Saldanha da Gama e H. L. Martins, op. cit., p. 318.

[679] Essa taxa de mortalidade de marinheiros mercantes (*mariners*) equipara-se à das mais castigadas unidades de combate Aliadas. Segundo o website <usmm.org>, o maior percentual de mortos norte-americanos durante a Segunda Guerra Mundial foi o do efetivo dos *mariners*. Disponível em: <http://www.usmm.org/infomm.

pdf>. Acesso em: 29 out. 2012.

[680] Karl Dönitz, op. cit., p. 223.

[681] *Patrol U-155*. Disponível em: <http://uboat.net>. Acesso em: 25 nov. 2014. KTB B.d.U., 4 ago. 1942.

[682] KTB B.d.U., 17 jul. 1942; *Nara – World War Diaries, 1941-1945, 305241,* USS *Livermore*, 16 jul. 1942. O U-161 seria afundado no litoral da Bahia em 27 de setembro de 1943, matando os seus 53 tripulantes.

[683] W. Churchill, *The Hinge of Fate*, op. cit., p. 344.

[684] Idem. As informações sobre o Seatrain Texas, extraídas dos arquivos da Marinha, corroboram o depoimento do líder britânico.

[685] USAT *Seatrain Texas Merchant Shipping Movement Card*.

[686] *Third Naval District Office of the Port Director*, 31 jul. 1942; *Newsletter of the Solent Maritime Society*, jun. 2012, n. 514; USAT *Seatrain Texas Merchant Shipping Movement Card*.

[687] Cf. "*Cavalcade of America – The Ship the Nazis Had to Get.*", Disponível em: <http://www.usmm.org/seatraintexas.html>. Acesso em: 25 nov. 2014. *Third Naval District, Office of the Port Director, Port of New York, Supplementary Report of Supplies and/or Personnel Issued by Port Director*, 31 jul. 1942. Agradeço ao pesquisador Richard Riseberg, da Divisão de Serviços de Arquivos Textuais do National Archives em College Park, pela gentileza do envio do material.

[688] *Marshall Memo to Roosevelt*, 31 ago. 42, Franklin D. Roosevelt Presidential Library. Agradeço a William Baehr, da Biblioteca do Presidente FDR, pela gentileza do envio do documento. Há diversas versões narrando a viagem do Seatrain Texas ao Egito, trazendo dados divergentes quanto à carga transportada. Em suas memórias, Churchill conta que Marshall cedera 300 tanques Sherman e uma centena de "armas autopropulsadas" (certamente os obuseiros M7 Priest), sendo os tanques embarcados sem os motores no comboio AS-4. De acordo com o político inglês, outro navio (Seatrain Texas) fora designado para levar novos motores ao Egito. A documentação do navio relativa ao período julho/setembro de 1942, em poder do National Archives em College Park, limita-se a apenas dois cartões de movimento, uma folha com o material distribuído à tripulação e outra destinada à identificação do pessoal militar a bordo – praticamente em branco. No lugar dos nomes da tripulação, há um carimbo indicando o recebimento de arquivos secretos. No registro de carga, elaborado pela administração portuária de Nova York, foi escrito: "transporte de aeronaves". Os mais antigos *Ship Deck Logs* encontrados em arquivo são relativos a setembro de 1943.

[689] Cf. *Cavalcade of America: The Ship and the Nazis Had to Get*. Disponível em: <http://www.myoldradio.com>. Acesso em: 11 jul. 2011.

[690] Andrew Buchanan, op. cit., p. 289.

[691] NARA – *World War* II *Diaries, 1941-1945, 305241, War Diary,* 10 ago. 1942.

[692] D. J. Zimmerman, *Seatrain Texas to Rescue: A Lone American Ship Delivers a Vital Cargo of American Tanks to Egypt*. Disponível em: <http://www.defensemedianetwork.com/stories/seatrain-texas-to-the-rescue/>. Acesso em: 14 jul. 2011.

[693] Velocidade indicada pelo cartão de movimento do Seatrain Texas. Alguns diários da Marinha apontam velocidades diferentes, variando de 15 até 16,5 nós. Um relatório de 11 de outubro de 1942 informa a adição de mais duas metralhadoras de 20 mm MK IV ao armamento de bordo pré-existente. Cf. *Port Director's Report Arming Merchant Vessels*, 11 out. 1942; *Nara-World War Diaries 1941-1945 – 305241, Annex G to* OPPLAN n. 1-42, USS *Brooklyn*, 2 maio 1942.

[694] *Cavalcade of America – The Ship the Nazis Had to Get*.

[695] Possivelmente, o corsário alemão Fidel, cf. Jürgen Rohwer, "Operações Navais da Alemanha no litoral do Brasil", *Revista Navigator*, n° 18, jan./dez. 1982, p. 15; *Nara – World War* II *Diaries, 1941-1945, 305241, War Diary, Spenavo, London & ComNavEu*, 12 ago. 1942.

[696] Macksey, op. cit., p. 95; o vídeo da chegada de Mussolini pode ser visto no YouTube (*1942-Mussolini in Libia*).

[697] Andrew Buchanan, op. cit., p. 289.

[698] *Pilot Chart of North Atlantic Ocean.* U.S. *Navy*, jun. 1923.

[699] *Nara – World War* II *Diaries, 1941-1945, 305241, Eastern Sea Front – War Diary*, Chapter IV, fev. 1942.

[700] O local de afundamento do Empire Arnold (10.45N, 52.30W), com destino ao Egito, via Cidade do Cabo, dista mais de 400 milhas náuticas a nordeste de Georgetown. Em cerca de 15 dias, o U-160 afundou, sozinho, seis navios ao largo de Trindad (16 jul./2 ago.). De 9 jul. a 9 set., o U-66 afundou nove navios (inclusive o brasileiro Tamandaré), danificando mais dois.

[701] O Fairport foi afundado em 27.10N, 64.35W, cf. *Nara –World War Diaries 1941-1945, 305241,* USS *Livermore*, 16 jul. 1942.

324 Operação Brasil

[702] *Nara –World War II Diaries -1941-1945, 305241, Admiralty Diaries*, 10 ago. 1942.

[703] Idem.

[704] KTB U-507, 7 jul. 1942.

[705] Idem, 23 jul. 1942. Cf. *Pilot Chart of North Atlantic Ocean. U.S. Navy*, jun. 1923.

[706] KTB U-507, 30 jul. 1942.

[707] Idem, 5 ago 1942.

[708] KTB B.d.U., 31 jul. 1942.

[709] KTB U-507, mensagem recebida 1436/31, 31 jul. 1942.

[710] Cálculo baseado na saída do porto de Nova York, em 29 jul., e na chegada à Cidade do Cabo, em 19 ago. (conforme o cartão de movimento do Seatrain Texas), passando pelo local onde foi afundado o Fairport.

[711] KTB U-507, 25 ago. 1942.

[712] Segundo o website da U.S. Navy, não existe um arquivo específico para os livros de bordo dos navios mercantes que estiveram sob a tutela da War Shipping Administration durante a Segunda Guerra Mundial. Os arquivos teriam sido destruídos nos anos 1970. Todavia, os *ship deck logs* do Seatrain Texas foram encontrados no escritório do National Archives em Nova York (infelizmente, apenas os posteriores a 17 de julho de 1943). Existe a possibilidade de que os livros de bordo do primeiro semestre de 1942 estejam nos arquivos do Exército dos EUA.

[713] *The New York Times*, New York, 19 ago. 1942.

[714] *Correio Paulistano*, São Paulo, 22 ago. 1942.

[715] Disponível em: <http://www.usmm.org/seatraintexas.html>. Acesso em: 12 out. 2012.

[716] *The "Rat Patrol" and VC Sappers in the Saigon Port Complex*. Disponível em: <http://grambo.us/atav/4tca.htm>. Acesso em: 25 nov. 2013.

[717] *Cavalcade of America - The Ship the Nazis Had to Get*.

O fiel da balança

[718] B. H. Liddel-Hart, op. cit., p. 245.

[719] Paul Carell, *Afrika Korps*, São Paulo, Flamboyant, 1967, p. 275.

[720] Andrew Buchanan, *A Friend Indeed? From Tobruk to El Alamein: The American Contribution to Victory in the Desert*, Diplomacy Et. Statecraft, 15:2, pp. 279-301.

[721] Bernard Law Montgomery, *Memórias do marechal de campo visconde Montgomery de Alamein*, K.G., São Paulo, Ibrasa, 1960, p. 73.

[722] Paul Carell, op. cit., p. 275.

[723] Bernard Law Montgomery, op. cit., p. 74.

[724] Paul Carell, op. cit., p.289.

[725] Desmond Young, *Rommel*, Rio de Janeiro, Bibliex/Artenova, 1975, p. 185.

[726] Idem, p. 197.

[727] B. H. Liddel-Hart, *The Rommel Papers*, New York, Da Capo Press, 1953, p. 233.

[728] Paul Carell, op. cit., pp. 262-3

[729] Bernard Law Montgomery, op. cit., p. 80.

[730] B. H. Liddel-Hart, op. cit., p.245.

[731] Tiago Cordeiro, *Revista Grandes Guerras*, 20. ed., nov. 2007, p. 37.

[732] Steven Zaloga, *Armored Thunderbolt: The US Army Sherman in World War II*, Mechanisburg, Stackpole Books, 2008, p. 30.

[733] Andrew Buchanan, op. cit., p. 289.

[734] Idem, p. 49.

[735] Idem.

[736] Bryn Hammond, *El Alamein - The Battle that Tuned the Tide of the Second World War*, Oxford, Osprey Publishing, 2012, p. 49.

[737] Idem, p. 166. Depoimento do soldado de cavalaria Len Flanakin, da 9th Armoured Brigade.

[738] Idem, p. 155.

[739] Ibid., p. 165. Depoimento do sargento Douglas Covill, do 10th Hussar.

[740] Os italianos dispunham de 54 unidades, mas eram minúsculos blindados destinados ao apoio à infantaria. B. H. Liddel-Hart, op. cit., p. 251; Kenneth Macksey, *Afrika Korps: Rommel no deserto*, Rio de Janeiro, Renes, 1974, p. 96.

[741] Não foram incluídos nos cálculos 234 unidades leves italianas, totalmente ineficazes para o combate contra outros blindados. Cf. Paul Carell, op. cit., p. 289; Kenneth Macksey, op. cit., p. 104.

[742] Andrew Buchanan, op. cit., p. 289.

[743] Bernard Law Montgomery, op. cit., p. 106.

[744] B. H. Liddel-Hart, op. cit., p. 245.

[745] Idem.

[746] Andrew Buchanan, op. cit., p. 290. Mensagem do comandante em chefe do Oriente Médio a Londres, retransmitida por Churchill ao enviado especial de Roosevelt no Reino Unido uma semana após os Shermans entrarem em combate.

[747] Idem, p. 290.

[748] Steven Zaloga, op. cit., p. 30.

[749] *The Glasgow Herald*, Scotland, 20 maio 1942.

[750] Bernard Law Montgomery, op. cit., pp. 74 e 80.

[751] Idem, pp. 98-103.

[752] W. S. Churchill, op. cit., Telegrama de Churchill a Alexander, 4 nov. 1942; Andrew Buchanan, op. cit., p. 294.

[753] Bernard Law Montgomery, op. cit., p. 85.

[754] Idem, p. 89.

[755] *Readers Digest Illustrated Story of World War II. Two Battles That Stopped Rommel, Viscount Montgomery of Alamein*, 1984, p. 286.

[756] Idem, pp. 85 e 88.

[757] Tiago Cordeiro, *Revista Grandes Guerras*, 20. ed., nov. 2007, p. 39.

[758] Paul Carell, op. cit., pp. 294-5. Pseudônimo utilizado por Paul Karl Schmidt, tenente-coronel do Exército alemão e membro da SS durante a Segunda Guerra Mundial.

[759] B. H. Liddel-Hart, op. cit., p. 94.

[760] Paul Carell, op. cit., p. 298.

[761] Idem.

[762] Idem, p. 415.

[763] Desmond Young, op. cit., pp.160-1.

[764] F. W. Winterbotham, *Enigma, o segredo de Hitler*, Rio de Janeiro, Bibliex, 1978, p. 91.

[765] Idem, p. 92.

[766] Bernard Law Montgomery, op. cit., pp. 85-6.

[767] F. W. Winterbotham, op. cit., p. 108.

[768] Idem, p. 99.

[769] Idem, p. 93.

[770] Bernard Law Montgomery, op. cit., p. 88.

[771] Idem, p. 87.

[772] F. W. Winterbotham, op. cit., pp. 95-6.

[773] Idem, p. 118.

[774] Idem, p. 121.

[775] U.S. *Amy Center of Military History*, Kasserine Pass, Battles, Readings, v. I, part 1.

[776] Houve mais baixas Aliadas durante a Operação Market Garden do que durante a gigantesca invasão da Normandia.

[777] F. W. Winterbotham, op. cit., p. 92.

[778] Andrew Buchanan, op. cit., Churchill a Roosevelt, Memorandum, 4 jul. 1942, PREM 3/470.

[779] W. S. Churchill, *Memoirs of the Second World War*, Boston, Houghton Mifflin Company, 1991, p. 648.

[780] Bernard Law Montgomery, op. cit., p. 88.

[781] J. A. Marris, *Key Skyway Base, The Western Mail*, 20 jan. 1944. Disponível em: <http://tokdehistoria.wordpress.com>. Acesso em: 30 nov. 2013.

[782] M. R. Leite e Novelli Jr., *Marechal Eurico Gaspar Dutra: o dever da verdade*, Rio de Janeiro, Nova Fronteira, 1983, p. 493. Memórias de Cordell Hull, secretário de Estado dos EUA e Prêmio Nobel da Paz em 1945, chamado por Roosevelt de "Pai da Nações Unidas" pelo seu papel na criação do organismo internacional.

[783] M. R. Leite e Novelli Jr., op. cit., p. 494. Edward R. Stettinius Jr., secretário de Estado dos EUA nos governos de Roosevelt e Truman.

[784] Andrew Buchanan, op. cit., p. 296.

[785] F. D. McCann, *Negotiating Alliance in World War II, Brazil and United States 1938-1945*, cit., p. 45. O autor reproduziu uma mensagem de 15 de maio de 1942 de Ingram ao Chefe de Operações Navais.

[786] Charles Nowell, op. cit., pp. 220-1.

[787] De uma forma geral, a importância dada a El Alamein, em relação aos rumos do conflito, pode ser vista nos títulos mais recentes: *El Alamein: a batalha que virou a maré da Segunda Guerra Mundial; Pêndulo da guerra: três batalhas em El Alamein; Destino no deserto: a estrada para Alamein, a batalha que virou a maré.*

[788] Disponível em: <http://www.royalnavy.mod.uk/News-and-Events/Special-Events/Battle-Of-The-Atlantic>. Acesso em: 26 set. 2013.

[789] David Mason, *Submarinos alemães: a arma oculta*, Rio de Janeiro, Editora Renes, 1975, p. 13.

[790] Entrevista de Frank D. McCann ao jornal *O Estado de São Paulo*, 6 jun. 2009.

[791] F. D. McCann, op. cit., p. 236.

[792] *Foreign Relations*, 1944, pp. 583-5.

[793] Dan Van der Vat, *Atlantic Campaign: The Great Struggle at Sea 1939-1945*, Birlinn Publishers, 2001.

[794] Karl Dönitz, *Memoirs, Ten Years and Twenty Days*, London, Frontline Books, 2012, p. 253.

[795] Gerhard Weinberg, *A World at Arms, a Global History of World War II*, New York, Cambridge University Press, 1994, p. 380.

[796] Um aprendiz do Oakbank também foi aprisionado.

[797] *National Archives, War Diary, Trindad Sector Group 92.7 1/1-31/43 (Enc A) U.S. Naval Operating Base, Trindad B.W.I.*, 4 jan. 1943; KTB B.d.U., 13 jan. 1943.

[798] *NARA USS Jouett Subject: War Diary, 1/1-31/43 Micro Serial Number: 46332 Date Range: 1 Jan. 43-31 Jan. 43.* Schacht avaliara a velocidade do comboio em 8 nós. A velocidade real do comboio (10 nós) foi extraída do diário de bordo do USS Jouett 12-13 jan. 1943.

[799] KTB B.d.U., 13 Jan 43.

[800] *Consolant War Diary*, 2 dez. 1942. *Comsolantfor, War Diary*, 12/1-31/42, 45250, 1 Dec 42-31 Dec 42, A12, 00104, A183. Em virtude do grande aumento das necessidades de óleo combustível no segundo semestre de 1942, o comandante da Força do Atlântico solicitou o envio urgente de pelo menos mais três navios-tanques para o Brasil até 15 de dezembro.

[801] Paulo de Q. Duarte, *Dias de guerra no Atlântico Sul*, Rio de Janeiro, Bibliex, 1967, pp. 297 e 305.

[802] O U-164 havia afundado o SS Brageland na passagem do ano. O navio partira de Santos, rumo à Filadélfia, carregado de café, algodão e outras mercadorias. Disponível em: <http://uboat.net/fates/losses/1943.htm>; <http://uboatarchive.net/U-164INT.htm>. Acessos em: 19 out. 2013.

[803] Paulo de Q. Duarte, op. cit., p. 211; A. O. Saldanha da Gama e H. L. Martins, op. cit., p. 357. Os navios eram o Birmingham City, o Broad Ayrow e o Minotaur.

[804] *The National Archives, Reports of A/S Action in the South Atlantic, 5/23/42 to 1/13/43*, 156681, 23 mai. 1942/13 jan. 1943, A2O44.

[805] *The National Archives, An Analysis off Flight Time of VP-83 and VPB107 – Operational and Training or Administrative.*

Bibliografia

Arquivos

Arquivo Histórico do Exército - Rio de Janeiro, Brasil.

Bundesarchiv - Koblenz, Alemanha.

Diretoria de Patrimônio Histórico e Documentação da Marinha - Rio de Janeiro, Brasil.

Franklin D. Roosevelt Presidential Library - Washington, EUA.

Fundação Biblioteca Nacional - Rio de Janeiro, Brasil.

Fundação Getúlio Vargas - Rio de Janeiro, Brasil.

National Archives and Records Administration - New York City, EUA.

National Archives and Records Administration - Washington D.C., EUA.

Naval History & Heritage Command - Washington D.C., EUA.

University of Missouri, UMKC School of Law - Kansas City, EUA.

U.S. Air Force Historical Research Agency - Montgomery, EUA.

U.S. Army Center of Military History - Washington D.C., EUA.

U.S. Army War College and Carlisle Barracks - Carlisle, EUA.

Fontes impressas

AGRESSÃO: documentário sobre os fatos que levaram o Brasil à guerra. Imprensa Nacional, janeiro de 1943.

ATKINSON: Rick. *An Army at Dawn: The War in North Africa, 1942-1943*. New York: Holt Paperbacks, 2004.

BARROS, Aluízio de (org.). *Expedicionários sacrificados na campanha da Itália (mortos e desaparecidos)*. Rio de Janeiro: Bruno Buccini, 1957.

BONALUME NETO, Ricardo. *A nossa Segunda Guerra*: os brasileiros em combate, 1942-1945. Rio de Janeiro: Expressão e Cultura, 1995.

BUCHANAN, Andrew. *A Friend Indeed? From Tobruk to El Alamein*: The American Contribution to Victory in the Desert. Diplomacy Et. Statecraft, 15:2, pp. 279-301.

BUTLER, James. *History of the Second World War United Kingdom Military Series, The Mediterranean and Middle East*, v. I, The Early Successes against Italy (to May 1941), Chapter X, Anxiety Over the Position in the Middle West.

CAMARGO, Aspásia; GÓES, Walder de. *Diálogos com Cordeiro de Farias*: meio século de combate. Rio de Janeiro: Bibliex, 2001.

_____; ARAÚJO, João Hermes Pereira; SIMONSEN, Mário Henrique. *Oswaldo Aranha, a estrela da Revolução*. São Paulo: Mandarim, 1996.

CAREL, Paul. *Afrika Korps*. São Paulo: Flamboyant, 1967.

CASTELLO BRANCO, M. T. *O Brasil na II Grande Guerra*. Rio de Janeiro: Bibliex, 1960.

COUTINHO, Lourival. *O general Góes Depõe...*. Rio de Janeiro: Coelho Branco, 1956.

CONN, Stetson; FAIRCHILD, B. *A estrutura de defesa do hemisfério ocidental*. Rio de Janeiro: Bibliex, 2000.

CARVALHO, E. L. *A serviço do Brasil na Segunda Guerra Mundial*. 2. ed. Rio de Janeiro: A Noite, 1952.

CHURCHILL, W. S. *Memoirs of the Second World War*. Boston: Houghton Mifflin Company, 1991.

_____. *The Hinge of Faith*. Boston: Houghton Mifflin Company, 1991, v. IV.

CLAUSEWITZ, Carl Von. *On War*. New York: Oxford University Press, 2007.

CRUZ, Luiz A. P.; ARAS, Lina M. B. Submarinos alemães ou norte-americanos nos malafogados de Sergipe (1942-1945)? *Revista Navigator, Subsídios para a História Marítima do Brasil*, v. 9, n. 17, 2013.

DAN, Van der Vat. *Atlantic Campaign: The Great Struggle at Sea 1939-1945*. Edinburgh: Birlinn Publishers, 2001.

DÖNITZ, Karl. *Memoirs, Ten Years and Twenty Days*. London: Frontline Books, 2012.

DUARTE, Paulo de Q. *Dias de guerra no Atlântico Sul*. Rio de Janeiro: Bibliex, 1967.

_____. *O Nordeste na II Guerra Mundial*. Rio de Janeiro: Bibliex, 1971.

FOREIGN RELATIONS OF THE UNITED STATES, *Diplomatic Papers*, 1942, v. V. The American Republics. Washington: Government Printing Office, 1962.

GETÚLIO VARGAS: DIÁRIO, v. II. São Paulo: Siciliano/Rio de Janeiro: Fundação Getúlio Vargas, 1995.

GOMES, F. Elisio. U-507: um estudo interpretativo das ações de um submarino alemão nas águas do Brasil. *Revista Navigator*, n. 3, 2006.

GOMES, O. P. *A história do 4º GAC*. Rio de Janeiro: Bibliex, 1983.

HAMMOND, Bryn. *El Alamein: The Battle that Tuned the Tide of the Second World War*. Oxford: Osprey Publishing, 2012.

HIGUCHI, Helio; JATAÍ, Iury G.; BASTOS, Jr., Paulo Roberto. Os canhões antiaéreos *Krupp*, de 88 mm, do Exército Brasileiro, *Revista Tecnologia & Defesa*, n. 130.

HILTON, Stanley. *Oswaldo Aranha: uma biografia*. Rio de Janeiro: Objetiva, 1994.

HIRST, Mônica. *O processo de alinhamento nas relações Brasil-Estados Unidos: 1942/45*. Rio de Janeiro: IUPERJ, 1982.

HISTÓRIA GERAL DA AERONÁUTICA BRASILEIRA. Instituto Histórico-Cultural da Aeronáutica (Incaer), edição do Incaer e da Vila Rica Editoras Reunidas, Rio de Janeiro/Belo Horizonte, v. 3, 1991.

INFANTE, Eduardo. *Alemanha, 1938*: um militar brasileiro e sua família na Alemanha nazista. São Paulo: Prata Editora, 2012.

JOSEPH, Brian; JANDA, Richard. *The Handbook of Historical Linguistics*. London: Blackwell Publishing, 2008.

KASSERINE PASS BATTLES. Readings, v. I, Part 1, U.S. *Amy Center of Military History*.

KEEGAN, John, *The Second World War*. New York: Penguin Books, 1990.

LATFALLA, Giovanni. O Estado-Maior do Exército e as negociações militares Brasil-Estados Unidos entre os anos de 1938 e 1942, *Caminhos da História*, Vassouras, v. 6, n. 2, jul./dez. 2010.

_____. *O general Góes Monteiro e as negociações militares Brasil/EUA – 1938-1942*. Vassouras, 2011. Dissertação (Mestrado) – Universidade Severino Sombra.

LAVANÉRE-WANDERLEY, Nélson F. *História da Força Aérea Brasileira*. Rio de Janeiro: Editora Gráfica Brasileira, 1975.

LEIGHTON, Richard M.; COAKLEY, Robert W. *Global Logistics and Strategy 1940-1943*. Washington, D.C.: Center of Military History U.S. Army, Pub. 1-5, 1995.

LEITE, M. R.; NOVELLI Jr. *Marechal Eurico Gaspar Dutra*: o dever da Verdade. Rio de Janeiro: Nova Fronteira, 1983.

LIDDEL-HART, H. B. *The Rommel Papers*. New York: Da Capo Press, 1953.

MCCANN, F. D. *A aliança Brasil-Estados Unidos, 1937-1945*. Rio de Janeiro: Bibliex, 1995.

_____. *Negotiating Alliance in World War II, Brazil and United States 1938-1945, submitted draft*, 16 fev. 2013.

MACKSEY, Kenneth. *Afrika Korps: Rommel no deserto*. Rio de Janeiro: Renes, 1974.

MANSON, David. *Submarinos alemães*: a arma oculta. Rio de Janeiro: Renes, 1975.

MASCARENHAS DE MORAIS, J. B. *Memórias*. 2. ed., Rio de Janeiro: Bibliex, 1984, v. 1.

MEDEIROS, Rostand. *Da Serra dos Canaviais à Cidade do Sol*. Natal: Edição do autor, 2012.

NEWELL, Clayton R. *Egypt-Libya, U.S. Army Campaign World War II*, U.S. Army Center of Military History.

O III REICH E O BRASIL. Rio de Janeiro: Laudes, 1968.

MARX, Karl. *O 18 de Brumário de Luís Bonaparte*. Disponível em: < http://neppec.fe.ufg.br/up/4/o/brumario.pdf>. Acesso em: 11 jan. 2013.

MENEGHINI, Teucle. *Cento Sommergibili Non Sono Tornati*. Roma: Centro Editoriale Nazionale, 1972.

MONTEIRO, Marcelo. *U-507*: o submarino que afundou o Brasil na Segunda Guerra Mundial. Salto: Schoba, 2012.

MONTGOMERY, Bernard Law. *Memórias do marechal de campo Visconde Montgomery de Alamein*, K.G. São Paulo: Ibrasa, 1960.

MOTTER, T. H. Vail. *The Persian Corridor and The Aid to Russia*. Washington, D.C.: Center of Military History U.S. Army, Pub. 8-1, 1952.

MOURÃO, Olympio Filho. *Memórias, a verdade de um revolucionário*. Porto Alegre: L&PM, 1978.

NAZI CONSPIRACY AND AGGRESSION OPINION AND JUDGMENT. *Office of United States Chief of Counsel for Prosecution of Axis Criminality United States Government Printing Office*, 1947.

OLIVEIRA, Dennison de. *Os soldados alemães de Vargas*. Curitiba: Juruá, 2011.

PATERSON, Michael. *Battle for the Skies*. Cincinnati: David & Charles, 2004.

PEIXOTO, Ernâni do Amaral. *Artes na política*: diálogo com Amaral Peixoto. Organização de Aspásia Camargo et. al. Rio de Janeiro: Nova Fronteira, 1986.

ROBERTS, Kent. Command Decisions, *Greenfield Special Publications* CMH, Pub 70-7, Cloth; CMH Pub 70-7-1, Paper 1960, 2006.

ROSKILL, S. W. *History of the Second World War*: United Kingdom Military Series, War at Sea. London: HMSO, 1956, v. 2.

ROSS, Steven. T. *U.S. War Plans*: 1938-1945. USA: Lynne Rienner Publisher, Inc., 2002.

ROWER, Jürgen. Operações navais da Alemanha no litoral do Brasil durante a Segunda Guerra Mundial. *Revista Navigator*: *subsídios para a história marítima do Brasil*, n. 18, Rio de Janeiro, jan./dez. 1982.

SALDANHA DA GAMA, A. O.; MARTINS, H. L. A Marinha na Segunda Guerra Mundial: história naval brasileira. Rio de Janeiro: Serviço de Documentação da Marinha, 1985, v. 5, t. II.

SILVA, Hélio. *1944*: o Brasil na guerra. Rio de Janeiro: Civilização Brasileira, 1974.

_____. *1942 guerra no continente*. Rio de Janeiro: Civilização Brasileira, 1972, O Ciclo Vargas.

SIXTH REPORT TO CONGRESS ON LEND-LEASE OPERATIONS. *For The Period Ended*, Fondren Library, Southern Methodist University, Dallas, Texas, September 1942.

SUZIGAN, W. *Industrialização e política econômica*: uma interpretação em perspectiva histórica, v. V, n. 2, 1975.

TEMPONE, Victor. A Batalha do Atlântico e o Brasil na II Guerra Mundial. *Revista Navigator*, v. 9, n. 18, 2013.

THOMPSON, Craig. *Special Cable to The New York Times*, 22 jun. 1942.

THOMSON, Harry C.; MAIO, Lida. *The Technical Services*: The Ordnance Department: Procurement and Supply, U.S. Army in World War II – CMH, Pub 10-10, Cloth 1960, 2003.

TRIAL OF THE MAJORS WAR CRIMINALS BEFORE THE INTERNATIONAL MILITARY TRIBUNAL, Nuremberg, Germany, 14 November 1945-1 October 1946, v. XIV, Proceedings, 16 maio 1946/28 maio 1946, Nuremberg, Germany, 1948.

_____, Germany, 14 November 1945-1 October 1946, v. V, Proceedings, 16 maio 1946/28 maio 1946, Nuremberg, Germany, 1947.

U.S. SYNTHETIC RUBBER PROGRAM 1939-1945, *A National Historic Chemical Landmark*, Akron, Ohio, 29 ago. 1998.

VARGAS, Alzira. *Getúlio Vargas, meu pai*. Porto Alegre: Globo, 1960.

WAACK, William. *Camaradas, nos arquivos de Moscou*: a história secreta da revolução brasileira de 1935. São Paulo: Schwarcz. 1993.

WARDLOW, Chester. *The Transportation Corps*: Movements, Training, and Supply. Washington, D.C.: Center of Military History, 1999, U.S. Army, Pub. 10-19.

_____. *The Transportation Corps*: Responsibilities, Organizations and Operations. Washington, D.C.: Center of Military History, 1999, U.S. Army, Pub. 10-20.

WEINBERG, Gerhard. *A World at Arms, a Global History of World War II*, New York, Cambridge University Press, 1994.

WINCHESTER, James H. The Ship the Nazis Had to Get. *The American Legion Magazine*, August 1951.

WINTERBOTHAM, F. W. *Enigma, o segredo de Hitler*. Rio de Janeiro: Bibliex, 1978.

WYNNE J. Pires. *História de Sergipe (1930-1972)*. Rio de Janeiro: Pongetti, 1973, v. II, pp. 93-4.

YOUNG, Desmond. *Rommel*. Rio de Janeiro: Bibliex, Artenova, 1975.

ZALOGA, Steven. *Armored Thunderbolt*: The U.S. Army Sherman in World War II. Mechanisburg: Stackpole Books, 2008.

Fontes

Fontes eletrônicas

Almeida, Paulo R. de. John W. F. Dulles, um historiador do Brasil. Disponível em: <http://www.pralmeida. org/02Publicacoes/13Publicados2008.html>. Acesso em: 15 fev. 2010.

Biblioteca do Congresso dos EUA. Disponível em: <http://www.loc.gov/>.

Biblioteca Digital Memória da CNEN. Disponível em: <http://memoria.cnen.gov.br/>.

Building the Navy's Bases in World War II. History of the Bureau of Yards and Docks and the Civil Engineer Corps 1940-1946, Volume II, Part III, The Advance Bases, Chapter XVIII, Bases in South America and the Caribbean Area, Including Bermuda. Disponível em: <http://www.history.navy.mil/library/online/ buildbaseswwii/bbwwii2.htm>.

Defense Media Network. Disponível em: <http://www.defensemedianetwork.com/>

Erkan, Süleiman. The invasion of Iran by the Allies during World War II. Disponível em: <http://atlas.usv.ro/ www/codru_net/CC16/2/iran.pdf>.

Fundação Rampa. Disponível em: < http://www.fundacaorampa.com.br/>.

McCann, F. D. Brazil and World War II: The Forgotten Ally. What did you do in the war, Zé Carioca? Disponível em: <http://www1.tau.ac.il/eial/index.php?option=com_content&task=view&id=741&Itemid=283>.

McKale, Donald M. Traditional Antisemitism and the Holocaust: The Case of the German Diplomat Curt Prüfer, Annual 5 Chapter 3, Multimedia Learning Center, Museum of Tolerance. Disponível em: <http://motlc. wiesenthal.com/site/pp.asp?c=gvKVLcMVIuG&b=395117>.

Medeiros, Rostand. Disponível em: <http://tokdehistoria.com.br/>.

My Old Radio.com. Disponível em: <http://www.myoldradio.com/>.

Naval History & Heritage Command. Disponível em: <http://www.history.navy.mil/>.

Nowell, Charles. United States Naval Administration in World War II, Commander South Atlantic Force, Commander-in-Chief, Atlantic Fleet, v. XI, CXLVI. Transcrito e formatado por Rick Pitz, HyperWar Foundation. Disponível em: < http://www.ibiblio.org/hyperwar/usn/Admin-Hist/146-SouthAtlantic/>.

Nuremberg Remembered Biography: Kurt Prüfer. Disponível em < http://www.facinghistory.org/node/780>.

Peixoto, Carlos. A história de Parnamirim. Natal: Z Comunicação, 2003. Disponível em: <http://www.parnamirim.rn.gov.br/pdf/historia.pdf>.

Peixoto, Ernâni do Amaral. Artes na política: diálogo com Amaral Peixoto / Organização de Aspásia Camargo ... [et al]. Rio de Janeiro: Nova Fronteira, 1986. Disponível em <http://www.fgv.br/cpdoc>.

Royal Navy. Disponível em: <http://www.royalnavy.mod.uk/>.

Seganfreddo, Sonia Maria S. UNE instrumento de subversão, Rio Janeiro: GRD, 1963. Disponível em: <http:// www.ebooksbrasil.org/eLibris/une.html>.

Sixtant, War II in the South Atlantic. Disponível em: <http://www.sixtant.net/>.

The California State Military Museum, Military History California and the Second World War. Disponível em: <http://www.militarymuseum.org/>.

U-boat.net. Disponível em: <http://uboat.net/>.

United States Holocaust Memorial Museum. Disponível em <http://www.ushmm.org/>.

Zimmerman, D. J. Seatrain Texas to Rescue – A Lone American Ship Delivers a Vital Cargo of American Tanks to Egypt. Disponível em: <http://www.defensemedianetwork.com/stories/seatrain-texas-to-the-rescue/>.

Jornais e revistas

A Noite
A República
Correio da Manhã
Correio Paulistano
Diário Carioca

Diário da Noite
Diário de Notícias
Folha de S.Paulo
Jornal do Brasil
Life Magazine
O Globo
Reader's Digest
Revista A Noite Illustrada
Revista Navigator
Revista Tecnologia & Defesa
The Army Doctrine and Training Bulletin
The Journal of Modern History
The New York Times

Filmes e documentários

O *"Lapa Azul": Os Homens do III Batalhão do 11° Regimento de Infantaria na II Guerra Mundial.* Documentário produzido e dirigido por Durval Lourenço Pereira Jr., Brasil, 2007.

The Fog of War: Eleven Lessons from the Life of Robert S. McNamara. Documentário produzido e dirigido por Errol Morris, EUA, 2003.

O autor

Durval Lourenço Pereira é tenente-coronel R/1 do Exército Brasileiro. Bacharel em Ciências Militares pela Academia Militar das Agulhas Negras, é mestre em Operações Militares pela Escola de Aperfeiçoamento de Oficiais. Foi assessor militar do Gabinete de Segurança Institucional da Presidência da República e é membro da Academia Campineira de Letras, Ciências e Artes das Forças Armadas. Em 2007, produziu e dirigiu o documentário O *"Lapa Azul"*: *os homens do* III *Batalhão do 11° Regimento de Infantaria na* II GM, exibido e distribuído pelo The History Channel, A&E Mundo e RT (Russian Television) para a Europa, Américas e Ásia.